Heinz-Joachim Fischer

UMBRIEN

über Bologna, Florenz, Arezzo, Perugia, Assisi, Foligno, Spoleto und Terni, wo er also manches Schöne von ›unserer‹ Landschaft sah. Diese Route wollen wir uns gleich merken.

Doch man konnte auch anders. So in den ersten Jahrhunderten nach Christus, als die Germanen nach Süden zu schwärmen begannen, zuerst, um sich wärmere Länder zu erwandern, dann, um dem Papst, dem Nachfolger des Himmelspförtners Petrus und Bischof von Rom, ihre Aufwartung zu machen. Da zogen sie über die ›Via Sancti Petri‹, die nach der Übergabe italienischer Lande an die Frankenkönige, nach der Umwandlung des Imperium Romanum in das Heilige Römische Reich der fränkischen, später deutschen Kaiser-Könige, ›Frankenstraße‹ genannt wurde. Die begann in Pavia, der Langobarden-Residenz südlich von Mailand, und durchquerte die Toskana. Dadurch vermied man die Küstengebiete, die der Piraterie und Überfälle der Sarazenen wegen gefährlich waren, nicht zu reden von der in den Sümpfen lauernden Malaria, und die wilden Gebirgszüge des Hochapennin, kam jedoch auch um den Genuß ›unseres‹ schönen Umbrien.

Moderne Routen

Wer Umbrien nur als rasche Etappe auf dem Weg nach Rom betrachtet, beraubt sich großer Entdeckungen. Wir bewundern die Toskana; gerade deshalb meine ich, daß Umbrien nicht etwa die kleinere, weniger entdeckte, unverbrauchte Toskana ist. Umbrien hat seinen eigenen Charme, eigene Reichtümer an Natur und Kunst, unverwechselbare Reize. Vielleicht geht es in Umbrien etwas bescheidener zu, sind die Leistungen der Künstler nicht so glänzend-blendend wie in der Toskana, erscheint alles in einem milderen, vielleicht menschlicheren Licht. In der Toskana verschlägt es einem oft den Atem, in Umbrien kann man wieder Atem holen, im wörtlichen Sinn, in einer auf weiten Gebieten noch nicht abgenutzten Natur, in einem Kultur-Ambiente, das lockend einstimmt auf die Vergangenheit.

Gleichgültig, ob man sich Umbrien als alleiniges, vorrangiges oder selbst als nur ›vorüberfliegendes‹ Reiseziel auserwählt hat – sich der Region zu nähern, bereitet keine Schwierigkeiten. Viele brausen von Norden auf der *Autostrada del Sole* Firenze–Roma daher und können schon nach der Ausfahrt Arezzo Richtung Città di Castello, bei Val di Chiana zum Trasimener See und nach Perugia, bei Città della Pieve und Orvieto, hinter Orte oder Magliano Sabina erste umbrische Erfahrungen sammeln.

Von der ›Sonnen-Autobahn‹ bieten sich nicht die einzigen Zugänge nach Umbrien:

Von Norden, von Cesena in der Emilia-Romagna, führt mitten durch den Apennin eine zum Teil gut ausgebaute Schnellstraße nach Città di Castello.

Von Osten, von Fano, bringt uns die Via Flaminia, von Ancona und Jesi eine ebenfalls weithin vierspurig ausgebaute Schnellstraße in das Gebiet von Gubbio und Gualdo Tadino; von Macerata, Tolentino und Ascoli Piceno, Orten der Region Marken, führen gute Bergstraßen, keineswegs abenteuerliche wie zu Goethes Zeiten, über den Apennin nach Foligno, Triponzo und Norcia.

Von Süden, von Latium her, leiten hügelige Provinzstraßen nach Cascia, Terni und Narni.

Umbrien, nach der politischen Verwaltung aufgeteilt in die zwei Provinzen *Perugia* (Kennzeichen der Autos: PG) und *Terni* (Kennzeichen TR), ist kein großes Land. Es zählt vielmehr zu den kleineren der zwanzig italienischen Regionen. Seine 8456 Quadratkilometer entsprechen etwa der Hälfte von Schleswig-Holstein, einem Fünftel der Schweiz oder den österreichischen Bundesländern Kärnten und Salzburg, bei 807562 Einwohnern, 580998 in der Provinz Perugia, 226564 in der Provinz Terni (Stand nach der Volkszählung von 1981).

Die Entfernungen sind deshalb begrenzt und dank der allgemein guten Straßen rasch zu überwinden. Von Città di Castello im Norden nach Perugia in der Mitte sind es 56 Kilometer, von dort nach Narni im Süden 84 Kilometer. Von Ost nach West, von Orvieto über Todi und Spoleto nach Norcia, kommen auf hügeligen und kurvigen Straßen rund 90 Kilometer zusammen.

Inhalt

WEGE DURCH UMBRIEN

Vor-Weg

Schlimm ist es für einen Autor, wenn der Leser seines Buches von der Lektüre *ent*täuscht wird. Das fürchten alle Schriftsteller dieser Erde. Schlimmer jedoch erscheint mir, wenn jene, die sich diese italienische Region um Perugia und Assisi, Gubbio und Orvieto vorgenommen haben, wenn die Käufer dieses Umbrien-Bandes oder die damit Beschenkten *ge*täuscht würden. Wenn sie meinten, mit Umbrien sei es genauso wie mit allen anderen Landstrichen; man fahre halt hin, schaue sich ein wenig um und kehre um die Beute einiger Sehenswürdigkeiten reicher wieder heim. So müsse denn auch dieses Landschaftsbuch sein; man nimmt es zur Hand und legt es wieder weg, ganz unverbindlich. Aber Umbrien ist anders. Wer sich wirklich einige Tage oder länger auf dieses Land in der Mitte Italiens, das ›grüne Herz‹ der Apennin-Halbinsel, einlassen will, auf Stadt und Land, das Urbane und das Bukolische, auf die Kunstwerke der Menschen und die Schönheiten der Natur, auf seine Historie im Schatten anderer und die vielen persönlichen Geschichten, auf seine humanen Heiligen, freundlichen Künstler und bescheidenen Machthaber, der gewinnt mehr als ein paar flüchtige Eindrücke – er begegnet einer anderen Art, Mensch zu sein. Wer zu dieser Erfahrung einer neuen Dimension nicht bereit ist, tausche bitte das Buch um und ändere seine Reisepläne! Wir hätten sonst kein Vergnügen aneinander.

Nachdem ich Sie so ›abgeschreckt‹ habe – weil Umbrien nebenbei behandelt zu werden nicht verdient –, muß ich weitere Warnungen erheben. Seien Sie gefaßt auf einen Tempo-Unterschied, nicht nur einen äußerlichen, von den glatten, vielspurigen deutschen Autobahnschneisen auf die schmaleren ›Autostrade‹ südlich des Brenner und von diesen auf die ruhigen umbrischen Landstraßen, sondern auch einen innerlichen. Umbrien erschließt man sich nicht im ›Hopplahopp‹. Hier herrscht abseits der großen Straßen ein anderes Zeitmaß. Dabei ist Umbrien nicht langweilig, beileibe nicht. Doch es ist das Land des langen Weilens, des gemächlichen Betrachtens, der beschaulichen Eindrücke. Es birgt eine Kultur, die es nicht übelnimmt, wenn man nicht alle Sehenswürdigkeiten gesichtet hat. Hier heißt es nicht »Tempo, Tempo«, sondern: »Wir haben Zeit, Zeit zu haben« – was am Ende geglückteres Erleben ergibt. Auch der Rhythmus des Buches ist auf diese Geschwindigkeitsänderung bewußt abgestimmt.

Meint gerade dies der Faustische Wunsch, der aus dem teutonischen Drang nach beständiger Aktivität ins Gegenteil umspringt?: »Werd ich zum Augenblicke sagen: verweile doch! Du bist so schön!« Schiller, der andere deutsche ›Zitaten-Steinbruch‹, drückt dasselbe anders aus, wenn er von dem Land bei Rom dichtet: »Prächtiger als wir in unserem Norden wohnt der Bettler an der Engels Pforten ...« Man kann es natürlich auch ganz einfach ›südliches Lebensgefühl‹ nennen. Solche Momente, die sich unversehens glücklich dehnen, kann es viele in Umbrien geben, auch ohne verklärende Klassik. Es ist das Land dafür.

Gleich am Anfang will ich Sie auf eine weitere Eigenart vorbereiten. Am liebsten hätten wir gerade beim geruhsamen Reisen durch Umbrien immer eine kleine Bibliothek dabei, ein Fachlexikon, ein Geschichtsbuch für weite Zusammenhänge, einen Gedichtband und vieles mehr. Denn immer wieder geschieht es, daß man Gewißheit über einen Herrscher, Genaueres über einen Künstler gewinnen möchte, daß man eine vage Erinnerung an ein Zitat gern sicher hätte, daß man in einem römischen Theater einige Verse aus einem Drama rezitieren möchte. Aber meist hat man das passende Buch nicht dabei. So bin ich in diesem Umbrien-Buch großzügiger mit dem Zitieren großer Autoren des Abendlandes, mit dem Verweisen auf Primärquellen umgegangen, um Ihnen das Mitschleppen von vielen Bänden zu ersparen – wie kann man auch vorher ahnen, welches Buch gerade angebracht wäre! Schließlich haben schon andere Kluges und Erheiterndes, Tief-, Weit- und Überblickendes zu Umbrien geschrieben.

Und noch eins. Ich bin immer versucht gewesen, diesem Reisebegleiter durch Umbrien den Untertitel ›Ausflug ins Mittelalter‹ zu geben. Natürlich sehen wir in Umbrien nicht nur das Mittelalter. Da gibt es Spuren der Antike, Kunstwerke der Renaissance, wirtschaftliche und technische Betriebsamkeit, die der modernen Zeit gerecht wird. Und vieles, was uns mittelalterlich erscheint, entstammt späterer Zeit, ist überzogen von jüngeren Jahrhunderten. Dennoch gestattet uns keine italienische Region einen so lebendigen und faszinierenden Einblick ins Mittelalter wie Umbrien, in jene Jahrhunderte, da sich Deutsches und Italienisches, Kaiser-Könige aus dem Norden und römische Päpste auf diesem Boden begegneten. Vorausgesetzt, daß wir nicht zu jenen gehören, die noch in dem Vorurteil vom dunklen, finsteren Mittelalter befangen sind. Das Mittelalter, jene langen Jahrhunderte zwischen 500 und 1500, war gewiß *auch* dunkel und finster – wir werden diese Schattenseiten nicht unterschlagen –, aber es zeigt sich auch einladend und freundlich, weise und zutiefst menschlich. Gerade im Vergleich zur benachbarten Toskana wird deutlich: Unübersehbar ist hier die Konzentration der Kunst auf das Mittelalter, ist die Beschränkung, auch in der Natur, auf überschaubaren Raum, begrenzte Zeit, auf intensive Eindrücke. Stimmen wir uns ein …

Ich widme dieses Buch
unseren italienischen Freunden
und jenen,
die Freunde Italiens und der Italiener,
Umbriens und der Umbrier sind
oder werden.

Erste Wegweiser

Historische Wanderungen

Wie sind wir eigentlich auf Umbrien gekommen? Denn selbstverständlich ist es nicht, daß man sich dieses Land als Reiseziel aussucht. Gewiß, bei den ›klassischen‹ Italien-Reisen alter Zeiten waren auch umbrische Städte und Landschaften dabei. Wenn man sich früher auf die fromme Pilgerfahrt, die ›Kavalierstour‹ oder auf die Wanderschaft nach Rom und Neapel und vielleicht noch weiter nach Süden begab, konnte man seinen Weg auch durch Umbrien nehmen. So hat es der Vater Johann Caspar Goethe gehalten, so hat es der Sohn nachgetan, so auch der Abenteurer, Globetrotter und was sonst noch alles Johann Gottfried Seume, der Anfang des vergangenen Jahrhunderts seinen ›Spaziergang nach Syrakus‹ über Umbrien lenkte. Sie alle benutzten dabei auch jene Wege, die schon die alten Römer angelegt hatten, vor allem, von Foligno an, die große Konsularstraße der Via Flaminia, die noch heute in Funktion ist, wenn auch freilich modernisiert.

Aber im mittelitalienischen Apennin konnte und kann man Überraschungen erleben. Vater Goethe schreibt von seiner Italien-Reise im Jahr 1740: *»Es war der 20. März, als wir durch diese Abgründe fuhren, die insbesondere im Altertum berüchtigt waren. An diesem Tag widerfuhr uns etwas Ungewöhnliches: am Morgen hatte es nämlich so stark geschneit, daß man den Weg nicht mehr erkennen konnte: anschließend waren wir einem schrecklichen Wind ausgesetzt, der so schneidend war, daß wir aus den Sedien stiegen und lieber zu Fuß gingen, um uns warmzuhalten. Dieser Wind brachte derart viel Schnee mit sich, daß uns die Augen schmerzten und die Sicht so sehr behindert wurde, daß wir uns gegenseitig fast nicht mehr erkennen konnten. Das blieb so den ganzen Apennin hindurch, aber je mehr wir uns dem Ende näherten, um so deutlicher spürten wir, wie sich die kalte Luft allmählich erwärmte. Sobald man das Ende dieser Felsen erreicht hat, sieht man dann die gesamte Ebene von Foligno vor sich. Das ist wie der schönste Blick von der Erde aus in ein Tal des Paradieses.«*

Der Sohn wollte 46 Jahre später den Unterschied zwischen Hölle und Himmel nicht nacherleben und wählte die Strecke

Zur ersten Orientierung und Bestimmung einer Reiseroute bieten sich die beiden fast ganz schnellbahnmäßig ausgebauten Straßen in der *Valle Umbra* von Perugia über Foligno nach Terni (N 3) und im *Tiber-Tal* von Perugia über Todi nach Terni (N 3 bis) als ›innerer Ring‹ Umbriens an, in dessen Reichweite man irgendwo auch ganz gut Quartier beziehen könnte. Denn an oder unweit von diesem Straßenring liegen sehenswerte Ziele wie Perugia (Seite 100), Assisi (Seite 145), Foligno mit Spello, Bevagna, Montefalco, Trevi und Clitunno (Seite 391 ff.) sowie Spoleto (Seite 233) – alle in der Valle Umbra, der östlichen Hälfte des ›Rings‹ – und weiter, von Süden nach Norden retour, Terni mit Narni und Amelia (Seite 256 ff.) und Todi mit Carsulae, Acquasparta und Deruta (Seite 275 ff.).

Darüber hinaus sind vier Gebiete von besonderem Interesse, die auch als ›Ein- oder Ausfallzonen‹ genommen werden können, da sie in den vier Haupt-Windrichtungen liegen:

Im Westen: der Trasimener See (Seite 296 ff.);
im Norden: Città di Castello (Seite 305 ff.), Gubbio mit Gualdo Tadino und Nocera Umbra (Seite 312 ff.);
im Osten: Norcia, Cascia und die Valnerina (Seite 331 ff.);
im Süden: Otricoli und Orvieto mit Città della Pieve (Seite 367 ff.).

Wer über wenig Zeit verfügt oder die Kilometer begrenzen will, kann etwa beim Trasimener See nach Umbrien einfahren und seine Route über Perugia, Assisi, Foligno, Spoleto, Todi und Orvieto nehmen. Ein Kurzprogramm, doch nicht zu verachten.

Das Land – Grenzen und Geographie

Geographisch gehört Umbrien zu Mittelitalien, und darin nimmt es noch einmal die Mitte ein. Die Metapher für Umbrien als dem ›grünen Herzen‹ Italiens will genau dies sagen und charakterisiert zugleich den für Italien ungewöhnlichen Reichtum an grünen Wäldern, an ›Natur‹ schlechthin. Als einzige Region der Apennin-Halbinsel (also ausgenommen die Regionen des Alpenbogens) grenzt Umbrien nicht ans Meer;

die Nachbarregionen Toskana (im Norden und Westen), Latium (im Westen und Süden) und die Marken (im Osten) trennen sie davon. Natürliche Grenzen fehlen fast völlig. Die heutigen Verwaltungslinien zwischen den Regionen sind das Ergebnis geschichtlicher Verschiebungen, bei denen Zufälle eine Rolle gespielt haben.

Eigentlich ist es da erstaunlich, daß sich der Name jenes vor-römischen Volkes der *Umbrer* erhalten hat, eines Stammes der Italiker, der uralten Bevölkerung der Apennin-Halbinsel. Denn weder stimmt das Siedlungsgebiet der Umbrer mit dem heutigen Umbrien überein, noch gibt die politische Bezeichnung ›Umbria‹ der Provinzialgliederung unter Kaiser Augustus schon das Gebiet des heutigen Umbrien an, noch hielt sich der Terminus kontinuierlich durch die Zeiten. Man bevorzugte vielmehr ›Dukat von Spoleto‹ (nach dem Langobarden-Herzogtum). Auch als die Humanisten des 15. und 16. Jahrhunderts den Namen ›Umbrien‹ literarisch wiederentdeckten, verwandte man im Kirchenstaat mehr die Bezeichnung ›Perugino‹ nach dem Hauptort Perugia, zu dem Spoleto, Rieti, Orvieto und Terni als geographische Begriffe hinzukamen. Erst nach der Einigung Italiens in der zweiten Hälfte des 19. Jahrhunderts setzte sich die alte würdige Bezeichnung wieder durch. So erscheint Umbrien als ein künstlich und zufällig entstandenes Gebiet ohne politische und geographische Konturen; dennoch ist es eine einheitliche Region, deutlich unterscheidbar gegenüber Land und Leuten von Latium, der Toskana und den Marken, obwohl Übergänge und Verwandtes nicht zu übersehen sind.

Wenn schon Umbrien nie ein eigenes politisches Gebilde war, so fallen um so mehr die Charakteristika dieses Landes und seiner Natur ins Auge. Deren Einzelheiten sind auch anderswo zu finden, doch ihre einzigartige Mischung prägt die Region. Nur 6 Prozent der Oberfläche bestehen aus Ebenen, 41 Prozent hingegen aus Hügelland und sogar 53 Prozent aus bergigem Gelände, ohne daß die Erhebungen über 1500 Meter hinausgingen. So ist Umbrien von den Höhenzügen des Apennin mit dazwischenliegenden Tälern – der Valtiberina (bei Città di Castello), des Tiber-Tals zwischen Perugia und Todi und der Valle Umbra – bestimmt. Berge und Täler verlaufen meist von Nordwest nach Südost, wie es der Erstreckung Italiens entspricht. Nach Osten zu werden die Berge höher. Die Monti Sibillini steigen hoch an, so der Monte Vettore, der jedoch bereits jenseits der Regionalgrenze in den Marken liegt, bis auf 2476 Meter. Zwischen den Höhenzügen breiten sich Talebenen von unterschiedlicher Größe aus.

Johann Wolfgang Goethe, unser Dichterfürst, der an geologischen Beobachtungen und Erkenntnissen seine Freude hatte, wunderte sich über das Land und schrieb auf dem Weg nach Perugia Ende Oktober 1786: »*Die Apenninen sind mir ein merkwürdiges Stück Welt. Auf die große Fläche der Regionen des Pos folgt ein Gebirge, das sich aus der Tiefe erhebt, um, zwischen zwei Meeren, südwärts das feste Land zu endigen. Wäre die Gebirgsart nicht zu steil, zu hoch über der Meeresfläche, nicht so sonderbar verschlungen, daß Ebbe und Flut vor alten Zeiten mehr und länger hätten hereinwirken, größere Flächen bilden und überspülen können, so wäre es eins der schönsten Länder in dem herrlichsten Klima, etwas höher als das andere Land. So aber ist's ein seltsam Gewebe von Bergrücken gegeneinander; oft sieht man gar nicht ab, wohin das Wasser seinen Ablauf nehmen will. Wären die Täler besser ausgefüllt, die Flächen mehr glatt und überspült, so könnte man das Land mit Böhmen vergleichen, nur daß die Berge auf alle Weise einen andern Charakter haben. Doch muß man sich keine Bergwüste, sondern ein meist bebautes, obgleich gebirgiges Land vorstellen. Kastanien kommen hier sehr schön, der Weizen ist trefflich und die Saat schon hübsch grün. Immergrüne Eichen mit kleinen Blättern stehen am Wege, um die Kirchen und Kapellen aber schlanke Zypressen.*«

Geologisch dominiert der Kalkstein, der einen guten Baustoff abgibt, gut für die künstlerische Bearbeitung taugt und dank seiner Mineralien Farbvariationen zuläßt. Der Kalkstein ist auch der Grund für die vielen Höhlen; er erlaubt zudem die unterirdische Ansammlung von Wasser, das dann in kräftigen Quellen nach oben gelangt. Daß die Erde unruhig ist, verraten nicht nur die Mineralwasser-Quellen – die bekanntesten, in ganz Italien genutzten sind die von San Gemini bei Terni –, sondern auch die leider nicht ganz seltenen Erdbeben, auch wenn sie im Laufe der Geschichte jeweils nur eine begrenzte Zone betrafen. Für das betroffene Gebiet bringt das genug Elend mit sich, wovon wir uns 1979 nach dem Erdbeben in und um Norcia selbst überzeugen konnten.

Die einzelnen Landschaften

Trotz eines nicht zu verkennenden, allgemein ›ländlichen‹ Charakters mit Wäldern und Gewässern, Wiesen und Buschwerk, wohlbestellten Feldern, kultivierten Gärten und lieblichen Hainen, sanften Hügeln und wilden Schluchten sind doch einzelne Landschaften unverwechselbar ausgeprägt.

Oberes Tiber-Tal – Alta Valle del Tevere

Das Obere Tiber-Tal, Alta Valle del Tevere, das sich auf umbrischem Gebiet von San Giustino (nördlich von Città di Castello) bis nach Umbertide erstreckt und seit jeher ein belebtes Durchgangsland zur Toskana und der Emilia-Romagna bildet, ist dank des fruchtbaren Bodens im Talgrund und auf den Hügeln durch eine intensive Landwirtschaft mit verschiedenen Kulturen gekennzeichnet. Dazu gehört auch der Tabakanbau; ›Kentucky‹ und ›Virginia Bright‹ sind hier geläufige Begriffe aus der Zigaretten- und Zigarrenindustrie. Kleinere Unternehmen mit sechs bis zwanzig Angestellten widmen sich der industriellen Verarbeitung von Agrarprodukten. Die Verwendung von Maschinen in der Landwirtschaft hat eine bescheidene metallverarbeitende Industrie nach sich gezogen. In den Textilbetrieben wird noch nach alten traditionellen Techniken gearbeitet. So lebhaft der Verkehr im Tal ist, so dünn wird die Besiedlung in höheren Lagen. Verlassene Häuser bezeugen die Landflucht, die durch den Tourismus im Sommer nicht verringert werden konnte. Sträucher überwuchern die Mauern, langsam erobert sich die Natur die Arbeits-Posten der bäuerlichen Welt zurück. Das kleine Museum von Garavalle bei Città di Castello bewahrt Zeugnisse dieser harten ländlichen Kultur.

Eugubino und Gualdese

Das Gebiet um die Städte Gubbio (Eugubino) und Gualdo Tadino (Gualdese) ist mit Ausnahme der beiden Stadt-Becken von in sich unruhigen, steilen Hügeln und Bergen geprägt, die sich jedoch im Landschaftsbild zu versöhnlicher Ausgegli-

Landschaft mit Todi im Hintergrund

chenheit reihen. Weinkulturen und Olivenhaine (bis zu einer Höhe von etwa 600 Metern), Mischwälder und frische Weiden bestimmen die Landschaft. Der Boden in den Ebenen ist mäßig fruchtbar. Im Auf und Ab der Hügel und Berge sind die nicht bestellten Flächen unübersehbar. Die starke Emigration nach 1945 hat die Bevölkerung vermindert. Das alte Handwerk der Töpferei entwickelte sich nach Rückschlägen zu einer beachtenswerten Keramik-Industrie, der viele im Zweitberuf neben der Bestellung der Böden nachkommen. Wichtig erscheint der hiesigen, zum Teil ›knorrigen‹, von alten Traditionen geprägten Bevölkerung, die Verkehrswege zu verbessern und dem Eugubino und Gualdese Anschluß zu geben an die großen Straßen.

Mittleres Tiber-Tal

Das mittlere Tiber-Tal um Perugia scheint zunächst – und dem Reisenden in besonderer Weise – von den Schnellstraßen, den ›Superstrade‹ mit all ihren Zuführungen und Ausfahrten dominiert. Erst auf den zweiten Blick entdeckt man auch die Felder der Landwirtschaft, gewonnen in jahrhundertelangem Kampf mit den Wassermassen der Flüsse, akzentuiert von Be- und Entwässerungskanälen. Die traditionelle Landwirtschaft ist auch hier längst übergegangen in eine Lebensmittel-Industrie, der immer mehr Fabrikhallen dienen, wie etwa die ausgedehnten Anlagen des Schokoladen- und Süßwarenkonzerns ›Perugina‹ im Vorort von Perugia, San Sisto, dessen Küsse, ›Baci‹, in aller Welt bekannt sind. Der traditionelle Fleiß der Peruginer zeigt sich wirtschaftlich in einer beständigen Umwandlung von alten Handwerkszweigen in blühende Kleinindustrien, deren Fertigungshallen dieses Gebiet prägen. Die ›Stabilimenti‹, die Fabrikanlagen der Textil- und Bekleidungsindustrie, metallverarbeitenden Betriebe und Lager von Baumaterialien, säumen die Straßen. Die Produktion des Handwerks bei Keramik und Schmiedeeisen, bei Kupferartikeln und Stoffverzierungen ist beträchtlich. Handels- und andere Dienstleistungsbetriebe werden immer wichtiger. – Was unter wirtschaftlichem Gesichtspunkt zu beklagen ist, nämlich der langsame Rückzug der Fabriken an den Hauptstraßen, je weiter man sich von Perugia entfernt, wird der Tourist häufig begrüßen. Dadurch wird der Blick frei auf die schönen Hügel und Berge, die fruchtbaren Felder, die ertragreichen Weinkulturen. Im Wein-Museum von Torgiano, in den Keramik-Werkstätten von Deruta zeigt sich, daß Handwerk und industrielle Fertigungsmethoden einander nicht ausschließen.

Trasimener See – Lago di Trasimeno

Der Trasimener See wiederum hebt sich von den anderen Landschaften Umbriens deutlich ab. Er ist nicht nur in der Region als Ökosystem und Biotop einzigartig, sondern auf der ganzen Apennin-Halbinsel. Mehr dazu im eigenen Kapitel (Seite 301 ff.).

Umbrisches Tal – Valle Umbra

Die Valle Umbra ist am besten von dem Städtchen Montefalco aus zu betrachten, das wie ein Balkon über der Landschaft schwebt. Mit ihrem Muster der von Pappeln und Weiden markierten, höchst fruchtbaren Felder, dem Netzwerk der Bewässerungsanlagen, der Verkehrsadern, der Kette der berühmten und kunstreichen Städte auf den Höhen und den Besiedlungen unten im Tal bildet das Umbrische Tal das ›Herz des traditionellen Umbrien‹. Heute weiß man nichts mehr von den Versumpfungen der Tal-Ebene oder den Zerstörungen durch plündernde Eroberer. Der Übergang von einer gänzlich ländlichen Kultur zu einer weitgehend industrialisierten Zivilisation zeigt sich auch im Landschaftsbild. Manchmal wäre es bedrückend, wenn nicht wenige Kilometer daneben schon wieder die Ruhe gegen den Verkehrslärm, die Natur gegen die menschlichen Eingriffe die Oberhand gewonnen hätten. Von der hohen Warte aus verlieren hastige Betriebsamkeit und auf Höchstertrag ausgerichtete Agrar-Industrie ihren bedrohlichen Charakter.

Orvietano

Die Gegend um die Stadt Orvieto wird dominiert von dem markanten Tuff-Felsen, auf dem die Stadt hoch über der Talebene des Paglia-Flusses thront. Doch auch neben diesem fast

alle Aufmerksamkeit auf sich ziehenden Kunst-Block und den bei Orvieto Scalo sich ausbreitenden Fabrikanlagen entfalten sich landschaftliche Reize. Über die Autostrada und die gewaltige Schneise der ›Direttissima‹, der Eisenbahn-Schnellverbindung, schauen wir einmal hinweg – im Darüberfahren relativiert sich die Umwelt-Anklage. Doch dann, ein wenig die Hügel hinauf, gefallen Kornfelder, angenehm wahllos aus dem Boden wachsende Baumgruppen, ohne den Anspruch, ein Wald zu sein, alte Olivenbäume, denen keine Menschenhand das Wachstum des Stammes und der Zweige vorgeschrieben hat, Weinfelder, nun schon in großem Stil, die sich die Hügel hinauf- und hinunterziehen und die Basis für einen vorzüglichen Tropfen bilden – und plötzlich eine Mondlandschaft voll kahler karstiger Einschnitte, die einen das Fürchten lehren kann.

Ternano und Amerino

Die Landschaft um Terni (Ternano) und Amelia (Amerino) scheint zunächst ganz von der modernen Zeit, von Industrieanlagen und Verkehrswegen, heimgesucht zu sein. Es ist wie ein Zufall, daß uns gerade hier in Otricoli, dem römischen Ocriculum, das Bukolische, die uralte Kultur des Bodens, das Leben der Hirten und Bauern, so nahekommen. Wir können in diesem Gebiet noch Zeugnisse der mittelalterlichen Feudalstrukturen wahrnehmen, in den kleinen Burgen und Festungen, aber auch, wenn wir bei genaueren historischen Studien den Besitzverhältnissen, den verschiedenen Abhängigkeiten, den Leibeigenschaften und Pachtverträgen nachgehen.

Tal der Nera – Valnerina

Das Tal der Nera, das hinaufführt in das Heiligen-Gebiet von Norcia und Cascia – und weiter zur windigen Hochebene von Castelluccio, in der sich das Grün des Weidelands mit dem Knallrot des Mohns mischt, zu der es Bergwanderer und Skitouristen zieht –, ist uns besonders lieb. Es mag daran liegen, daß manches dort heimatlich erscheint, so wie es in Mitteleuropa zur Zeit der Großväter, bald der Urgroßväter ausgesehen haben mag. Ein stiller Wiesengrund, ein rauschen-

Blick von Trevi in die Valle Umbra

des Bächlein silbern und hell, der dunkle Wald ... In diesem Tal, fern von brausenden Autos und ohne den Anblick mißbrauchter Natur, kamen wir uns manchmal vor wie jener unbeschwerte Wanderer, den der deutsche Romantiker Joseph von Eichendorff (1788-1857) in der Novelle ›Aus dem Leben eines Taugenichts‹ nach Italien, in das Land unendlicher Sehnsucht ziehen läßt.

Klima

Wenn wir kurz einen Hinweis auf das Klima geben, beantworten wir damit auch die Frage auf die zum Reisen günstigste Jahreszeit. Ganz allgemein gilt, daß auch in Umbrien das mediterrane Klima heiße und ziemlich trockene Sommer bringt, nicht zu kalte, doch zugleich feuchte Winter, während Herbst und Frühling typische Übergangszeiten sind, mal mehr zurück-, mal nach vorwärts gewandt. Das bedeutet, daß es im Sommer, besonders in den Ebenen und Städten, sehr heiß werden kann, bis zu 40 Grad. Entweder fühlt man sich dabei wohl, oder man fährt ein paar Kilometer weiter, höher hinauf, und schon weht ein freundliches Lüftchen, die Temperatur sinkt um ein paar entscheidende Grade. Ohnehin liegen etwa Spoleto, Perugia und Gubbio zwischen 400 und 500 Meter hoch. Außerdem ist es zu den Küsten im Osten wie im Westen nicht weit, auch wenn man dabei unserer Region abtrünnig wird.

Gegen Regen und Kälte weiß sich der Besucher aus dem Norden ohnehin zu wappnen. Es regnet nicht übermäßig viel in Umbrien, aber doch nicht so selten, daß man ohne (leichten) Regenmantel und Schirm auskäme, was für alle Monate gilt, von September bis November jedoch besonders. Deshalb im Herbst nicht nach Umbrien zu fahren, wäre jedoch die falsche Schlußfolgerung. Gerade Frühling und Herbst mit ihren besonderen Farben sind als Reisezeit zu empfehlen; im Juli und August machen vor allem die Italiener ihre Ansprüche auf die umbrischen Ferienorte geltend.

Ein Hinweis sei jedoch auf die Winde gestattet! Selbst Umbrien-Fans sprechen von einem spürbaren Regiment der Winde. Das ist natürlich übertrieben, vor allem wenn man klug bedenkt, daß aufgrund der geographischen Lage fast immer ein Lüftchen wehen muß, Umbrien also eine eigene ›Klimaanlage mit Wirbler‹ besitzt. Jacke oder Pullover hat man am besten immer griffbereit; in Kirchen, Trattorien oder auf Aussichtsterrassen können sie nie schaden.

Gern würde ich für den interessierten Beobachter von Flora und Fauna ein Kapitel über die besondere umbrische Pflanzen- und Tierwelt einrücken. Sie würde es verdienen, da an manchen noch unberührten Stellen sich natürlicher Artenreichtum entfaltet, da etwa der Trasimener See nach übereinstimmenden fachmännischen Meinungen seltene Tier- und Pflanzenarten aufweist. Allein, ich bin kein Experte und will mich deshalb zurückhalten. Nur ein praktischer Rat: Gehen Sie in der Sommerhitze oder überhaupt an warmen Tagen im freien Gelände nur mit festem Schuhwerk auf Gras oder Steinboden spazieren. Es lauert zwar nicht hinter jedem Fels eine Viper – sie hat mehr Angst vor festen Schritten als wir vor ihrem Dahinhuschen –, aber es gibt Giftschlangen in Umbrien. Bevor Sie sich sorglos ins Gras legen, stampfen Sie kräftig auf den Boden, daß die Erde mindestens zehn Meter weit bebt und alle bösen Tiere auf den Tod erschrecken.

Besiedlung

Bei unserem kurzen Streifzug durch die Landschaften haben wir schon die Bedingungen für die Besiedlung Umbriens kennengelernt; sie ist in den Tälern und Ebenen stärker als auf den Höhen, mit einer deutlichen Konzentration in den Städten der Mittellage, und zugleich geringer als im übrigen Italien. Das liegt generell daran, daß sich in Italien überhaupt die Bevölkerung in den Küstenzonen massiert (mit Höchstwerten etwa in Neapel oder Ligurien mit Genua).

Für die Geschichte müssen wir uns bei den Bevölkerungszahlen auf Schätzungen verlassen, wissen, daß Besiedlungen in vorgeschichtlicher, etruskischer und römischer Zeit vorhanden waren, daß Umbrien im Mittelalter im europäischen Maßstab als dichtbesiedelt galt – etwas weniger als die Toskana und Norditalien, doch weitaus mehr als in deutschen oder französischen Landstrichen –, infolge der hier stärkeren und zeitigen Bildung der ›Comuni‹, der Stadt-Gemeinden. Für die zweite Hälfte des 17. Jahrhunderts werden etwa 300000

Einwohner in den umbrischen Gebieten angegeben, eine Zahl, die bis ins 19. Jahrhundert hinein konstant bleibt, um dann kontinuierlich bis auf 800000 um 1950 anzusteigen. Mit der Eröffnung neuer wirtschaftlicher Möglichkeiten in Norditalien und Rom setzte nach dem Zweiten Weltkrieg eine starke Abwanderung ein bei gleichzeitiger Zunahme der Geburten, so daß man 1981 mit 808000 Einwohnern in den beiden umbrischen Provinzen von Perugia und Terni etwa die gleiche Bevölkerung zählte wie 1950. Was für die Toskana gilt, bestätigt sich auch in Umbrien: Da immer ein reger Austausch zwischen der Stadt und dem ›Contado‹, dem umliegenden Land herrschte, sind die Unterschiede zwischen städtischer und ländlicher Bevölkerung wenig spürbar.

Wirtschaft

Für die Entwicklung der Bevölkerungszahl und die Besonderheiten von Stadt und Land sind nicht zuletzt die ökonomischen Bedingungen von Bedeutung. In den letzten Jahrzehnten befindet sich Umbrien – wie so viele andere Regionen Italiens auch – in einer Phase des Übergangs von einer vornehmlich agrarisch geprägten Kultur zu industriellen Wirtschaftsformen. So sinkt der Anteil der in der Landwirtschaft Beschäftigten beständig. Betrug er im Jahr 1936 noch rund zwei Drittel der aktiven Bevölkerung, so ist er inzwischen auf weit unter ein Drittel gesunken, was freilich nach mitteleuropäischen Maßstäben immer noch hoch ist. Zugleich steigt, prozentual und absolut, die Zahl der in der Industrie und in den Dienstleistungsunternehmen Tätigen. Im wirtschaftlichen Ertrag und im Pro-Kopf-Einkommen liegen die Umbrier im nationalen Durchschnitt, das heißt, es geht ihnen nicht so gut wie den Norditalienern, doch besser als denen im Süden. Wenn Umbrien auch nicht zu den von der Cassa del Mezzogiorno, der Kasse für Süditalien, geförderten Gebiete gehört, so leistete der Staat doch wesentliche Hilfen bei der Bewältigung der nicht geringen Strukturprobleme, oder sagen wir besser: für die Erhaltung der nicht auf wirtschaftlichen Höchstertrag ausgelegten Strukturen – Bäume ›bringen‹ nicht so viel wie Fabrikschornsteine.

Gehöft bei Bettona

So finden wir neben den mehr und weniger fruchtbaren Feldern ausgedehnte Wälder, Wiesen und Weiden. Mischkulturen prägen insgesamt die Landschaft, so daß wir auf Kornfelder und Pflanzungen für Viehfutter, Olivenhaine und Weinfelder stoßen. Dazwischen treffen wir überall auf Gehöfte, hier ›Tenuta‹ genannt (in der Toskana ›Fattoria‹), bei denen man noch recht gut das ›Herrenhaus‹ und das des Pächters oder Halbpächters (Mezzadro) unterscheiden kann. Auf den Feldern wachsen Weizen und Mais, Kartoffeln und Tomaten, Tabak und Zuckerrüben. Immer mehr versucht man, die Qualität von Wein und Olivenöl zu steigern, um vom Massenprodukt mit geringen Preisen abzurücken, was freilich bei der Konkurrenz anderer italienischer Regionen mit bereits eingeführten Spitzenprodukten nicht einfach ist. Die Viehwirtschaft umfaßt Rinder, Schweine und Schafe; auch hier geht man immer mehr zu hochtechnisierten Methoden über. Wälder (Holzwirtschaft), Flüsse und Seen (Fischfang) werfen keine hohen Erträge ab; dafür geben sie der Region ihre landschaftlich schönen Akzente.

Auch die Industrie befindet sich in einem Umwandlungsprozeß. Die Stahl- und Eisenfabriken von Terni müssen wie alle Betriebe dieser Art in Westeuropa mit starken Schwierigkeiten kämpfen. Die Wasser-Energie wird genutzt, so daß Umbrien elektrischen Strom in andere Regionen – so nach Rom – exportieren kann. Doch die Zukunft liegt wohl eher in den kleinen und mittleren Unternehmen. Deren Produktionspalette reicht von Spezialstahl- und Eisenwaren über Kleinmaschinen, chemische Produkte, Textilien, Druckerzeugnisse und Lebensmittel bis zur keramischen Massenware und künstlerischen Töpferei.

Eine immer wichtigere Rolle spielen Handel und Tourismus. Handel und Dienstleistungen können sich die zentrale Lage der Region zunutze machen. Der Tourismus profitiert von der Anziehungskraft der religiösen Stätten, der Natur und der Kunst Umbriens. Auch da muß er freilich mit den anderen Regionen Italiens rechnen, die in den Strukturen, mit Hotels und Pensionen, mit einem großen Angebot an Ristoranti und anderen touristischen Einrichtungen ein paar Schritte voraus sind. Aber wir werden sehen, daß gerade dies einen nicht geringen Reiz dieser Region ausmacht.

Votiv-Majolika aus Deruta, 1662

Geschichte und Geschichten

Die Antike – von den Umbrern zu den Römern
Anfänge des Christentums

Hat Umbrien überhaupt eine Geschichte? Eine eigene Historie, deren Schauplatz Umbrien, deren Träger und Gestalter die Umbrer der Antike, die Umbrier der Neuzeit sind, von einer aktiven Rolle in der Weltpolitik ganz zu schweigen? Wenn wir flüchtig die italienische Geschichte überblicken, so fällt Umbrien nicht sogleich auf. Dennoch ist hier viel geschehen, was seine Bedeutung für Italien hat und seine Schatten auf ganz Europa wirft.

Das fängt in vorgeschichtlicher Zeit an. Archäologische Funde verschiedener Art haben für die einzelnen Epochen der Steinzeit in Umbrien Siedlungen nachgewiesen, sogar eine bestimmbare Kultur, ›Rinaldone‹ genannt, für ein Gebiet, das anders als heute noch stärker von Flüssen und Seen geprägt war. Über die Gruppen der Eisenzeit wissen wir sogar einiges, etwa ihre Namen, *Naharci* und *Turski* (Etrusker). Sie waren den Umbrern – wenn wir diese Bezeichnung für die hier am längsten kontinuierlich ansässige Volksgruppe der Italiker gebrauchen wollen – feindlich. Diese Umbrer müssen einen besonders schweren Stand gehabt haben, denn ihr Gebiet in der Mitte der Apennin-Halbinsel ohne feste geographische ›Zäune‹ bot sich zu offen als Durchzugsland zwischen Nord und Süd, Ost und West an.

Als sich das Dunkel der Prähistorie lichtet und bessere Zeugnisse greifbar werden, vom 7. vorchristlichen Jahrhundert an, erweist sich der vielgekrümmte, sumpfreiche Tiber als Scheidelinie: Auf dem rechten (westlichen) Ufer siedeln die *Etrusker,* auf dem linken Italiker einer indoeuropäischen Sprache, die *Umbrer.* Von dieser umbrischen Kultur besitzen wir in der *›Tavole Eugubine‹,* den Tafeln von Gubbio, die im Jahre 1444 in der Nähe des römischen Theaters der Stadt gefunden wurden, ein wichtiges kulturhistorisches Dokument aus dem 2. oder 1. Jahrhundert vor Christus, als also schon

Etruskische Nekropole ›Crocifisso del Tufo‹ bei Orvieto

lange Beziehungen zu Rom bestanden. Es sind sieben Bronzetafeln mit Texten in umbrischer Sprache, zumeist in etruskischer, zum kleineren Teil in lateinischer Schrift, die uns Kunde über liturgische und städtische Ordnung geben und darauf verweisen, daß die Umbrer im Gravitationsfeld zweier bedeutender Kulturen – der etruskischen und der römischen – lebten und dabei dennoch Eigenständigkeit bewahrten. Auch dieses Grundmuster der politischen Konstellation sollte im Lauf der Geschichte wiederkehren. Oft standen die Umbrer zwischen Römern und deren Widersachern, seien es die Etrusker oder die Karthager Hannibals, seien es die Ghibellinen als Anhänger der deutschen Kaiser-Könige im Kampf mit den Guelfen, den Parteigängern des Papstes.

Für die rechte (westliche), etruskische Tiber-Seite sind in den Jahrhunderten vor Christus die dominierenden Stadtsiedlungen von Orvieto und Perugia bezeugt, für das östliche (linke), umbrische Ufer die von Todi (Tuder, Tular); insgesamt werden auf den Hügeln bereits weit mehr Orte existiert haben. Wir wissen, daß die Römer, die Bewohner der Sieben-Hügel-Stadt vor der Tiber-Mündung, ›imperialistisch‹ auf Expansion bedacht, den Kampf um die Vorherrschaft in Mittelitalien aufnahmen und trotz des Widerstands der Gallier, Samniten, Etrusker und Umbrer am Anfang des 3. vorchristlichen Jahrhunderts (in der Schlacht von Sentinum, dem heutigen Sassoferrato, im Jahr 295) siegreich beendeten. Als acht Jahrzehnte später (217 vor Christus) der Karthager Hannibal mit seinem Heer den Römern am Trasimener See eine fast vernichtende Niederlage beibrachte, hatten römische Macht und Zivilisation die Umbrer schon so weit durchdrungen, daß sie nicht an einen Abfall von Rom dachten und treu blieben. Dazu hatte auch die Eröffnung der *Via Flaminia,* der Fernstraße von Rom zur Adria, mit den Segnungen von Verkehr und Handel beigetragen. In den unruhigen Jahrzehnten vor dem Beginn der römischen Kaiserzeit erhielten die umbrischen ›Kolonien‹ und Siedlungen die Anerkennung als Municipium und ihre Bewohner das römische Bürgerrecht.

Damit wurde die umbrische Geschichte zu einem Teil der römischen Innenpolitik mit allen sozialen Spannungen, persönlichen Gegnerschaften der Mächtigen in der Hauptstadt, Konsequenzen der Landverteilungen und -reformen. Properz, wohl in Assisi geboren, beklagt, daß sein Vater bei einer solchen Veränderung die Ländereien verloren habe. In den

Perugia, Arco di Augusto – etruskisch-römisches Stadttor

inneren Auseinandersetzungen Roms beging Perugia zuweilen den Fehler, sich auf die Seite des Schwächeren zu schlagen, was der Stadt jedoch den zweifelhaften Vorzug einbrachte, in der Literatur erwähnt zu werden. *Bellum Perusinum,* der Krieg um Perugia in den Parteikämpfen nach Caesars Ermordung, und *Perusina Fames,* der Hunger derer von Perugia während der Belagerung durch Octavian, den späteren Kaiser Augustus, sind bekannt. Augustus ließ die Stadt ihren Widerstand und die nachfolgende Zerstörung jedoch wieder vergessen, indem er viel für ihren Wiederaufbau tat. Unter Augustus erscheint auch der Name Umbrien als Bezeichnung der *Regio Sexta,* der Sechsten unter den Regionen des Reiches, mit denen der Kaiser auch der ethnischen Vielfalt und Teilung Italiens gerecht werden wollte; allerdings gehörte Perugia zur Septima (VII), zur Siebten, zu Etruria (rechts-tiberisch), und Nursia (Norcia) zur Quarta (IV), zu Samnitica.

Die Fruchtbarkeit der umbrischen Lande war bekannt und wurde schon damals durch die Trockenlegung der Sümpfe und Flußniederungen gesteigert. Die altrömischen Schriftsteller erwähnen Obstkulturen, Weinanbau und Viehzucht, wobei sie bei den Schafen »jährlich dreimalige Geburt« rühmen. Kaiser Diokletian (284-305) änderte die Verwaltungsgrenzen und schuf die Region *Tuscia et Umbria.* Überall, wo die Römer mit militärischer Macht auftraten, in Kleinasien ebenso wie in Britannien und Germanien, hinterließen sie auch die Spuren ihrer Zivilisation. Um wieviel mehr dann ganz in der Nähe! So finden wir römische Zeugnisse, kleine und große, in Spoleto und Terni, in Foligno oder Assisi, hier ein Theater, dort einen Tempel, hier Stadtmauern, dort den geordneten Plan der Stadtanlage.

Dann dringt das Christentum langsam und nicht ohne Widerstand nach Umbrien ein. Ein Reskript des Kaisers Konstantin (312-377) erlaubt den Umbrern ausdrücklich ihre eigenen religiösen Jahresfeste, ein Zeichen dafür, daß das christlich-lateinische Wort für Heiden, ›pagani‹ (jene, die auf dem Land leben), besonders im Unterschied zum nahen Rom seine ursprüngliche Bedeutung zu Recht trug. Zu Beginn des 4. Jahrhunderts werden schon mehrere christliche Gemeinden in umbrischen Orten bezeugt, und ein paar Jahrzehnte später sind bereits 22 Bischofssitze erwähnt. Doch der Aufstieg des Christentums im Imperium Romanum ist zugleich der Niedergang des Römischen Reiches, sei beides nur zeitgleich oder auch kausal miteinander verbunden. Nicht zufällig wird sich da auch das religiöse Leben aus den geschäftigen und nun durch die neuen Völker gefährdeten städtischen Zentren verlagert haben. Da irdische Macht so zerbrechlich geworden war, zog man hinaus in die Einsamkeit. Eremiten, Einsiedler und kleine Mönchsgemeinschaften drücken mit ihrem Auszug aus der Bürger-Welt aus, daß auf alles Irdische kein Verlaß mehr sei, daß alles Zeitliche jetzt der Suche nach Gott weichen müsse. Aus dem Umfeld des Verzagens an der Welt, des Hoffens auf Überirdisches kommt Benedikt von Nursia (geboren 480), der Begründer des abendländischen Mönchstums, mehr noch, ein Vater des Abendlandes, jener Mann, der wie kein anderer den Übergang von der Antike zum Mittelalter markiert. Hier müssen wir ein neues Kapitel aufschlagen. (Über Benedikt von Nursia siehe Seite 64.)

Assisi, der antike Minerva-Tempel, später zur christlichen Kirche umgewandelt

Ausflug ins Mittelalter

›Ausflug ins Mittelalter‹ hätte ich – wie gesagt – am liebsten diesem Buch als Untertitel gegeben. Denn so lebendig und reich bezeugt, mit den Händen greifbar wie in Umbrien stellt sich das Mittelalter kaum sonst irgendwo dar. Vergessen wir dabei nicht: Was wir ›Mittelalter‹ nennen, umfaßt hier einen Zeitraum von tausend Jahren, vom 5. bis zum 15. Jahrhundert, eine längere Periode, als wir von seinem Ende entfernt sind. Was Umbrien an großen und kleinen Kunstwerken bietet, stammt vornehmlich aus dieser Zeit. In dieser Beschränkung – immerhin auf ein Jahrtausend – liegt meiner Ansicht nach ein großer Vorteil: Wir werden nicht ›abgelenkt‹ von Renaissance und Barock, wie es natürlich in den nahegelegenen Kunst-Hochburgen der Toskana und Rom der Fall ist. In Umbrien können wir uns ganz in dieses Mittelalter vertiefen und werden dabei merken, daß es nicht nur ›finster‹ gewesen ist und – als zweites – daß man gewöhnlich wenig über dieses Jahrtausend weiß. Nur wer diese Entdeckungsfahrt ins Mittelalter gern unternehmen will, wird mit Gewinn nach Umbrien fahren, wird auch mehr Freude an diesem Buch haben. Für mich selbst war es ein abenteuerliches Aufspüren. Die Zeugnisse an Ort und Stelle, die Plätze und Kirchen, die Bilder und Skulpturen, die Klöster und Konvente, lockten immer mehr, sich mit dieser fernen Vergangenheit zu beschäftigen.

Das Mittelalter hat unterschiedlich interessiert und fasziniert. Immer wieder hat es auch vom Zeitgeschmack bestimmte Aufmerksamkeit dafür gegeben. So hat jüngst das Buch des Italieners Umberto Eco ›Der Name der Rose‹ (›Il Nome della Rosa‹) die Neugier geweckt. Von solchen zufälligen Strömungen ließen sich ernsthafte Historiker nicht beeinflussen. Ihre Erkenntnisse bereichern unser Wissen über das Mittelalter seit Jahrzehnten. Doch während früher die ›große‹ Geschichte im Vordergrund stand, die Historie der Mächtigen, der Kaiser und Päpste, Könige, Herzöge und Bischöfe, der Adelsgeschlechter und Herrschaftswechsel, so will man heute mehr über das Leben der Menschen im Mittelalter wissen, darüber, wie sich ihr Alltag abgespielt hat, welchen Mühen und Leiden sie unterworfen waren, woran sie sich erfreuen konnten, welchen irdischen und überirdischen Mächten sie sich ausgeliefert fühlten.

Das Geschick des einzelnen wird freilich nicht verständlich, ohne nicht auch einen Blick auf die äußeren Bedingungen zu werfen, auf die sozialen und wirtschaftlichen Verhältnisse, auf langfristige politische und soziale Entwicklungen, auf die Früchte von Wissenschaft und Literatur, Religion und Kunst. So werden wir die Geschichte der Mächte und Mächtigen im Auge behalten, die die äußeren Strukturen des Lebens und den Alltag der Menschen weitgehend bestimmte.

Halten wir also fest: Die Geschichte der Mächtigen, die äußeren Lebensbedingungen und Rahmenentwicklungen sowie der Alltag – für diese drei Gebiete erhoffen wir uns in Umbrien Hinweise, nicht nur theoretische, sondern vor allem auch an konkreten Zeugnissen. Es drängt sich auf.

KLEINE MITTELALTER-BIBLIOGRAPHIE

Zum Glück gibt es gerade über das Mittelalter nicht nur gelehrte Geschichtswerke, sondern auch interessante Historien, die unseren Raum miteinschließen. Es ist freilich nicht ganz einfach, aus den vielen Einzeluntersuchungen, über die verschiedenen Städte oder kunsthistorischen Aspekte, über kirchengeschichtliche und politische Ereignisse und Entwicklungen jenes fertige Mosaik zu gewinnen. Die wichtigsten Autoren und Werke, die uns dabei geholfen haben und die wir beim Reisen in Umbrien am liebsten immer dabeigehabt hätten, wollen wir kurz erwähnen:

Da ist zunächst *Ferdinand Gregorovius* aus dem letzten Jahrhundert mit seiner ›Geschichte der Stadt Rom im Mittelalter‹, der direkt und indirekt viele Hinweise auf Umbrien als Teil des päpstlichen Interessengebietes und späteren Kirchenstaates gibt. Unersetzlich!

Einen reichen Steinbruch für manche Einsicht in die kleine und große Geschichte jener Zeit bietet das Standardwerk von *Arno Borst,* ›Lebensformen im Mittelalter‹ (1973).

Karl Hampe beschrieb schon 1927 die ›Herrschergestalten des deutschen Mittelalters‹; man sieht darin, wie Theoderich oder Karl der Große, wie Otto I., Heinrich IV., Friedrich Barbarossa oder Karl IV. in unseren Raum hineinwirken.

Nicht nur herrscherliche, sondern alle möglichen Personen rückt *Werner Goez* in seinem Buch ›Gestalten des Hochmittelalters‹ (1983) ins rechte Licht, und, obwohl er die Zeit nach den deutschen Königshäusern – Ottonen, Salier und Staufer – einteilt, sind wir oft genug in Umbrien dabei.

Hans Werner Goetz unternahm 1986 den Versuch, das ›Leben im Mittelalter‹ (vom 7. bis zum 13. Jahrhundert) darzustellen, den Alltag vor uns auszubreiten, und belebt so die Felder und Fluren, die Höfe der Adligen und Gehöfte der Bauern, Kirchen und Klöster.

Horst Fuhrmann spricht eine ›Einladung ins Mittelalter‹ (1987) aus, und es gelingt ihm, neugierig zu machen und an diese Epoche heranzuführen.

Das Leben der mittelalterlichen Städte beschreiben *Antonio Viscardi* und *Gianluigi Barni* in ›L'Italia nell'età comunale‹ (Italien in der Zeit der Stadt-Gemeinden), über viele Aspekte des täglichen und nicht so alltäglichen Lebens Auskunft gebend.

›Der ferne Spiegel – Das dramatische 14. Jahrhundert‹ von *Barbara Tuchman* (1978), obwohl andere Schauplätze des Spätmittelalters ins Licht rückend, vermag dennoch manchen Aufschluß über unser mittelalterliches Umbrien zu geben.

Obwohl *Joachim Bumke* in seinem Buch ›Höfische Kultur. Literatur und Gesellschaft im hohen Mittelalter‹ nur einen Bereich des mittelalterlichen Lebens beleuchtet – und diesen vor allem in Frankreich und Deutschland –, fällt genug Licht auf andere Räume; denn die Kultur der Hofes als der Spitze der Gesellschaftspyramide war allgemein europäisch.

Über den Niedergang des Römischen Reiches ist viel spekuliert worden. Und ebensoviel darüber, was sich danach in Italien und dann in ganz Europa geändert habe. Für das erste scheint die plausibelste und kürzeste Antwort: Die Kraft Roms und der Römer hatte sich erschöpft.

Jahrhundertelang hatten sie all ihre Mühen daran gewandt, ein Imperium zu erobern; und was uns als geradliniger Weg zur Weltherrschaft erscheint – Bellum Perusinum und Perusina Fames, Krieg und Hunger in Perugia eingeschlossen –, war stets von Mißerfolg und Niederlage bedroht. Jahrhundertelang hatten sie dieses Reich gehalten und ihren Willen allen anderen Völkern, darunter den Umbrern, mit Klugheit auferlegt. Nun erlahmten die Kräfte, und junge frische Völker drängten heran: die Germanen, die für ein ganzes Jahrtausend bestimmend für das Land im Nordosten Roms werden sollten. Es gilt auch für Umbrien, was der Historiker August Nitschke für die ersten Jahrhunderte des Mittelalters bemerkt: *»Die Germanen haben ihre Herrschaft über römisches Gebiet behaupten können, gerade weil sie Richtungen förderten, denen die eingesessene Bevölkerung ohnehin bereits mit Sympathie gegenüberstand.«*

Entscheidend für die Geschichte Umbriens ist, daß die Germanen nicht nur eine flüchtige, vorüberziehende ›Wanderung‹ durch Italien unternahmen, sondern sich im Römischen Reich einnisteten. Die alten Herrschaftsstrukturen in Italien leerten sich durch das Vergehen des Weströmischen Reiches, dessen endgültiges Ableben auf das Jahr 476 datiert wird. Sie mußten nun neu besetzt werden und wurden es. Dabei blieb das Reich nicht intakt. Schon unter den altrömischen Kaisern hatten die überzogene Bürokratie der Verwaltung und die zentralistische Planwirtschaft der Regierungen den Wohlstand gemindert. Die unruhigen Zeiten beeinträchtigten noch mehr die Landwirtschaft und minderten die Handwerksarbeit. Hungersnöte und Seuchen lähmten die Aktivität der Bevölkerung, führten zur Verwilderung der Fluren mit einer Zunahme der Wälder gegenüber den Feldern und zur Verwahrlosung der Wassersysteme mit nachfolgender Versumpfung der Flußebenen.

Der Ostgoten-König *Theoderich* (493-526), der Dietrich von Bern (Verona) der germanischen Sage, gilt in dieser schweren Zeit als »rechter Kaiser, nicht um Haaresbreite geringer als irgendeiner von denen, welche sonst diese Würde bekleidet haben« (Prokop). Theoderich, der nicht lesen und schreiben konnte, verstand sich ganz als Germane. Gegenüber den (›richtigen‹ West-)Römern wahrte er Distanz; gegen Byzanz, die Oströmer, die ihre Ansprüche auf Territorien in Italien immer wieder mit militärischen Interventionen und Besatzungstruppen durchsetzen wollten, versuchte er ein ›großgermanisches Bündnissystem‹ zu schmieden. Denn auf die europäische Szene traten nun neben den schon genannten Stämmen Franken und Burgunder, Thüringer, Alemannen und Bayern. Der Merowinger Chlodwig ließ sich römisch-katholisch taufen und legte so den Grundstein zum späteren fränkischen Imperium und Heiligen Römischen Reich.

Doch Italien bleibt und Umbrien wird Kampfstätte. Nach Theoderichs Tod sieht der oströmische Kaiser *Justinian* (527-

565) die Gelegenheit, seine Stellung auf der Apennin-Halbinsel zu festigen. Seine Feldherren *Belisar* und *Narses* lehren die Ostgoten das Fürchten. Als der Ostgotenkönig Italien zurückerobern will, müssen die Einwohner von Spoleto, Assisi und Perugia darunter leiden. Als dann doch die Oströmer siegen, 552 in der Entscheidungsschlacht von Gualdo Tadino, wird Umbrien byzantinisch; Herr ist nun der Exarch von Ravenna als Statthalter des Kaisers im fernen Byzanz. In jenen Kriegsjahrzehnten des 6. Jahrhunderts zeigt sich die unverbrauchte Kraft der christlichen Religion. 529, drei Jahre nach Theoderichs Tod, gründet der Umbrier *Benedikt* das Kloster Monte Cassino und damit das abendländische Mönchstum, das eines der wichtigsten Fermente der mittelalterlichen Entwicklung wird. Damals festigt sich auch in den Städten die Stellung der Bischöfe. Oder stärken sich die Städte durch die Arbeit, Verwaltung und Seelsorge der Bischöfe?

Ebenso bedeutsam für Umbrien ist, daß ein neues germanisches Volk nach Italien zieht, die *Langobarden,* mit der festen Absicht, hierzubleiben. Sie gründen in Pavia ein Königreich und im Jahr 571 das Herzogtum (Dukat) Spoleto – was sich einfacher liest, als es in jahrzehntelangen Kämpfen gegen Byzanz und seine Exarchen gelingt. Die germanischen Eroberer und die umbrisch-römischen Einheimischen bereichern sich im Dukat auf verschiedenen Gebieten gegenseitig. Am Ende des 6. Jahrhunderts zeigen sich Altes und Neues bunt gemischt: Papst Gregor der Große (590-604) gibt der römischen Kathedra mehr Prestige – das hatte vor ihm schon Leo der Große (440-461) versucht – und führt das Papsttum durch die Missionierung der Angelsachsen in kontinentale Dimensionen. Langobarden und Byzantiner stehen sich in Umbrien argwöhnisch gegenüber; die Schwäche der einen ist stets der Gewinn der anderen. Nicht überflüssig zu erwähnen ist, daß im fernen Arabien Mohammed geboren wird; seine Sarazenen sollen bald zu Raubzügen auch auf der Apennin-Halbinsel auftauchen und die politische Lage weiter verwirren. Noch sind die Franken zu sehr mit sich selbst beschäftigt, um sich Italien und Umbrien zuzuwenden.

Die frühchristlich-langobardische Kirche San Salvatore in Spoleto

Das politische Papsttum
Anfänge und Entwicklung

Zu einer Konstante der Italien-Politik wird nun neben der geistlichen Stellung des Bischofs von Rom zunehmend seine weltliche, nachdem Rom nicht mehr das imperiale Haupt der Welt ist, sondern – ja, was genau? – jene Instanz, die den Bewerbern um die Nachfolge im Imperium den Zuschlag für die Kaiserwürde erteilen kann? Noch ist es nicht soweit. Nur langsam stellt sich bei den römischen Bischöfen die Erkenntnis ein, man könne nicht einem weltlichen Herrscher unterworfen sein, wenn man als Nachfolger des Petrus den unüberwindbaren Felsen der Kirche bilden und ihre Unabhängigkeit gewährleisten wolle. Wenn aber nicht einem anderen untertan, so weiter die Überlegung, müsse man sich eine eigene, wenn auch bescheidene Machtbasis in der Stadt und im Umland schaffen. Wer weiß, ob die Päpste auf solche Gedanken gekommen wären, wenn kein Machtvakuum wie das in der Nachfolge des weströmischen Imperiums zum Ausfüllen eingeladen hätte. Andererseits entwickeln die Bischöfe Roms in den ersten Jahrhunderten des Mittelalters nicht jenen militärischen Ehrgeiz, der manche von ihnen an seinem Ende, im 15. und 16. Jahrhundert, zum Schaden der Kirche umtrieb. Festzuhalten ist, daß die Bischöfe an den Gräbern der Apostel Petrus und Paulus fortan weder ihre geistliche noch ihre weltliche Stellung aus den Augen gelassen haben. Umbrien, das jahrhundertelang zum Kirchenstaat gehörte, ist der Ort, auf Ursprünge und Entwicklung dieses päpstlichen Territoriums einzugehen, zumal die Geschichte der deutschen Kaiser-Könige des Heiligen Römischen Reiches damit aufs engste verknüpft ist.

In der Geschichte des Papsttums und des Kirchenstaates spielen *zwei Schenkungen* eine große Rolle: die *Konstantinische* und die *Pippinische*. Früher haben die Historiker bei der ersten anklagend von Fälschung gesprochen. Das ist sie auch; aber damit wird nicht das Wesentliche charakterisiert. Für die Fälschungen des Mittelalters im allgemeinen und insbesondere die des 8. Jahrhunderts hat der Historiker Horst Fuhrmann einleuchtende Erklärungen gefunden: *»Die Konstantinische Schenkung ist Bestandteil der mittelalterlichen Staats- und Kirchen-*

lehre. Sie ist ein Privileg, mit dem Kaiser Konstantin um das Jahr 330, als er seine Residenz von Rom nach Byzanz, das bald Neu-Rom hieß, verlegte, Rom und das Abendland an Papst Silvester verschenkt haben soll, so daß der Papst die abendländische Kaiserwürde verleihen konnte. In Wirklichkeit dürfte diese Konstantinische Schenkungsurkunde in der zweiten Hälfte des 8. Jahrhunderts von römischen Geistlichen fabriziert worden sein. Die offizielle Kirche hielt später diesen den Kirchenstaat begründenden Schenkungsakt für so wichtig, daß als Ketzer angesehen wurde, wer das Dokument zurückwies.«

Dadurch wird klar, warum im 8. und in den nachfolgenden Jahrhunderten die Päpste die Herrscher der Franken (und später die deutschen Könige) gegen die Langobarden sowie gegen byzantinische und oströmische Ansprüche (und gegen inner-römische Widersacher) zu Hilfe rufen konnten. Diese leisteten dem römischen Bischof Beistand, weil sie dadurch einen Rechtstitel auf Italien gewannen und diese schönen Ländereien und Städte ihrem Reich einverleiben konnten. Der Einsatz schien lohnend genug.

Die Päpste engagieren sich bald noch mehr. Im Jahr 753/54 reist Papst Stephan II. über die Alpen ins Frankenreich und bittet König Pippin (751/52-768) um Schutz gegen die (auch in Umbrien herrschenden) Langobarden. Diese hatten das Exarchat von Ravenna und das Herzogtum Spoleto erobert, damit die byzantinische Herrschaft in Mittelitalien beendend. Sie hatten sich außerdem vom arianisch-christlichen Bekenntnis zum römisch-katholischen Glauben bekehrt, ließen deshalb jedoch nicht den römischen Bischof in Ruhe. Diese Hilfe sagt Pippin, seinerseits an päpstlicher Anerkennung seines neuen karolingischen Königtums interessiert, zu und verspricht dazu noch großzügig in einer – allerdings verlorenen – Urkunde, jene Gebiete in Mittelitalien, die man den Langobarden rauben würde, dem heiligen Petrus, das heißt: der römischen Kirche, zu schenken. Diese *›Pippinische Schenkung‹* betraf also Gebiete, die Pippin gar nicht gehörten oder – wenn man an die Konstantinische Schenkung denkt, die als Fälschung um dieselbe Zeit entstand – Territorien waren, die Konstantin im 4. Jahrhundert den Päpsten grundsätzlich geschenkt hatte, die diese dann dem Franken-König theoretisch-rechtlich weitergaben und von realen Herrschern dann wirklich bekamen. Was Pippin in Aussicht gestellt hatte, erfüllte sein Sohn, Karl der Große (768-814), von Papst Leo III. darob am Weihnachtsfest des Jahres 800 mit dem Kaisertitel belohnt.

Historiker haben kluge Debatten darüber geführt, was die deutschen Könige fast das ganze Mittelalter hindurch eigentlich in Italien zu suchen hatten. Ob die Deutschen damit nicht ihre Kräfte verzettelten? Es lohnt sich, bei den Fahrten durch Umbrien über diese germanische Präsenz nachzudenken, den teutonischen Drang nach Süden, darüber, ob sich die deutschen Herrscher nicht wie ihre zentralistisch regierenden Amtskollegen in Frankreich oder England vornehmlich um die ›häuslichen‹ Dinge hätten kümmern können. Dafür kurze, bündige Erklärungen geben zu wollen, wäre angesichts der vielen geschichtlichen Untersuchungen vermessen. Plausibel erscheint folgendes: Die italienischen Lande wurden den fränkischen – und in ihrer Nachfolge den deutschen – Königen angeboten. Karl der Große konnte sie unter dem Titel des päpstlichen Rechts von den Langobarden, die er ohnehin bekriegte, erobern und einen Teil dem Papst als Patrimonium Petri übergeben – freilich unter fränkischer Oberhoheit: der Konflikt des Hochmittelalters war damit angelegt; die Lande waren schön, wirtschaftlich und kulturell reich, ja die Blüte Europas, und selten hatte man in Italien auch in den folgenden Jahrhunderten die Kraft, Widerstand zu leisten, und nie die Möglichkeit, ganz Italien gegen deutsche Ansprüche aufzubieten. Sprachgrenzen spielten im übernationalen Mittelalter keine Rolle. Zudem waren die deutschen Könige in Deutschland selbst durch zentrifugale ›föderalistische‹ Gegenkräfte stets eingeengt. Sie erhofften von den italienischen Reichsteilen Unterstützung für ihre Königsherrschaft. Und in der Tat: Ein mächtiger deutscher König wurde durch Italien stärker, ein schwacher verbrauchte sich. Deshalb ist die Geschichte der deutschen Kaiser-Könige des ›Ersten Reichs‹ mit den Päpsten und den italienischen Landen aufs innigste verbunden, im guten wie im feindlichen Sinn.

Doch zunächst mußten die römischen Bischöfe ihre innerkirchliche Stellung stärken. Was ihnen als den Nachfolgern Petri in Rom an gläubiger Verehrung von den Nord-Völkern willig gegeben wurde, sollte auch kirchenrechtlich verankert werden. Dazu war vor allem notwendig, daß die Rechte der einzelnen Bischöfe, deren Zahl nun überall in Europa zunahm, auf Rom zentriert wurden. Die Bischöfe sollten nicht dem Metropoliten, dem Leiter eines Erzbistums und einer Kirchenprovinz, und nicht örtlichen Synoden unterstellt sein, sondern dem Papst. So fälschten Unbekannte um die Mitte des 9. Jahrhunderts päpstliche Dekretalen aus der Frühzeit der Kirche. Da sie diese einem Isidor Mercator zuschrieben, wurden sie ›Pseudo-Isidor‹ genannt und ihr Werk später ›Pseudo-Isidorische Dekretalen‹. Der Historiker Nitschke erklärt: *»Bei der damals vorherrschenden ›typologischen‹ Sicht von Geschichte und Natur lag es nahe, eine Ordnung, die man für die Zukunft erstrebte, auf eine in der Vergangenheit verwirklichte zu beziehen.«* Es ging freilich nicht nur um eine theoretische Sicht, sondern um einen machtpolitischen Willen, und dieser war ebenso wie die Praxis der Fälschungen keineswegs auf die Päpste beschränkt.

Klöster und Burgen

Aber noch ›entwickelt‹ sich Europa im 9. und 10. Jahrhundert, verlaufen die Kraftfelder des Papsttums und der fränkischen Monarchie noch ungeordnet durch Umbrien, so daß sich vor Ort relativ selbständige Zentren, noch immer mit langobardischen und byzantinischen Adligen und Beamten, bilden können. Zum anderen sollten auch die Päpste erst in späteren Zeiten ihren Sinn für feste politische und militärische Organisationen entdecken. So konnten auch Räuberbanden in den umbrischen Bergen ziemlich ungestört ihr Unwesen treiben. Um so segensreicher für das Land und die Bevölkerung wirkten sich dagegen Klöster wie *Sant' Eutizio bei Norcia, San Benedetto bei Assisi* oder *San Pietro in Valnerina* aus. Sie waren Zentren der Kultur, zunächst mehr der materiellen für die Aktivierung des Bodens, für Anbaumethoden auf den Feldern, Urbarmachung der Wälder, die Einrichtung von Ent- und Bewässerungsanlagen, dann auch der geistigen, doch meist nur für den engen Kreis der Geistlichen selbst. Die vielen kleinen Herren in Umbrien suchten sich gegen äußere Feinde mit Burgen, Türmen und befestigten Brücken zu

Kloster San Cassiano bei Narni

schützen; der Verdacht ist nicht von der Hand zu weisen, daß sie mit ihren defensiv gedachten, doch offensiv brauchbaren Einrichtungen Umbrien als Durchgangsland für Freunde, wie etwa Pilger, unsicherer machten.

Die Zeit vom Untergang des Weströmischen Reiches bis zur Jahrtausendwende, das frühe oder frühere Mittelalter, hat uns viele Dokumente über die große Politik hinterlassen; die Strukturen jener Zeit müssen wir uns schon etwas mühsamer erarbeiten; für die Alltagsgeschichte des menschlichen Lebens braucht es einige Vorstellungsgabe. Die Ordnungen des alten Imperium Romanum mit seiner hochentwickelten städtischen Kultur waren auch in Umbrien verfallen, die Lebenskraft war aus ihnen gewichen. Eigentlich war alles abwärtsgegangen. Nicht zuletzt ging auch die Bevölkerungszahl zurück, vielleicht sogar um ein Drittel gegenüber der Spätantike. Neue konkret wirkende Kräfte hatten sich durchaus gezeigt: die der christlichen Religion, die mit der Kirchenverwaltung schon organisatorische Strukturen von Wert entstehen ließ und vor allem mit den Mönchsorden einen entscheidenden Faktor für die gesamte Gesellschaft ins Spiel brachte, und nicht zuletzt die der germanischen Völker, die mit unverbrauchter Vitalität die Hinterlassenschaft der Antike zu einer neuen Kultur umformten.

Zudem bereiteten sich unübersehbar in dem grauen Teig der Völker in Umbrien gesellschaftliche Formen mit klaren Konturen vor. Die Führungsschichten, leitende Beamte und Kirchenmänner, Adlige und Ritter, prägten sich deutlicher aus, um einen herausragenden Platz einzunehmen. Immer mehr Menschen zog es in größere Siedlungen, in die Stadt-Gemeinden (Comuni), um ein Leben höherer, differenzierterer Qualität mit spezialisierten Berufen und Arbeitsteilung zu führen. Die Mönche wurden sich zunehmend bewußt, daß sie mit dem Blick auf das ewige Leben wichtige irdische Aufgaben zu erfüllen hatten. Die Jahrtausendwende war nicht nur ein numerisches Ereignis, sondern kann auch gut den Übergang der Völker und unserer Umbrier in ein klareres Leben markieren.

Wie lebte der Mensch im Mittelalter?

An dem Jahres-Datum 1000 in der Mitte des Mittelalters können wir ein wenig verweilen und uns die Frage stellen: Wie ging es eigentlich damals dem Menschen? Der Mediävist Arno Borst gibt eine weitgespannte Antwort für diese ›Conditio humana‹: *»Der Ablauf des Menschenlebens blieb das ganze Mittelalter hindurch von Eingriffen der Natur und Geschichte aufs höchste gefährdet; im Bereich von Jugend und Alter, Gesundheit und Krankheit hat sich zwischen den Epidemien des 6. und denen des 15. Jahrhunderts fast nichts geändert. Der einzelne Mensch erschien deshalb mit gutem Grund als gebrechlich und kurzlebig; er hatte die Zukunft sowenig im Griff wie die Gegenwart. Halt und Dauer suchte* *er in kleinen Gruppen. Prototyp dieser Gruppen war die Gemeinde, die örtliche Gemeinschaft von Zusammenwohnenden. Die Rodungsinseln des Frühmittelalters wurden ausgeweitet, bis im Spätmittelalter das Land weithin für Siedlung, Verkehr und Ernährung erschlossen war. Die räumlichen Lebensbedingungen verbesserten sich nicht gleichmäßig, differenzierten sich aber. Neben der fortdauernden Not schuf die Domestizierung der Umwelt neue soziale Freiheitsräume und beseitigte alle physischen Gefährdungen. In der Durchdringung des Kontinents und seiner Nutzbarmachung für die Menschen lag wohl die bedeutendste Leistung des Mittelalters. Da sich Dynamik und Mobilität lohnten, kam selten Resignation auf; nur wenige flohen in Träume vom urzeitlichen Paradies oder endzeitlichen Schlaraffenland. Die Wunschräume(rrräume) lagen auf Erden.«*

Das ist die Sicht des distanzierten Gelehrten. Der Wirklichkeit kommt nahe, wer sich den mittelalterlichen Menschen als einen von Geburt an Geplagten vorstellt. Die Bücher über die Lebensbedingungen im Mittelalter lehren uns vor allem eins: was der Mensch *nicht* hatte. Eigentlich alles das, was uns heute scheinbar notwendig zur Verfügung steht, wobei noch im geringsten die Qualität von Essen und Trinken, Kleidung und Wohnung zählt. Ihm fehlte die hilfreiche ›konzentrierte Energie‹ in Gestalt von Dampfmaschinen, Motoren und elektrischem Strom, es mangelte an Sauberkeit, Hygiene, öffentlicher Sicherheit, künstlichem Licht, an Schutz vor Krankheiten. Er war ausgeliefert allen Unbilden des Wetters und des Klimas, den Naturkatastrophen, Hungersnöten und Seuchen. Wie wenige gesunde, schmerzfreie Menschen hat es im Mittelalter gegeben, da doch alles ihnen zusetzte, die harte Arbeit, die mühsame Fortbewegung, Kälte, Hitze und Feuchtigkeit, die Enge im Zusammenleben, und alles Mühe war! Nicht der Mensch hatte die Natur im Griff, sondern sie ihn. Weit entfernt davon, sich die Erde untertan zu machen, war er froh, wenn die Erde ihn nicht immer in den Staub zwang. Fruchtbar zu sein und sich zu mehren, war ein schöner Traum, der durch die hohe Kindersterblichkeit, die hohe Abnutzung des menschlichen Körpers, durch Krankheiten – alles in der abstrakten Zahl der geringen mittleren Lebenserwartung von wenig mehr als dreißig Jahren zusammengefaßt – früh zunichte gemacht wurde.

Wir können uns diesen mittelalterlichen Menschen besser vorstellen – und dieses Gedankenspiel sollten wir einmal im Anblick eines ›mittelalterlichen‹ Städtchens unternehmen –, wenn wir den modernen Mitteleuropäer des 20. Jahrhunderts Stück um Stück seiner Errungenschaften entkleiden, der (Sonnen-)Brille und der Kopfschmerztabletten, der Armbanduhr und der Brieftasche, des Autos und des Telefons, des Rettungswagens und der Klinik, seiner Krankenkasse und der Rentenversicherung, der Unter-40-Stunden-Woche und des Urlaubsgeldes. Das große Glück des Menschen im Mittelalter war, daß er von all dem nichts wußte, daß er noch nicht einmal sagen konnte, mein Leben muß so sein. Es war einfach so, und er war vermutlich mit Geringem zufrieden.

Was man auch im Mittelalter war, ob Herr oder Knecht, Bauer oder Bürger, Geistlicher und Mönch oder Ritter und Adliger – das Leben war nie frei, sondern von Bindungen, Abhängigkeiten und Pflichten vorgeprägt, von Normen, Verhaltensweisen und Sittenmustern bestimmt, vom gegebenen Lebensraum und dem sozialen Geflecht eingeengt, von den geringen technischen Möglichkeiten und starren ökonomischen Faktoren vorgezeichnet. So war das Leben nun einmal, und niemand konnte sich erinnern, es sei anders gewesen. Wenige konnten es anders denken, abgesehen von den Unterschieden zwischen Arm und Reich, und wenn, dann betrat man das Reich des Glaubens, der Verheißungen eines besseren himmlischen Lebens, die fernen Höhen weit ab von dem irdischen Jammertal, das für Päpste und Könige, für den Edelmann wie für den Bettler, im Grunde ähnlich war. Zahnweh genügte, um alle gleichzumachen. Nicht nur wer arm war, mußte früh sterben; fast alle mußten es.

Im neuen Jahrtausend

In den dichter bewohnten Siedlungen lebt es sich besser, sicherer, freier und leichter als auf dem Land. Diese Einsicht setzte sich nach der Jahrtausendwende in Umbrien immer mehr durch. Dazu mußte man freilich – mit den tradierten Erfahrungen der Antike – wieder imstande sein, städtisches Leben zu organisieren. Das fing damit an, die Bauern für

Kaiser Friedrich Barbarossa, Relieffigur am Seitenportal des Domes von Foligno

die Lieferung von Lebensmitteln zu gewinnen und für die Produktion von Gütern zu sorgen, die man diesen als Entgelt geben konnte. Während Klöster und Burgen ganz von ihrer Umgebung lebten, öffneten sich die Städte dem Warenaustausch, bildeten Berufe aus, die den Bedürfnissen einer Gruppe von enger zusammenlebenden Personen gerecht wurden und über das Eigen-Notwendige hinaus produzierten, also jene Erzeugnisse herstellten, die eigentlich erst eine Wirtschafts-Gemeinschaft begründen. Da bildete sich im 11. und noch mehr im 12. Jahrhundert eine neue Klasse heraus: Stadtbewohner, Bürger, die nicht mehr nur in der Not überlebten, sondern ihr Leben zu gestalten begannen, stets mit dem förderlichen Segen des Bischofs. Perugia, Spoleto und Foligno etwa nehmen ›Form‹ an. Sie sollten zur ›Manövriermasse‹ in dem nun anhebenden Ringen zwischen Päpsten und Kaisern werden.

Worum sich im 11. Jahrhundert die deutschen Kaiser-Könige und die römischen Päpste streiten, wird aus der Überlagerung ihrer Ansprüche deutlich. Die italienischen Lande waren Reichsgebiet, der deutsche König, stets bedrängt von den deutschen Fürsten, hielt ihren Besitz für notwendig. Für die Bewahrung seiner Herrschaft und für die Verwaltung waren ihm zugleich die Bischöfe unersetzlich. Für den Papst wiederum konnte die Unabhängigkeit der Kirche nur gesichert sein, wenn ihr Herr der römische Bischof war und dieser durch eigenen territorialen Besitz niemandem untertan und gegen die römischen Adligen geschützt war. Die Kirche konnte er nur durch ihm ergebene Bischöfe leiten, seinen Machtanspruch nur durch auf ihn eingeschworene Bistumsleiter fördern. Diese Gegensätze ließen sich versöhnen, solange die Päpste Deutsche waren (bis Viktor II., gestorben 1057) und wohlmeinenden Kaisern unterstanden.

Dann jedoch werden andere Entwicklungen bestimmend: Die von dem französischen Kloster Cluny ausgehende Reformbewegung erfaßt die Kirche; die geistliche Gewalt wird immer selbstbewußter gegenüber der weltlichen; der Papst findet in den Mönchen und Orden willige Verbündete, in den Klöstern Machtbasen; gegenüber dem deutschen Imperium in Europa wachsen andere Kräfte von Süditalien über Spanien, Frankreich bis nach England heran; die deutschen Könige werden in ihrer Macht in Deutschland stets von den Territorialherren angefochten; und – das interessiert uns für Umbrien besonders – das Volk in den italienischen Städten, so in Mailand die ›Pataria‹, begehrt gegen die kaiserlich-deutsche Oberherrschaft auf. So kommt es zu jenen geistlichen und weltlichen Kämpfen, die durch Papst Gregor VII. (1073-1085) und Kaiser Heinrich IV. (1056-1106) bezeichnet werden, durch den Bußgang des zweiten zum ersten nach Canossa (1077), durch das Stichwort *Investiturstreit,* also Auseinandersetzungen um die Bestimmung der Bischöfe durch König oder Papst, durch das ›Wormser Konkordat‹ (1122) als Einigung auf einen Kompromiß. Friedrich I. Barbarossa (1152-1190), Heinrich VI. (1190-1197) und Friedrich II. (1212-1250) – diese Kaiser-Könige tauchen vor den Toren der kräftig gewachsenen umbrischen Städte auf und fordern Unterwerfung, denn die Kraftlinien des Ringens zwischen Papsttum und Kaisertum gehen durch Umbrien.

Das Jahr 1198 ist ein Schicksals- und Scheidejahr für Europa und Umbrien. Der deutsche König und Kaiser des Reiches, Heinrich VI., Sohn Friedrichs I. Barbarossa, der die staufische Weltmonarchie auf den Gipfel ihrer Macht geführt hatte, war ein Jahr zuvor, nur 32 Jahre alt, in Messina am Sumpffieber gestorben. Seine mit harter Hand gefestigte Herrschaft in Italien schien plötzlich sehr brüchig, als ein Graf Segni aus dem römischen Hinterland mit 37 Jahren den Stuhl Petri bestieg. In der Theologie wie in der Politik gleichermaßen hochbegabt, machte sich dieser Papst *Innozenz III.* die Schwierigkeiten bei der Besetzung des deutschen Throns zur Unterwerfung mittelitalienischer Städte zunutze, was diese jedoch zumeist als Befreiung von fremder Herrschaft empfanden.

»Selbst Perugia«, so schreibt Gregorovius dazu, *»das schon mächtige Haupt Umbriens, huldigte zum ersten Male dem Papst; er bewilligte dieser Kommune die städtische Gerichtsbarkeit und freie Konsulwahl, welche ihr bereits Heinrich VI. verliehen hatte. Er suchte überhaupt die Städte durch Verheißungen der Gemeindefreiheit zu gewinnen, welche er klug gewährte, ohne zu viel einzuräumen.«* Aber das war nur der Anfang: *»Innozenz erschien, von unerhörtem Glück emporgehoben, als Führer der italienischen Unabhängigkeit, welche die andere des Kirchenstaats deckte. Wenn die guelfische Idee*

einer Konföderation Italiens unter der Oberleitung des Papstes je ausführbar sein konnte, so stand ihrer Verwirklichung niemand näher als er. Die glänzenden Triumphe seiner ersten Jahre zeigen, welche unwiderstehliche Kraft die Kirche erhielt, sooft sie sich mit den Trieben des Volks aus Politik verbinden mochte.« Diese Politik nannten die Päpstlichen ›Rekuperationen‹, Besetzung der Städte und Ländereien, die von Rechts wegen Reichsgut waren. Aber wessen Recht? Im Mittelalter war man nicht zimperlich. Wer kein Recht hatte, doch Macht, nahm es sich und legitimierte dies nachträglich durch urkundliche Fälschungen – eine Verfahrensweise, die auch die Besten verlockte. Die Umbrier meinten, daß sie vor allem sich selber gehörten, nicht einem fremden Herrscher, sei er nah oder fern. Diese drei Möglichkeiten – unabhängig, kaiserlich oder päpstlich – probierten sie das ganze Mittelalter hindurch aus.

Die Kommunen – Guelfen und Ghibellinen

Im 13. Jahrhundert war die Kirche stark und der Kirchenstaat gefestigt genug, um auch einem so mächtigen und selbstbewußten Kaiser wie Friedrich II. zu widerstehen. Was Gregorovius über den Zug dieses Staufers gegen Rom schreibt, gilt in jener Zeit prinzipiell für die Städte Italiens und im besonderen für Umbrien: *»Im Februar 1240 rückte der Kaiser in den Kirchenstaat, welchen dem Reiche wieder einverleiben zu wollen er offen erklärt hatte. Viele Städte Umbriens, der Sabina und Tusziens öffneten ihm die Tore, und selbst Viterbo, bisher die treueste Verbündete des Papstes, der ihre Mauern wiederhergestellt hatte, fiel von der Kirche ab, weniger aus Neigung zum Kaiser als aus Haß gegen das nun päpstlich gesinnte Rom. Der Kaiser stand vor seinem Ziele. Nur zwei Tagemärsche trennten ihn von Rom, wo das Schicksal Gregors IX., wie einst das Gregors VII., durchaus von der Haltung der Römer abhing. Die Frangipani führten dort die Ghibellinen; aber die päpstliche Partei behielt die Oberhand. Der Mut eines Greises, der vom Leben nichts zu hoffen hatte, keine Erben hinterließ und das verkörperte Prinzip seiner Kirche selbst war, hat nichts Wunderbares, aber das Verhalten der Römer würde befremdend sein, wenn man nicht bedächte, daß gute Gründe ihnen rätlich machen, eher dem Papst als dem Kaiser anzuhängen. Wenn Friedrich II. von Rom Besitz genommen hätte, so* *würde er alsbald die Statuten des Kapitols ausgelöscht haben. Die Herrschaft des Papstes in Rom war milde und schwach, die des Kaisers, des entschiedenen Feindes aller städtischen Autonomie, würde es nicht gewesen sein.«* So dachten die Bürger, und darin liegt Logik.

Für die Städte Umbriens im 13. und 14. Jahrhundert gilt, was die amerikanische Historikerin Barbara Tuchman schreibt: *»Italiens Städte standen in einer hohen Blüte der Kunst und des Kommerzes, die Landwirtschaft war fortgeschrittener als irgendwo sonst, die Banken hatten enormes Kapital akkumuliert und besaßen praktisch das Finanzmonopol in Europa, aber die unablässigen Fraktionskämpfe und der zerstörerische Konflikt zwischen Papst und Reich, zwischen Guelfen und Ghibellinen, trieben Italien in seiner Sehnsucht nach Ordnung einem Zeitalter der Despoten in die Arme.«*

Wenn die ersten fünf Jahrhunderte des Mittelalters überwiegend die des Landes, der Felder und Wälder, der einsamen Klöster und Burgen sind, so ist die zweite Hälfte, von der Jahrtausendwende bis 1500, die ›Età Comunale‹, das Zeitalter der Stadtgemeinden und -herrschaften (Comuni e Signorie). Dabei darf nicht vergessen werden, daß in Umbrien die Städte schon da waren, im Unterschied zu den relativ wenigen in Deutschland, welche die Römer in der Antike gegründet hatten. Die Städte waren in ihrer Bedeutung auch in Umbrien zurückgegangen, wegen der Abnahme der Bevölkerung und dem Ausweichen aufs Land. Doch es existierte eine städtische Kontinuität, die sich nun immer besser entfalten konnte. Ihr Gedeihen hing von verschiedenen Faktoren ab, doch vor allem davon, ob die Rahmenbedingungen eine Bevölkerungskonzentration ermöglichten. Wesentlich war, wer und wie man Macht und Herrschaft ausübte, um die sich alles andere kristallisierte; wer und wie man Wirtschaft und Handel betrieb, wer und wie man Handwerk und gewerbliche Tätigkeiten organisierte und verbesserte.

Dabei halfen die Bischöfe mit den kirchlichen Verhaltensstrukturen und nicht zuletzt auch die Mönchsorden. Seit dem Ende des 11. Jahrhunderts etwa der Land-Orden der Zisterzienser, welche die für die Stadt notwendige landwirtschaftliche Überproduktion auf ihren Gütern vorbildlich erarbeiteten, im 13. Jahrhundert die Bettelorden der Franziskaner und

Wahrzeichen kommunaler Größe: Palazzo dei Priori und Fontana Maggiore in Perugia

Dominikaner, die Stadt-Mönche, deren religiöses Wirken bekannt ist, deren Auftreten jedoch zugleich ebenso wichtige kulturelle, soziale und ›bürgerrechtliche‹ Auswirkungen hatte. So bildete sich ein städtischer Lebensstil heraus, der, so der Historiker Goetz, »*das Bedürfnis nach einer rechtlichen und in den Mauern auch nach außen hin sichtbaren Abgrenzung der Stadt und des Bürgertums vom Lande weckte. Dieser Zustand begann sich seit dem 11. Jahrhundert abzuzeichnen, als die Stadtbevölkerung weithin anwuchs, die Kaufleute sich dauerhaft in der Stadt niederließen und sich wie die Handwerker in berufsspezifischen Bruderschaften organisierten, als städtische Freiheiten eine besondere Stellung und eine Bürgerschaft sich an der Selbstverwaltung und am Stadtregiment beteiligte und damit ein verstärktes Interesse an der eigenen Stadt als politischem Körper und als Lebenskreis gewann.«*

So waren seit der Mitte des 13. Jahrhunderts die rivalisierenden Mächte in Umbrien nicht mehr so sehr Kaisertum und Päpste, obwohl die von ihnen abgeleitete Parteien-Spaltung in Ghibellinen und Guelfen weiterhin den Konflikten in den Städten ihren Namen gab. Konkurrenten waren die Zentralposition des Papstes in Rom und die überall aufschießenden Signorie, die Herrschaften zentrifugaler Tendenz in den Städten, demokratischer, oligarchischer oder zumeist aristokratischer Art: die Trinci in Foligno und Bevagna, die Gabrielli in Gubbio, Pianciani in Spoleto, Monaldeschi in Orvieto.

Es mag verwundern, daß man die jahrzehntelange Abwesenheit der Päpste von Rom während des Exils in Avignon (1309-1377) nicht dazu nutzte, gänzlich selbständig zu werden und ein eigenes einheitliches Machtzentrum in und für ganz Umbrien zu bilden. Das lag wohl an den für Italien charakteristisch gewordenen innerstädtischen Parteienkämpfen, an der Rivalität der Städte untereinander und überhaupt an den nun wirklich wirren Zeiten mit so vielen *»fremden und übermächtigen Gefahren und Widrigkeiten«* (so ein zeitgenössischer Bericht) und der katastrophalen Pestepidemie von 1348 bis 1350.

Und Umbrien war mittendrin. Es konnte sich nicht verstecken. *»Das Zentrum der italienischen Politik in der Mitte des 14. Jahrhunderts«*, so Barbara Tuchman, *»war der verzweifelte Versuch des avignonesischen Papsttums, seine weltliche Basis, die päpstlichen Staaten, unter Kontrolle zu halten. Diesen Gürtel von Staaten in Mittelitalien vom Ausland her zu regieren war im Grunde unmöglich. Die Anstrengungen des Papstes, den Besitz des Heiligen Stuhls zusammenzuhalten, brachten eine ganze Serie von erbitterten Kriegen über das Land; Blutvergießen und Massaker, ausbeuterische Besteuerung, fremde, verhaßte Gouverneure und eine ständig wachsende Feindseligkeit gegen das Papsttum in seinem Heimatland waren die Folge.«*

Kardinal Albornoz und die Erneuerung des Kirchenstaates

Es ist keine Schande, den spanischen Kardinal Aegidius Albornoz nicht zu kennen, bevor man in Umbrien gewesen ist. Aus der Region jedoch fortzufahren, ohne ihn und sein Wirken im Kirchenstaat des 14. Jahrhunderts gewürdigt zu haben, erscheint unmöglich.

Man schrieb das Jahr 1352, im letzten Monat, Dezember. In Avignon, dem reichsten ›Land‹ in Südfrankreich, das zweieinhalb Jahre zuvor durch günstigen Kauf von der Königin Johanna von Neapel, der ›schönen Sünderin‹, in den Besitz der Kirche gekommen war, starb am 6. Monatstag Clemens VI., bereits der vierte Papst im Exil, weit weg von Rom. Am 30. Dezember bestieg der Franzose Etienne Aubert als Innozenz VI. den Heiligen Stuhl. Kaiser des Heiligen Römischen Reiches Deutscher Nation war Karl IV., ›Luxemburger‹, doch in Prag geboren und mehr an der ordentlichen Verwaltung Böhmens – zu der er auch die Gründung der ersten deutschen Universität in Prag rechnete – als an hochfliegenden Plänen in Italien interessiert. Frankreich, unter dem König Johann dem Guten (1350-1364), dessen Beiname auf den ersten Blick Unfähigkeit und Verschwendungssucht verdeckt, war in den Hundertjährigen Krieg mit England verwikkelt und erschien nicht allein wirtschaftlichem Niedergang bestimmt. In Rom hatte der Volkstribun Cola di Rienzo mit phantastischen Ideen von sich reden gemacht – ein Unruhefaktor mehr. Schon vier Jahre lang wütete in ganz Europa der Schwarze Tod und hatte etwa ein Drittel der Bevölkerung dahingerafft; man wußte noch nicht, daß sie ihren Lauf erschöpft hatte. Die weitverbreitete Unsicherheit machten sich militärisch gut organisierte Banden und religiöse Schwärmer zunutze. So wurde die ganze Gesellschaft des Abendlandes, hier mehr, dort weniger, in Italien und ebenso im Kirchenstaat ganz gewiß mehr, wurden Reich und Kirche, die Lehensmonarchie und das Rittertum, das patrizische Stadtwesen und die Feudalstruktur auf dem Land von Umbrüchen und Auflösungen durchzogen. Da brauchte es Männer, die im allgemeinen Aufruhr Halt gaben, damit sich Neues gültig bilden konnte.

Solch ein Mann war Aegidius oder Gil d'Albornoz, ein, so Gregorovius, *»kastilianischer Grande, erst ein tapferer Krieger unter den Fahnen von Alfonso von Kastilien und vor Tarifa und Algeciras im Maurenkriege mit Ruhm genannt, dann Geistlicher, Erzbischof von Toledo, der würdigste Prälat in ganz Spanien. Der Landsmann des Dominikus, des Gründers des Dominikaner-Ordens, vereinigte in seiner Natur ritterliche Tatkraft und glühenden Glaubenseifer, welcher jedoch niemals weder in schwächliche Religiösität noch in Fanatismus ausartete. Als nach Alfonsos Tode dessen Sohn, Peter der Grausame, den Thron bestieg, flüchtete Aegidius nach Avignon, wo ihn Clemens VI. mit Ehren aufnahm, am 18. Dezember 1350 zum Kardinal von San Clemente und bald darauf zum Bischof der Sabina machte. Sein Einfluß am päpstlichen Hofe wurde groß und sein Urteil entscheidend für Innozenz VI., dessen Mitwähler im Konklave er gewesen war und dessen vertrautester Ratgeber er nun wurde. Das also war der Mann, welcher Italien beruhigen und den Kirchenstaat wiederherstellen sollte.«*

Zusammen mit Cola di Rienzo ging Albornoz im Herbst 1353 von Avignon nach Italien. Mit einer Mischung aus diplomatischer Überredungskunst, ungeniert eingesetzter Bestechung oder kühl kalkulierendem Kaufmannssinn, doch vor allem einer imponierenden Militärmacht von schlagfähigen Truppen gelang es ihm, Städte wie Perugia oder Orvieto wieder für den Papst und die Kirche zu gewinnen. Daß Karl IV. im Jahr 1354/55 nach Italien zog, störte Albornoz wenig. Denn der böhmische König suchte, anders als seine Vorgänger mit dem Zepter, nicht mehr Unterwerfung und direkte Macht, sondern nur mehr den Kaisertitel, in der Überzeugung, daß Italien den meisten Kaisern den Untergang gebracht und die Nationalkraft der Deutschen geschwächt habe. In der Tat erlangte er die Krone ohne Schwertschlag und kehrte sogar mit vollem Geldbeutel nach Prag zurück – eine damals gänzlich neue Variante der deutschen ›Sorge‹ um Italien und den Papst.

In diesem doppelten Vakuum – ohne kaiserliche Reichsmacht und ohne die Päpste – hatten sich in Umbrien tyrannisierende Usurpatoren breitgemacht, Vikare, die sich auf Kaiser oder Papst beriefen, doch in Wirklichkeit eigene Ambitionen vertraten, Raubritter, die Söldner und Kompanien nach dem Recht des Stärkeren zum Leidwesen von Stadt und Land führten, wandernden Raubstaaten gleich, und verschiedene

Die Rocca von Spoleto, erbaut von Kardinal Albornoz als Festung im Kirchenstaat

Feudalgeschlechter, die aus der Vergangenheit dubiose Ansprüche ableiteten. Diese heruntergekommenen, zersplitterten Machtträger bändigte Albornoz mit Waffengewalt, Geld oder diplomatischen Winkelzügen und gegenüber den Bürgern immer mit dem Argument, die Herrschaft der Kirche sei die mildeste aller Regierungen. (Von Ausnahmen abgesehen ist gegen die Päpste weniger der Vorwurf erhoben worden, sie hätten zu streng und hart regiert, als vielmehr zu nachlässig.) Schon 1357 war der spanische Kardinal Herr fast des gesamten Kirchenstaates, der damals drei Provinzen, das eigentliche Patrimonium in Tuszien (Nord-Latium), die Terra Arnulphorum, das gebirgige Land zwischen Spoleto und der Valnerina, und die Grafschaft Sabina umfaßte.

Womit Albornoz auch zu kämpfen hatte, ist uns nur zu bekannt durch die oft beschriebenen Gefahren des Bandenunwesens im 14. Jahrhundert. Das in ganz Europa herumwildernde, wandernde Soldatentum war wohl der Kehrricht des zerfallenen Rittertums, das durch die neuen Formen der Kriegführung (Armbrust und Schießpulver) und durch die soziale Umwälzung seine Bedeutung verloren hatte. Wie es zuging, sagt uns etwa die Antwort des Grafen von Landau, eines deutschen Bandenführers, auf die Aufforderung des Kardinals, den Kirchenstaat zu räumen: *»Meine Herren, unsere Weise, in Italien zu leben, ist allgemein bekannt. Rauben, Plündern, die Widerstrebenden niedermachen, das ist so unsere Gewohnheit. Unsere Einkünfte stehen auf Hypothek in den Provinzen, die wir überziehen. Die ihr Leben liebhaben, erkaufen von uns Frieden und Ruhe mit starken Kontributionen. Wenn also der Herr Legat mit uns in Eintracht bleiben und allen diesen Städten die Ruhe sichern will, so mag er tun, was alle Welt tut, das heißt zahlen, zahlen! Bringt schnell diese Antwort eurem Herrn, denn ich stehe nicht dafür, daß euren hochwürdigen Personen nicht etwas Unschickliches widerfährt, wenn ich euch noch nach einer Stunde hier anwesend finden sollte.«* Der große Kardinal tat mit Erröten mehrmals, was alle Welt tat; er zahlte dem Räuber, was der verlangte (nach Gregorovius).

Als Sicherheit und Ordnung hergestellt waren, ging Albornoz daran, die Gesetzgebung des Kirchenstaates einzurichten. So wurden die Verhältnisse erträglich. Da zugleich die Lebensbedingungen in Avignon wegen des Krieges zwischen Frankreich und England, wegen der allgemeinen, durch die Militärbanden bewirkten Unsicherheit schlechter, da auch die Stimmen innerhalb der Kirche, der Papst möge nach Rom zurückkehren, lauter wurden, faßte Urban V. (1362-1370), der Franzose Guillaume de Grimoard, den Entschluß zur ›Heimkehr‹ des Papsttums. Albornoz, der die Bedingungen dafür geschaffen hatte, empfing den Papst auf dem italienischen Festland an der Küste. Doch als es geschafft war, so schließt Gregorovius, *»starb der große Kardinal am 24. August 1367 im Schloß Bonriposo bei Viterbo, ehe er den Papst nach Rom hatte zurückführen können. Vierzehn Jahre lang war er in Italien Legat gewesen; unter den schwierigsten Verhältnissen hatte er seine Aufgabe gelöst. Die Tyrannen hatte er zu seinen Füßen gesehen, die Städte aufgerichtet, für die Mark, die Romagna und andere Provinzen ein Gesetzbuch geschaffen, welches im Jahr 1357 auf dem Generalparlament der Provinzen in Fermo publiziert worden war. Später durch Sixtus IV. revidiert und bestätigt, behielt dasselbe im Kirchenstaat unter dem Namen ›Aegidianen‹ bis auf die neueren Zeiten Geltung.«*

»Albornoz war«, so Gregorovius weiter, *»der genialste Staatsmann, der je im Kollegium der Kardinäle seinen Sitz gehabt hatte. Italien, das ihn gefürchtet oder geliebt hatte, trauerte um ihn. Die von ihm besiegten Feinde bewunderten seine Kraft und ehrten seine Großmut; die Freunde beweinten in ihm die treueste Stütze. Bologna, welches er der Gewalt seiner Tyrannen entrissen und mit wohltätigen Anstalten versehen hatte, bewahrt noch heute das Gedächtnis an ihn. Nach dem Testament des Kardinals wurde seine Leiche in S. Francesco zu Assisi beigesetzt und darauf nach Spanien gebracht. Der Papst bewilligte allen denen, die den Sarg eine Strecke lang auf ihren Schultern tragen würden, die Jubiläumsindulgenz. Edle und Fürsten, unter ihnen selbst Heinrich von Kastilien, unterzogen sich diesem Dienst, und so ward der Tote von Stadt zu Stadt bis nach Toledo gebracht und zu S. Ildefonso in ein Marmordenkmal gesetzt, welches nichts schmückte als der Name Aegidius Albornoz. In Rom erinnert nichts an ihn: es ist sogar ungewiß, ob er überhaupt jemals diese Stadt betreten hat.«* In Umbrien jedoch hat er viele Spuren hinterlassen.

Durch den kraftvollen Kardinal und mit der Rückkehr der Päpste aus Avignon nach Rom war der Weg für Umbrien vorgegeben. Er konnte nur zum endgültigen ›Anschluß‹ an den Kirchenstaat führen, da nun auch die römischen Bischöfe mit und ohne Bedenken militärische und machtpolitische Mittel einsetzten. Wie das im einzelnen zuging, beschreibt die Historikerin Tuchman in einer Anekdote: »*In Italien war der Krieg um die Herrschaft in den päpstlichen Staaten 1375 erneut ausgebrochen. Während der kurzen Zeit des Friedens war der Haß der Italiener auf die Söldner des Papsttums und die französischen Legaten nicht abgeklungen, sondern gewachsen. Die Stellvertreter des französischen Papstes herrschten mit der Verachtung kolonialer Gouverneure für die Eingeborenen. Als der Neffe des Abtes von Montmayeur, des päpstlichen Legaten in Perugia, sich durch die Begierde zur Frau eines perugischen Edelmannes dazu verleiten ließ, in ihr Zimmer einzubrechen, um sie sich mit Gewalt gefügig zu machen, stürzte die Dame, als sie durch das Fenster in das benachbarte Haus fliehen wollte, auf die Straße und starb. Einer Delegation wutentbrannter Bürger, die die Bestrafung seines Neffen forderten, antwortete der Abt gleichgültig: ›Quoi donc! (Was denn!) Habt ihr angenommen, alle Franzosen seien Eunuchen?‹ Die Geschichte verbreitete sich von Stadt zu Stadt und ließ die Wut anschwellen.*«

Zwar konnte der Adlige *Braccio Fortebraccio*, der in Perugia an die Macht gekommen war, erfolgreich Krieg gegen Rom führen und vom Papst Anerkennung für sein mittelitalienisches ›Imperium‹ erhalten. Doch mit seinem Tod 1424 fiel die Herrschaft rasch wieder zusammen. Die Städte, allen voran Perugia, rieben sich in inneren Auseinandersetzungen auf, unter den Adelsgeschlechtern oder zwischen sozialen Schichten. Das Blutbad von Perugia am 14. Juli 1500 markiert eine deutliche Minderung der umbrischen Eigenständigkeit. Umbrien ließ sich in den Schoß des Kirchenstaates, in die Macht der Päpste fallen. Am 5. Juni 1540 rückte Pier Luigi Farnese, der Gonfaloniere, der Waffenträger der ›heiligen römischen Kirche‹, in Perugia ein, beseitigte die städtischen Herrschaftsformen und ließ eine Festung errichten, die zu Ehren Papst Pauls III. ›Rocca Paolina‹ genannt wurde. Das Mittelalter war nun endgültig vorbei.

In die Neuzeit

Wir wissen, daß politische Machtlosigkeit nicht kulturelle Dürftigkeit bedeuten muß. Oft tritt gerade in Italien das Gegenteil ein. Die 1308 gegründete Universität von Perugia oder die ›Umbrische Schule‹ der Malerei mit Pinturicchio und Perugino weisen in eine andere Richtung. Dennoch tritt Umbrien nun zurück, und unsere Aufmerksamkeit für die folgenden Jahrhunderte darf schwächer werden. Durch das Reform- und Reformations-Konzil von Trient (1545-1563) hatte sich das Papsttum von den weltlichen Dingen distanziert, von Machtpolitik und militärischen Eskapaden. Die Stadt Rom zog als strahlendes Kunstzentrum die großen Meister des Barock an, für die Provinz blieb nicht viel übrig. Kunst und Kultur gaben der Ewigen Stadt und dem allernächsten Umland ihren Glanz. Für den wirtschaftlichen und sozialen Bereich legten sich die Päpste wenig ins Zeug. So fiel Umbrien, wenn überhaupt, eher durch Rückständigkeit auf, in der Landwirtschaft, in Industrie, Handel und Verkehrswesen. Jene Ideen, die in Europa die Menschen und Völker auf die Straße des Fortschritts brachten, die der Aufklärung, der industriellen Entwicklung, der politischen Revolution, erreichten Umbrien mit Verspätung, doch sie kamen an. Freimaurerlogen, die Carboneria, Liberale diskutierten auch in Perugia, lange Zeit ohne Folgen, aber sie bereiteten den Boden für eine Neugestaltung vor.

Ein tüchtiger Bischof, Gioacchino Graf Pecci, in Perugia (1846-1879), der dann als Papst Leo XIII. (1879-1902) überraschend modern war, sah die Zeichen der Zeit. 1859 suchten päpstliche Truppen in Perugia die Bestrebungen für soziale Reformen und die nationale Einheit Italiens gewaltsam zu unterdrücken; das Blutbad wurde in ganz Europa berüchtigt. Schon ein Jahr später zogen die piemontesischen Truppen des neuen Königs Viktor Emanuel in Perugia ein, und die ›Provinz Umbrien‹ ging im Königreich auf, nun wirtschaftlich mehr gefördert, doch stets im Schatten der großen Zentren, von Rom und Florenz. Die letzten Zerstörungen infolge kriegerischer Ereignisse mußten umbrische Städte durch angloamerikanische Bomber hinnehmen, die etwa in Foligno und Terni schwere Schäden anrichteten.

Die von Umbrien

Die verrückten Umbrier

Die Urteile über die Umbrier fallen sehr unterschiedlich aus. Die einen halten sie für weich, sanft und mild, so wie auf den Gemälden der ›Umbrischen Schule‹ des 15. Jahrhunderts die Heiligen dargestellt sind, voll von immerwährendem Frohsinn, einer beständigen, heiteren Gelassenheit, die sich auch in schwierigen Zeiten und kniffligen Situationen bewährt. Andere, und dazu gehören die Römer, sind der Meinung, daß die aus Umbrien besonders sauber seien; die Römer müssen es wissen, da sie nicht in diesem Ruf stehen. Wieder andere – aber man weiß ja, wie das ist mit allgemeinen Klischees und Vorurteilen über andere Völker und Stämme in der eigenen Nation – denken ganz anders. Sie halten die Umbrier schlichtweg für verrückt. *»Alle sind sie toll«*, behauptet etwa Curzio Malaparte (1898-1957), der nicht unumstrittene Schriftsteller italienischer Muttersprache – nach dem deutschen Vater hieß er eigentlich Kurt Erich Suckert. Nicht weil ich seine Meinung teile, will ich ihn zitieren, sondern weil sie originell klingt und ich ein Gegengewicht schaffen will, da ich so viel von den Umbriern halte und fast nur Gutes von ihnen zu berichten weiß. Da schreibt Malaparte etwa in seinen Erinnerungen an den Ersten Weltkrieg über die Männer aus Umbrien:

»Er war nicht verrückt, er war aus Gubbio. Ich bemerkte später, in den drei Jahren, die ich bei der Alpenjägerbrigade blieb, die zum großen Teil aus Umbriern bestand, daß nicht nur die aus Gubbio, sondern auch die aus Perugia, aus Spoleto, aus Città di Castello, aus Umbertide, aus Terni, sämtlich, vom ersten bis zum letzten, teils mehr, teils weniger ein Zweiglein jener eigenartigen Tollheit weghatten, die viele, wer weiß warum, auf Rechnung des Mystizismus schreiben und es dann vergilischen, asketischen, seraphischen, franziskanischen Geist nennen.«

Und weiter: *»Alle waren sie irr, daran gab es keinen Zweifel; doch am meisten die von Gubbio und von Città die Castello, es waren die seltsamsten Soldaten, die ich mir vorstellen konnte. Die aus Assisi waren halb Mönche und halb Bauern, beim Gehen hatten sie die Augen zum*

Himmel gerichtet, doch es bestand keine Gefahr, daß sie stolperten, so sehr waren sie daran gewohnt, den Himmel für einen Reflex der Erde ihrer Felder und ihrer Weinberge zu halten. Die aus Spoleto waren wie Eremiten, die gerade eben aus Spoletaner Höhlen und Wäldern hervorgekommen waren; auf Posten knieten sie zwischen zwei Steinen, als beteten sie, sie schossen ihr Gewehr ab, als feuerten sie auf den Leibhaftigen. Die aus Terni sprachen mit verzerrtem Mund, sie waren die tollsten in ihrer Wut, die einzigen, die in jeder Art Wut, Jähzorn und Verachtung imstande waren, denen von Perugia und Umbertide die Stirn zu bieten. Behäbig und ruhig die von Orvieto, sie waren eines Sinnes mit denen aus Todi: unbewegliche, finstere, verschlossene Menschen, doch zugleich voll Launen, Einfällen, bizarren Stimmungen.

Sie beklagten sich nie, weder über Hunger noch Durst, nicht über Mühsal und Wunden. Sie arbeiteten, sie kämpften, immer scherzend und lachend, und stets einander verspottend und sich raufend. Es war, als wären sie hierher nicht geholt worden, um gegen einen gemeinsamen Feind zu kämpfen, sondern als wären sie von sich aus hier in diesen Wäldern und auf diesen Bergen zusammengekommen, um ihre Neckereien und Streitereien aus Dorf und Familie fortzusetzen. Dem Tode maßen sie keine große Bedeutung bei, auch dem Leben als solchem nicht; wohl aber den Taten, Reden, Dingen ihres alltäglichen Lebens. Sie waren so wenig besorgt und bekümmert über das künftige Leben (sind doch die Umbrier so anders, als die Erfinder des mystischen Umbrien sich vorstellen), daß sie vom Sterben sprachen als handle es sich um den Winterurlaub. Sie redeten von Gott und den Heiligen mit familiärer Vertrautheit, doch ohne den leisesten Anklang an Sakrileg: sie redeten über sie wie über Leute ihrer Familien, wie über Landsleute. Für die aus Gubbio war Gott aus Gubbio. Für die aus Passignano del Lago war Gott aus Passignano del Lago.«

Natürlich sind die aus Umbrien nicht verrückt. Aber es zeigt sich bei ihnen oft, wenn man sie näher kennenlernt, etwas Besonderes und Unbedingtes, was sie von anderen unterscheidet. Malaparte hat dies unter den außergewöhnlichen Umständen des Krieges erfahren. Wir sind den Umbriern im Alltag begegnet. Was soll sich da Originelles zeigen? Und doch zeigt sich in scheinbar gleichgültigen Gesten, einem freundlichen Wort, einem großzügigen Angebot etwas von Bedeutung, was es uns nicht als Zufall empfinden läßt, daß zwei der größten Heiligen der Christenheit, Benedikt von Nursia (Norcia) und Franz von Assisi, aus diesem Land stammen. Vielleicht erfahren wir von ihnen und dem Wirken ihrer Gefolgsleute mehr über die Umbrier.

Die beiden großen Heiligen Umbriens

Benedikt von Nursia

Norcia, dieses kleine bescheidene Städtchen ganz im Südosten Umbriens, anmutig inmitten einer weiten, von Flüssen bewässerten Hochebene gelegen, umgeben von Bergen, die wie die Ringe eines Amphitheaters ansteigen, erhält seine Bedeutung und Faszination durch Sankt Benedikt, den Gründer des Benediktiner-Ordens, der hier wohl im Jahr 480 geboren wurde, seinen liebenswürdigen Reiz durch dessen Schwester, die heilige Scholastika. Man mag es für einen Zufall halten, daß dies in einem umbrischen Städtchen geschah, daß dieser Mann, der als ›Patron Europas‹, ›Vater des Abendlandes‹ geehrt wird, hier seine Wurzeln hat. Die Frage, warum hier?, kann auch in Assisi bei der Person und dem Werk des Franziskus gestellt werden. Sie erhebt sich auch in Norcia, dem alten Nursia, bei der Gestalt und der Leistung des Benedikt, obwohl zwischen beiden mehr als sieben Jahrhunderte liegen. Da jedoch nichts in der Geschichte mit gleichsam mechanischer Logik geschieht, werden wir von dem Städtchen Norcia höchstens die Antwort erhalten können: Ganz so zufällig war es nicht, daß Benedikt von Nursia aus seinen Anfang nahm. Die Ehre der Heiligen läßt sich Umbrien nicht streitig machen.

Da müssen wir in der Geschichte eineinhalb Jahrtausende zurückgehen. Benedikts Geburtsjahr, Anno Domini 480 – das bedeutet zunächst: Vier Jahre zuvor, 476, hatte der letzte weströmische Kaiser, Romulus Augustulus, abdanken müssen, war das Imperium Romanum im Westen mit dem Zentrum Rom zusammengebrochen, erloschen, vergangen. Die Macht, die fast fünf Jahrhunderte zuvor Kaiser Augustus strahlend verkörpert, 150 Jahre zuvor Konstantin noch kraftvoll ausgeübt hatte, bestand nicht mehr, hatte sich aufgelöst, und nichts Gültiges war an ihre Stelle getreten. Die Verwaltungsstrukturen des Römischen Reiches, die im 4. und 5. Jahrhundert in ihrer zunehmenden Bürokratisierung und ihren wirtschaftlichen Reglementierungen immer drückender geworden waren, schwanden langsam dahin, gerade weil sie zu streng und wirkungslos waren. An ihre Stelle trat zum Teil die territorial gegliederte und immer besser in Bistümer und Pfarreien organisierte Kirche mit ihrer Hierarchie – oder besser, war schon getreten. Denn der Sauerteig des Christentums hatte seit dem Tod Jesu Christi das Römische Reich unmerklich durchwirkt.

Im 5. Jahrhundert waren Germanen-Stämme durch Italien gezogen, Umbrien dabei nicht auslassend, die Westgoten unter Alarich (seit 401), die Vandalen unter Geiserich, die Hunnen unter Attila, die Ostgoten unter Theoderich (seit 470), und hatten als junge Völker demonstriert, daß sie zwar Gewalt und militärische Herrschaft auszuüben, jedoch nicht die römische Kultur, das Imperium in all seinen Ausfaltungen, auszufüllen verstanden. Auf dem Stuhl Petri zu Rom ließ Papst Leo I. der Große (457-474) durchblicken, daß er und seine Nachfolger das weltliche Imperium Romanum in einem geistlichen, unter dem Primat des Bischofs von Rom, fortzusetzen gedachten. Das war die Situation, von der man sehr wohl in Nursia etwas spürte, als im Jahr des Herrn 480 Benedikt geboren wurde.

Dazu Gregorovius: »*Mitten aus dem Schutte des Reichs und der Stadt der Römer erhebt sich zuerst, noch in der letzten Gotenzeit, die ernste Gestalt eines lateinischen Heiligen, welcher der Charakter jener Übergangsepoche gewesen ist; denn sein Leben und Wirken eröffnet die finstern Jahrhunderte ... Dieser merkwürdige Mann war Benedikt ... Als Knabe von vierzehn Jahren kam er nach Rom, um sich daselbst in den Wissenschaften auszubilden. Der Jüngling wurde unter dem Schrecken der zusammenfallenden Römerwelt von unwiderstehlicher Neigung ergriffen, ihr zu entfliehen und sich in der Einsamkeit der Betrachtung des Ewigen zu weihen. Er entwich nach Sublacus, wo der Anio eins der schönsten Täler Italiens durchfließt. Hier lebte er in einer Höhle, von einem Anachoreten Romanus mit Speise versorgt. Der Ruf seiner Heiligkeit wurde laut. Gleichgesinnte Weltflüchtlinge strömten ihm zu, und bald konnte er in jenen Bergen zwölf kleine Klöster errichten. Dort lebte er viele Jahre, durch seine Schwester Scholastica ermuntert und beschäftigt mit der Feststellung seiner Ordensregel. Selbst angesehene Patrizier brachten ihm ihre Kinder zur Erziehung; und in diesen Jünglingen erzog sich Benedikt seine Apostel.*«

»*Aber der Ruhm des Ordensstifters*«, so Gregorovius weiter, »*erregte den Neid der Priester in Varia oder Vicovaro, welche sich verschworen, den Heiligen zu vertreiben. Die Legende erzählt, daß sie eines Tages sieben schöne Hetären in das Kloster brachten, worauf einige der Schüler Benedikts der Versuchung zur Sinnenlust erlagen. Der Heilige aber beschloß, das entweihte Subiaco zu verlassen; von drei Raben begleitet, von Engeln über seinen Weg unterrichtet, wanderte er auf den Berg des Castrum Casinum in Kampanien. Er fand dort noch Heiden. Nicht so bald war Benedikt in Casinum angelangt, als er die Altäre der Götzen umstürzte und den letzten Apollotempel, von dem die Geschichte redet, zerstören ließ. Aus seinen Trümmern errichtete er ein Kloster, ohne Furcht vor dem Dämon, der, auf einer umgeworfenen Säule sitzend, den Bau zu hindern suchte. Das Kloster, die spätere Abtei Monte Cassino, wurde im Laufe der Zeit die ehrwürdige Metropole aller Benediktinerklöster des Abendlandes; es hat durch das finstere Mittelalter als ein einsamer Leuchtturm der Wissenschaft sein segenreiches Licht verbreitet. Ein Hauch der Musen rettete sich aus dem zerstörten Apollotempel in diese Akademie betender und zugleich studierender Mönche. Ihre Stiftung durch Benedikt fällt merkwürdigerweise in dasselbe Jahr 529, in welchem der Kaiser Justinian die letzten Philosophen aus der Platonischen Schule in Athen vertrieb.«*

Da haben wir schon fast das ganze Lebensgerüst des Benedikt zusammen, wenn wir hinzufügen, daß er zwischen 542 und 550, wahrscheinlich 548 starb – die Überlieferung weist zwar nicht das Jahr, aber gibt genau den Todestag, den 21. März, als sein Fest an – und in den letzten Jahren vor allem mit der Ausarbeitung der Ordensregel beschäftigt war. Blättern wir ein wenig in dieser Regel, die wie kein zweites Ordensgesetz Europa geformt hat und die mit den Worten beginnt: *»Vernimm, mein Sohn, die Lehren des Meisters. An dich, wer immer du auch sein magst, richtet sich darum jetzt mein Wort, an dich, der du deinem Eigenwillen entsagst und die starken und herrlichen Waffen des Gehorsams ergreifst, um Christus, dem Herrn, dem wahren König, Kriegsdienst zu leisten.«*

Zentrale Bedeutung hat wohl das 48. Kapitel, das die klassischen Worte des benediktinischen Geistes, ›Ora et labora, bete und arbeite‹, für das tägliche Leben im Kloster auslegt: *»Müßiggang ist ein Feind der Seele. Deshalb müssen sich die Brüder zu bestimmten Zeiten der Handarbeit und zu bestimmten Zeiten wiederum der Lesung göttlicher Dinge widmen. Von Ostern bis zum*

Der hl. Benedikt übergibt die Regel dem Abt von Montecassino
Aus Cod. cass. 175

14. September gehen die Brüder frühmorgens nach der ersten Stunde bis ungefähr zur vierten Stunde hinaus, um sich mit der notwendigen Arbeit zu befassen. Von der vierten Stunde an aber bis ungefähr zur sechsten Stunde obliegen sie der Lesung. Haben sie sich nach der sechsten Stunde vom Tisch erhoben, dann sollen sie in tiefem Schweigen auf ihren Betten ausruhen. Will etwa einer etwas für sich lesen, so kann er dies tun, vorausgesetzt, daß er einen andern nicht stört. Bringt es die örtliche Lage mit sich, daß die Brüder selber die Feldfrüchte einernten müssen, so sollen sie deswegen nicht unwillig werden. Denn dann sind sie ja in Wahrheit Mönche, wenn sie von ihrer Handarbeit leben, nach dem Beispiel unserer Väter und der Apostel. Alles aber geschehe mit Maß wegen der Kleinmütigen. Vom 14. September bis zum Beginn der Fastenzeit widmen sie sich am Morgen bis zum Ende der zweiten Stunde der Lesung. Dann werde die Terz gebetet. Hierauf beschäftigen sie sich bis zur neunten Stunde mit der ihnen zugewiesenen Arbeit. Während der ganzen Fastenzeit aber widmen sie sich von frühmorgens bis zum Ende der dritten Stunde ihren Lesungen, und dann befassen sie sich bis zum Ende der zehnten Stunde mit der ihnen angewiesenen Arbeit.«

Von großer Bedeutung für die Entwicklung von Privateigentum und Gemeinwirtschaft in Europa ist auch das 33. Kapitel ›Ob die Mönche Eigentum haben dürfen‹: *»Vor allem muß dieses Übel mit der Wurzel aus dem Kloster ausgerottet werden, daß nämlich einer es wage, ohne Erlaubnis des Abtes etwas zu verschenken oder zu empfangen, noch etwas als eigen zu besitzen: durchaus nichts, weder ein Buch noch eine Schreibtafel noch einen Griffel, ganz und gar nichts. Es ist ja den Mönchen nicht einmal erlaubt, über ihren Leib und ihren Willen frei zu verfügen. Sie sollen vielmehr alles Notwendige vom Abte des Klosters erwarten. Es ist keineswegs gestattet, etwas zu eigen zu haben, was der Abt nicht gegeben oder wozu er nicht die Erlaubnis gegeben hat. Alles sei allen gemeinsam, wie geschrieben steht, und keiner nenne etwas sein eigen oder nehme etwas für sich in Anspruch. Zeigt es sich, daß einer diesem überaus schlimmen Laster huldigt, dann werde er einmal und ein zweites Mal gewarnt. Bessert er sich nicht, so unterliege er der Bestrafung.«*

Die unverdrossene Arbeit der Mönche, sei es auf dem Feld oder bald am Schreibtisch, und die Armut des einzelnen begünstigte das Gedeihen der Klöster, schuf Reichtum und Kultur. Der Historiker Bihlmeyer faßt (1936) in einem kirchengeschichtlichen Standardwerk zusammen: *»Die Regel, die durch pädagogische Weisheit, maßvolle Askese und organisatorisches Geschick ausgezeichnet ist, verbreitete sich, von Päpsten, so namentlich von Gregor dem Großen, der selbst Benediktinermönch war und dem hl. Benedikt das 2. Buch seiner legendenreichen ›Dialogi‹ widmete, und von Königen warm empfohlen, über das ganze Abendland und verdrängte allmählich die anderen Regeln. Sie bot den jungen germanischen und romanischen Nationen eine feste Norm des asketischen Gemeinschaftslebens, die zu Höchstleistungen befähigte und kulturschöpferisch war.«*

In *Nursia* ist nicht der Ort, den Leistungen des ›Ordo Sancti Benedicti‹, den Beiträgen der Benediktiner für die Kultur des Abendlandes über Jahrhunderte hin nachzusinnen. Das heben wir uns für die Abteien von *San Pietro in Valle* und *Sant' Eutizio* auf. Das kleine umbrische Städtchen, das wenig Aufhebens von seinem größten Sohn macht, soll unsere Aufmerksamkeit allein auf die Gestalt des Benedikt lenken.

Franz von Assisi

Am Ende des 12. Jahrhunderts war Assisi keine unbedeutende Stadt. Der Ort erschien gut befestigt; die beiden Burgen, Rocca Maggiore und Rocca Minore, sind noch heute eindrucksvoll. Die strategische Lage an der Pforte zur Valle Umbra, dem Umbrischen Tal, nach Süden verlieh Bedeutung. Der Staufer-Sprößling Friedrich II., der Erbe des Heiligen Römischen Reiches, Enkel des Barbarossa, wurde im Dom von Assisi getauft. Es kann auch sein, daß eine Tradition die Taufe hierher verlegte, weil Friedrich unter der Obhut des Markgrafen von Spoleto aufwuchs. Das war 1197, obwohl Friedrich bereits am 26. Dezember 1194 in Jesi in den nahen Marken geboren worden war. Unter denkwürdigen Umständen, wie überall erzählt wurde: Seine Mutter Konstanze war bereits über vierzig Jahre alt, fast zu alt fürs Gebären im Mittelalter, wo fünfzehnjährige Mütter dem Kind größere Gesundheit zu geben schienen. Um bösen Zungen die Rede abzuschneiden, hatte man die hochschwangere Konstanze, auf der Reise von Norden nach Sizilien, in einem Zelt auf dem Marktplatz von Jesi aufgebahrt, zu dem jede verheiratete Frau Zutritt hatte. So war die rechtmäßige Erbfolge bezeugt. Das hinderte nicht, daß Friedrich – obwohl schon 1196, noch vor seiner Taufe, zum deutschen König gewählt – in der Thronfolge zunächst übergangen wurde und als ›Sohn des Metzgers von Jesi‹ verunglimpft wurde. Erst mit Unterstützung Papst Innozenz' III. festigte sich nach 1212 seine Macht.

Mit der Taufe Friedrichs in Assisi sind wir mitten in jener Zeit, mitten drin auch in ihren Schwierigkeiten, in den verqueren Verhältnissen, in denen Franziskus auftaucht und alles in diesem umbrischen Städtchen Assisi und vieles darüber hinaus verändert. Da haben wir auch drei der faszinierendsten Gestalten des Mittelalters beisammen: den Herrscher, Friedrich, den Papst, Innozenz, der im folgenden Jahr im Triumph durch

Umbrien ziehen sollte, und den Heiligen, Franziskus. Ihre Wege kreuzen sich in Assisi.

Als der knapp drei Jahre alte Staufer-König über das Taufbecken im Dom gehalten wurde, erfreute sich Franziskus einer behüteten Jugend und an jenen Streichen, die Jungen in Gassen gewöhnlich treiben. Zwischen Dezember 1181 und Februar 1182 geboren – im Unterschied zur öffentlichen Geburt des Thronfolgers achtete man beim Sohn des reichen Kaufmanns Pietro di Bernardone und der vornehmen, aus Frankreich stammenden Mutter Pica nicht genau auf den Tag –, führte der Giovanni getaufte, dann Francesco (wegen der mütterlichen Herkunft und Muttersprache) genannte Jüngling ein Leben ohne Verantwortung mit dem Geld des Vaters, ganz wie seine Altersgenossen. Eine Krankheit, die miterlittene Niederlage Assisis im Krieg gegen Perugia, eine monatelange Gefangenschaft, eine neuerliche Krankheit in Spoleto ließen ihn auf Distanz gehen zum weltlichen Treiben, nährten Zweifel an der strahlenden Seite des menschlichen Lebens, an Macht, Reichtum und Schönheit, am Sinn all der ›äußerlichen‹ Werte, lehrten ihn die Gebrechlichkeit des Menschen. Das ist zunächst die Phase des Überschwangs, wo die Kräfte darauf konzentriert werden, von der Welt loszukommen, etwa indem er die guten Kleider mit Bettlern teilt oder Lepra-Kranke pflegt.

In den berühmten Franziskus-Legenden, den ›Fioretti‹, liest sich das, zugleich verklärt und demütig, so: *»Als Sankt Franziskus noch im weltlichen Gewand einherging, ob er gleich die Freuden der Welt verschmähte und insgesamt geringachtete und überdies durch Bußübungen entkräftigt war – als er von vielen wie ein Tor verspottet, wie ein Narr geschmäht, als er von Anverwandten und Fremden mit Steinen und dem Schlamm der Gosse beworfen ward und verjagt, dennoch alle Unbilden und Spottreden gleich einem Tauben und Stummen geduldig ertrug – da begann Messer Bernardo von Assisi, einer der Vornehmsten, Reichsten und Klügsten der Stadt, weislich zu bedenken, von wie gewaltiger Verachtung gegen die Welt, von wie großer Geduld im Leide Sankt Franziskus erfüllt sei; auch erkannte er, daß der Heilige, der schon zwei Jahre von jedermann verachtet und verhöhnt wurde, immer standhafter ward. Er dachte darüber nach und sprach also zu sich selbst: Das ist wahrlich gewiß, dieser Bruder steht in großen Gnaden bei Gott!«* Nichtsdestotrotz müssen wir uns

›Lossagung vom Vater‹. Aus Giottos Zyklus der Franziskus-Legende in der Oberkirche von San Francesco in Assisi

den Franziskus jener Zeit wohl eher als wunderlichen, leicht närrischen Tropf vorstellen, auf seine Mitbürger eher abstoßend wirkend als für sich und seine Überzeugung einnehmend. Das ändert sich.

Doch mit der Abkehr von der Welt allein ist es nicht getan, wird man nicht heilig. Die Wendung zum ›Positiven‹, ›Konstruktiven‹ wird, so will es die Legende, dem Franziskus ›von oben‹ befohlen. Von einer Wallfahrt nach Rom zurückgekehrt, betet er in dem baufälligen Kirchlein San Damiano seiner Heimatstadt. Da hört er von dem gemalten Kruzifix die Stimme: »Vade, Francisce, et repara domum meam, geh und bring mein Haus in Ordnung.« Das schien sich zunächst nur auf das Kirchengebäude zu beziehen, auf San Damiano, dann auf andere in Assisi, auf San Pietro und die ›Porziuncola‹-Kapelle (in der heutigen Kirche Santa Maria degli Angeli), wurde dann jedoch langsam auf die ganze Kirche des Mittelalters übertragen. Mit dieser Berufung einher ging die Einladung zu einem Leben in absoluter Armut, ohne die schönen Kleider des ›Vater-Söhnchens‹, ohne den ihm zustehenden Besitz aus dem nicht unerheblichen Familienvermögen, zu einem definitiven Bruch mit allem Bisherigen in Buße. Franziskus fühlte das alles so stark im Inneren, daß es ihm ›von oben‹ eingegeben worden sein muß; genau am 23./24. Februar 1206, so die Tradition.

Daß Franziskus nun ein Leben in bewußter Armut führte, war nicht nur seine persönliche Antwort auf die Worte Jesu Christi in der Bibel an den reichen Jüngling: *»Willst Du vollkommen sein, so verkaufe Deinen Besitz und gib den Erlös den Armen; dann folge mir«*, und: *»Wer mir nachfolgen will, verleugne sich selbst, nehme sein Kreuz auf sich und folge mir!«* Es war auch der Schlüssel für vieles, was damals in Kirche und Welt – beide tief ineinander verschlungen – im argen lag. Im 12. Jahrhundert waren das Papsttum und mit ihm die ganze hierarchische Kirche zu Macht und Reichtum aufgestiegen, wie es die Welt bis dahin nicht gekannt hatte. Um so stärker wurde von den Menschen der Abstand zur einfachen Gestalt und Lehre des Erlösers aus Bethlehem und Nazareth empfunden. Papst Innozenz III. (1198-1216) herrschte zwar über Kaiser und Könige, die Ansprüche des deutschen Kaiser-Königs waren zwar mit Hilfe der italienischen Städte zurückgedrängt worden, doch das christliche Volk, die sozial nicht privilegierten Schichten, also die breite Mehrheit, suchten darin vergeblich nach der Botschaft des Evangeliums. Es gab immer mehr Leute, die in den Äußerlichkeiten des kirchlichen Betriebes nicht die geistige Kraft des Christentums und seines Gründers erkennen konnten und, so wie der bekannte Zisterzienser-Abt Joachim von Fiori in Kalabrien (1130-1202), das Ende der Klerikerkirche und ein neues geistliches Zeitalter in einer radikalen Erneuerung der Christenheit erwarteten. Als Franziskus daher seine Erfahrungen anderen mitteilte und zu pre-

›Bestätigung der Regel durch Papst Innozenz III.‹. Aus Giottos Zyklus der Franziskus-Legende in der Oberkirche von San Francesco in Assisi

digen anfing, fand er bald offene Ohren, bei vielen wegen seiner sozialen Vorschläge und bei einigen hochgemuten Seelen, die seine Ideale bejahten und sich ihm als die ersten Gefährten anschlossen.

Wie ernst es Franziskus mit der Armut meinte und wie mächtig seine Predigten über Brüderlichkeit, Frieden und soziale Reformen und sein Verhalten danach auf das Volk wirkten, das vom Klerus nur die fordernde Hand gewohnt war, ersieht man aus den Worten der späteren Ordensregeln: *»Ich gebiete fest den Brüdern insgesamt, daß sie auf keine Weise Münze oder Geld annehmen, weder sie noch durch Vermittler … Denn* *wir dürfen an Geld und Münzen keinen größeren Nutzen haben und finden als an Steinen. Und die will der Teufel verblenden, die danach begehren oder es für besser als Steine halten ... Fern sei, daß einer der Brüder Geld oder Münzen sammelte oder hätte, so wollen wir Brüder alle ihn für einen falschen Bruder halten, für einen Abtrünnigen und Dieb und Räuber und Judas ...«* – Die Gefahr besteht jedoch, daß ein solcher idealistischer Rigorismus sich abnutzt und mit den realen Bedürfnissen einer Ordensgemeinschaft kollidiert. Gerade über diese Frage wollte der Streit nicht enden.

Doch zurück zu Franziskus, der inzwischen knapp dreißig Jahre alt ist, doch noch kein Ordensgründer. Dafür reichten Armut und Idealismus, auch männlicher Anstand in Keuschheit, das *»Vermeiden unlauterer Blicke und der Beziehungen mit Frauen«*, so die Regel, nicht aus. Denn dessen rühmten sich andere auch, die als ›Ketzer‹, als wild-fromme Banden verfolgt wurden. Der nur etwa 1,40 Meter kleine Mann aus Assisi wollte unbedingt innerhalb der Kirche seinen Weg gehen, gleich wozu ihn deren Leitung verpflichten würde. Die Auflehnung gegen bestimmte Formen, gegen unchristliche Mißstände in der Kirche richtete sich nicht gegen die Kirche selbst und ihre hierarchische Führung. So steht es deutlich am Anfang der Regeln, die Franziskus den Päpsten Innozenz III. und Honorius III. (1216-1227) vorlegt: *»Bruder Franziskus verspricht dem Herrn Papst wie auch seinen rechtmäßigen Nachfolgern und der römischen Kirche Gehorsam und Ehrerbietung. Und die anderen Brüder sollen verpflichtet sein, dem Bruder Francesco und dessen Nachfolgern zu gehorchen.«*

Aber selbst wenn nun die sogenannten drei evangelischen Räte, Armut, Keuschheit und Gehorsam, für einen Orden beisammen waren, wäre ohne die besondere Persönlichkeit des Franziskus nicht so Großes auf Jahrhunderte hinaus entstanden. So konsequent der oft schwach und kränklich wirkende Umbrier in der ärmlichen Kutte seine Ideale vertritt, so reich ist er an neuen Ideen, so entschieden treibt ihn seine rastlose Aktivität zu überraschenden Unternehmungen. Er zieht mehrfach nach Rom, um die Arbeit seiner nun wachsenden Gemeinschaft unter der Kirchenführung zu garantieren; erweitert die Männer-Gesellschaft durch die Freundschaft mit der seelenverwandten Chiara di Favarone di Offreduccio aus

›Franziskus vermählt sich mit der Armut‹.
Aus den Vierungsfresken in der Unterkirche von San Francesco in Assisi

Assisi (1194-1253), der später heiligen Ordensgründerin Klara, zum Zweiten Franziskanischen Orden; versucht, im Zusammenhang mit dem verhängnisvollen ›Kinder-Kreuzzug‹ in den von den muslemischen Arabern beherrschten Orient mit dem Heiligen Land überzusetzen (1212); reist nach Spanien bis zum Wallfahrtsort Santiago de Compostela (1214); trifft in Rom oder Perugia den anderen großen Ordensgründer jener Zeit, den Spanier Dominikus; gelangt nach Palästina und versucht in Damiette (Dumjat) in Unterägypten den Sultan Melek-al-Kamal zum Christentum zu bekehren, wenn auch erfolglos; zieht als Prediger unermüdlich in Mittelitalien umher, in Lehre und Handeln Jesus Christus so ähnlich werdend, daß er nach der Überlieferung am 14. September 1224 auf dem Berg La Verna (in der Toskana) die blutenden

Wundmale Christi erhält – ein Ereignis, das nicht nur auf unzähligen Gemälden festgehalten ist, sondern auch von der Wissenschaft als möglich und auch bei anderen Männern und Frauen als real anerkannt wird.

Da wurde Franziskus schon längst als Heiliger verehrt, so daß es nach seinem Tod am 3. Oktober 1226 nicht lange dauerte, bis er offiziell von der Kirche heiliggesprochen wurde. Das geschah unter dem Jubel des Volkes 1228 durch Papst Gregor IX. in Assisi. Gewiß, ein ›Heiliger‹ war er, doch bliebe sein Bild unvollständig, wäre die Zuneigung zu ihm bis auf den heutigen Tag unerklärlich, wenn nicht seine unendliche Freundlichkeit hervorgehoben würde, seine verblüffende und anziehende Liebe zu allem Geschaffenen. Jeder Mensch, alle Tiere, die ganze Natur wurden von ihm als gut angesehen. Er nahm alles in sein Herz auf, und die Herzen der Menschen flogen ihm zu. Wie Giotto diesen Franziskus gefeiert hat, werden wir auf den Gemälden in der Kirche San Francesco zu Assisi sehen. Wie der Dichter Dante ihn im Elften Gesang des ›Paradieses‹ in der ›Göttlichen Komödie‹ pries, gehört zum Schönsten der Weltliteratur:

»Von jenem Berg, dort wo er sanfter wird,
trat eine Sonne in die Welt, so warm,
wie diese manchmal aus dem Ganges steigt.
Drum soll, wer diesen Ort erwähnt, nicht mehr
Assisi sagen, denn das wär zuwenig,
und richtig muß es heißen: Orient.«

Die umbrischen Ordensleute

Wenn wir vom Mittelalter in Umbrien sprechen, können wir den Einfluß des Bettelordens der Franziskaner nicht hoch genug veranschlagen. Sein Entstehen entsprach auch sozialen Bedürfnissen, den Schwierigkeiten, die sich aus dem Anwachsen der Städte ergaben, und den Forderungen, welche die vom Land entwurzelten, in die Stadt gezogenen breiten Schichten stellten. Da die Minderbrüder des Franziskus und der kurz zuvor entstandene Orden des Spaniers Dominikus festgefügte Gemeinschaften in den Städten bildeten, wirkten sie nicht nur in die Kirche, sondern auch in die Gesellschaft hinein. Das ging so weit, daß man mit einigem Recht sagen kann, Dominikus habe durch seine Ordensleitung die moderne Verwaltungsmethode der Regierung durch Kommissionen begründet, Franziskus dem Papsttum zu seiner einzigartigen Stellung verholfen, beider ›Söhne‹ hätten Wissenschaft und Technik, das Berufsleben der Handwerker und die soziale Ordnung der Städte mitbestimmt.

So war es ursprünglich nicht gemeint. *»Der heilige Franziskus wünschte nicht«,* so der englische Kirchenhistoriker Knowles, *»einen organisierten Orden mit fester Form zu gründen; seine Gefährten bildeten eine Bruderschaft, und als er bei den vielen Jüngern dem Druck und der Notwendigkeit nachgab, tat er es nur mit Bedauern und ohne Überzeugung. Bis zum Ende predigte und befahl er seinen Gefolgsleuten absolute Armut (mit dem Verbot, Geld auch nur zu berühren), vollständige geistige Einfachheit, gänzliche Unterordnung unter Papst und Bischöfe und möglichst wörtliche Nachfolge des wandernden und gekreuzigten Christus. Doch die innere Geschichte seines Ordens war schon während des ersten Jahrhunderts nach seinem Tod geprägt durch den heftigen Kampf zwischen denen, die alle Tätigkeiten und Arbeiten nach der Regel und dem Testament des Franziskus beurteilten, und denen, die die Regel den Verhältnissen anpassen und das Testament ignorieren wollten, um den Anforderungen der zu leistenden Arbeit zu entsprechen. Die drohende Spaltung wurde abgewendet durch den heiligen Bonaventura (1221-1274). Er stellte Kanones auf für das Konventual-Leben, das mehr monastisch als eremitisch war, und vermittelte zwischen Laxheit und Strenge.«*

Dieser *Bonaventura,* Sohn eines Arztes aus dem toskanischen Ort Bagnorea, ist einer der klügsten Lehrer der Kirche im Mittelalter. Was er in philosophischer Abstraktion dachte, gilt für die Praxis in vielen Bereichen: *»Alles, was sein Dasein nicht sich selbst verdankt, neigt zu Verfall und Nichtsein, wenn es nicht von dem gehalten wird, der ihm das Dasein gibt; so auch jeder Orden und jeder Mensch. Daher fallen nicht nur die Orden der Mönche, sondern auch die der Bischöfe, Weltpriester und Laien, überhaupt alle Stände stark ab, wenn man ihren gewöhnlichen Zustand an dem mißt, was im Anfang war. Denn damals waren alle Gläubigen so vollkommen und heilig, wie wir sie heute selten sehen.«* (Aus ›Erörterungen von Problemen der Minderbrüder-Regel‹.) Dennoch urteilt der Historiker Arno Borst in seinem Standardwerk ›Lebensformen im Mittelalter‹: *»Der Umgang mit Weltleuten hat nicht die Franziskaner lau, sondern die Laien fromm gemacht.«*

Das wirkte weit. Denn die Franziskanische Gemeinschaft entwickelte sich schnell. Schon im ersten Jahrzehnt nach ihrer Gründung zählte sie mehrere tausend Mitglieder. Im Jahr 1260 waren aus den 12 Gefährten, so Borst, *»rund 17500 Franziskaner geworden. Das war die Bevölkerung einer mittelalterlichen Großstadt. Aber sie wohnten nicht in einem Kloster zusammen. Ihr Kloster war die Welt.«* Dazu der Ordensmann Casutt OFM Cap.: *»Seit 1216/17 gingen die Brüder über das Ursprungsland Italien hinaus nach Frankreich, Spanien, Deutschland, Ungarn, England, Marokko, den Balkanländern und Syrien. Dies bedingte eine straffere Gliederung der Brüderschaft nach regionalen Zonen (Provinzen genannt), mit entsprechenden Vorstehern; ferner die Zulassung einer wärmeren Kleidung – zweite Tunika (ohne Kapuze als Unterkleid) und Schuhwerk im Bedürfnisfall –, Bestimmungen über den Lebensunterhalt, Normen über die Stellung zum Geld und zu den Bauten, Erlasse über die formelle Predigttätigkeit (die systematisch wohl erst seit dem 4. Laterankonzil – 1215 – ausgeübt wurde), die Missionierung unter den Heiden, die Beziehungen zu weltlichen Personen und endlich Verordnungen über interne Angelegenheiten (Gebetspflichten, Fastenpraxis, Gehorsamsverhältnisse, Kapitelstagungen, Noviziat usw.).«* Assisi breitete sich über die ganze Welt aus.

So kommen erstaunliche Zahlen und Namen zusammen: Drei Zweige hat allein der *Erste Orden des Franziskus.* 20269 Mitglieder, davon 14380 Priester, zählte 1980 der Orden der Minderbrüder (OFM) in 89 Nationen;

12062, davon 8694 Priester, der Kapuziner-Orden (OFM Cap.), entstanden durch eine Reform im 16. Jahrhundert;

4043, davon 2734 Priester, sind Franziskaner-Konventualen (OFM Conv.), erkenntlich an der schwarzen Kutte.

Das sind zusammen 36374 Franziskaner. Sie arbeiten vor allem in Italien, den Vereinigten Staaten, Jugoslawien, Spanien, Deutschland und Polen, in der Pfarreiseelsorge, als Prediger in der Volksmission, aber auch als Missionare in den Entwicklungsländern.

Der zweite Stamm aus der Wurzel des Franziskus sind die *Klarissen* (OSC), die ›Töchter‹ der heiligen Klara, einer

Gefährtin und Schülerin des Franz von Assisi, mit 18500 Mitgliedern. Weitaus mehr Ordensschwestern, insgesamt etwa 200000, zählen die franziskanischen Kongregationen, die nach 1600 entstanden sind und ihre Tätigkeit auf ein ganz bestimmtes seelsorgliches und soziales Ziel ausgerichtet haben. Diese Franziskanerinnen, von denen das Päpstliche Jahrbuch allein 139 verschiedene Gemeinschaften mit eigenem Statut und eigener Leitung aufführt, findet man in Krankenhäusern und Kindergärten, Leprastationen und Radiosendern, bei Blinden und Taubstummen, bei Entbindungen und bei Sterbenden.

Den dritten Stamm bildet der *Dritte Orden* (Tertiarier), der sich in einen ›regulierten‹ teilt, dessen Mitglieder, zum größten Teil weibliche, in klösterlichen Gemeinschaften leben, und in einen ›weltlichen‹, dessen 246000 Angehörige den einzelnen Franziskanerklöstern verbunden sind, doch in der Gesellschaft gewöhnlichen Berufen und Aufgaben nachgehen. Franziskanische Tertiarier waren etwa Elisabeth von Thüringen, König Ludwig IX. von Frankreich, Dante, Petrarca und Boccaccio, Giotto, Raffael und Michelangelo, Cervantes und Calderon. Heute findet man unter ihnen auch italienische Politiker und spanische Adlige, deutsche Industrielle und amerikanische Sportler.

Für diese 500000 Menschen steht im Mittelpunkt ihres Denkens und ihrer Lebensführung *»ein höchst gewandter Mann, von heiterem Aussehen und freundlichem Blick, ohne Unterwürfigkeit und ohne Anmaßung«,* wie der erste Biograph Thomas von Celano ihn beschreibt, *»ein Mann, der als vollkommenste Freude ansah, sich selbst zu besiegen und Erbärmliches auszuhalten«,* und der einer immer selbstbewußter werdenden Menschheit im ›Sonnengesang‹ als letztes Vermächtnis zur Rettung nur hinterließ: *»Preist meinen Herrn und bleibt in großer Demut ihm untertan.«* – Ein umbrischer Heiliger und seine Ordensleute.

Kunstgeschichte

Wo die Geschichte so lebhaft ist, wo politische Macht sich verschiebt und nach öffentlicher Darstellung sucht, Verkehr und Handel regen Austausch führen, wo Baugewerbe und Handwerk sich parallel zu wirtschaftlichen Entwicklungen regen, kann die Kunst nicht fehlen. Da wird in Umbrien die Aufmerksamkeit sofort von der Malerei und den Künstlern der ›Umbrischen Schule‹ des 15. Jahrhunderts angezogen. Das bedeutet nicht, daß es zu anderen Zeiten keine herausragenden Leistungen der Kunst gegeben hätte und somit keine eigentliche Kunsthistorie für Umbrien aufzustellen sei. Im Gegenteil: Schon aus der Altsteinzeit und dem Neolithikum, aus Bronze- und Eisenzeit sind bemerkenswerte Zeugnisse in Metall oder Keramik auf uns gekommen. Etrusker und Römer haben Eindrucksvolles hinterlassen, die ersteren vor allem in und um Orvieto und Perugia – in den dortigen Museen zu bewundern –, die zweiten in fast allen umbrischen Stadtgemeinden, deren Namen meist von den ›Imperialisten‹ der Sieben-Hügel-Stadt am Tiber herrührt. Dann, schon seit der ausgehenden Kaiserzeit, traten die Christen auf den Plan, und die Künstler beeilten sich, ihre Fertigkeiten an Kirchen und Klöstern zu erproben, die Baumeister in der Architektur, die Bildhauer am plastischen Schmuck.

1 *Maestro delle Vele, ›Allegorie der Keuschheit‹, 1315-20.*
Assisi, S. Francesco, Unterkirche

2 *Giotto, ›Huldigung auf der Piazza‹.*
Aus dem Freskenzyklus der Franziskus-Legende, 1295-1300.
Assisi, S. Francesco, Oberkirche

5 *Pinturicchio, ›Christus unter den Schriftgelehrten‹.*
Fresko in der Cappella Baglioni
von S. Maria Maggiore in Spello, 1501

6 *Perugino, ›Martyrium des hl. Sebastian‹*
(Ausschnitt), 1505. Panicale, S. Sebastiano

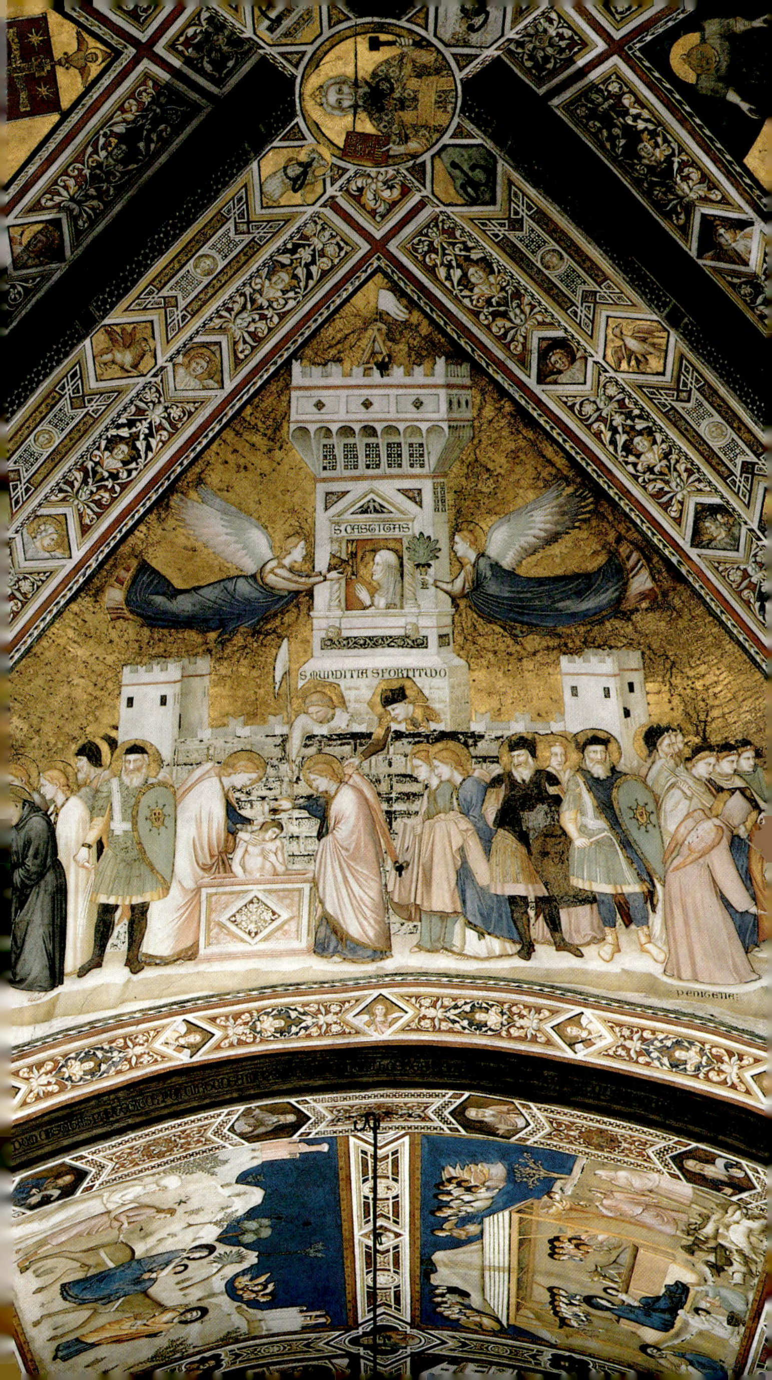
S CASTITAS
S MVNDITIA S FORTITVDO
PENITENTIA

3 *Fra Filippo Lippi, ›Verkündigung an Maria‹.*
Apsisfresko im Dom von Spoleto, vor 1496

4 *Luca Signorelli, ›Berufung der Auserwählten‹. Aus dem Freskenprogramm ›Das Ende der Welt‹ in der Cappella di S. Brizio im Dom von Orvieto, 1500*

Baukunst und Plastik

Vom 12. Jahrhundert an findet die romanische Architektur in Umbrien ihre eigenen Ausdrucksformen, sichtlich beeinflußt vom nahen Rom und von der ferneren Lombardei, doch unverkennbar in bescheidenerem, ländlichem Stil. Damit begnügen sich bald die aufblühenden Stadtgemeinden nicht mehr. Sie wollen, bildlich und in der Tat, höher hinaus. San Francesco in Assisi, Schlüsselbau der Gotik in Italien, und der Dom von Orvieto, glänzendes Exempel des gotischen Stils, oder die beiden vorbildlichen Hallenkirchen, San Fortunato in Todi und San Domenico in Perugia, sind Zeugnisse für die frisch geweckte Baulust und gleich meisterhaft praktizierte Baukunst.

Dabei stellt sich bei den mittelalterlichen Städten auch vordringlich die Aufgabe der Urbanistik selbst. In der meist an einem Hang gelegenen umbrischen Bergstadt mußten Plätze und Straßen, öffentliche und private Bauten terrassenförmig die Anhöhen hinauf übereinander ›geschichtet‹ werden. Sage niemand, die Städte seien von selbst ›gewachsen‹; die Bauherren damals, ob öffentlich oder privat, haben sehr wohl lange und genau – und, wie es scheint, mit glücklichem Erfolg – darüber nachgedacht, wie alles werden sollte.

Die romanische Skulptur übt sich in der Dekoration der Architektur. Dazu bemerkt der Kunsthistoriker Harald Keller generell: *»Die umbrische Architektur besitzt eine leidenschaftliche Vorliebe für das Gestalten in planen Flächen, die umbrische Plastik für das Modellieren im Flachrelief. Alle Kirchenfassaden des Mittelalters aus Umbrien und den Marken verraten einen untrüglichen Sinn, der darauf aus ist, die Homogenität der Fläche unberührt zu bewahren. Man vermeidet peinlich, die Fläche durch Ordnungen zu gliedern. Die Unterteilung einer großen Fassade in viele Einzelfelder geschieht auf die allereinfachste Weise, nämlich durch ein möglichst flach gehaltenes, rechteckiges Rahmenwerk. Die Vorstellung von Fläche, von Mauer, von Raumgrenze ist in Umbrien und Florenz nun höchst verschieden. In Umbrien genießt man die leere Fläche, in Florenz herrscht der horror vacui.«*

Die Bildhauerkunst hinterläßt uns ihre Werke in Marmor an den Portalen und Fassaden und im Innern der Kirchen, und leider nur wenige in Holz. Die gotische Skulptur – ein

Assisi, Dom S. Rufino, romanisches Portal der Westfassade in typisch umbrischer Gliederung

großartiger Beitrag der italienischen Bildhauerei zur Kunst des Abendlandes – findet auch in Umbrien ihr Feld. Ende des ›Duecento‹ (oder ›Dugento‹ – die Italiener sagen ›Zweihundert‹ zum 13. Jahrhundert) und im ›Trecento‹ (14. Jahrhundert) arbeiten NICOLA und GIOVANNI PISANO an der Fontana Maggiore in Perugia, ARNOLFO DI CAMBIO und LORENZO MAITANI am Dom von Orvieto.

Malerei

Doch dann schiebt sich jene Kunst in den Vordergrund, die es in Umbrien zu besonderer Geltung bringen sollte: die Malerei. Die großen Meister kommen zunächst aus den benachbarten Regionen, wie CIMABUE aus der Toskana oder wie JACOPO TORRITI aus Rom. Dann schlägt schon die Stunde der noch bedeutenderen: eines GIOTTO, der Sienesen SIMONE MARTINI und PIETRO LORENZETTI. Giotto wollen wir nicht hier, sondern an seinem Freskenzyklus in der Kirche San Francesco in Assisi würdigen, einem der grandiosen Werke nicht nur von seiner Hand, sondern der abendländischen Malerei insgesamt.

FRESKO-MALEREI

Hier ist der Ort, auf jene Gattung der Malerei kurz einzugehen, der wir in Umbrien so häufig begegnen und die ihren Namen der dabei angewandten Technik verdankt: der Fresko-Malerei. Auf die zu bemalende Wand wird frischer *(fresco)*, also nasser Kalk aufgetragen. Auf diese feuchte Schicht werden die in Kalkwasser angerührten Farben gebracht. Sie verbinden sich während des Trocknens unlöslich mit dem Kalkputz und gehen danach keine chemische Reaktion mehr ein. Sie können daher nicht abblättern wie die auf eine trockene *(secco)* Wand aufgetragenen Farben, sind folglich lange haltbar. Das sind die Grundprinzipien dieser Technik, die schon in ältester Zeit, in Mesopotamien und auf Kreta, von Griechen und Etruskern und natürlich auch von den Römern beherrscht wurde.

Die einzelnen Arbeitsgänge bei der Fresko-Technik stellen die Künstler vor eine ganze Reihe von Schwierigkeiten. Mehrere Bedingungen müssen erfüllt werden: Es können nur bestimmte Farben verwendet werden, die weitere chemische Reaktionen nach dem Trocknen ausschließen. Es muß von oben nach unten gemalt werden, weil sonst die tiefer gelegenen Stellen befleckt würden. Es kann wegen des Trocknungsprozesses nur jeweils eine begrenzte Fläche behandelt und bemalt werden; das erfordert rasches und vor allem fehlerfreies Arbeiten, da Änderungen nur möglich sind, indem die verdorbene Putzschicht abgekratzt und eine neue aufgetragen wird, und man dann von vorn beginnen muß. Deshalb wurden meist Entwürfe auf Kartons festgehalten und dann auf die Wand mit einem Rötelstift (Sinopia) übertragen. (Zuweilen, wie im Camposanto von Pisa, fand man von verlorenen Fresken noch die Sinopien, was eine ungefähre Rekonstruktion ermöglichte.)

Die – wenn richtig ausgeführt – mühsame Technik verleitet geradezu Meister und Gehilfen zu ›Pfuschereien‹. Denn so einfach ist es nicht, ein ›Tagwerk‹ (das, was man an einem Tag schaffen wird) zu bestimmen – nicht zu viel, nicht zu wenig, und immer synchron zum trocknenden Putz vorzugehen. Die Aufteilung der zu bemalenden Fläche in kleinere, doch sinnvoll eingerichtete Abschnitte, muß wohlbedacht sein. Oft genug hat man mit Kalktünche oder Tempera-Bindemitteln ergänzt, was fehlte oder nicht gelungen war; daß dies nur eine oberflächliche Bindung ergab, merkte man dann nach Jahren oder Jahrhunderten, zur Schande auch großer Künstler. In jüngster Zeit sind Michelangelos Fresken in der Sixtinischen Kapelle im Vatikan zu Rom nicht nur einer Restaurierung unterzogen worden, sondern auch einer gnadenlosen Prüfung, die der Meister jedoch glänzend bestand: Bei Michelangelo kam zum künstlerischen Genie des Entwurfs das untrüglich sichere handwerkliche Können. Nur beides zusammen macht das große Kunstwerk aus.

Bleiben wir bei der Malerei, nicht nur jener ›al fresco‹. Denn Umbrien beweist nun im Quattrocento, dem 15. Jahrhundert, daß es der Kunst von Weltrang etwas gänzlich Eigenes, Unverwechselbares schenken kann. Aus deren Darstellung, die der Kunsthistoriker Harald Keller in seinem wichtigen Werk ›Die Kunstlandschaften Italiens‹ etwas verstreut gegeben hat, lassen sich einige wichtige Elemente gewinnen. Von den Reliefs der Domfassade in Orvieto (14. Jahrhundert) bemerkt Keller etwa: *»Selten wohl ist in der Geschichte des Christentums Gottvater als eine so milde, leise und gütige Erscheinung verstanden worden. Die heiligen Stoffe gewinnen plötzlich ein eindringlicheres und schwermütigeres Leben.«* Diese Eigenschaften gelten ebenso für die Kunst jener Frührenaissance-Maler, welche die ›Umbrische Schule‹ zu höchstem Rang erheben, und zwar in einem theologisch-menschlichen Sinn.

Zu den Anfängen der typisch umbrischen Malerei erklärt Keller: »*Die umbrische Malerei setzt großartig genug ein mit der Ausmalung des Schiffes der Unterkirche von S. Francesco in Assisi. Der Meister dieser Fresken muß ein Umbrer gewesen sein, das verrät seine Farbenskala deutlich genug. Er trägt seine Farben in warmen und gedämpften Tönen vor, ein samtiges Blau, ein bedecktes Rotbraun, kein helles, sondern ein warmes Siegellack-Rot.*« Zur weiteren Entwicklung, mehr als hundert Jahre später, heißt es: »*Die zweite linienselige, von lyrischem Gefühlsüberschwang durchtränkte Stilphase der Gotik, der Weiche Stil* (›Gotico Internazionale, Internationale Gotik‹), *entband dann aber am Anfang des 15. Jahrhunderts in Umbrien eine schöpferische Periode.*«

Da treten zunächst die ›Auswärtigen‹ auf: MASOLINO und DOMENICO VENEZIANO, FRA ANGELICO und BENOZZO GOZZOLI, FILIPPO LIPPI und PIERO DELLA FRANCESCA. PIERO und RAFFAEL gelten gewöhnlich als Umbrier, der erste, weil sein Geburtsort Borgo San Sepolcro um 1420 umbrisch war und erst später zu Florenz und zur Toskana kam, und Raffael aus Urbino in den Marken wegen seines zum Teil ›typisch umbrischen‹, von seinem Lehrmeister PERUGINO geprägten Stils. Es ist erstaunlich, daß man in Umbrien mit Vorliebe Aufträge an wahlverwandte Künstler von auswärts vergab und daß umgekehrt umbrische Künstler draußen, etwa in der Toskana oder in Rom, ihrem ›sanften‹ Stil treu blieben (mit Ausnahme von LUCA SIGNORELLI in Orvieto). Die wichtigsten Vertreter der Umbrischen Schule sind Perugino und Pinturicchio.

Pietro di Cristoforo Vannucci genannt Perugino

Er hieß eigentlich Pietro di Cristoforo Vannucci und stammte aus Città della Pieve, wo er zwischen 1445 und 1452 geboren wurde. Seinen bekannteren Namen erhielt er nicht nur, weil er viel in Perugia arbeitete – die Stadt hat nach ihm ihren Haupt-Corso ›Vannucci‹ genannt –, sondern weil damals für ganz Umbrien die Bezeichnung ›Perugino‹ in Gebrauch war.

Selbstbildnis des Pinturicchio
aus der ›Verkündigung‹ von S. Maria Maggiore in Spello

Er ging schon als bekannter Maler 1472 nach Florenz, wo er sich bei Piero della Francesca, Verrocchio und Pollaiuolo vervollkommnete. Durch den Florentiner Einfluß verlor er jedoch nicht seinen eigenen Stil, den er in Umbrien und vor allem in Perugia, seit 1481 auch in Rom an den Längswänden der Sixtinischen Kapelle in schöpferischem Wettstreit mit anderen Künstlern wie Botticelli, Rosselli, Pinturicchio, Signorelli und Ghirlandaio zur Meisterschaft steigerte. Sicheres Gefühl für körperliche Plastik, souveräne Kenntnisse der perspektivischen und architektonischen Gesetze verbinden sich mit der Vorliebe für anmutig gestellte, in Sanftheit sich aussprechende Personen vor einem stillen landschaftlichen Hintergrund. Perugino führte ein bedeutendes Atelier mit vielen Gehilfen und Schülern und konnte sich nicht über Mangel an Aufträgen beklagen. So hinterließ er ein umfangreiches Werk, zu dem freilich auch Mitarbeiter einen gehörigen Teil beitrugen. Einer dieser Schüler ist Raffael aus Urbino in den Marken. Einmal, so wird berichtet, nach 1500, wurden Peruginos Altarbilder in Perugia mit denen verglichen, die der um wohl vierzig Jahre jüngere Raffael für die Kleinstadt Città di Castello geschaffen hatte; da schnitt Perugino schlecht ab; die

Selbstbildnis des Perugino
aus der ›Schlüsselübergabe‹ in der Cappella Sistina des Vatikan

Bilder des Meisters erschienen zu sanft und zaghaft gegenüber denen des Schülers, der Perugino auf geniale Weise überflügelt hatte. Perugino lernte noch im Alter davon. Seine Hauptwerke befinden sich in der Sixtinischen Kapelle in Rom, in Florenz, im Collegio del Cambio und im Kloster Sant'Agnese in Perugia und in vielen Museen der Welt. Er starb 1523 in Fontignano nahe dem Trasimener See.

Bernardino di Betto genannt Pinturicchio

Wenige Jahre nach Perugino, wohl im Jahr 1454, wurde Bernardino di Betto in Perugia geboren. So darf man beide zu Recht in einem Atemzug nennen. Beiden gemeinsam sind die prächtig gestalteten Renaissance-Architekturen, die Beherrschung des perspektivischen Raumes in Verbindung mit lieblichen Landschaften, die umbrische Eindrücke widerspiegeln. Gegenüber dem feierlichen verinnerlichten Ton des Perugino herrscht bei Pinturicchio das heiter-erzählerische Element vor; Szenen und Landschaftsdetails bezaubern durch eine märchenhaft anmutende Phantasie und Farbenpracht. Seine Stärke liegt nicht – wie bei Perugino – im Seelischen, sondern im Dekorativen (weswegen er von Vasari als Dekorationsmaler abqualifiziert wurde). Da er sich der Gunst der Päpste erfreute, finden wir ein Großteil seiner Werke in Rom: außer in der Sixtinischen Kapelle in den römischen Kirchen Santa Maria d'Aracoeli und Santa Maria del Popolo, im Vatikan außerdem in den Borgia-Gemächern, die er für Papst Alexander VI. zwischen 1492 und 1495 kostbar ausstattete. Ein weiteres Hauptwerk ist uns mit dem Freskenzyklus der Bibliothek des Kardinals Piccolomini am Dom zu Siena erhalten: Die Szenen zum Leben des Humanisten-Papstes Pius II. (Enea Silvio Piccolomini) gehören als Raum-Kunstwerk wie im Detail zu den erfreulichsten Eindrücken der reifen Frührenaissance-Malerei. Dieselbe Anmut und Erzählfreude zeichnen auch die Fresken der Cappella Baglioni von Santa Maria zu Spello aus. In Umbrien begegnen wir ihm außerdem in Spoleto (Dom) und natürlich in der Nationalgalerie von Perugia. Als Maler hoch angesehen, im eigenen Haus jedoch von seinem ›bösen Weib‹ mißachtet und gequält, ist Pinturicchio 1513 in Siena gestorben.

Wesensmerkmale der Umbrischen Schule

Dreierlei ist kennzeichnend für die Umbrische Schule und ihre beiden bedeutendsten Vertreter: Landschaft, Farben und Weltanschauung. Fassen wir Äußerungen Harald Kellers zusammen: *»Die umbrische Landschaft ist die Schöpfung einer einzigen Generation, der Perugino und Pinturicchio, die mit diesen Malern aufkommt und wieder erlischt.«* Für die Farben gilt: *»Hauptkennzeichen umbrischer Farbkultur (ist) die Vorliebe für milde Farben. Vielleicht ist die Farbphantasie der umbrischen Frührenaissance-Malerei ärmer als die der anderen italienischen Kunstlandschaften ihrer Zeit, sicherlich wagt sie weniger. Weil sie mit weniger Tönen auskommt, so hat sie es auch leichter, harmonisch zu sein. Jedes Bild der Perugino-Zeit ist auf den Dreiklang von warmem Rotbraun (der zwischen Siegellackrot und Purpur liegt), von tiefem Blau und Moosgrün aufgebaut …«*

Die Vorliebe für stille Landschaften und milde Farben gründet in einer Weltanschauung, oder sagen wir treffender, Welt-

›Wegschauung‹, die schon durch die begrenzte Auswahl fast ausschließlich religiöser Themen vorgegeben war. Dazu noch einmal Keller: *»Die umbrische Malerei der Frührenaissance besaß kein echtes Verhältnis zur Wirklichkeit des Lebens. Die umbrischen Maler waren in ihre Welt der Stille, des Friedens und des Traums zu sehr verfangen, als daß es sie hätte reizen können, den Charakter ihrer Mitmenschen zu ergründen.«* So sind das Charakteristische all dieser Maler die verträumt dreinblickenden Heiligen, die sanften Madonnen mit den Mandelaugen und einem schwebenden Lächeln, die ernsten Darstellungen des versöhnt und versöhnlich leidenden Gekreuzigten.

Es schien mir wichtig – und deshalb verweilte ich länger –, mehr die ›Stimmung‹ dieser Malerei aufzunehmen, als sich in die Details und Einzelpersönlichkeiten der Kunstgeschichte zu verlieren. Es besteht vielleicht die Gefahr, daß man sich an den Fresken und Gemälden in Umbrien, die sich so sehr ähneln und häufig dieselben frommen Themen behandeln, ›über sieht‹. Das wäre schade. Wesentlich ist, den Gesamtcharakter dieses Malens anzunehmen, sich in den Ton der Farben ›einzusehen‹, die liebliche Anmut der Landschaften zwischen innen und außen, auf den Bildern und in der Wirklichkeit, spielen zu lassen und einer Welt-Distanz und Naturliebe zum Ausklang des Mittelalters und am Beginn einer neuen Zeit, von Humanismus und Renaissance, nachzusinnen, die von der Regel des Benedikt zum Sonnengesang des Franziskus reicht. Aber da dringen wir schon in einen Bereich ein, in dem jeder sein eigener Meister ist und keiner Gefühls-Vorschriften bedarf.

Mit der Umbrischen Schule hört die Kunstgeschichte dieses Landes in der ersten Hälfte des 16. Jahrhunderts nicht auf. Architektur, Malerei und Skulptur haben auch in der folgenden Zeit Beachtenswertes hervorgebracht. Dennoch erscheint in Umbrien die Konzentration auf das Mittelalter angemessen, nicht um das Spätere abzuwerten, sondern um die Leistungen der Hoch-Zeit recht zu würdigen. Warum das Kunstschaffen in Umbrien nach dem 16. Jahrhundert nicht mehr auf der Höhe geblieben ist, haben Enrico Castelnuovo und Carlo Ginzburg mit der Unterscheidung zwischen Peripherie und

Zentrum gerade im Fall dieser Region überzeugend dargelegt, sich stützend auf die älteren Untersuchungen, ›Ricerche in Umbria‹, in der bekannten ›Storia dell'Arte Italiana‹ (Geschichte der italienischen Kunst, von Einaudi, Turin; deutsch zum Teil ›Italienische Kunst‹, Berlin 1987).

Handwerkskünste

Einen besonderen Hinweis verdienen jedoch die ›Arti Minori‹, die ›Minderen‹, die Handwerks-Künste. Sie nehmen nach dem italienischen Namen denselben Rang ein wie die Söhne des Franziskus, die Minderbrüder, aus Demut, nicht aus geringerem Stand, gegenüber den anderen Ordensleuten, keinen schlechten. Miniaturen auf Pergamenten und in Büchern, Glasmalerei, Goldschmiedekunst, Schnitzereien und Einlegearbeiten in Holz, Webereien, Spitzen und Stickereien haben sozusagen zeitlos die Jahrhunderte bereichert. Und vor allem die *Keramik,* wie etwa noch heute die von *Deruta* bei Perugia. Welcher Reichtum sich da auftun kann, erfuhr ich auf eine dahingehende Frage durch den umbrischen Regional-Assessor Vincenzo Acciacca. Statt einer umfangreichen Antwort schickte er mir nach einigen Wochen vier schwere Bildbände über umbrische Majoliken: alte Kacheln, Votivtafeln, mittelalterliche Schalen, Pokale, Krüge und Teller sowie Majoliken der Renaissance und des 19. Jahrhunderts, ein Objekt schöner als das andere. Das Fazit daraus und das einer jeden umbrischen Kunstgeschichte: In Umbrien ist hochentwickelter Sinn für Formen und Farben, Maße und Muster zu Hause.

Gotischer Papstpalast im Schatten des Domes von Orvieto

Wege durch Umbrien

Perugia

Die Piazza

Wenn man auf den Stufen des Domes von Perugia sitzt, ruhig auf die Piazza schaut und die Fontana Maggiore betrachtet, den Brunnen, der zu nichts anderem bestimmt scheint, als Schönheit und Harmonie zu verströmen, hat man es geschafft. Denn zum Hauptplatz der Stadt, der Piazza Quattro [4.] Novembre, zu gelangen, ist nicht so einfach. Wir hatten uns mit Umbrien auf ein geruhsames Land eingestellt und wurden wohl am Trasimener See oder im Tiber-Tal nicht enttäuscht. Aber dann verdichtete sich der Verkehr vor Perugia. Kein Wunder, denn die Regionalhauptstadt Umbriens zählt 150000 Einwohner – oft scheinen es viel mehr. Zudem ist Perugia das Verkehrszentrum des Ländchens; nach Nord und Süd, Ost und West gehen wichtige Schnellstraßen ab, und aus allen Richtungen wird der Verkehr hierher gezogen. Von der Ausfahrt der Superstrada mußten wir dann noch durch nicht enden wollende, gleichgültige Neubauviertel auf kurvigen Straßen fahren – so hatten wir uns Umbrien nicht vorgestellt. An der Einfahrt in das historische Perugia hätten uns dann beinahe die Vigili Urbani, strenge Polizisten, gehindert, wenn wir nicht eine Hoteladresse oder ein wichtiges ›Appuntamento‹, einen Termin mit einem Assessor der Regionalverwaltung, hätten nennen können.

Wenn wir dann jedoch durch den Corso Vannucci, die Hauptstraße im Zentrum – ein wahrer Corso, Laufweg, Laufsteg für die Peruginer/innen – gehen, an den leicht geschwungenen Fassaden der alten Stadtpaläste vorbei zur Kathedrale und dann auf den Stufen davor Platz nehmen, sind die Schwierigkeiten vergessen. Vor uns liegt einer der schönsten Plätze Italiens, der die Bauwerke des Mittelalters bewahrt hat:

im Norden (hinter uns) die Südflanke des Domes mit der Loggia des Braccio Fortebraccio und das ehemalige Seminar;

im Westen (rechts) der Erzbischöfliche Palast (Palazzo Arcivescovile), der Sitz eines wichtigen Herrn im ehemaligen Kirchenstaat;

uns gegenüber *im Süden* hoch aufragend der Palazzo Comunale, der ohne Bescheidenheit – die wäre hier fehl ›am Platz‹ – den Stolz der Stadt verkündet;

im Osten eine Reihe von alten Häusern, darunter das des Collegio dei Notari;

schließlich *in der Mitte* die Fontana Maggiore, die, ohne Übertreibung, der schönste Brunnen des 13. Jahrhunderts in Italien ist.

Fontana Maggiore

Dieses Meisterwerk – in den architektonischen Formen wie in den Skulpturen – schufen NICOLA und GIOVANNI PISANO, Vater und Sohn, als Baumeister und Bildhauer gleich begabt, jene großen Künstler, die sich mit Namen kenntlich aus der Anonymität des Mittelalters erheben, zwischen 1275 und 1278; es half ihnen dabei der Benediktiner-Mönch FRA BEVIGNATE. Die technischen, hydraulischen Probleme, vor allem die Heranführung des Wassers auf die Höhe des Stadtzentrums, waren nicht gering und brachten auch prompt den Brunnen zeitweilig zum Versiegen. Sorgfältige Restaurierungen bei verschiedenen Gelegenheiten haben, so scheint es, den ursprünglichen Zustand wiederhergestellt, auch wenn die Spuren des Alters und der Feuchtigkeit nicht zu übersehen sind.

Der Gesamteindruck ist so befriedigend, daß man sich zum Betrachten der Einzelheiten fast zwingen muß (was durch das sperrende Eisengitter nicht verlockender wird). Über einer runden Stufenbasis, die sich in den ansteigenden Platz einpaßt, erhebt sich das äußere vieleckige Marmorbecken. Seine 25 Seiten sind durch Bündel von drei Säulen und in sich durch eine Säule geteilt, so daß 50 Felder entstehen.

Die ersten zwölf Seiten zeigen (an der Südseite beginnend) in 24 Darstellungen die Monate des Jahres, kenntlich an den dazugehörigen landwirtschaftlichen Arbeiten und den Tierkreis-Zeichen. Dann werden dargestellt: der guelfische Löwe und Perugias Greif, dem wir in der Stadt häufig begegnen – Zeichen dafür,

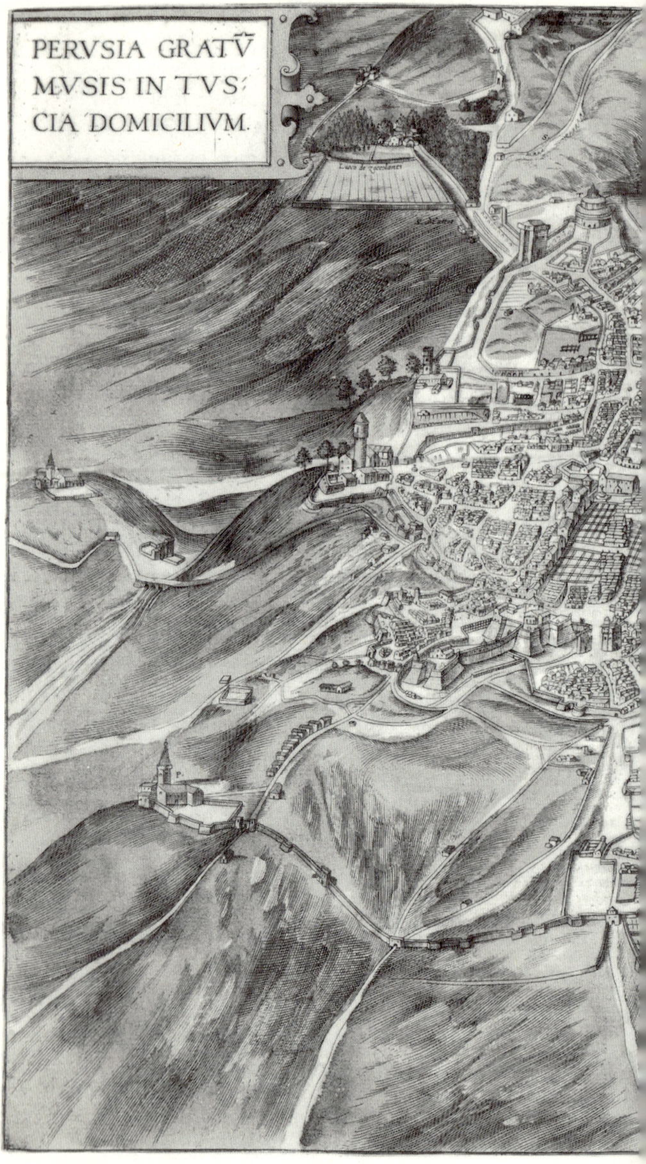

Topographischer Plan von Perugia. Aus Braun–Hogenberg, ›Civitates orbis terrarum‹, um 1600

A Fontana di marmo belliss.o
B Domo S. Lorento
C Palazo de Signori
D Gimnasium
E Piazza oue si vendono herbe
F Piazza grande de mercanti
G. Spedale principalissimo
H. Fortezza oue sono i Pallazzi de sig.ri Baglionj
Famiglia principaliss.a di perugia
K Collegio vecchio oue sono 45 studenti
I Collegio nouo oue stanno 42. scolari
L Collegio Bartolino oue stanno 30 scolari
M S. M.a de serui
N S. Erculano vescouo della citta et martire
dal quale parla S. Gregorio
O Girolamo di zoccolanti
P. Le due porte
Gira il circuito delle mura di
questa citta miglia cinq. et
due terzi
Fa attorno quaranta mila anime
il suo contado gira miglia 155.
Ha castella murate 274
Ha dieci commende di S. Giouani
Due comende di S. Stefano et
vna di San Lazaro
et ha 13 abazie
Q. S. Fiorenzo
R. Beata Colomba
S. S. M.a Madalena
T.T.T. Porta S. Pietro
XX. Porta Sole
222. Verzaio
333. Piazza degl'arati
44. Accademia dell'arte del
disegno
55. Accademia delli insensati
66. Accademia delli Eccentrici
77. Piazza Grimana
888. Porta S. Angelo
99. Porta Sansunni
110. Porta Borgni
120. S. Tommaso
P. Giuliana monasterio nobiliss.o
e ricco.
S. Aquedutto che viene due miglia lontano.
T. S. Angelo fatto sopra vn belliss.o
tempio antico.
S. Chiara di monte luce monasterio honoratiss.o

wieviel die Bürger auf ihre Stadt hielten –, die sieben freien Künste (Grammatik, Dialektik, Rhetorik, Arithmetik, Geometrie, Musik und Astronomie), die Philosophie, zwei Adler, Adam und Eva und die Vertreibung aus dem Paradies, der biblische Samson (zweimal), Löwe, Löwe und Hund, der biblische David (zweimal), Romulus und Remus, die römische Wölfin mit den Zwillingen, Vestalin mit Käfig, zwei Fabeln des Äsop (Storch und Wolf, Wolf und Lamm).

Lebendige Bewegung und geschickte Anordnung in den kleinen Feldern sowie eine treffliche Beherrschung der Relieftechnik zeichnen die Skulpturen aus. Auch wenn wir keine endgültige Antwort erhalten, so lohnt es sich darüber nachzudenken, warum die Pisani aus ihrer Welt diese Figuren ausgewählt, gerade diese Geschichten aus der Bibel und dem Fabelbereich, aus dem Alltag und der Historie herausgegriffen haben. Ein zweites, konzentrisches Becken erhebt sich aus dem äußeren auf Säulchen, hat glatte Felder ohne Schmuck, abgesehen von Inschriften, doch zwischen den Feldern 24 kleine Statuen, auch sie wohl ein Werk des Giovanni Pisano. Auch da wäre es wert, genau hinzusehen. Der Wechsel von Heiligen, biblischen, allegorischen und historischen Figuren ist thematisch wohlbedacht.

Beginnend an der Westseite: Petrus, die römische Kirche, Roma, die Theologie, Paulus, Kleriker, Laurentius, Nymphe von Chiusi, Perugia, Trasimenische Nymphe, Herkulanus, der Kleriker-Verräter, Benedikt, Johannes der Täufer, Salomon, David, Salome, Moses, der Podestà Matteo da Correggio (aus der Entstehungszeit), Erzengel Michael, Heulixtes (der sagenumwobene Gründer Perugias), Melchisedech, Ermanno da Sassoferrato, Victoria (Sieg); Franziskus fehlt trotz oder wegen der Nähe zu Assisi.

7 *Perugia, Fontana Maggiore*

8 *Perugia, Blick nach Norden zur Kirche S. Angelo*

Es muß einen Grund haben, warum im Vergleich zu dem stolz vor uns aufragenden Palazzo Comunale die Kathedrale mit einer unvollendeten, in dieser Unfertigkeit fast anklagenden offenen Flanke so schlecht abschneidet, außen und übrigens auch innen. Ohne eigenem Urteil vorgreifen zu wollen, ziehe ich hier den Bürger-Palazzo dem Gottes-Haus – unter künstlerischem Aspekt – weitaus vor. Und das im ehemaligen Kirchenstaat! Palazzo Comunale oder Cattedrale; ewiger Wettstreit in italienischen Städten? Die Frage verlockt zu einem Blick auf die Geschiche Perugias – natürlich von einem günstigen bequemen Sitz-Punkt aus; vielleicht wechselnd zwischen den Domstufen und der Treppe des Rathauses?

Bereits in den Jahrhunderten vor Christus wußten die Peruginer als Etrusker oder Römer die geographische Position zu schätzen, eine günstige Lage auf steilen Felsen, die sich wie die Finger einer Hand in die Ebene schieben. (Das Bild stammt von Leon Battista Alberti, 1404 in Genua geboren, 1472 in Rom gestorben, dem berühmten Verfasser des Buches ›Vom Hauswesen, Della Famiglia‹). Etruskische Kultur – schwere Mauern, schöne Stadttore, eindrucksvolle Nekropolen, alles war vorhanden, ebenso wie wirtschaftlicher Wohlstand, gewinnbringender Handel, lebhafter Verkehr und der vornehmlich religiöse Bund mit anderen etruskischen Städten, mal freundlich, mal feindlich gegenüber dem aufstrebenden Rom, dem Perugia schließlich unterlag.

Damit war die Stadt für immer in das Schicksal Roms hineingezogen, so im Jahr 217 vor Christus, als Hannibal die S.P.Q.R.-Legionen, Senatus PopulusQue Romanus, des Senats und Volks von Rom, am nahem Trasimener See vernichtend schlug, so in den Bürger- und Triumvirn-Kriegen vor der Kaiserzeit. Übergehen wir die Wirren der Völkerwanderung, die furchtbare, sieben Jahre dauernde Belagerung durch den Ostgoten-König Totila mit der Zerstörung Perugias (im Jahr 547; des damaligen Bischofs Herkulanus und seiner Verdienste gedachte man lange, auch am Brunnen). Die Ansprüche der fränkischen, später deutschen Könige entstanden und festigten sich. Karl der Große schenkte Perugia dem

Aus der oberen Bronzeschale, an der wasserspeiende Tierköpfe von Schwein, Hund oder Widder zu sehen sind, treten als Spitze drei Nymphen hervor, die eine Amphore tragen, aus der das Wasser springt (Kopie, Original im Museum; nach einem Modell ebenfalls des Giovanni Pisano von dem einheimischen Glockengießer RUBEUS, so die Inschrift).

Was macht den hohen Rang dieses Brunnens aus? Verschiedene Elemente kommen zusammen: Der originelle pyramidenähnliche Aufbau, die Zweifarbigkeit im Wechsel von weißem und rötlichem Marmor (was beim vielen Grau der Stadt besonders erfreut), die Harmonie von Bilderfeldern, Rahmenfiguren und Schmuckskulptur (sowohl vertikal als auch horizontal in der Reliefführung). Vor allem jedoch verdient die programmatische Gestaltung besondere Beachtung. Sie war um 1275 ein erster, geglückter Versuch, der auf nichts Geringeres zielte, als das ganze Leben einer Stadt einzufangen: im Zyklus der Monate, im Rahmen der ›Künste‹, der menschlichen Fähigkeiten, in belehrenden Fabeln, im Reichtum der Erde und der Freundlichkeit der Natur, in der Heiligkeit des biblischen und des alten kirchlichen Lebens, den Wechselfällen der Stadtgeschichte, in den Beziehungen zu Rom als der Hauptstadt der Welt, der Bedeutung des Papstes und der eigenen politischen Bestimmung. Man müßte noch tiefer in die kunsthistorischen und ideengeschichtlichen Wurzeln dieses Meisterwerks eindringen, um das Beziehungsgeflecht von künstlerischen Absichten und Augenschein zu ergründen. Wir müssen uns jedoch bescheiden. Anlaß zu Bewunderung ist für mich immer, wenn sich hinter der ›Kunst‹ eines Werks nicht Leere auftut, sondern eine eigene Welt, auch wenn es nicht mehr die unsere ist.

In ganz wenigen Worten drückt es André Chastel (in ›Die Kunst Italiens‹) aus: *»Die Fontana Maggiore ist eine Feier der menschlichen Kultur.«*

9 *Perugia, Statue Papst Julius' III. vor der Südflanke des Domes*

Papst. In diesem Zusammenhang erhebt sich die Frage, ob man nur schenken darf, was einem gehört, ob man Geschenke, auch eines zweifelhaften Gebers, behalten darf oder auf Anforderung dem Schenkenden zurückerstatten muß. Unabhängig davon bildete sich nach der Jahrtausendwende die Bürger-Stadt, ›Comune di Perugia‹, im Innern mit heftigen Parteienkämpfen, nach außen in Fehden mit den Nachbarstädten. Nach dem erwähnten Einzug Innozenz' III. im Jahr 1198 (vgl. Seite 50) konnten sich die Päpste meist dieser Stadt erfreuen.

Hören wir noch einmal von Gregorovius, wie es damals zuging: *»Der Papst hatte sich erfolglos bemüht, als Protektor Perugias den erbitterten Kampf zwischen Adel und Volk (Raspanti) zu schlichten; die Volkspartei suchte sogar, sich von der Kirche wieder loszumachen, und nur mit Mühe gelang es dem päpstlichen Rector, Perugia im Jahr 1220 ihr zu erhalten. Während in Rom noch nichts verriet, daß die Zünfte oder Artes schon mächtige Körperschaften waren, bildeten sie in Perugia bewaffnete Eidgenossenschaften unter Rektoren und Konsuln, welche ein demokratisches Regiment einzuführen trachteten. Die Volkspartei erließ Statuten wider die Freiheit des Klerus, den sie besteuerte, und sie bekriegte Adel und Ritterschaft, erbittert über die ungerechte Verteilung der Auflagen. Aus diesem Falle darf nicht geschlossen werden, daß die Päpste überhaupt die Gemeinwesen unterdrückten. Sie waren zu schwach, dies zu tun; sie verbanden sich vielmehr mit den demokratischen Elementen, gegen Friedrich (II.) eine Stütze zu finden. Ihm gegenüber durften sie von der päpstlichen Herrschaft sagen, daß ihr Joch leicht und schonend sei, denn dieser Kaiser von streng monarchischen Grundsätzen, welcher alle politischen Individualitäten unter sein Gesetz beugen wollte, war der entschiedene Feind jeder eigenartigen Demokratie. Die uralte römische Kolonie Perugia ehrte selbst das päpstliche Rom noch mit frommer Pietät als ihre erlauchte Mutter und Herrin.«*

Das 13. Jahrhundert war die Zeit des blühenden Wohlstands, abzulesen an dem Register von dreihundert Handelshäusern und vierzig Zünften, Handwerksvereinigungen schon spezialisierter Berufe. Eitel Frieden herrschte nicht immer. Manchmal dünkten sich die Peruginer mächtiger; besonders im 14. Jahrhundert, als die Bischöfe von Rom im fernen Avignon residierten. So etwa im Jahr 1368/69, als das Ansehen des Kaisers (Karl IV.) tief gesunken, das des Papstes (Urban V.)

noch nicht gestiegen war. Die Bürger Perugias, verärgert, weil ihnen – der im Geschichtskapitel gebührend erwähnte – Kardinal Albornoz Assisi und andere Orte entzogen hatte, erhoben mit bewundernswertem Mut die Waffen gegen den wieder erstarkten, noch nicht endgültig aus der Provence heimkehrenden Papst. Das geschah nochmals, als nach Jahrzehnten innerer Unruhen zwischen der Volkspartei, den ›Raspanti‹, und den Adligen, den ›Beccherini‹, zwischen 1416 und 1424 die Signoria, die Herrschaft über die Stadt, dem Condottiere Braccio di Montone – ›Fortebraccio‹; die Loggia am Dom ist nach ihm benannt –, dem Kommandeur der päpstlichen Armee, anvertraut wurde.

Trotz des inneren Zwists fand man Muße, sich um 1320 von Kardinal Nicola Capocci eine *Universität,* die Santa Sofia, stiften zu lassen. Denn der Kultur war man zugetan. Die mittelalterliche Architektur beschränkte sich nicht auf bloße Nutzbauten, von denen uns zum Glück viele ein anschauliches Bild vom damaligen Stadtleben vermitteln. Vor allem vom 13. Jahrhundert an werden von berühmten Baumeistern Palazzi und Kirchen errichtet, die durch ihre Ausmaße ebenso beeindrucken wie durch ihre kunstvollen Formen. Darin treten Elemente der Romanik, der Gotik und der Renaissance, einzeln, dominierend und gemischt auf. Das Hauptwerk der Bildhauerkunst, die Fontana Maggiore, haben wir bereits kennengelernt. Doch die leuchtende Blüte Perugias wird die *Malerei.* Hierin setzte der aufstrebende Bürgersinn künstlerische Energien von hohm Rang frei. (Denn zum Auftrag für einen Maler reichte auch ein bürgerlicher Geldbeutel.) Im Kapitel zur Kunstgeschichte sind wir bereits auf die ›Umbrische Schule‹ eingegangen. Was dort insbesondere von Pietro Vannucci-Perugino, dem Namensgeber des Haupt-Corso, gerühmt wurde, findet sich vor allem im Hauptort Umbriens.

Merkwürdig, doch wohl von historischer Logik ist, daß die Kraft zu kulturellen und künstlerischen Leistungen in Perugia schwand, als die immer wieder aufflackernden inneren Streitigkeiten durch die päpstliche Macht stets härter niedergedrückt wurden, als offenbar die Kampfeslust der Peruginer sich erschöpfte und stärkeren Herren nachgab. Seltsam, daß zwischen Aggressivität und Kreativität Zusammenhänge bestehen. Als die kriegerischsten Städter Italiens galten die Bewohner von Perugia, wie die Schriftsteller vermerken, und dennoch wandten sie diese Angriffslust kaum nach außen gegen andere, sondern meist nur nach innen, gegen sich selbst. Es wird vielfach berichtet, daß die Männer einen brutalen ›Volkssport‹ betrieben hätten: Sie zogen sich bunte, mit Fellen gepolsterte Kleider an, setzten Helme mit Adler- oder Falkenschnäbeln auf, bildeten zwei Parteien und bewarfen sich dann mit Steinen, so erbittert, bis Tote und Verletzte in den Straßen lagen.

Wollten die Peruginer dann einfach einmal ihre Ruhe haben? So muß es wohl gewesen sein, als Papst Julius II. aus dem Geschlecht der Della Rovere am 12. September 1500 ohne Truppen zur Huldigung in Perugia einzog. Der Stadttyrann Baglione hatte noch genug Söldner und hätte die Gelegenheit benutzen können, den Papst zu beseitigen – eine Tat, die, wie Machiavelli ohne Respekt vor dem kriegsbegierigen Papst mit dem Beinamen ›Mars‹ schreibt, ihm die Bewunderung der Welt und Unsterblichkeit gesichert hätte. Baglione trat stattdessen in die Dienste des Papstes, und die Städter waren damit zufrieden. Vierzig Jahre später mußten sie sich von Paul III., einem Farnese, die Rocca Paolina, die päpstliche Zwingburg gefallen lassen, nachdem sie sich gegen eine Salzsteuer aufgelehnt hatten, doch in der ›Salz-Rebellion‹ dem kirchlichen Herrn unterlegen waren. Es ging nicht mehr um die Freiheit, sondern um Geld, einige Pfennige mehr oder weniger, wie meist in der Geschichte. Der Greif, das Wappentier Perugias, mit dem Leib eines Löwen, Krallentatzen, Flügeln und Adlerkopf, flog in den römischen Käfig und fühlte sich darin offenbar ganz wohl.

Der Palazzo Comunale

Das soll uns nicht hindern, den Flug des Peruginer Greifen zu verfolgen, als er sich noch frei durch die Lüfte schwang. Denn natürlich kann unser Greif trotz seiner verqueren Anatomie auch fliegen. Ja, dieses orientalische Fabeltier avanciert bei Dante in der ›Göttlichen Komödie‹ (Fegefeuer, 29. Gesang) sogar zum Sinnbild Christi, was den Peruginern sicherlich sehr geschmeichelt hat. Dante: *»Der Greif hielt beide Flügel hochgereckt ... ins Unsichtbare ragten ihm die Schwingen.«* An und im hochgemuten Palazzo Comunale (oder dei Priori), einem der mächtigsten Profanbauten Italiens, finden wir diesen Greifen mehrfach. So über dem (Nord-)Portal an der Südseite der Piazza – sitzen wir noch auf den Domstufen, von wo aus wir über die Weite des Platzes hinweg die bessere Sicht auf diese Schaufläche des Palazzo haben?

Einige Worte zur Baugeschichte des Palastes: Im Jahr 1293 begann man mit dem neuen Rathaus – deshalb damals auch ›Palazzo Nuovo del Popolo‹ genannt –, doch die Arbeiten zogen sich aufgrund verschiedener Änderungen und Erweiterungen der ursprünglichen Pläne hin. Noch 1443 wurde der letzte Teil am Corso Vannucci angefügt. Bürgerstolz, Kunstsinn und Wehrhaftigkeit vereinigen sich in diesem Rathaus-Palazzo aus Travertin, Kalkstein und Marmor rötlicher und weißer Färbung. Das Bürgerlich-Trutzige gefiel den Päpsten wenig, so daß sie die ursprünglichen Zinnen abschlagen ließen; erst bei der Restaurierung von 1860, als die päpstliche Herrschaft in weiten Teilen Italiens durch die Einigungsbewegung beendet worden war, wurden diese wieder draufgesetzt.

Auch an der **Fassade** dieses Palastes entsteht der künstlerische Effekt keineswegs durch ausgewogene Symmetrie. Im Gegenteil. Aus der unteren Zone steigt die Freitreppe empor, die links zum Hauptportal führt, das keck das Gesims des ersten Stocks aufstülpt, ebenso wie das kleinere Portal rechts. Natürlich müssen darüber auf Konsolen (an denen einst Siegeszeichen und Schlüssel der Stadt hingen) Greif und Löwe (aus Bronze, um 1274 wohl in Venedig gegossen) stehen. Rechts überfängt die Treppe einen Portikus mit drei verschieden großen Bögen. Von der daraus hervorspringenden Kanzel wurden früher Gesetze verlesen. Dieselbe wundersame Unausgewogenheit findet sich in allen drei Stockwerken, der Reihe der Fenster von der Längsseite am Corso Vannucci entsprechend, doch nicht in deren Regelmäßigkeit.

Die zweite Zone ist als glatte Wandfläche nicht sehr einfallsreich, vielmehr wohl bewußt abweisend-festungsartig gestaltet, um auch zwischen den sorgfältig ornamentierten, sich

Perugia, Palazzo dei Priori, Fassade zum Corso

selbst in den Formen künstlerisch fast genügenden Fenstern des ersten und dritten Stocks eine ›Blick-Pause‹ einzulegen. Zumindest für die Betrachter draußen; für die im Innern muß es ziemlich dunkel sein. Der Zinnenkranz bildet den ›krönenden‹ Abschluß der Fassade, an welcher der genaue Blick noch viele zierende Einzelheiten entdecken kann. Würde und Strenge sprechen sich in den Steinen gültig aus. Ich darf mich in diesem Urteil durch eine ›Autorität‹ bestätigt fühlen, wenn der Kunstgelehrte Jacob Burckhardt schreibt: *»Besonders edel und glücklich ist die Fensterbildung am Palazzo Comunale zu Perugia, wo je 3 oder 4 durch Säulchen getrennte Fenster zusammen in ein gutprofiliertes Quadrat eingerahmt sind. Diese Fenster sind, wie auch das prachtvolle Portal, als Einzelschmuck nicht sehr regelmäßig in die durchaus glatte Quaderfronte eingesetzt und so der Anspruch auf organische, strenge Grundkomposition ganz geflissentlich vermieden.«*

Im ersten Stock – mit Zugang über die Treppe – erstreckt sich die große **Sala dei Notari,** wohl der Audienzsaal des Stadtherrn; die Notare nahmen erst 1582 davon Besitz und sich das Recht zur Namensgebung. Die Wandmalerei, wohl um 1297 entstanden und einem römischen Künstler aus dem Umkreis des PIETRO CAVALLINI zugeschrieben, überzieht den ganzen Raum mit einem nicht mehr ganz genau in der sinngemäßen Komposition zu erfassenden Zyklus von Heiligen-Legenden, Fabeln, allegorisch übersetzten Morallehren, Geschichten aus dem Alten und Neuen Testament und den Wappen der vom Volk gewählten und vom Papst bestellten Stadtherren. (Am besten, man hat einmal Gelegenheit, bei einem nicht so aufregenden Vortrag oder einem Konzert sich alles in Ruhe zu betrachten.)

Man kann um den Palast herumgehen, rechts durch die *Via della Gabbia,* die Straße des Käfigs, in den nicht der Greif, sondern die Spitzbuben zur öffentlichen Schmähung eingesperrt wurden, und durch die *Via dei Priori,* so daß man durch den *Arco dei Priori,* den Torbogen, über dem sich der hohe (überproportional große?) Glockenturm erhebt, wieder auf den Corso Vannucci stößt. Hier fällt das gotische **Portal** auf mit dem heiligen Ludwig von Toulouse zwischen den Stadtpatronen Laurentius und Herkulanus im Giebelfeld. Der reiche Schmuck entspräche mehr einer Kirchentür. Die Fassade des Corso wiederholt die Elemente und Formen der Platzfassade, die – wie erinnerlich – den älteren Teil des Palazzo bildet, doch in einer hier noch einmal zu bestaunenden Schwellung.

Durch das Portal – die beiden Greifen auf ihren Konsolen und die beiden Löwen als Säulenträger lassen uns wohl ungeschoren passieren – betreten wir ein Atrium, wie es mittelalterlicher nicht wirken könnte: dunkle, fast schwarze Mauern, gotische Kreuzgewölbe, niedrige Hallen, Wappen an den Wänden und die gewaltige Schatztruhe der ›Gemeinde‹ Perugia. (Ich stolpere hier wieder bei der nicht getreuen Eindeutschung des ›männlichen‹ ›Il Comune‹. ›Gemeinde‹ oder ›Kommune‹ hört sich im Deutschen unbedeutend an. ›Stadt‹ bringt den Zusammenschluß der Bürger als aktive Träger des Geschehens und der Geschichte nicht genügend zum Ausdruck. Gleichviel. Helfen wir uns mit ›Stadt-Gemeinde‹.)

Perugia, gotisches Portal des Palazzo dei Priori

Galleria Nazionale dell' Umbria

Im dritten Stock des Palazzo Comunale befindet sich die Galleria Nazionale dell' Umbria, die Umbrische Staatsgalerie. Sie ist durch die Würde der alten Räume, durch die sinnvolle, modernen Überlegungen folgende Anordnung und natürlich durch die Bilder selbst eine der schönsten Gemäldesammlungen Italiens. Ich erinnere mich noch an die Euphorie, die wir beim erstenmal empfanden, weil uns eine andere, heile und heilige Welt umfing. Man muß sich dieser frommen Welt überlassen, sich ihr anvertrauen, darf also die Überfülle an Heiligenbildern nicht als Zumutung oder langweilige Pflichtübung empfinden. Es kann nicht anders gewesen sein, als daß die Künstler des Mittelalters durch die Darstellung des Heiligen auch zum Menschen fanden, seinen Sehnsüchten, Hoffnungen, seinem Wunsch nach Befreiung von Ängsten, Einengungen durch die Dumpfheit und Beschränktheit des harten Lebens. Oder sie konnten den Menschen am besten verstehen, sein Leben am eindringlichsten deuten durch die Darstellung des Heiligen. Religiöse Kunst kann nicht nur geschickte Vertröstung gewesen sein, sondern auch Ausschmückung eines Themas, das im Glauben angelegt war. Nicht oft genug kann man sich daran erinnern, welche Bedeutung Bilder in einer Zeit besaßen, da die meisten Menschen nicht lesen konnten und von Bildern nicht wie heute überflutet wurden. Ein schönes Gemälde in der Kirche oder im Rathaus war für den mittelalterlichen Menschen lebensprägend.

Perugia, Galleria Nazionale, Grundriß (nach F. Santi)

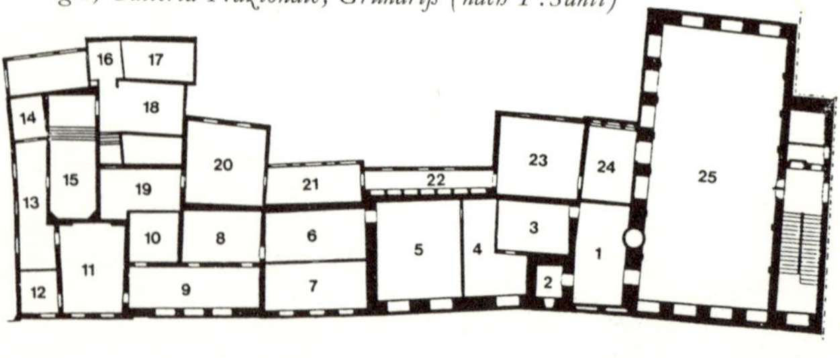

Wir wollen uns auch hier auf die herausragenden Kunstwerke beschränken: Im Salone (**SALA 25**), dem großen Ratssaal: Gekreuzigter aus Holz von 1236, das älteste Werk der Galerie.

SALA 1 Kruzifix des FRANZISKUSMEISTERS (1272); Polyptychon des VIGOROSO DA SIENA (1280); ›Madonna mit Kind und Engeln‹ von DUCCIO DI BUONINSEGNA (die Bilder des Duccio scheinen mir immer von eindrucksvoller Reinheit).

SALA 2 Fünf kleine Marmorstatuen des ARNOLFO DI CAMBIO (1281): drei ›Dürstende‹ und zwei ›Schreiber‹, von einem nicht mehr vorhandenen Brunnen.

SALA 3 (erste Hälfte 14. Jahrhundert): Polyptychon mit Predella (unvollständiger Altar) des MEO DI GUIDO aus Siena.

SALA 4 (Maler des 14. Jahrhunderts aus Perugia, Siena und Rimini): Glasfenster mit ›Kreuzigung‹ von GIOVANNI DI BONINO.

SALA 5 (Sienesen um 1400): ›Madonna mit Kind und Heiligen‹, Polyptychon des DOMENICO DI BARTOLO; Bronzebekrönung von der Fontana Maggiore.

SALA 6 (Spätgotik): ›Madonna mit Kind‹ von GENTILE DA FABRIANO (vor 1408); ›Madonna mit Kind und Heiligen‹ von LELLO DA VELLETRI; ›Madonna mit Kind und Heiligen‹ von OTTAVIANO NELLI.

SALA 7 Polyptychon von FRA ANGELICO, aus San Domenico (1437); Polyptychon von PIERO DELLA FRANCESCA (1460/70); ›Geißelung‹, Bronzerelief von FRANCESCO DI GIORGIO MARTINI; ›Madonna mit Heiligen‹ von BENOZZO GOZZOLI (von 1456).

SALA 8 (Anfang der Umbrischen Schule): ›Madonna‹ von FRANCESCO DA RIMINI; verschiedene Madonnen-Darstellungen von Wert.

SALA 9 ›Anbetung der Könige‹ und ›Verkündigung‹ von BENEDETTO BONFIGLI (wohl 1453).

SALA 10 ›Madonna mit Kind‹ von GIROLAMO DA CREMONA.

SALA 11 Verschiedene Werke von BARTOLOMEO CAPORALI und FIORENZO DI LORENZO.

SALA 12 ›Anbetung der Hirten‹ von FIORENZO DI LORENZO.

SALA 13 ›Anbetung der Könige‹ von PERUGINO (Jugendwerk, links sein Selbstporträt).

SALA 14 Teile der berühmten Nische des heiligen Bernhardin, vormals in der Sakristei von S. Francesco al Prato: zwei Wunder des heiligen Bernhard von PERUGINO und von PINTURICCHIO.

SALA 15 Hier sind Hauptwerke von PERUGINO versammelt, darunter ›Auferstandener Christus im Sarkophag‹ (1495) und ›Madonna della Consolazione‹ (nach 1496); von PINTURICCHIO: ›Madonna mit Heiligen‹.

SALA 16 ›Pietà‹ von PIERO DI COSIMO (nach 1506).

SALA 18 ›Stigmatisierung des heiligen Franziskus‹ von LO SPAGNA.

SALA 19 ›Johannes schreibt die Apokalypse‹ von BERTO DI GIOVANNI; ›Anbetung der Könige‹ von EUSEBIO DA S. GIORGIO.

SALA 20 Der Raum ist mit einem Fries ausgestattet, der die Taten des Peruginer Signore Braccio di Fortebraccio darstellt.

SALA 22 Schatzkammer.

SALA 23 (Alte Prioren-Kapelle): Hier malte BENEDETTO BONFIGLI (1420-1496) von 1454 bis zu seinem Tod Geschichten des heiligen Ludwig von Toulouse sowie des heiligen Bischofs und Stadtpatrons von Perugia, Herkulanus, in denen er sehr getreu das Stadtbild Perugias in der zweiten Hälfte des 15. Jahrhunderts widergibt.

SALA 24 Terrakotta-Figur ›Madonna mit Kind‹ und andere Werke von AGOSTINO DI DUCCIO. Damit kann man es guten Gewissens genug sein lassen. Nur wer in die neueren Jahrhunderte vorstoßen will, begebe sich in die Säle des Obergeschosses (dort auch die Stadtgeschichtliche Abteilung).

Das Urteil, das Jacob Burckhardt über Perugino fällte, scharf, treffend, anerkennend, alles in allem fair, mag für viele Gemälde in der Galleria gelten: Von 1495 an beginnt Pietro Perugino *»jene große Reihe von Gemälden, in welchen er den Ausdruck der Andacht, der Hingebung, des heiligen Schmerzes in die tiefsten Tiefen zu verfolgen scheint. Wie vieles in seinen Werken soll man ihm nun als bare Münze abnehmen? – Er kam in Perugia offenbar nur einer bereits herrschenden Gefühlsrichtung entgegen, die er mit einem ganz andern, durch die gedankenloseste Wiederholung nicht zu tötenden Schönheitssinn und mit weit größern Kunstmitteln zur Darstellung brachte als seine Vorgänger. Zu den verzückten Köpfen, welche die Leute von ihm begehrten, gehörten Leiber und Stellungen, die in der Tat nur wie Zugaben aussehen, und die der Beschauer sehr bald auswendig lernt, weil schon der Maler sie auswendig wußte. (Derselbe Pietro zeichnete, sobald er wollte, z. B. seine nackten Figuren trefflich.) Er entzückte seine Leute ferner durch grelle Buntfarbigkeit und spielend reich ornamentierte Gewandung. (Die Leuchtkraft des Kolorites und die so fein gestimmten Einzelpartien in manchen Bildern zeigen wiederum, was er konnte, sobald er wollte.)*

Er stellt seine Heiligen unten ohne weiteres nebeneinander – während alle anderen Schulen sie gruppieren – und ordnet seine Glorien, Krönungen und Himmelfahrten oben nach einem Schema. (Wogegen das Detail, sobald er wollte, das feinste Liniengefühl verrät.)«

»Unter allen Künstlern«, so Burckhardt weiter, *»welche ihr Pfund vergruben und zu Handwerkern herabgesunken sind, ist das Beispiel Pietros vielleicht das größte und kläglichste. Freilich, was man von ihm verlangte, das lieferte er sauber, solid, vollständig. Um hierüber ins klare zu kommen, muß man sich fragen, wie dies eigentümliche Oval, diese schwermütig blickenden Taubenaugen, diese kleinen schon beinah vom Weinen zuckenden Lippen hervorgebracht sind, und ob sie an der betreffenden Stelle irgendeine Notwendigkeit oder Berechtigung haben? – Bisweilen überzeugt er; in den meisten Fällen aber macht er uns eine ganz zweck- und ziellose Rührung vor.«* Ich habe absichtlich den protestantischen Kunsthistoriker zu Wort kommen lassen, dem Heiligen-Verehrung und Marienkult fremd sind, weil gerade durch dieses unnachsichtige Urteil offenbar wird, wieviel uns diese Gemälde über Kritik hinaus sagen können. (Siehe auch im Kapitel ›Kunstgeschichte‹, Seite 93.)

Collegio della Mercanzia und Collegio del Cambio

Mit dem Palazzo Comunale sind wir noch nicht zu Ende. Denn im Erdgeschoß befindet sich die sehenswerte **Sala del Collegio della Mercanzia,** zu der wir über den Corso – Eingang rechts neben dem Hauptportal – und möglicherweise mit einem erfrischenden Umweg über eine der Bars am Corso – gelangen. Der Saal wurde 1390 der Zunft der ›Händler‹ überlassen – was für deren Bedeutung spricht. Unter ›Mercanti‹ (der ›Mercanzia‹) hat man sich wohl weniger Krämer, sondern eher Herren von weitreichenden und gewinnbringenden Handelshäusern vorzustellen. Man sieht dem ›Saal der Handelskammer‹, so muß es wohl heißen, förmlich die Vorliebe reicher Leute für edle Holztäfelung an, hier freilich auf die Spitze raffinierter Verfeinerung getrieben. Alle Wände und Decken sind mit Holztafeln bedeckt, die wiederum vielfältige Verzierungen tragen. Der langgestreckte Raum mit zwei Kreuzgewölben mag weniger durch Arbeiten von hohem künstlerischen Rang überzeugen als durch handwerkliches Können. Wieviele ›Tapezierungen‹ hat man durch die einmalige teure Täfelung gespart! Von solchen prosaischen Überlegungen rasch wieder zur ästhetischen Betrachtung, die bei den Intarsienarbeiten und am Mobiliar ›auf ihre Kosten kommt‹, und zu jenen moralischen Prinzipien, nach denen die Händler aller Zeiten ihren Beruf auszuüben wünschen: Klugheit, Tapferkeit, Gerechtigkeit und rechtes Maß – so die allegorischen Relief-Figuren über der kleinen Holzkanzel in der Nische.

Ein paar Schritte weiter (Corso Nr. 25) liegt der Eingang zum **Collegio del Cambio,** dem Sitz der – ›Geldwechsler‹ ist man versucht zu übersetzen; aber da wird es sich eher um ordentliche Bankiers gehandelt haben, die nicht nur wußten, wie man Geld wechselt, sondern vor allem, wie man es verdient und dann gut anlegt; das ist ihnen gelungen. Also Kollegium der Bankiers. Die Architekten BARTOLOMEO MATTIOLI und LODOVICO DI ANTONIBO errichteten den Bau zwischen 1452 und 1457, andere Künstler und Handwerker von hohem Können – die besten der Provinz waren gerade gut genug – besorgten die Innenarchitektur des Baus. Vorzüglich geriet die rechteckige, gewölbte ›Sala dell' Udienza del Cambio‹, der Versammlungs- und Repräsentations-, sagen wir, Vorstands-Saal der Bankiers-Zunft. So entstand einer der schönsten italienischen Innenräume, nicht nur des 15. Jahrhunderts, der gediegene Behaglichkeit und großzügige Dekorationslust ausdrückt. Das reichverzierte Holzmobiliar, geschmackvoll in den Tönen abgestimmt, und die Fresken, behutsam eingefügt in die Architektur, erzielen eine noble und elegante Wirkung. Sich dem Gesamteindruck des Raumes hinzugeben, kann wichtiger sein als die Einzelheiten genau aufzunehmen, die Intarsien und Schnitzereien, vor allem die Statue der thronenden Gerechtigkeit (eine BENEDETTO DA MAIANO zugeschriebene Terrakotta-Figur).

Vor allem sind jedoch die **Fresken** des PERUGINO beachtenswert, die, obwohl nicht in bestem Zustand, die Meisterschaft des Umbriers verraten. Der sich ganz als verantwortungsbewußter Bürger Perugias fühlende Meister hatte als Programm von den Auftraggebern die Leitgedanken erhalten: ›Die

Perugia, Collegio del Cambio,
aus dem Freskenprogramm des Perugino:
Antike Helden (Lucius Licinius, Leonidas, Horatius Cocles)
und Allegorie der Stärke.
1496-1500

menschliche Vollkommenheit wird erreicht dank der Menschwerdung Christi; die Harmonie erreicht man, indem man die Kultur der Antike mit dem christlichen Glauben verschmelzt‹ – darin ganz Humanismus und Renaissance verpflichtet. So sehen wir an der Decke Planeten-Gottheiten wie Saturn, Jupiter und Mars und andere Götter der Antike – Apoll, Merkur, Diana und Venus –, in den Lünetten Bilder von geschichtlichen Gestalten und Allegorien, an dem den Raum teilenden Pfeiler ein Selbstbildnis des Perugino, an der Rückwand ›Verklärung‹ und ›Geburt Christi‹, an der rechten Wand in der Wölbung ›Gottvater mit Engeln und Cherubim‹ und darunter ›Propheten und Sibyllen‹. Letzteres ist das bedeutendste Bild, das thematisch weiterwirkte, weil vom Gedankengut der Zeit vorgegeben. Die ganze Kultur der Epoche, von den praktischen Erfordernissen des Alltags bis zur Verherrlichung des Glaubens, sollte bei den Beratungen der Bankiers, im Kern konzentriert, präsent sein – ein schöner Gedanke, wohl mehr Ideal als Wirklichkeit.

Der Greif, das Wappentier Perugias
Detail von der Platzfassade
des Palazzo dei Priori

Der Dom

Der Dom San Lorenzo (nach dem Stadtpatron Laurentius) kann enttäuschen. Die erste Schauseite, die linke (südliche) Flanke, wird in Einzelheiten versöhnen, doch im Gesamteindruck komme ich über das Nackte, Rohe, Unfertige nicht hinweg. Es gibt Kunstwerke, wo das Ganze im Fragment gegeben ist, das Vollkommene im Unvollendeten. Hier jedoch ist den Auftraggebern und Künstlern einfach der Atem oder auch das Geld ausgegangen, und es entstand ein Torso. Schade. Die Ansätze zu etwas Besonderem sind da, wie die Verkleidung unten mit rotem und weißem Marmor in interessanten geometrischen Formen oder die (zu wenigen) gotischen Fenster oder die *Loggia des Braccio Fortebraccio* (wohl von FIERAVANTE FIERAVANTI 1423 errichtet), der *Campanile* von 1606, das *Bronzestandbild Papst Julius' III.* (1555, von VINCENZO DANTI, kraftvoll und reich verziert) oder die *Kanzel* des 15. Jahrhunderts aus älteren Fragmenten. Sprechen wir jedoch nicht von dem barocken *Hauptportal* im Osten (!) zur Piazza Danti. An einer anderen Kirche hätte es sich nicht übel ausgenommen, aber hier stört es. Für diese Unfertigkeit gibt es eine einfache Erklärung: Man begann mit dem Bau um 1300 und schloß ihn 1490 im wesentlichen ab; offenbar gelang es nicht mehr, alle Bürger für die Weiterführung zu begeistern; man wandte sich kleineren Künsten zu; das Geld reichte nur noch für Malerei und Dekoration. So kam die Kathedrale später zu einem barocken Portal. Papst Julius III., der segnend seine Hand über Piazza und Stadt ausstreckt, hat sich diesen Ehrenplatz ›verdient‹, indem er die von seinem Vorgänger Paul III. unterdrückten Stadtrechte wieder einführte.

Auch das Innere kann kaum umstimmen, obwohl man sich hier große Mühe gegeben hat und vieles ›stimmt‹. Es ist eine gotische Hallenkirche von 68 Metern Länge, dreischiffig, von achtkantigen Pfeilern mit schönen Kapitellen unterteilt, wobei das Hauptschiff doppelt so breit ist wie die Seitenschiffe bei gleicher Höhe. Was die Zuneigung zusätzlich erschwert, ist die unzureichende natürliche Lichtführung, die auch durch künstliches Licht nicht ausgeglichen werden kann. So ist die Kirche ganz für den frommen Beter bestimmt, der das Bild der Gnadenmadonna auch verehrt, wenn er es nicht so genau sieht. Hinten im rechten Seitenschiff die *Cappella di San Bernardino*. Auf dem Altar ein berühmtes Werk von FEDERICO BAROCCI: ›Kreuzabnahme‹ (1569).

Wenn wir im Chor auf den schönen *Bischofsthron* (1520-24) hinweisen, dann nicht, ohne an jenen Mann zu erinnern, der hier von 1846 an Bistumsleiter war, dann zum Papst gewählt wurde und als *Leo XIII.* in aller Welt geachtet war.

Dieser *Gioacchino Graf Pecci* ist mir wert wegen seiner vernünftigen Kirchenpolitik, die sich durch Versöhnungsbereitschaft mit der modernen Welt und Verständnis für die Nöte der Zeit, wie etwa die soziale Frage, auszeichnete. Er wurde 1810 in dem Dorf Carpineto bei Anagni in Latium geboren, erhoffte sich ob seiner Begabung eine steile kirchliche Karriere und stieg die Erfolgsleiter dank eines ungebrochenen Ehrgeizes auch bis zur Leitung der Nuntiatur in Brüssel empor. Doch von dort wurde er abberufen, und statt einer glänzenden anderen Stelle in einer wichtigen europäischen Hauptstadt wies man ihm die ›Verbannung‹ in der Provinz, in Perugia, an. Zu allem Unglück war im selben Jahr sein Gönner Gregor XVI. gestorben, und mit dem neuen Papst, dem bei seiner Krönung erst 54 Jahre alten Pius IX., verstand er sich nicht gut. Das stellte ihn auf eine harte Geduldsprobe, da Pius IX. im längsten Pontifikat der Kirchengeschichte genauso lang regierte, wie Pecci Bischof von Perugia war. Dieser ließ sich die Wartezeit nicht verdrießen, obwohl viele meinten, seine Persönlichkeit verdiene an einem bedeutenderen Platz der Kirche eingesetzt zu werden. Als er 1878 zum Papst gewählt wurde, versuchte er, einem neuen Geist Eingang in die Kirche zu verschaffen. Zwar war nicht daran zu denken, den seinem Vorgänger im Jahr 1870 genommenen Kirchenstaat wiederherzustellen und die ›römische Frage‹, die erzwungene Beschränkung des Papstes auf den Vatikan, der erst 1929 zum souveränen Staat wurde, zu lösen. Doch es gelang, den Kulturkampf im preußischen Deutschland zu beenden; dreimal besuchte Kaiser Wilhelm II. diesen Papst im Vatikan. Seine bekannteste Enzyklika, die zur Sozialen Frage der Arbeiterschaft, beginnt mit den Worten *»Rerum Novarum«* (der neuen Dinge) und spricht damit ein Programm aus, das Leo XIII. so formulierte: *»Ich will die Kirche so weit nach vorn verpflanzen, daß mein Nachfolger verhindert wird, wieder umzukehren.«* Er war nicht ohne Schwächen, doch seine Vorzüge, übersetzt in kirchenpolitische Leistungen, überstrahlen diese bei weitem.

Die *Statue Papst Leos XIII.* von GIUSEPPE LUCCHETTI (1892) steht im rechten Seitenschiff. Gegenüber birgt ein Grabmal die Überreste dreier weiterer Päpste: des großen Innozenz' III., der 1216 in Perugia starb und hier sein Grab fand, bis er von eben jenem Leo XIII. in die Lateransbasilika in Rom überführt wurde, Urbans IV. (gestorben 1264) und Martins IV. (gestorben 1285).

Hinten im linken Seitenschiff wird in der Kapelle des heiligen Ringes, *Cappella del Sant' Anello,* in einem prachtvollen Tabernakel ein Ring aufbewahrt, der nach der Legende der Hochzeitsring Mariens ist. Die Phantasie des Glaubens beschäftigte sich früher auch mit den Einzelheiten des Lebens der Heiligen.

Von der Sakristei aus betritt man den *Chiostro della Canonica,* den ›Kreuzgang des Pfarrhauses‹, in dem 1216, 1265, 1285, 1294 und 1305 die Konklaven zur Papstwahl abgehalten wurden. Aus dem von 1294 ging nach langen, dramatischen Beratungen *Pietro del Murrone* als *Coelestin V.* hervor, jener Einsiedler aus den Abruzzen, der am 5. Juli gewählt, am 29. August gekrönt, doch schon nach dreieinhalb höchst unglücklich verbrachten Monaten, am 13. Dezember, von seinem Amt zurücktrat. Über diesen Coelestin V., der die päpstliche Macht in Perugia erhielt, doch bald abwarf, bevor sie ihn erdrückte, wurden viele Fehlurteile gefällt und übertriebene Legenden erzählt, denen sicher auch seine baldige Heiligsprechung im Jahr 1313, nur 17 Jahre nach seinem Tod am 19. Mai 1296, Vorschub leistete. Es sei jedoch daran erinnert, daß der Stuhl Petri volle zwei Jahre und drei Monate unbesetzt war – eine der längsten Sedisvakanzen der römischen Kirche –, daß die Kardinäle, damals zwölf an Zahl, untereinander völlig zerstritten, daß sie nach Perugia gezogen waren, um nicht gegeneinander mit Waffengewalt vorzugehen, daß schließlich Karl II. von Anjou, König von Neapel, in Perugia die Purpurträger persönlich gedrängt hatte, endlich einen Papst zu wählen und davon bei seiner Weiterreise dem ihm bekannten Einsiedler Pietro del Murrone in den Abruzzen erzählte. Daraufhin schrieb dieser seinem Gönner, dem Kardinal Malabranca einen aufrüttelnden Brief.

»Nun geschah es«, so lesen wir bei dem protestantischen Kirchengeschichtler Johannes Haller (›Das Papsttum. Idee und Wirklichkeit. 5. Band. Der Einsturz‹), *»daß ein junger Orsini, der Bruder des Kardinals Napoleon, unter besonders traurigen Umständen plötzlich starb. In der allgemeinen Ergriffenheit hierüber trat Malabranca am 5. Juli mit dem Vorschlag hervor, Peter von Morrone solle Papst werden, und so stark war die Erschütterung der Gemüter, daß er Anklang fand. Als der Älteste des Kollegiums, Matteo Rosso Orsini, kniend mit zum Himmel erhobenen Augen und unter Tränen dem Vorschlag beitrat, war die Zweidrittelmehrheit und durch Anschluß der übrigen die Einstimmigkeit erreicht. In tränenreicher Rührung wurde die Wahl vollzogen. Es wird glaubwürdig berichtet, die Wähler hätten schon bald bereut, was sie getan. Sie hatten unter schwierigsten Verhältnissen einen Mann an die Spitze der Kirche gerufen, der weit davon entfernt war, für sein Amt die nötigen Fähigkeiten mitzubringen.«*

Coelestin sah das bald selbst ein. Er rief die Kardinäle zusammen. Ein Beschluß des Kollegiums stellte zunächst die Möglichkeit einer Abdankung fest, dann vollzog sie Coelestin, indem er Gewand und Zeichen seiner Würde ablegte. Zehn Tage später gingen die Kardinäle aufs neue ins Konklave. Am Vigiltag von Weihnachten, dem 24. Dezember, wurde Benedetto Caetani gewählt. Als Bonifaz VIII. führte er ein turbulentes, zwiespältiges Pontifikat (1294-1303). Doch das ist eine andere Geschichte.

Vom Kreuzgang sind es nur ein paar Schritte zum Eingang des **Museo Capitolare,** in dem neben anderen Werken eine ›Pietà‹ von BARTOLOMEO CAPORALI (1486), eine ›Thronende Madonna‹ von LUCA SIGNORELLI und eine ›Madonna mit Heiligen‹ von MEDO DI GUIDO aus Siena beachtenswert sind.

Papst Leo XIII.

›Sterngänge‹ in Perugia

Auffällig sind in Perugia die Höhenunterschiede. Schon bei der Anfahrt zum Zentrum ging es mächtig hinauf mit wechselnden Ansichten auf die Stadt über uns und hinunter in die Ebene. Wenn wir jetzt nach dem Centro storico das andere Sehenswürdige kennenlernen wollen, werden wir die hügelige Position Perugias noch mehr zu spüren bekommen. Deshalb können wir nur schwerlich einen Rundgang unternehmen, sondern eher ›Sterngänge‹, mit der Piazza als Mitte und Schnittpunkt:

nach Süden zur *Porta Marzia* und zur *Porta San Costanzo,* zu den Kirchen *San Domenico* (mit dem *Museo Archeologico*) und *San Pietro* (mit der Facoltà di Agraria, der Landwirtschaftlichen Fakultät der Università);
nach Nordosten an den Palazzi del Capitano del Popolo und der Vecchia Università vorbei zum *Kirchlein San Severo* mit dem *Trinitäts-Fresko von Raffael;*
nach Westen durch die *Via dei Priori* mit verschiedenen Kirchen zum *Oratorio di San Bernardino;*
nach Norden, etwas außerhalb des Stadtzentrums, zur *Kirche Sant' Angelo;* am Wege liegen der *Arco Etrusco* (Porta di Augusto) und der *Palazzo Gallenga,* Sitz der *Università per Stranieri,* der Fremden-Universität.

Schon ein erster Blick auf den Stadtplan zeigt, wie unregelmäßig die Siedlung in dem hügeligen Gelände angelegt werden mußte, wie die Stadt der Etrusker mit der noch heute in Teilen gut sichtbaren antiken Mauer und den Toren in der römischen Zeit erweitert wurde und neue Mauern und Tore hinzukamen. Die Tore – Porta oder Arco – haben meist mehrere Namen; dadurch darf man sich nicht verwirren lassen.

Nach Süden

Fast automatisch wird man vom Strom der flanierenden Passanten auf dem *Corso Vannucci* von Nord nach Süd mitgezogen, ausgehend von der *Piazza ›4. Novembre‹,* die früher den schöneren Namen Rathaus-Platz, Piazza del Municipio, trug. (Bei

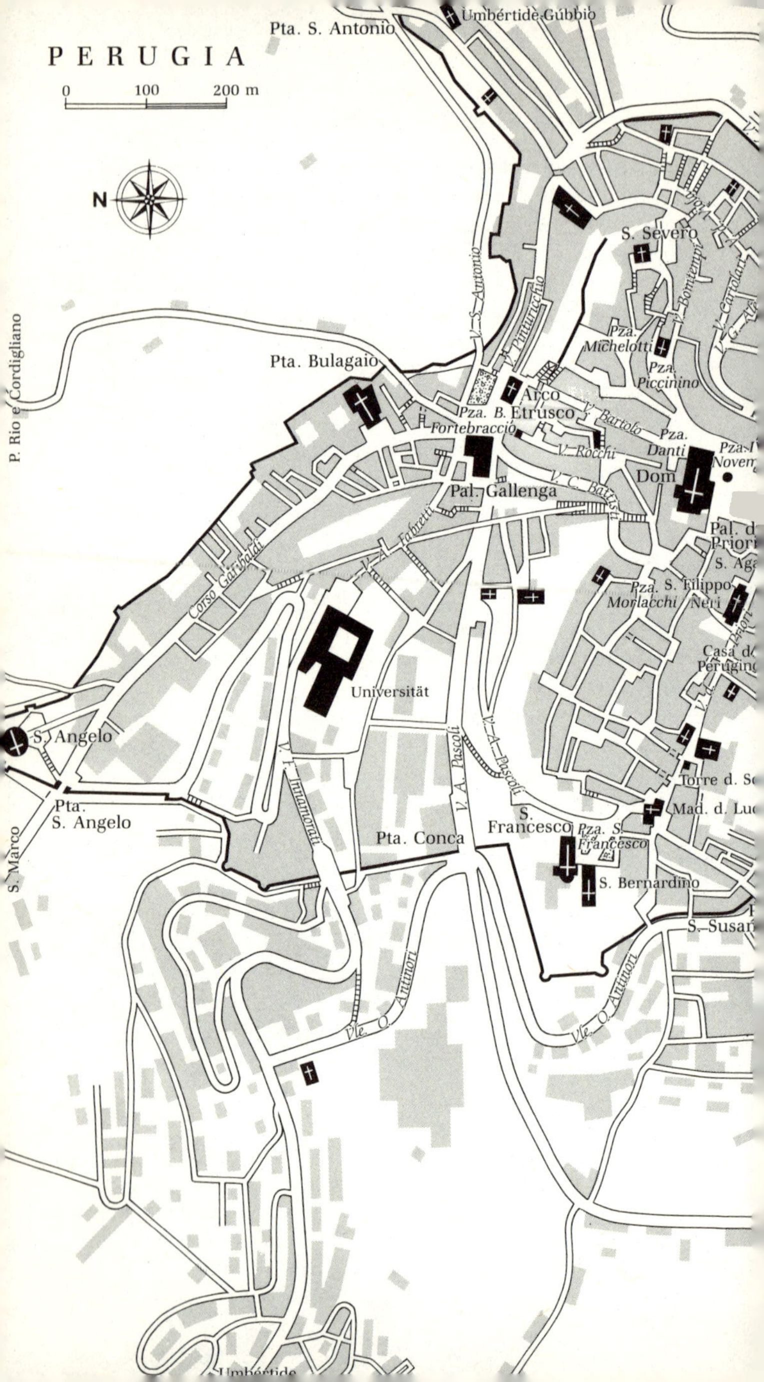
PERUGIA
0
100
200 m
N
Pta. S. Antonio
Umbèrtide Gùbbio
S. Severo
V. Pinturicchio
V. S. Antonio
V. Bontempi
V. Cartolari
Pza. Michelotti
Pza. Piccinino
Pta. Bulagaio
P. Rio e Cordigliano
Arco
Pza. B. Etrusco
Fortebracciò
V. Bartolo
Pza. Danti
V. Rocchi
Dom
Pal. Gallenga
V. C. Battisti
Pal. d. Priori
V. A. Fabretti
Corso Garibaldi
Pza. S. Filippo Neri
Pza. Morlacchi
Universität
Casa d. Perugino
S. Angelo
V. A. Pascoli
V. F. Innamorati
Torre d. S
Pta. S. Angelo
S. Francesco
Pza. S. Francesco
Mad. d. Lu
Pta. Conca
S. Marco
S. Bernardino
S. Susan
Vle. O. Antinori
Umbèrtide

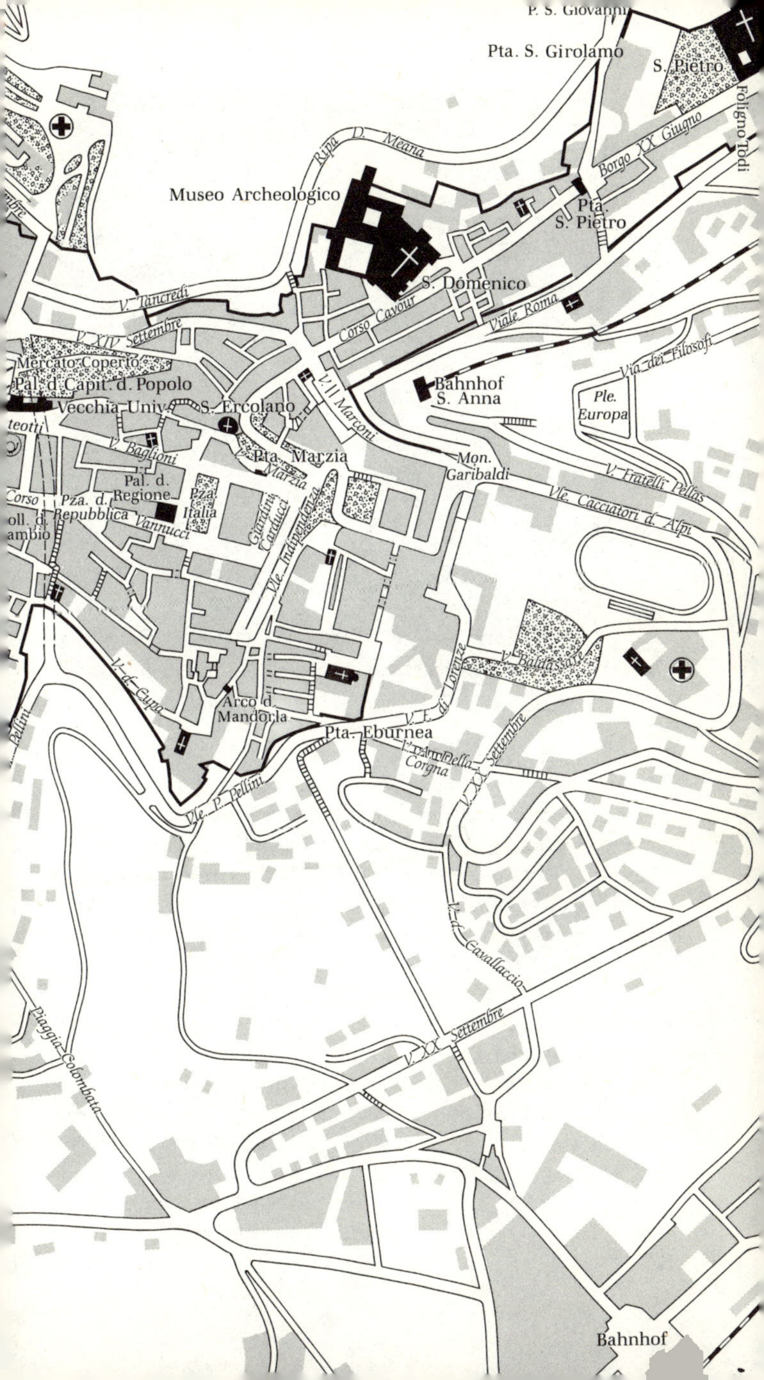
P. S. Giovanni
Pta. S. Girolamo
S. Pietro
Foligno Todi
Ripa D. Meana
Borgo XX Giugno
Museo Archeologico
Pta. S. Pietro
S. Domenico
V. Tancredi
Corso Cavour
Viale Roma
V. XIV Settembre
Mercato Coperto
Pal. d. Capit. d. Popolo
Vecchia Univ.
S. Ercolano
V. I. Marconi
Bahnhof
S. Anna
Via dei Filosofi
Ple. Europa
V. Baglioni
Pta. Marzia
V. Marzia
Mon. Garibaldi
V. Fratelli Pellas
Vle. Cacciatori d. Alpi
Pal. d. Regione
Pza. Italia
Corso
Vannucci
Pza. d. Repubblica
Giardini Carducci
Vle. Indipendenza
V. Baldassare
V. d. Cupa
Arco d. Mandorla
Pta. Eburnea
V. F. di Lorenzo
V. A. Della Corgna
V. XX Settembre
Vle. P. Pellini
Pellini
V. d. Cavallaccio
Piaggia Colombata
V. XX Settembre
Bahnhof

Porta Marzia und S. Ercolano. Gemälde des 16. Jahrhunderts

allen Straßen- und Platznamen in Italien mit Datum, König oder Republik darf man grundsätzlich eine ältere, historischere Bezeichnung vermuten. An alten Häusern vorbei gelangt man über die *Piazza della Repubblica* – früher nach dem König, Umberto I., genannt – zur *Piazza Italia* (früher: Vittorio Emanuele). Hier stand in der Zeit des Kirchenstaats (von 1540 bis 1848/60) die Stadtfestung der Päpste, die *Rocca Paolina*. Heute wird der Platz von den offiziellen Gebäuden unserer Gesellschaft umgeben, den Palazzi der Region Umbrien (im Norden), der Provinz (Prefettura, ›del Governo‹, im Süden) und der Banca d'Italia, der italienischen Staatsbank (im Westen). Noch ein Stück weiter nach Süden betreten wir die *Giardini Carducci* mit einer Terrasse, die ein weites, besonders bei Sonnenuntergang betörend schönes Panorama ins umbrische Land bietet. Nicht nur einmal habe ich hier Touristen in helles Entzücken ausbrechen, Italiener hingegen, die nicht mehr ganz so jungen, den ›Canto d'amore‹, den Liebesgesang des Dichters Carducci (hier 1877 entstanden) laut deklamieren hören. Der Schriftsteller Malaparte entdeckte bei dem Blick von hier in die *»liebliche Landschaft«* ein *»dürres Licht, das jenem gleicht, das in starren Pupillen der Irren leuchtet«.* Ein gewagter Vergleich.

Auf dem Plan scheint nun alles dicht beieinanderzuliegen. In der Wirklichkeit bestehen jedoch zwischen der *Via Marzia,* der unterirdischen *Via Baglioni* und dem *Viale Indipendenza,* der ehemaligen Festung oben und unten, beträchtliche Höhenunterschiede. Sie sind bei der *Porta Marzia,* wohl einem Bau des 2. oder 1. vorchristlichen Jahrhunderts, von dem praktisch nur noch der Bogen übriggeblieben ist, und dem schmalen, sich hochreckenden Kirchlein **Sant'Ercolano** (für den Stadtpatron zwischen 1297 und 1326 errichtet; 1607 erweitert und ausgeschmückt) gut auszumachen. Es ist etwas mühsam, doch lohnend, Geschichte und Einzelheiten der an dieser Stelle aufgeführten und wieder abgetragenen Festungsbauten, vor allem der von ANTONIO DA SANGALLO DEM JÜNGEREN nach 1540 im Auftrag Papst Pauls III. begonnenen Rocca Paolina, zu bestimmen und zu lokalisieren. Dies hier zu tun, würde zu weit führen, da Privathäuser, Kirchen und ein Konvent, Türme und Stützmauern, Läden und Brunnen, Bastionen und Kasematten zu verschiedenen Zeiten berücksichtigt werden müßten. Die Augenschein ist faszinierend genug.

Nicht weit von der Porta Marzia öffnet sich am Corso Cavour die *Piazza Giordano Bruno* und gewährt den Blick auf **San Domenico** mit der schmucklosen Fassade, doppelter Freitreppe und einem mächtigen Glockenturm. Das Innere, 1305 als eine der vorbildlichen gotischen Hallenkirchen in Umbrien begonnen, 1614/15 nach dem Einsturz der Schiffe erneuert, beeindruckt durch seinen weiten, hellen Raum von stattlichen 122 Metern Gesamtlänge (großartiges 21 Meter hohes und 8,5 Meter breites Chorfenster). Restaurierungen haben spätere Ausschmückungen entfernt. Um so klarer treten die besonderen Kunstwerke hervor, etwa die Gemälde und Fresken in den Seitenkapellen oder, in der ersten Kapelle rechts vom Chor, das *Grabmal Papst Benedikts XI.* Dieser Papst, Nachfolger Bonifaz' VIII. und des oben (Seite 126) beschriebenen Coelestin v., starb am 7. Juli 1304 in Perugia, wurde hier beigesetzt und als heiligmäßig (als Seliger) verehrt. Sein Wandgrab ist eines der schönsten Monumente der italienischen Gotik; als seine Schöpfer werden GIOVANNI PISANO (zu Unrecht), ARNOLFO DI CAMBIO und LORENZO MAITANI genannt (wohl in Bezug zum älteren Grabmal des Kardinals De Braye in der Dominikanerkirche von Orvieto). Beachtung verdient auch das mit Schnitzereien und Intarsien reich verzierte *Chorgestühl* aus Holz (Ende 15. Jahrhundert). – Links von der Kirche öffnet sich der große Kreuzgang des Dominikaner-Klosters. Zum Teil darin und im Konvent befindet sich das Staatliche Archäologische Museum Umbriens, **Museo Archeologico Nazionale dell'Umbria**. Seine beiden Abteilungen, die Sezione etrusco-romana und die Sezione preistorica, die etruskisch-römische und die vorgeschichtliche, lohnen allemal einen Besuch.

Hier wird die etruskische Vergangenheit von Perugia anschaulich. Neben Aschenurnen, wie sie in der Spätzeit der Etrusker häufig, vielfach bereits mechanisch produziert wurden, finden wir markante Zeugnisse des 6. Jahrhunderts, der frühen etruskischen Blütezeit: Die *Sandsteinstele eines Kriegers* mit Darstellung eines Zweikampfes, eine *Sphinx* aus Kalkstein, einen reliefierten Chiusiner *Sarkophag,* vor allem aber in ihrer Art einzigartige *bronzene Treibarbeiten,* die als Beschläge dienten (andere Teile des 1812 in Castel San Mariano gemachten Fundes in den Münchner Antikensammlungen). Allein die Zahl der Nekropolen im Umkreis von Perugia, die hier dokumentiert sind, wirft ein bezeichnendes Licht auf die Bedeutung dieses Etruskerzentrums. Für die Forschung am wichtigsten ist wohl der *›Cippus Perusinus‹,* ein Grenzstein mit einer langen Inschrift in etruskischer Sprache.

Der alte Dominikaner-Pater, mit dem wir im Kreuzgang ins Gespräch kommen, den wir die Freitreppe hinauf zur Kirche begleiten, ist ein wenig traurig darüber, daß von der einstigen Größe des Prediger-Ordens in Perugia nicht mehr viel übriggeblieben ist, »nur noch zehn Patres«. In der Tat, bei den Ausmaßen der Kirche und der Ausdehnung des Konvents (mit weiterem, kleinem Kreuzgang und einer wertvollen Bibliothek, die zum Staatsarchiv geworden ist) müssen die Dominikaner einst eine wichtige Rolle in der Stadt gespielt haben.

Auf dem Weg zur Kirche **San Pietro** durchfährt oder durchschreitet man, vom Stadtzentrum her, die *Porta San Pietro* (oder *Porta Romana*), die aus einem inneren Tor aus dem 14. Jahrhundert und einem äußeren aus der Zeit der Renaissance besteht; letzteres wurde von AGOSTINO DI DUCCIO ausgeführt, blieb jedoch im oberen Teil unvollendet. Kommt man von außerhalb, liegt die Kirche des Benediktiner-Ordens gleich rechter Hand hinter der *Porta San Costanzo*. Wir wissen, daß den Benediktiner-Mönchen im frühen Mittelalter eine wichtige kirchenpolitische Rolle in der Stärkung des Papsttums zukam, oft im Gegengewicht oder gar Gegensatz zu den Ortsbischöfen. Deshalb ist es nicht verwunderlich, daß der Ordo Sancti Benedicti, ›unseres‹ Benedikt aus Nursia, seinen Kirchen den Himmelspförtner Petrus als Patron gab. So erstaunt es auch nicht, daß Baugeschichte und Chronik von San Pietro in Perugia (vom 10. Jahrhundert an) reich an Ereignissen und Veränderungen sind. Doch halten wir uns diesmal von der Historie fern und lassen dem Augenschein das Exklusivrecht: Die Travertin-Fassade, der Innenhof, der charakteristische, siebzig Meter hohe Campanile mit seinem unverwechselbaren Helm, der Eingang zum ehemaligen Konvent, in dem heute die Landwirtschaftliche Fakultät der Universität untergebracht ist – man verzeihe den Hinweis auf deren Bar, die Kunstbeflissenen Stärkung bietet –, und das schöne Portal der Kirche; dann das dreischiffige Innere, in dem sich die einfache mittelalterliche Architektur mit einer reichen Ausstattung aus Renaissance und Barock mischt. Wenn ich davon die elf Bilder an den Wänden und an der Rückwand des Eingangs von ANTONIO VASILACCHI (1592-1594), vier Heiligen-Bilder des PERUGINO in der Sakristei (rechts vorn), das geschnitzte Chorgestühl oder eine mit Intarsien reich geschmückte Tür im Apsisscheitel erwähne, tue ich es ohne große Überzeugung. So sehr mir die Gesamtanlage von San Pietro gefällt, die Architektur beeindruckt, so wenig konnte ich meine Aufmerksamkeit auf das Innere konzentrieren – trotz der Bar; mir scheint die provinzielle Qualität hier zu deutlich, der künstlerische Niederschlag zu peripher.

Im Gegensatz zu San Pietro verweile ich gern und lang vor dem *Trinitäts-Fresko des Raffael* in dem Kirchlein **San Severo**. Um dorthin zu gelangen, geht man vom Corso Vannucci (nach Osten) hinüber in die Via Baglioni und zur Piazza Matteotti. Dort sind die Fassaden des **Palazzo dell'Università Vecchia**, also der Alten Universität, und des **Palazzo del Capitano del Popolo**, heute Sitz eines Gerichts (Tribunale), zu würdigen, beide aus dem 15. Jahrhundert. Nur wenige können da der Versuchung widerstehen, bei Nr. 18 der Piazza in den *Mercato Coperto,* in den überdachten Markt zu schlendern, das dortige Warenangebot und Preise zu prüfen und wieder einmal das umbrische Panorama zu genießen. Von der Piazza Matteotti oder auch der Piazza Danti am Dom gelangt man zur *Piazza Piccinino* mit einem bemerkenswerten Zeugnis aus etruskischer Zeit: dem *Pozzo Etrusco* – einem von mächtigen Travertinblöcken gebildeten Brunnen, wohl eine öffentliche Zisterne, deren Quellen bis heute nicht versiegt sind (Zugang von der Piazza Danti). Von hier aus ist es nicht weit, wenn auch etwas winklig zu der Kapelle des heiligen Severus.

Unabhängig von kunstgeschichtlichen Erwägungen und Verbindungen dominiert der unmittelbare Eindruck, den eine erklärende Inschrift festhält: Ein historisch und künstlerisch interessanter Zufall hat auf dieser Wand das erste Werk des RAFFAEL und das Werk des alten PERUGINO vereint, des Schülers, der seinen Meister übertraf, des Meisters, der das Fresko seines Schülers vollendete. Denn Raffael malte im Jahr 1505 (MDV), also mit 22 Jahren, in der oberen Zone *»zur Zeit des edlen Herrn Ottaviano di Stefano di Volterra die Heilige Dreifaltigkeit, die anbetenden Engel und die Heiligen«:* Perugino ergänzte das unvollständige Fresko nach dem Tod Raffaels (1520) im Jahr 1521 als 76 Jahre alter Mann; von ihm stammen die stehenden Heiligen der unteren Zone. Man sieht den Unterschied.

Perugia, San Severo: Fresko von Raffael und Perugino

Perugia, Oratorio del Bernardino

Nach Westen

Es ist fast unmöglich, alles Beachtenswerte zu notieren, das einem beim Gang nach Westen – unter dem Rathausturm, der *Torre del Comune,* in der *Via dei Priori* beginnend – auffällt. Da gibt es ehrwürdige kleine Kirchen, alte schöne Bürgerhäuser, stille Gassen, lauschige Winkel. Man kann ganz ziellos auf und ab laufen und wird immer etwas Interessantes finden: die Kirchen *Sant'Agata* oder *San Filippo Neri,* den Palazzo des *Collegio della Sapienza* (in der Via della Cupa Nr. 52) oder die *Porta della Mandorla* (in der Via Bruschi), den 46 Meter hohen *Torre degli Sciri* oder die Casa, das *Haus des Perugino,* die kleine malerische *Piazzetta della Madonna della Luce* mit der gleichnamigen Kirche, den *Arco di San Luca* (oder Porta Trasimena) oder die *Porta di Santa Susanna*. Zum Schluß wird man wohl immer an der *Piazza San Francesco* landen, mit der dem Franziskus geweihten großen Kirche **San Francesco**, der kleineren der Malteserritter und vor allem dem berühmten **Oratorio di San Bernardino** mit seiner künstlerisch herausragenden Fassade.

Jacob Burckhardt, der in seinem ›Cicerone‹ mit Lob sparsam umgeht, rühmt den Architekten und Bildhauer AGOSTINO DI DUCCIO aus Florenz, der die Kapelle zwischen 1457 und 1461 schuf: *»Diese reiche und prächtige Arbeit aus Terracotta, Kalkstein, weißem, rötlichem und schwarzem Marmor ist der Geschichte und der Glorie des genannten Heiligen geweiht. Das Plastische ist ungleich; die vorzüglichere Hand verrät sich hauptsächlich in den anmutig schwebenden Engeln mit ihren feinfaltigen, rundgeschwungenen Gewändern, sowie in einigen der kleinen erzählenden Reliefs. Offenbar stand der Künstler zur Antike in einem viel nähern Verhältnis als die übrigen Robbia, ja als die meisten Skulptoren seiner Zeit; man wird z. B. eine Figur finden, die das bekannte Motiv einer bacchischen Tänzerin geradezu wiederholt; auch ist seine Reliefbehandlung plastischer als die der florentinischen Zeitgenossen insgemein.«* Bleibt anzufügen, daß Agostinos hiesiges Bauwerk an den Formenkanon des Leon Battista Alberti und an San Francesco in Rimini, den Tempel des Malatesta, erinnert. Die Inschrift außen AUGUSTA PERUSIA MCCCCLXI (Perugia 1461) findet man leicht, den Hinweis auf den Künstler, OPUS AUGUSTINI FLORENTINI LAPICIDA E(ST) (es ist das Werk des Steinmetzen Agostino aus Florenz), schon schwieriger. Dem geglückten Äußeren entspricht ein heiter-freundlicher Innenraum. Insgesamt das bedeutendste Werk der dekorativen Bildhauerkunst der Renaissance in Perugia.

Nach Norden

Der kleine ›Perugino‹ wurde gleich zweimal getauft. Das erste Mal ordentlich in der Kirche **Sant'Angelo**, die etwas außerhalb der Stadt auf einer Anhöhe als originaler Zentralbau des späten 5. Jahrhunderts liegt; das zweite Mal von einem kräftigen Regenguß, der am Ende der Zeremonie die Festgemeinde beim Foto-Termin vor der Kirche überraschte. Wir freuten uns, daß anläßlich der Taufe des neuen Christenmenschen die

Perugia, frühchristliche Kirche S. Angelo

Kirche besonders schön mit Blumen geschmückt war. Freilich hätte es der feinen Gestecke nicht bedurft, um ihr unsere Sympathie und Achtung zu sichern. Denn die außergewöhnlich suggestive Wirkung dieser Kirche und die anderer berühmter Zentralbauten des ersten Jahrtausends, die in die Antike zurückweisen, die von Rom oder Ravenna etwa, ist evident. Jacob Burckhardt dazu: *»Bei all diesen Gebäuden des ersten Jahrtausends, mit ihren Säulen und andern Fragmenten aus dem Altertum, trägt eine historische Ideenverbindung, selbst in unbewußter Weise, sehr viel zur Wertschätzung bei. Es ist ein Weltalter, das die Erzeugnisse eines andern zu seinen neuen Zwecken aufbraucht; eine Kirche, der unsere Phantasie einen geheimnisvollen Nimbus gibt und deren Andenken mit der ganzen europäischen Geschichte unlösbar durcheinander geflochten ist.«* Darin hat er wohl recht. Ich meine jedoch, daß auch die Faszination des Kreises, die Vollkommenheit der geschlossenen Runde, das Geheimnis einer perfekten Symmetrie und die unendliche Wiederholbarkeit des gleichen architektonischen und dekorativen Gegenübers ihren Zauber ausüben. Sant'Angelo selbst ist ein sechzehneckiger Bau. Sechzehn spätkorinthische Säulen tragen einen Zylinder. Über acht aus den Ecken vorspringenden Bögen erhebt sich das Dach; sechzehn von den Wandpilastern zum Zylinder hin ansteigende Bögen stützen das Dach des Umgangs.

Wer nicht so weit vordringen möchte oder keine Zeit dafür hat – schade! –, sollte auf demselben Wege (Via Battisti) zumindest bis zur *Piazza Fortebraccio* vordringen, um Perugias imposantestes Stadttor zu durchschreiten: den **Arco Etrusco** in der mächtigen Mauer, auch ›*Arco di Augusto*‹ (Bogen des Kaisers Augustus) genannt. Wie der Name sagt, ist das Tor etruskischen Ursprungs. Außer Kaiser Augustus, der hier als Zeichen der Versöhnung mit der im Bellum Perusinum gezüchtigten Stadt die Inschrift AUGUSTA PERUSIA anbringen ließ, hat ein weniger berühmter Imperator, C. Vibius Trebonianus Gallus (251-253), hier der COLONIA VIBIA seinen Stempel aufgedrückt. Die Loggia ist eine Zutat des 16. Jahrhunderts.

Università Italiana per Stranieri
Italienische Universität für Ausländer

Wenn sich im Juni in Italien die Schulen und Universitäten leeren, nur noch die Prüflinge die Aulen und Klassenzimmer mit gemischten Gefühlen belegen und alle anderen allein an die befriedigende Gestaltung der Sommerferien denken, herrscht an der Universität für Ausländer in Perugia nach wie vor reger Betrieb. Er nimmt jetzt sogar noch zu, weil manche Fleißigen die Semesterpause in ihrer Heimat zu Studien an der ›Università Italiana per Stranieri‹ nutzen wollen. Aus aller Herren Länder zieht es Studentinnen und Studenten hierher, um Italienisch zu lernen und Italienisches zu erfahren.

Vor dem *Palazzo Gallenga,* dem Hauptsitz der Universität an der Piazza Fortebraccio, machen die Neuankömmlinge erst einmal große Augen, weil schon die verkehrsreiche Piazza im

Schatten des Arco Etrusco fast die ganze italienische Geschichte umfaßt. Sie ist als Hauptplatz keineswegs schön, sondern eher eine komplizierte Straßenkreuzung – mit erhöhtem Fußgängerrisiko, wenn nicht die Perusiner so achtsam wären. Es genügt der kurze Hinweis darauf, daß der Palazzo Gallenga ein Bauwerk des Barock ist, damit man nichts mit dem in Perugia – zum Beispiel in der hinter dem Arco beginnenden Via Rocchi – schön und eindrucksvoll vertretenen Mittelalter durcheinanderbringt, und die Erklärung, daß ›Fortebraccio‹ zwar ›starker Arm‹ bedeutet, doch nichts Aktuelles besagen will, sondern an einen im hiesigen Kirchenstaat kämpfenden Condottiere des 15. Jahrhunderts erinnert. Nicht weit von der Piazza Fortebraccio sind die Hauptgebäude der ›normalen‹, schon um 1320 gegründeten Universität (Via Innamorati) und die ›Alte Universität‹ in der von alten Palazzi gesäumten Via Baglioni im Zentrum.

Die Gruppen der ausländischen Studentinnen und Studenten sind leicht zu unterscheiden, nach Haar- und Hautfarbe, nach gutturalen, nasalen und vokalen Einfärbungen des Italienischen, zu dem sie möglichst schnell finden sollen. Für die detaillierte Herkunftsangabe hilft nur die offizielle Besuchsstatistik, die von 1921 bis 1986, für 65 Jahre also, 178 294 Hörerinnen und Hörer aus 155 Ländern verzeichnet. Man nahm im Jahr 1921 in Perugia die Vorlesungen für Ausländer auf, nicht erst 1926, im Jahr der offiziellen Gründung. Der kleine Unterschied ist bedeutsam, weil man Wertschätzung und Verbreitung des Italienischen und der italienischen Kultur nicht einem Einfall des faschistischen Regimes (1922 bis 1943/45) entsprungen sehen möchte. Der Ruf dieser Universität ist bis in die entferntesten Winkel der Erde gedrungen und hat selbst von den Inselstaaten Bahamas, den Kapverden und Kiribati im Pazifik je einen Studenten angezogen, ebenso wie aus Botswana, Laos, Malawi, der Piratenküste und Transkei. Aus welchen Ländern die meisten kommen? Da braucht man nicht lange zu raten. Die Vereinigten Staaten (18 916) und die Bundesrepublik Deutschland (17 229) stellen das größte Kontingent. Dann folgen schon Griechenland, der östliche Nachbar quer übers Mittelmeer, die Schweiz, der nördliche, Großbritannien und, noch vor Frankreich, der Iran (10 099).

Über die Beziehungen zwischen den Völkern sagen solche Studentenzahlen manches aus. Es ist kein Zufall, daß aus der Schweiz bisher 13327, aus Österreich hingegen nur 4383 Hörer kamen; außerdem halten schon die zweisprachigen Südtiroler die Verbindungen zwischen Italien und Österreich aufrecht. Im Durchschnitt sind etwa 8000 Hörerinnen und Hörer an der Universität für Ausländer in verschiedenen Kursen eingeschrieben. Sie haben bisher immer eine Unterkunft gefunden, manchmal in malerisch alten Gemäuern, manchmal irgendwo in den modernen Neubauvierteln rings um die Bergstadt. Kaum sind sie da, begreifen sie, daß die Stadt Perugia selbst mit ihrem historischen Zentrum etwas Wesentliches an dem Aufenthalt von ein paar Wochen oder einem halben Jahr bildet.

Daß die Sprachkurse dabei den breitesten Raum einnehmen, versteht sich von selbst. Über verschiedene Schwierigkeitsstufen kann man sich emporarbeiten, bis man der ›Lectura Dantis‹, der ›Gottlichen Komödie‹ des größten italienischen Schriftstellers Dante, gewürdigt wird und durch Hölle, Fegefeuer und Himmel des mittelalterlichen Poeten schreiten darf. Daß die ausländischen Italophilen in die Geschichte und Kultur, Kunst und Bildung, in das Land und die Sprachwissenschaft der Gegenwart eingeführt werden, daß dabei auch Vorlesungen über Etruskologie und italische Altertumskunde zu finden sind, man also weit zurücksteigt in die Ursprünge der Zivilisation auf der Apennin-Halbinsel, verwundert ebensowenig; Italien läßt an seinem Reichtum jeden teilhaben. Doch auch Spezialprogramme haben sich die Dozenten ausgedacht. Für Nordamerikaner gibt es ein zwei bis drei Wochen dauerndes Programm (›Italian Heritage‹) mit Vorträgen und Ausflügen, für die Australier eines mit dem Titel ›Italian Image‹; beide wenden sich an die Nachfahren der Auswanderer in den fernen Kontinenten, die etwas mehr von ihrer europäischen Heimat wissen wollen. Weil in den letzten Jahren immer mehr Studenten aus den Ländern der Dritten Welt nach Perugia kamen, versucht das Programm ›Progettare lo sviluppo, Entwicklungshilfe zu planen‹, ›Modelle zur technischen Verwaltung der Entwicklungsländer auszuarbeiten‹; die Erfahrungen im Süden Italiens, bei der Industrialisierung, in der Landwirtschaft oder bei der Gewinnung und Verwertung der Wasserreserven – damit beschäftigten sich etwa Vorlesungen – können auch für andere Völker nützlich sein.

Für die Interessenten im Ausland geht alles ganz unkompliziert. Sie können sich mit der Bitte um Information an die italienischen Kultur-Institute – im deutschsprachigen Raum in Bonn, Köln, Hamburg, München, Stuttgart und Wolfsburg, in Wien, Innsbruck, Bern, Zürich und Lugano – wenden oder an den Rektor der Universität, in (I-06100) Perugia. Es wird niemanden stören, daß die Teilnehmer auch vom italienischen Innenministerium erfaßt werden, seitdem im Februar 1981 der Papst-Attentäter Ali Agca für einige Tage nach Perugia kam, sich an der Universität für Ausländer einschrieb und weiter nach Rom zog. Ein Studium ist nun einmal fast überall hinreichender Grund für eine Aufenthaltserlaubnis.

AUSFLÜGE

Es versteht sich von selbst, daß Perugia wegen seiner zentralen Lage einen idealen Ausgangspunkt für Ausflüge in die nähere und weitere Umgebung bildet. Von den verschiedenen Grabanlagen der Etrusker in den umliegenden Nekropolen ist besonders sehenswert das **Volumnier-Grab** (Ipogeo dei Volumni) – 7 Kilometer östlich, über Viale Roma und Strada Statale 75 bis –, ein eindrucksvolles Totenhaus für etruskische Adlige, die Familie der Volumnier. Die Gruft von 10,38 Metern Länge und 10,70 Metern Breite wurde, wohl im ersten vorchristlichen Jahrhundert, in dem Tuffgestein wie ein Haus mit verschiedenen Räumen angelegt. Beachtenswert sind vor allem sieben Urnen in der Rückkammer (Tablinum), eine aus Marmor, die sechs anderen aus Travertin, mit künstlerischer Bearbeitung und Hinweisen auf den Stifter des Grabmals, ›Arnth Velimna Aules‹, den Arnth Volumnius, Sohn des Aulus.

Im Weinort **Torgiano**, weiter südlich im Tiber-Tal, kann das höchst interessante *Museo del Vino* besichtigt werden. (Näheres zum Thema ›Umbrische Weine‹ auf Seite 414.)

Assisi

Auf den Spuren des Franziskus – im Geist der Versöhnung

Es war eine bunte Gesellschaft, die sich in Assisi versammelt hatte. In einer Reihe standen sie vor der Kirche Santa Maria degli Angeli, Sankt Marien zu den Engeln, in der Ebene unterhalb des Städtchens, von weißer und schwarzer, gelber und brauner Hautfarbe. Sie kamen aus allen Teilen der Welt; das sah man auf den ersten Blick. Und auf den zweiten, daß an ihrem teils farbigen, teils ernst-düsteren Äußeren nichts zufällig war, daß vielmehr jahrhundertealte Traditionen alles genau bestimmt hatten: die Kopfbedeckung und die Barttracht, Überwurf und Umhang, hier in Gelb, dort in Braun, in Schwarz und Violett, Weiß und Blau. Die Männer und ein paar Frauen waren führende Vertreter von christlichen Kirchen und kirchlichen Gemeinschaften, der großen Weltreligionen rund um den Erdball. Häuptlinge aus Amerika mit ihrem prächtigen Federschmuck legten Zeugnis für den großen Manitu ab, die Schwarzafrikaner kündeten mit ihren regenbogenfarbigen Gewändern von der göttlichen Natur, Asiaten brachten Kunde vom Wachstum des Einzelnen ins Unendliche. Die Europäer wiesen mit Anzug und strengem Talar auf Ordnung auch im Religiösen hin. Die Menschen der Welt sind bunt und ihre Religionen auch.

Papst Johannes Paul II. hatte sie alle an diesem 27. Oktober 1986 nach Assisi eingeladen, zu einem ›Welttag des Gebets um Frieden‹, zu einem Tag der ›Waffenruhe Gottes‹. Ungeachtet aller Unterschiede zwischen den Konfessionen und Religionen hatte das Oberhaupt der katholischen Kirche einen Anfang gesetzt. Und ungeachtet aller Vorbehalte gegen das Papsttum, vielleicht auch gegen diesen Papst, waren Christen verschiedener Konfession und Juden, waren Bahais und Buddhisten, Dschainas und Hindus, Muslims und Parsen, Shintoisten und Sikhs, die Anhänger der traditionellen Religionen aus Amerika und Afrika nach Assisi gekommen, von weither, geographisch, historisch und geistig. Nicht nach Rom in die Kapitale des Papstes, sondern in jenes Städtchen am Berghang in Umbrien, in dem ein gewisser Franziskus im Mittelalter die Nachfolge Jesu Christi ganz ernst nahm und seitdem als Symbol für Frieden, Versöhnung und Brüderlichkeit, als Beispiel für Sanftmut und Demut verehrt wird. Deshalb wollten die Männer und Frauen verschiedener Religionen und Kulturen beim Gebet um den Frieden ›dabeisein‹.

Vielleicht konnte das nirgendwo anders möglich sein als in Assisi, der Stadt des Franziskus. Aber wer ist dieser Heilige, der aller Welt Liebling zu sein scheint? Dem man *»eine bezaubernde Natürlichkeit, eine sonnige Lebensauffassung, zarte Liebe zu allen Geschöpfen, ein sangesfrohes Gemüt, große Achtung vor der persönlichen Eigenart des Einzelnen, kühne Unternehmungslust, viel Freiheit für weltweite Aktivität oder eremitorische Abgeschiedenheit, bewußte Ablehnung einengender Normen, urevangelische Frische«* zuspricht, so der franziskanische Ordensmann Casutt? Und – was zeichnet diese Stadt vor anderen aus?

Lange Zeit träumte die Siedlung der Umbrer, das im Römischen Reich blühende Municipium Asisium, der Ort, dessen Bewohner schließlich vom heiligen Rufinus zum Christentum bekehrt worden waren, in herrlicher Panorama-Lage über der Ebene, der Valle Umbra, auf einem Ausläufer des Monte Subasio in 424 Meter Höhe gelegen, so vor sich hin. Den ›privaten‹ Geist der Antike entnimmt man am besten den Liebesgedichten des römischen Dichters Propertius, der wohl in Assisi geboren ist, auch wenn andere umbrische Städte dies bestreiten. Dieser Properz, Liebes-Poet des Augusteischen Zeitalters (um 50 bis 15 vor Christus), von Goethe – den wir auch in Assisi hätten treffen können (1786) – als Vorbild verehrt, verfaßte Verse, die einem in der Not nach heftigem Streit als Brücke zur Versöhnung dienen können, so etwa:

»Liebe war mir gestern Dein Hadern
und Schelten zur nächtlichen Stunde,
süß war das bittere Wort,
wenn's auch geflucht und verwünscht.
Willst Du, Weintrunkene, die Tafel umstürzen? Rasendes Mädchen,
Becher voll quellenden Weins schleuderst Du sinnlos nach mir …«

Wir wandern in Assisi also nicht nur auf frommen Spuren. Nach dem Untergang des Römischen Reiches verleibten die Langobarden den Ort ihrem Herzogtum Spoleto ein. Später war die freie ghibellinische Stadt mehr dem Kaiser als dem Papst zugetan, was sie nicht davor bewahrte, schließlich dem kirchlichen Regiment unterworfen zu werden. Es ging also ganz normal zu in Assisi, wie in Umbrien sonst auch. Bis dem Kaufmann Pietro di Bernardone Ende 1182, Anfang 1183 – so genau kennt man die Geburtsdaten im Mittelalter gewöhnlich nicht – ein Sohn geboren wurde, den er zuerst Giovanni, dann Francesco nannte: der große Heilige Franz von Assisi. (Siehe eigenes Kapitel, Seite 69 ff.)

Heilige Kunst

Die Unterschiede zwischen der heiligen Welt des Franziskus mit ihren uns vielleicht fremden Verklärungen und unserem Leben mit seinen profanen Bedingungen spüren wir in Assisi auf Schritt und Tritt. Die Brücke schlägt die Kunst. Schon damals, als man begann, dem am 3. Oktober 1226 gestorbenen und am 16. Juli 1228 von Papst Gregor IX. kanonisierten Heiligen und der Frau, die seinem Beispiel gefolgt war, der ebenfalls hier geborenen und hochverehrten heiligen Klara, würdige Denkmäler zu errichten. Das Städtchen hatte bereits einige Bauwerke von Rang aufzuweisen, so den Dom San Rufino und die Rocca, auch einige Zeugnisse aus römischer Zeit wie den Tempel der Minerva, das Forum, Theater, Amphitheater und die Mauern. Doch erst durch den Lobgesang der Künstler in Stein und Farbe, der sogleich nach dem Tod des Franziskus und seiner baldigen Heiligsprechung einsetzte, nimmt Assisi einen einzigartigen Platz in der Kunstgeschichte des Abendlandes ein. Die gotische Architektur hielt ihren Einzug in Umbrien, als man unter Leitung der Gefährten des ›Poverello‹ zu seinen Ehren Kirche und Kloster errichtete. Danach kamen die Maler: der Unbekannte der ›ersten Stunde‹, den wir FRANZISKUSMEISTER nennen, dann GIOVANNI CIMABUE aus Florenz (1240-1302), andere aus Rom, schließlich der junge Florentiner GIOTTO (1267-1337), dann die aus Siena, PIETRO LORENZETTI (1280-1348) und SIMONE MARTINI (1280/85-1344), schließlich, Ende des 14. Jahrhunderts, ANDREA DA BOLOGNA. Jede Wandfläche, jedes Fenster in der Grabeskirche sollte den Ruhm dessen verkünden, der demütig als ein »zweiter Christus« – so der Franziskus-Biograph Bonaventura – dem Jesus von Nazareth nachgefolgt war.

FROMME FESTE

Nicht nur die Kunst hält in Assisi die Erinnerung an Franziskus wach. Fromme Gebräuche und Traditionen, Feste und Prozessionen, Bußübungen und Andachten rufen Gestalt und Lehre des Heiligen zurück. In der Fastenzeit, von Aschermittwoch bis Ostern, halten die Mönche jeweils am Freitag die *›Funzione della Corda Pia‹* mit einem ›frommen Strick‹ um den Hals, jeweils am Samstag gedenken sie des Todestages des Franziskus. – In der Karwoche ist die Liturgie am *Gründonnerstag* und *Karfreitag* besonders eindrucksvoll. – Am Abend des 30. April, *Calendimaggio,* gehen Sänger durch die Straßen und singen Liebeslieder, weil auch Franziskaus als Jüngling der Liebe zugetan war, doch dann »die Armut zur Braut« (Bonaventura) nahm. – An *Christi Himmelfahrt* geht man mit Blumen auf den Monte Subasio. – Am *Pfingstmontag* wird das Volk mit dem ›Schleier der Madonna‹, einer Reliquie aus dem Orient, gesegnet. – Am *21. und 22. Juni* gedenkt man festlich mit Fackeln und Glocken, Kostümen und Wappen des Sieges über die Sarazenen im Jahr 1241, der wiederum dem Eingreifen der heiligen Klara zugeschrieben wird. – *Fronleichnam* wird mit einer prächtigen blumenreichen Prozession gefeiert. – Vom 31. Juli bis 2. August kommen die Gläubigen aus den mittelitalienischen Provinzen in traditionellen Gewändern in S. Maria degli Angeli zum *›Perdono* (Vergebung) *di Assisi‹* zusammen. – Am Fest des heiligen Rufinus, des Bischofs und anderen Stadtpatrons, am *11. August,* hält man ein feierliches Hochamt. Ebenso wird das Fest der heiligen Klara am darauffolgenden Tag, dem *12. August,* begangen. – Am 1. Sonntag im September, doch nicht jedes Jahr, ist die *›Festa del ritorno di San Francesco‹;* da gedenkt man der letzten Rückkehr des Heiligen in seine Heimatstadt vor seinem Tod, der am *3. und 4. Oktober* kommemoriert wird.

Santa Maria degli Angeli

Ich habe, unter uns gesagt, immer Mühe, mich mit der Kirche Santa Maria degli Angeli anzufreunden, der großen, von fern sehr majestätisch wirkenden Basilika unten in der Ebene, vier

Kilometer vom historischen Städtchen entfernt. Sicher, die Pilgerscharen des 17. Jahrhunderts, auch angelockt von der Aussicht auf Ablaß der Sündenstrafen, und die Kirchenpolitik der Gegenreformation forderten ausgedehntere, ›moderne‹ Räume, so daß man 1679 einen massigen Bau nach einem Plan von GALEAZZO ALESSI (1569) abschloß. Kuppel und Fassaden wirken eindrucksvoll. Dennoch mußte ich immer zunächst ein Gefühl der distanzierenden Kühle überwinden, wenn ich das 115 Meter lange, dreischiffige, mit reich dekorierten Seitenkapellen versehene Innere betrat. Franziskus ist Beweis dafür, daß aus Bescheidenem Großes werden kann. So ist es auch hier. In der riesigen Kirche muß man sich auf die kleinen Anfänge zurückbesinnen. Aber das ist auch unser Ziel in Assisi, und unter der Kuppel beim einfachen, rechteckigen ›Schrein‹ der *Porziuncola-Kapelle* hat man es – rein äußerlich betrachtet – erreicht.

Der Ort, im Mittelalter ›Porziuncola‹ genannt, diente Franziskus und seinen ersten Gefährten als Wohnstätte für die junge Gemeinschaft. Der Ordensgründer hielt sich oft in den ärmlichen Hütten und einer bescheidenen Kapelle auf. Hier war es wohl auch, daß in der Nacht vom 27. zum 28. März 1212 das edle Fräulein Chiara di Favarone degli Offreducci, die spätere heilige Klara (1194-1253; heiliggesprochen 1255), sich zum Ordensleben entschloß, daß Franziskus am 30. Mai 1221 seine erste Ordensversammlung, ein ›Kapitel‹ mit bereits fünftausend Brüdern abhielt. Die eigenartige Stimmung an geheiligtem Ort, vielleicht gefördert durch fromme Fresken und Bilder (darunter ein Fresko des Lübecker Malers FRIEDRICH OVERBECK: ›Franziskus erbittet von Jesus und Maria den Porziuncola-Ablaß‹), setzt sich in der *Cappella del Transitorio,* dem armseligen Sterbeort des Franziskus (Terrakotta-Statue des Heiligen von ANDREA DELLA ROBBIA), fort. Daß Franziskus auf bloßer Erde in einer geliehenen Kutte gestorben sei, daß die Legende (Fioretti XV) die Heiligen Klara und Franziskus hier in ein so helles Entzücken geraten läßt, daß die Bewohner von Assisi und der Bezirke im Umkreis in Santa Maria degli Angeli ein Feuer löschen wollten, daß man im anschließenden Kloster einen Rosenstrauch ohne Dornen aus jener Zeit und die mit Fresken von TIBERIO D'ASSISI 1506-16

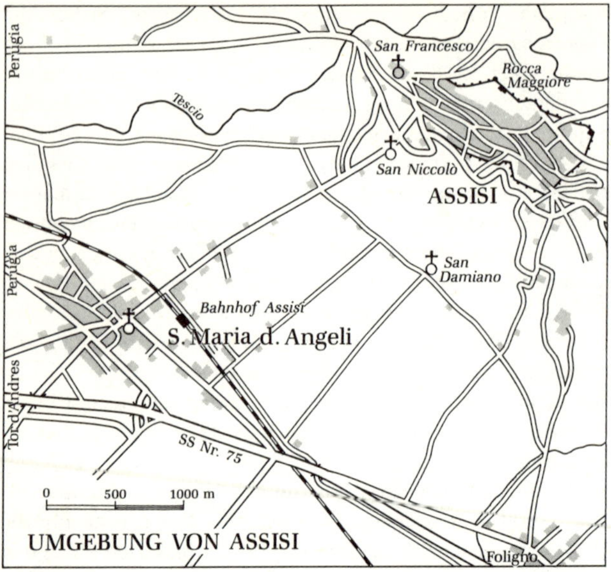

künstlerisch ausgestattete *Cappella del Roseto* zeigt, beweist nur aufs neue, daß Franziskus schon auf die Zeitgenossen Faszination ausübte. Wir können etwas davon nachempfinden beim Gang durch die einfachen Räume des Konvents.

Von Santa Maria degli Angeli nun hinauf nach Assisi. Viele Pilger und Besucher machen das zu Fuß, manche auch in politischer Absicht, so fast jedes Jahr im Oktober ein Demonstrationszug der Kommunistischen Partei Italiens mit dem Generalsekretär an der Spitze. Das ist gut so, wenn im Geist des Franziskus Menschen aller Kulturen und Religionen, aller Parteien und politischen Meinungen sich zum Frieden bekennen. Denn wenn je ein Mensch den Geist der Feindesliebe und der Friedfertigkeit, der Versöhnung und Bescheidenheit vorgelebt hat, so ist es dieser aus Assisi gewesen.

So war es auch an jenem Oktobertag 1986, als die Religionsführer von Santa Maria degli Angeli auseinandergingen, um dann an verschiedenen Stellen der Stadt, hier in einem Saal, dort in einer Kirche, hier in einer Kapelle, dort auf einem Platz, für sich zu sein. Ich sah damals staunend, wie in der Kirche San Gregorio zwei Indianer im Federschmuck den Geist des Friedens auf Willige herabriefen, lauschte andächtig, wie in der Sala Minerva am Hauptplatz Muslims ohne Schuhe, wie es sich gehört, die Suren des Koran rezitierten, vernahm, wie in der Kirche Santa Maria Maggiore Hindus, Sikhs und Dschainas ihre Ansichten über den Frieden – keine einfache Sache auf dem indischen Halbkontinent – darlegten, roch in der Kirche San Pietro die Rauchdüfte der Liturgie buddhistischer Mönche. Ein katholischer Bischof aus dem japanischen Kyoto stand vor der Tür und dachte über die Feier der buddhistischen Mönche drinnen in der christlichen Kirche und die Szenerie der Shintoisten draußen auf dem Kirchplatz nach. Derweil waren die Christen zusammen mit dem Papst in der Kathedrale San Rufino zum Gebet um den Frieden versammelt. Lesungen aus der Heiligen Schrift, Lieder, darunter auf deutsch »Lobe den Herrn«, Psalmen wechselten sich ab ebenso wie die Sprachen: Suaheli, Griechisch, Japanisch, Englisch, Hindi, Lateinisch, Russisch, Französisch, Spanisch, Portugiesisch, Italienisch und Arabisch. Die Christenheit ist ja nicht mehr nur europäisch. Von den getrennten Gebetsorten kam man am frühen Nachmittag still wieder zusammen auf dem Vorplatz der Basilika des Franziskus. Das Textbüchlein mit drei Bildern des deutschen Malers Hansing, ›Morgen‹, ›Mittag‹ und ›Abend‹, verzeichnete die Gebete einer jeden Religion, der Buddhisten bis hin zu den Christen. Wie leicht konnte ein jeder das Gebet des anderen mitsprechen, mitvollziehen, noch mehr, sich dadurch anrühren und bereichern lassen. Das Erheben und Schwenken der Ölzweige zum Schluß war mehr als eine symbolische Geste. Es wäre wohl nirgendwo anders als in Assisi, unter keinem anderen Zeichen als dem des Franziskus möglich gewesen.

San Francesco

Das Hauptziel in Assisi wird wohl immer San Francesco sein, Basilika und Kloster des heiligen Franziskus. Schon von der Ebene her haben wir im Westen der sich in den Berghang lehnenden Stadt die gewaltigen, in der Höhe wie Breite gleich markanten Stützmauern für Konvent, Kirche und Platz sehen können. Dorthin führt der erste Weg, durch die *Porta San Pietro* oder die *Porta San Francesco,* die von – vielleicht zu vielen, doch das Geschäft trägt sie offenbar alle – Andenkengeschäften gesäumte Via Frà Elia zur *Piazza Inferiore* und zum Eingang von Kloster und Kirche: Ziel frommer Pilger und solcher, die der Kunst wegen kommen.

Franziskaner-Mönche sind auch heute noch die Kustoden der heiligen Stätten. Einer davon ist der deutsche Pater Gerhard Ruf. Wir lernten ihn kennen, als wir in der dunklen Unterkirche standen. Der deutsche Pater erklärte einer Gruppe von Ordensschwestern, Franziskanerinnen aus Deutschland, die mittelalterlichen Fresken: Links die Lebensgeschichte des Franziskus, rechts die Leidensgeschichte Christi, eine Gegenüberstellung, die den Heiligen aus Assisi unendlich erhöht. Der Priester sprach bei den ersten beiden Bildern von der Ent-Kleidung des Heiligen und des Gottessohnes, davon, daß nun beide, nackt und arm, alles Irdischen entblößt seien. Der deutsche Kunsthistoriker, der, nur wenige Schritte entfernt, Damen aus Wuppertal dieselben Fresken beschrieb, schaute auf seine Zettel und deutete sie hingegen als Ein-Kleidung. Vielleicht hatte er sich wegen der Dunkelheit nur einfach verlesen. Außerdem, wer nichts anhat, kann sich ausgezogen haben oder sich bekleiden wollen. Aber dies war uns ein für allemal ein warnender Hinweis darauf, wie verschieden und ambivalent man San Francesco betrachten kann.

Das fängt schon mit der Frage an, wo man beginnen soll. In der Unterkirche mit dem Grab des Heiligen oder in der Oberkirche? Ich schlage die Oberkirche vor, obwohl die meisten die Doppelkirche unten neben dem Konvent betreten und obwohl es gegen die Chronologie des aus hellrosa und gelbbraunem Kalkstein der Umgebung errichteten Bauwerks spricht.

Assisi, S. Francesco,
Grundriß von
Kirche und Kloster

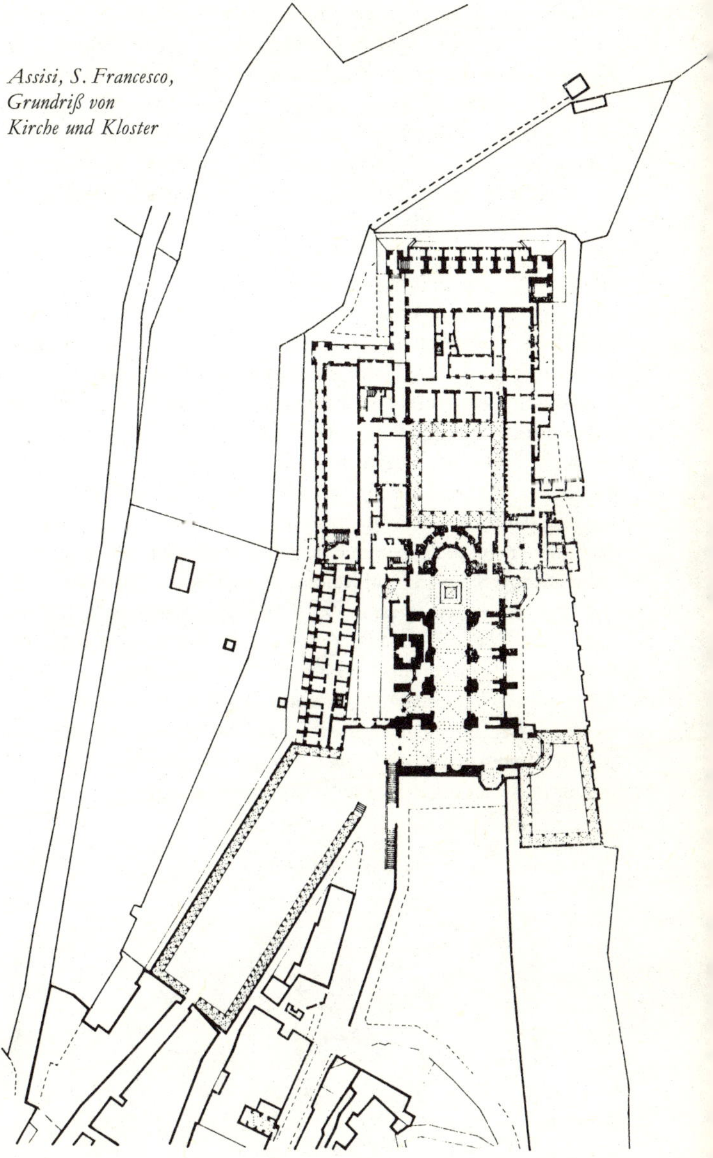

Diese sei kurz skizziert: Schon beim Tod des Franziskus (1226) dachten die Seinen, der Generalvikar Fra Elia und die Brüder, an eine würdige Grabstätte – ein Vorhaben, das schon einen Tag nach der Heiligsprechung (1228) Papst Gregor IX., der ehemalige Kardinal-Protektor der Franziskaner, mit der Grundsteinlegung in Gang setzte. Unterstützung und Geldgeber fand man überall, freilich auch Opponenten, sogar innerhalb des Ordens, die gegen den kostspieligen Plan murrten. Der sah eine doppelte Kirche, zur Aufnahme des Leichnams und zur Verherrlichung des Heiligen, einen Konvent für die Minderbrüder und einen Wohn-Palast für den Papst als dem religiösen und weltlichen Herrn vor. Unter Fra Elia und Papst Gregor IX. ging der Bau zügig voran, so daß man schon 1230 die Gebeine des verehrten Franziskus hier aufbahren konnte. 1253 wurde die Kirche geweiht. Das bedeutete zwar noch nicht die endgültige Fertigstellung, doch danach konnten die Maler ihre Arbeit aufnehmen. Die Gestalt der Kirche, so wie wir sie heute sehen, war wohl 1367 mit dem Abschluß der Katharinen-Kapelle festgelegt, auch wenn in den nächsten Jahrhunderten noch zahlreiche Restaurierungsmaßnahmen und Restrukturierungen in den Baukörper eingriffen. Besonders unter Papst Sixtus IV. (1471-1484), der aus dem Orden der Minderbrüder hervorgegangen war, wurden viele Veränderungen, Vergrößerungen und erhaltende Maßnahmen getroffen. 1824 hob man schließlich die heutige Grabes-Krypta aus, nachdem man 1818 die Gebeine des Heiligen in einer Eisenkiste wiedergefunden hatte.

Assisi, S. Francesco,
Längsschnitt durch Krypta, Ober- und Unterkirche

Die Oberkirche

Den Gang durch San Francesco in der Oberkirche zu beginnen, scheint mir übersichtlicher und der Annäherung an den geheimnisvollen Heiligen gemäßer zu sein: vom Helleren zum Dunkleren, vom Leichteren zum Schweren. (Wer anderer Meinung ist und der Chronologie den Vorzug gibt, lese weiter auf Seite 166.) Dieser Eindruck wird am Vormittag bei Morgensonne noch gesteigert, denn San Francesco ist entgegen der üblichen Regel von Ost nach West ausgerichtet.

Von der Piazza Inferiore steigen wir also die steile Freitreppe hinauf auf den weiten, nachträglich aufgeschütteten Platz vor der schlichten, doch kunstvoll dreifach gegliederten *Fassade:* horizontal zwei etwa gleich hohe Zonen und der Giebel; vertikal Portal, Rose und Rundfenster. Besonders die *Mittelrose,* umrahmt von den vier Evangelistensymbolen, verdient Bewunderung (vgl. Frontispiz): Hier waren, wie man an den gedrehten Säulchen und den einst mit farbigen Mosaiken ausgelegten äußeren Kreismotiven erkennt, römische Kosmaten Vorbild, wenn nicht gar selbst am Werk. (Wir werden ihnen in der Abtei Sassovivo begegnen, wo ihre Kunst deutlich faßbar ist.) Die dreigeschossige Giebelfassade folgt dem Typus, den man als ›romanisch-umbrisch‹ bezeichnet, dem Umbrien-Reisenden bald vertraut. Von den insgesamt vier Türmen dominiert der schwere, schön gegliederte *Campanile;* außerdem sehen wir zwei flankierende – und stabilisierende – Fassadentürmchen, ›Torrioni‹ genannt, sowie die als Turm ausgebildete *Benediktionsloggia,* errichtet über dem ersten Schwibbogen aus Anlaß des Papstbesuches im Jahr 1754, als Benedikt XIV. San Francesco in den Rang einer Basilika erhob. (Wenn man von San Francesco als ›Basilika‹ spricht, meint man den Titel, nicht den Bautypus.) Das Papstwappen über dem Hauptportal erinnert an dieses Ereignis.

Schon das *Doppelportal* mit seinen ausgeprägten gotischen Formen signalisiert, daß wir nun einen hohen und schlanken, lichten und heiteren Raum der italienisch-französischen Gotik betreten. Das Innere von 74,1 Metern Länge und 13,6 Metern Breite (damit um 1,5 Meter breiter als die Unterkirche) ist einschiffig und wird gebildet von vier Langhausjochen mit

Assisi, S. Francesco von der Piazza Inferiore

Querschiff und polygonaler Apsis als westlichem Abschluß. Mit dieser **Architektur** hält die französische Hochgotik in Italien Einzug, wenn auch nicht als kompromißlose Übernahme wie etwa in Deutschland der gleichzeitig entstehende Kölner Dom, vielmehr als ›Übersetzung ins Italienische‹. Aus dem Mutterland der Gotik stammt das Kreuzrippengewölbe, das in einer Art Baldachinsystem von Bündelpfeilern, die zugleich die Wand gliedern, getragen wird, stammen unübersehbar die farbigen Glasfenster sowie unzählige Baudetails, die insgesamt San Francesco als einen ganz modernen Bau seiner Zeit ausweisen. Bei der Aufbrechung der Wand jedoch blieb man der heimischen Tradition verhaftet; gerade hier in Assisi wollten die Franziskaner auf die glatte Wandfläche für ein didaktisches Bildprogramm wohl nicht verzichten. So fand man die Lösung des Laufgangs, der in halber Höhe den Fenstergaden in einem nischenartigen Rücksprung deutlich von der unteren Zone absetzt, so zwei unabhängige Bildprospekte schaffend.

So schön und für den Kunsthistoriker besonders interessant die Architektur von San Francesco ist, das Großartige und unmittelbar Beeindruckende sind doch die **Bilder.** Da kann man sich freilich bald wie in einem Wald fühlen, dessen einzelne Bäume man betrachten soll. Ich möchte daher schon jetzt vorschlagen, möglichst zwischen dem Besuch von Ober- und Unterkirche eine Pause einzulegen, damit man sich nicht in zunächst ähnlichen Eindrücken verliert. Bedenken wir deshalb auch die historischen Bedingungen und das *geistige Umfeld,* in dem diese Malereien entstanden.

Seit Vasari (1511-1574) sind sich Kunst-Theoretiker und -Historiker darin einig, daß in San Francesco etwas gänzlich Neues geschaffen wurde. Man muß wohl noch tiefer gehen. Der heilige Franziskus markiert einen wichtigen Schritt nach vorn in der Wertung des Menschen. Es ist der Übergang vom fernen Heiligen zum nahen Menschlichen. Mit ihm bricht sich im Mittelalter der Eigenwert des Menschen Bahn, freilich bei ihm, weil er ›so heilig‹ ist. Bis dahin verdienen fast nur Gottvater, Jesus Christus, Maria, die anerkannten Heiligen des Apostolischen Zeitalters des Christentums – die Jünger Jesu – als ins Überirdisch-Himmlische entrückte Gestalten

Assisi, S. Francesco, Oberkirche:
Querhaus und Chor mit den Fresken von Cimabue.
Federzeichnung des 19. Jahrhunderts

einer anderen Welt dargestellt zu werden. Durch die so eindrucksvolle ›christliche, Christus-ähnliche‹ Persönlichkeit des Franziskus gewinnen der Mensch und die alltägliche irdische Wirklichkeit so viel Wert, daß sie zusammen mit den Heiligen selbst abgebildet werden dürfen. Deshalb auch treffen wir in San Francesco auffallend oft auf zeitgenössische Heilige einer ›neuen Generation‹.

Die Berichte über Franziskus, wie sie etwa *Bonaventura* (1221-1274), General des Franziskaner-Ordens und einer der großen mittelalterlichen Kirchenlehrer, aufschrieb, sind Legenden über einen Heiligen. Gewiß, aber zugleich menschliche Erzählungen, Geschichten über die irdische Wirklichkeit, mit allerlei Wundersamem angefüllt, doch der Schauplatz ist nun die Erde, und die agierenden Personen sind Menschen aus Fleisch und Blut, mit Sorgen und Ängsten, frommen Wünschen und sündigen Begierden. Im 13. Jahrhundert gleitet die Menschheit aus dem Mittelalter langsam, langsam hinüber in eine neue Zeit – bald brechen Humanismus, Renaissance und Reformation an. Sankt Franziskus ist einer der Bahnbrecher, einer, der die abendländische Christenheit ein Stück des Weges dahin begleitet. Ein anderer mag der in Assisi getaufte Kaiser-König Friedrich II. mit seiner neuen Konzeption des Herrschens, des Staates und des Untertans sein. Und wenn wir hier eine Parallele ziehen zwischen dem Heiligen und dem ›Ketzer-Kaiser‹ und Erzfeind der Päpste, die – ein jeder auf seine Weise – weit über ihre Zeit hinaus etwas in Bewegung setzten, so erhalten wir Unterstützung von seiten der Kunstgeschichte, wo ein interessanter Vergleich mit dem berühmten Castel del Monte in Apulien gezogen wird: Wie das *»apulische Jagdschloß Friedrichs II. als die kunstvollste Profanarchitektur des mittleren 13. Jahrhunderts gelten kann, so stellt die Oberkirche von San Francesco das Anspruchsvollste dar, was die Sakralarchitektur in Italien um diese Zeit aufzuweisen hat«* (J. Poeschke, Die Kirche San Francesco in Assisi und ihre Wandmalereien, München 1985).

Dieser Anspruch im Zeichen der Fortschrittlichkeit gilt ebenso für die Ausmalung. Was Franziskus getan und Bonaventura berichtet haben, stellen CIMABUE und der um eine Generation jüngere GIOTTO, die beiden großen Meister der

Oberkirche, in ihren Bildzyklen dar. Wenden wir uns zunächst den **Malereien im Querschiff und in der Apsis** zu, weil hier die Verwurzelung im Überirdisch-Heiligen noch stärker ausgeprägt ist und dies die ältesten Bilder sind. Allerdings haben sie sich teilweise nur schlecht erhalten. Insbesondere der Umstand, daß sie nicht in Fresko-Technik, sondern mit Tempera-Farben gemalt wurden und sich wegen der Verwendung von Bleioxyd der weiße Grund schwärzte, läßt einen seltsamen Verfremdungseffekt entstehen (in der Fotografie würde man das ›negativ‹ nennen). Obwohl es nicht geringe Mühe macht, aus den stark beschädigten Fresken die Themen herauszulesen, sollte man sich ihr unterziehen:

Im linken Querarm: ›Kreuzigung‹ (höchst dramatisch und machtvoll), fünf apokalyptische Szenen, der ›Fall Babylons‹; *in der Apsis* (mit schönem Chorgestühl in den Formen der Gotik und der Renaissance): Szenen aus dem Marienleben bis zur Aufnahme in den Himmel; *im rechten Querarm:* Szenen aus dem Leben des Petrus (›Krankenheilung‹, ›Dämonenvertreibung‹); *im Vierungsgewölbe* die Vier Evangelisten.

Wir stehen vor den Anfängen der italienischen Malerei, welche sich soeben aus der Anonymität des Mittelalters zu einer individuellen, am Menschen orientierten Sprache aufschwingt. Die Datierung schwankt zwischen 1277 und 1285. Als der Hauptmeister gilt CIMABUE; außerdem hat die Kunstgeschichte vor seinem Auftreten noch einen GOTISCHEN und einen RÖMISCHEN MEISTER ausgespäht.

Halten wir uns noch ein wenig auf mit der Betrachtung der **Bilder der Fensterzone und des Gewölbes im Langhaus,** die früher entstanden als der berühmte Zyklus des Giotto, etwa um 1290. Sie zeigen rechts Darstellungen des Alten, links solche des Neuen Testaments und bilden somit den Kontext zur Franziskus-Legende darunter. Hier ist die Frage der Zuschreibung besonders kompliziert: Die Fresken werden allgemein der CIMABUE-Nachfolge und der römischen Malerschule des JACOPO TORRITI zugesprochen. Vor allem sei auf die Szenen ›Isaak segnet Jakob‹ und ›Esau vor Isaak‹ hingewiesen; hier zeigt sich eine auffallende Dramatisierung und Konkretisierung, was an die späteren Errungenschaften Giottos

›Vision Gregors IX.‹. Aus Giottos Zyklus der Franziskus-Legende in der Oberkirche von S. Francesco

denken läßt. Man hat deshalb auch den jungen GIOTTO hier identifizieren wollen, den Schöpfer aber zunächst vorsichtig als ISAAKMEISTER herausgehoben.

Wir können – und wollen – solche kunstgeschichtlichen Detailfragen hier nicht im einzelnen erörtern, zumal sie längst nicht entschieden sind. In San Francesco besteht nach wie vor eine kunsthistorische Problematik. Selbst der Anteil von CIMABUE und GIOTTO ist für Assisi nicht eindeutig überliefert, sondern erst von Vasari benannt worden. Doch auch hier hat die Stilkritik, haben wissenschaftliche Untersuchungen mit modernen Methoden inzwischen Einschränkungen gemacht und stärker differenziert. Sagen wir also: Diese Inkunabeln der neuzeitlichen italienischen Malerei *gelten* als Werke von Cimabue und Giotto. Eine solche Verbindung von Künstlerpersönlichkeit und Kunstwerk entspricht nicht nur der vorherrschenden kunsthistorischen Auffassung, sondern auch dem Bedürfnis nach Zu-Ordnung und Identität.

Doch nun zum Höhepunkt: dem **Freskenzyklus der Franziskus-Legende** in der unteren Zone des Langhauses, von GIOTTO wohl um 1295/1300 gemalt. Giottos Wirken in Assisi ist in einer Quelle von 1312 bezeugt, wenngleich ohne nähere Angaben. So erscheint es einleuchtend, dem Maler, den schon Dante (Fegefeuer XI, 94f.) als den größten seiner Zeit pries, der selbst Cimabue überflügelte, diesen großartigen Zyklus zuzuschreiben. Hier, an hervorragender, sichtbarer Stelle, wollten die Franziskaner ›ihren‹ Heiligen aller Welt präsentieren. Der alttestamentliche, selbst der Leben-Jesu-Zyklus links und rechts darüber treten dagegen zurück. Hier wird ausführlich erzählt, was diesen Franziskus, von dessen Leben und Wirken man noch kein Jahrhundert entfernt war, zum Heiligen machte. Lassen wir die Bilder sprechen, rechts vorn im Langhaus beginnend, nach hinten auch über die Innenseite der Fassade verlaufend und an der linken Wand wieder nach vorn. Franziskus in seiner lilabraunen Kutte mit dem Heiligenschein ist unverkennbar. Wer es ausführlicher wissen will, lese in den ›Fioretti‹ und bei Bonaventura die entsprechenden Legenden nach.

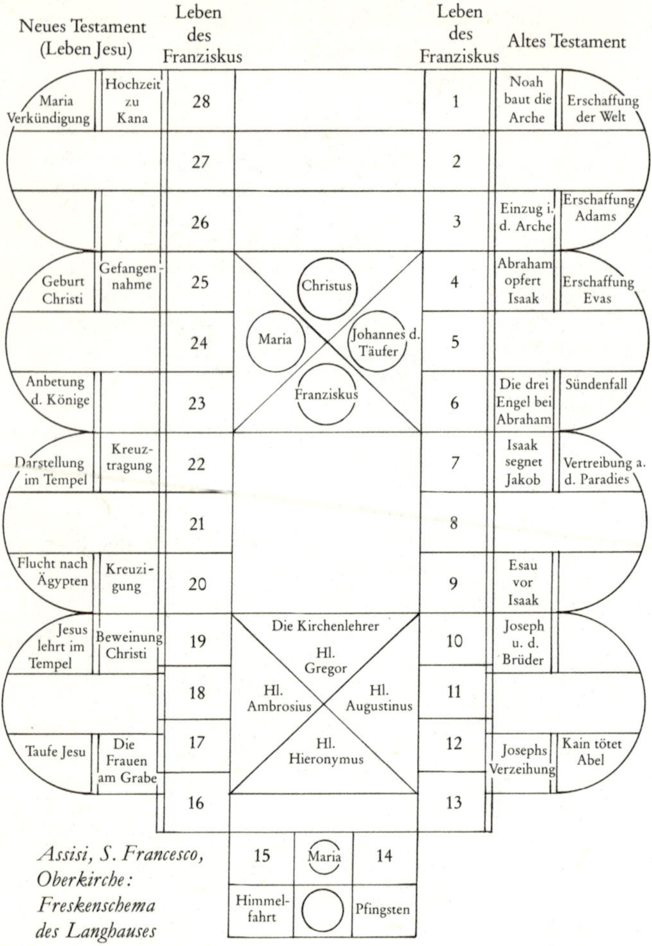

Assisi, S. Francesco, Oberkirche: Freskenschema des Langhauses

1 Auf dem Hauptplatz von Assisi vor dem Minerva-Tempel breitet ein Mann vor dem jungen Franziskus seine Kleider aus und prophezeit ihm in Anwesenheit von vier Bürgern Großes.

2 Franziskus schenkt seinen Mantel einem Armen (im Hintergrund die Benediktiner-Abtei San Benedetto am Subasio).

3 Vision des Palastes; statt kriegerischer Rüstung geistliche Waffen als Lohn für die Almosen.

4 Franziskus betet in San Damiano vor dem Kruzifix.
5 Franziskus gibt seinem Vater die prächtigen Kleider zurück, der Bischof bedeckt ihn mit einem Mantel.
6 Papst Innozenz III. sieht im Traum, wie Franziskus die Lateran-Kirche, und damit die Kirche insgesamt, stützt.
7 Papst Innozenz III. billigt die Ordensregel.
8 Franziskus erscheint den Seinen auf einem Feuerwagen.
9 Fra Leone sieht einen für Franziskus im Himmel bestimmten Thron.
10 Franziskus vertreibt die bösen Geister aus der Stadt Arezzo.
11 Franziskus schlägt dem Sultan in Ägypten die Feuerprobe vor.
12 Verzückung des Franziskus.
13 Franziskus feiert in Greccio bei Rieti das Weihnachtsfest mit einer Krippe, von Menschen dargestellt.
14 Er läßt eine Quelle entspringen.
15 Predigt vor den Vögeln.
16 Tod des Adligen von Celano.
17 Predigt vor Papst Honorius III.
18 Franziskus erscheint den Brüdern in Arles.
19 Empfang der Wundmale Christi, Stigmatisierung.
20 Tod und Beerdigung des Franziskus.
21 Franziskus erscheint dem Bruder Augustinus und dem Bischof von Assisi.
22 Bekehrung des Ritters Hieronymus.
23 Die Klarissinnen von San Damiano beweinen den Leichnam.
24 Heiligsprechung.
25 Franziskus erscheint Papst Gregor IX.
26 Heilung des Edelmannes von Ilerda.
27 Beichte einer vom Tod erwachten Frau.
28 Befreiung des Häretikers Petrus. (Die letzten drei Fresken von anderer Hand.)

Was sollen wir an den Bildern mehr rühmen: Die Erzähl-Kunst Giottos, die Würde der Personen, die lebendigen, in der Situation ›sprechenden‹ Gesichter, den Ausdruck der Gefühle, der freudigen und traurigen Leidenschaften, die Liebe zum architektonischen Gesamtbild oder die Hingabe ans Detail eines Bauwerks, eines Saales, einer Konsole, das Muster eines Vorhangs, die so behutsame Darstellung von Tieren und Pflanzen? Nicht nur Giottos neue ›vitale‹ Malweise, in den Isaak-Szenen schon vorweggenommen, macht die Bedeutung dieses Zyklus in seiner Zeit aus, sondern auch die Komposition der Bilder in ihren Bezügen untereinander und innerhalb der Architektur, in die sie eingebunden ist. Zudem entsprechen sich Thematik und künstlerische Ambition glücklich, da die Franziskus-Legende den Menschen auch Vorbild sein wollte.

Die Darstellungen fanden im einzelnen ihre genaue Vorgabe in der ›Legenda maior‹ des Bonaventura (vollendet 1263) und vermittelten so ein Stück authentischer Zeugenschaft zur Nachfolge. Giottos Fresken haben nicht nur unzählige andere Künstler und Dilettanten inspiriert, sondern auch tief auf die Frömmigkeit des christlichen Volkes gewirkt.

Nicht zu übersehen sind zudem die alten **Glasfenster,** durch die das Sonnenlicht »wie durch eine Blumenlaube hereinbricht«, so der Nazarener Wasmann im 19. Jahrhundert. Es sind dreizehn große Glasgemälde, deren Bilderzyklen Christus, Maria und die Apostel, die Heiligen Franziskus und Antonius rühmen.

Die Unterkirche

Der Kontrast ist überdeutlich. Nach der hohen, hellen Oberkirche, ganz dem Lobpreis des Franziskus gewidmet, steht uns nun die Chiesa Inferiore bevor, als Grabeskirche des Heiligen konzipiert und diesem Leitmotiv im einzelnen wie im ganzen völlig untergeordnet. Daß dabei die Wirkung nicht ins Dumpf-Düstere abgleitet, sondern der Besucher durch das Dunkel-Feierliche erhoben wird, ist das Verdienst geschickter Baumeister – oder vielleicht auch eines architektonischen Wachsenlassens je nach den Bedürfnissen des unten und oben fortschreitenden Baus. Vor allem haben jedoch große Maler die Umgebung des vielverehrten Toten geprägt. Dadurch werden wir immer daran erinnert, daß hier der Tod eine Bedeutung hat, daß der Heilige eine Botschaft in die Welt getragen hat und diese, hier in den Bildern konzentriert, weiterbesteht.

Vielleicht ist es nicht überflüssig, noch einmal kurz zu bedenken, daß Bilder in früheren Zeiten ein anderes Gewicht hatten als heute. An uns flimmern sie gewöhnlich flüchtig vorüber. Doch in einem einzigen Fresko oder Tafelgemälde des Mittelalters steckt eine große und lange geistige Anstrengung. Die Menschen früher haben den Kunstwerken und frommen Bildern viel Zeit gewidmet, in Ermangelung anderer Ablenkungen. Das schenkte den Bildern der Künstler größere Beachtung und bedeutete zugleich eine unerbittliche Prüfung. Nur was man lange anschauen konnte, hatte Bestand. Wozu, pardon, der Hinweis? Wer die Fresken geruhsamer betrachtet, hat mehr Freude dabei. (Ein Fernglas und mehrere Münzen für die Lichtautomaten sind sehr nützlich.)

Es ist nicht langweilig, draußen an der Vorhalle zu warten, einem einfachen, unter dem Ordensgeneral Sanson 1487 – so auch die Inschrift am Bogen – errichteten Renaissance-Bau. Von oben kommen leichtfüßig Kunstliebhaber die Treppe herab, von der mit Säulenhallen ganz eingefaßten *Piazza Inferiore* (15. Jahrhundert) steigen bedächtig Pilger herauf. Am Eingang zum Konvent stellen Ordensschwestern neugierige Fragen, aus dem Kloster kommen junge Franziskaner-Mönche, und alles macht einen recht gelösten Eindruck. Was soll man bei dem heiligen Franziskus auch Trübsal blasen! Jung und Alt, Weiße und Schwarze, Südamerikaner und Asiaten, die ganze Welt gibt sich hier an der Klosterpforte und vor dem Kirchenportal ein Stelldichein. Das *gotische Doppeltor* vom Ende des 13. Jahrhunderts, prächtig in der Anlage, reich verziert, mit einer kunstvollen Mittelrose und zwei hübschen Röschen geschmückt, verheißt dem Eintretenden in der Inschrift »täglich und für immer einen vollkommenen Ablaß«. Der kann nie schaden.

Der Fromme hat es in San Francesco gut. Er kann schnurstracks zum Grab in der erst 1925 bis 1932 angelegten Krypta hinuntersteigen, dort, wo in der alten Eisentruhe noch die Gebeine des Heiligen ruhen, mit Andacht seine Gebete verrichten, vielleicht in Gemeinschaft mit anderen Gläubigen einer Messe beiwohnen, einen kurzen Blick auf ein glänzendes Fresko werfen, sich dadurch in seiner Verehrung für Sankt Franziskus bestätigt fühlen, und scheidet befriedigt von dannen. So machen es viele. Respekt davor! Wem das nicht gegeben ist, hat es schwerer. Er muß vor allem zwei Gefahren begegnen: Der einen, daß er sich in der Kunst orientierungslos verliert, der zweiten, daß es ihm ob der Fülle nicht gelingt, die Bezüge unter den Kunstwerken selbst und zwischen der Kunst und dem Heiligen herzustellen.

Versuchen wir deshalb zunächst eine Grundorientierung: Dem von Ost nach West verlaufenden, zwölf Meter breiten Langhaus ist im Osten rechtwinklig eine fast ebenso breite und lange Eingangshalle vorgelagert, in die wir von Süden eintreten. Schon hier stoßen wir auf einige bemerkenswerte Kunstwerke (1-8). Links und rechts des Hauptschiffes befinden sich Kapellen, reich ausgeschmückt, im Norden drei (11-13), im Süden zwei (14, 15) und die Sakristei (21; vom linken Querarm zu betreten). Dem insgesamt 71,2 Meter langen Hauptschiff ist das Querhaus angefügt, an den beiden Enden mit zwei Kapellen (18, 20) versehen, im Vierungsgewölbe (16) großartigen Fresken Platz bietend. Eingangshalle, Hauptschiff mit Seitenkapellen und Querarm mit Apsis, das sind unsere Stationen beim Gang durch die Kirche, die uns sofort in ihren Bann zieht. Die massige Schwere des Baus, das Geduckte der Pfeiler, Bögen und Gewölbe teilt sich unmittelbar mit; die Höhlungen der Kapellen, die in Stufungen abgesetzten Räume geben das Gefühl, als sei man im Schoß der Erde.

Eingangshalle: Am Eingang öffnet sich links die *Cappella di San Sebastiano* (1). Daneben ein schönes Marienbild vom Anfang des 15. Jahrhunderts (2). Gegenüber ein gotisches, mit einem Baldachin versehenes Grabmal, wohl der Florentiner Familie Cerchi (3). Weiter auf der rechten Seite eine Schranke

Assisi, S. Francesco, Unterkirche

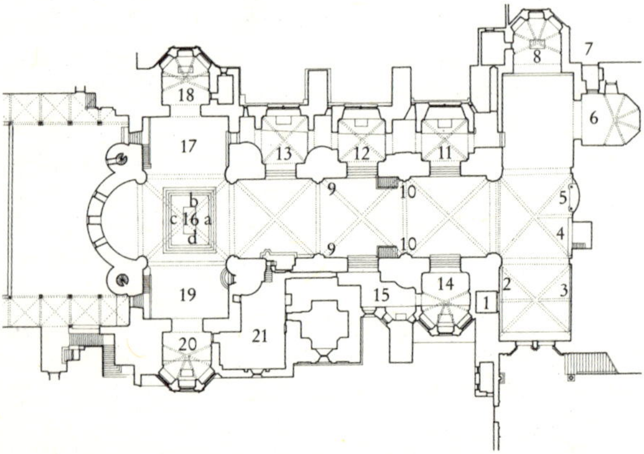

(4), an deren Brüstung in goldenen Lettern drei päpstliche Bullen über die Basilika verzeichnet sind. Daneben (5) das kunsthistorisch für die Beziehungen zwischen Italien und Frankreich in der Zeit der Gotik aufschlußreiche *Grabmal des Johannes von Brienne oder Philippe de Courtenay,* des Titularkönigs von Jerusalem und Kaisers von Konstantinopel, vom Ende des 13., Anfang des 14. Jahrhunderts. Wir haben diesen Typus des gotischen Wandgrabes bereits in Perugia (San Domenico) gesehen und werden dem von ARNOLFO DI CAMBIO geschaffenen Vorbild in der Dominikanerkirche von Orvieto begegnen. Von der ein paar Schritte weiter sich anschließenden *Cappella di Sant' Antonio Abate* (6) kann man auf den alten Friedhof der Minderbrüder gelangen (7). Am Ende der Eingangshalle liegt die *Cappella di Santa Caterina* von Alexandrien, der mit dem Rad – oder *di Crocifisso* (des Gekreuzigten), einst als Grabstätte für den tüchtigen Statthalter der Päpste während ihres Exils in Avignon, den spanischen Kardinal Albornoz, bestimmt (8).

Das **Hauptschiff** konfrontiert uns mit den Fresken und der Tatsache, daß San Francesco nicht nur ›oben‹, sondern auch ›unten‹ die reichste ›Bilder-Kirche‹ Italiens ist. Die bedeutendsten Künstler jener Zeit begannen, kaum daß die Mauern standen, mit der Ausmalung: zuerst der ›FRANZISKUSMEISTER‹ in der Unterkirche, dann ein ›GOTISCHER‹ und ein ›RÖMISCHER MEISTER‹ und, als erste namentlich faßbare Künstlerpersönlichkeit, der Toskaner CIMABUE und seine Nachfolger; der Römer JACOPO TORRITI und seine Schule; der ›ISAAKMEISTER‹, der vielleicht schon mit dem jungen GIOTTO identisch ist, dem Schöpfer der Franziskus-Legende in der Oberkirche; die Sienesen, SIMONE MARTINI und PIETRO LORENZETTI. Da dem Langhaus der Unterkirche bald Seitenkapellen angefügt wurden, sind uns durch die Mauereinbrüche von den Fresken der ›ersten Stunde‹ nur Fragmente erhalten, die sich jedoch inkonographisch wie künstlerisch deutlich fassen lassen.

An den **Langhauswänden** (9) sehen wir rechts die *Leidensgeschichte Christi:* ›Vorbereitung zur Kreuzigung‹, ›Kreuzigung‹, ›Kreuzabnahme‹, ›Grablegung‹ und (wohl) ›Auferstehung‹; links *Szenen aus dem Leben des Franziskus:* ›Absage an den Vater und an den Reichtum‹, ›Innozenz' III. Traum‹, ›Predigt zu den Vögeln‹, ›Stigmatisierung‹, ›Tod‹.

Als Zeit für beide Bilderzyklen setzt man das dritte Viertel des 13. Jahrhunderts an, für die Urheberschaft behilft man sich mit dem Notnamen FRANZISKUSMEISTER. Der schlechte Zustand und die unsichere Urheberschaft nehmen den Fresken nichts von ihrer Bedeutung. Der ›Durchbruch des Menschlichen‹, von dem wir in der Oberkirche sprachen, wird hier einige Jahrzehnte früher vorbereitet. Das geschieht, indem Franziskus in die Nähe Jesu Christi gerückt und schließlich ihm direkt gegenübergestellt wird. Franziskus selbst verstand sein Leben als getreue Nachfolge und Nachahmung, ›Imitatio‹, des Jesus von Nazareth. Schon seine Zeitgenossen sahen mehr darin und stellten zwischen Christus und dem Christen Franziskus ›Similitudo‹ und ›Conformitas‹, Ähnlichkeit und Gleichförmigkeit, auf, was durch die Wundertaten des Heiligen und letztlich durch seine Wundmale, die Stigmata an Händen, Füßen und der Seite, bekräftigt wurde.

Solche Vergleiche waren in der christlichen Theologie nicht unbekannt, wurden bereits von Paulus in seinen Briefen angestellt, etwa zwischen Adam und Christus, dem ersten Menschen und dem neuen Menschensohn, dem ›Erstgeborenen der Schöpfung‹, Christus, oder auch von den Kirchenvätern, so zwischen Moses und Christus: Wie jener die Israeliten aus der Gefangenschaft in Ägypten herausgeführt habe, so habe dieser alle Menschen von der Knechtschaft der Sünde befreit. Daß jedoch auch Franziskus eines solchen Vergleichs gewürdigt wird, ist Beweis für das unumstrittene Ansehen des ›Poverello‹, des Armen. Die Kunst greift diese Entsprechung fast begierig auf; denn es handelt sich hier wohl um einen der ältesten Zyklen einer Heiligenlegende (eines Nicht-Apostels) im Abendland und den ersten typologischen Vergleich mit dem Gründer des Christentums. Darin nimmt sie die allgemeine Meinung auf und verstärkt sie propagierend.

In der Mitte des Langhauses führen die Stufen (10) in die **Krypta** zum Grab des Franziskus, wo trotz des ständigen Kommens und Gehens eine weihevolle Stimmung herrscht.

Von den drei nördlichen Kapellen des Langhauses (also auf der rechten Seite) ist neben der *Cappella di San Lodovico* oder *di San Stefano* (11) mit Fresken des DONO DONI von 1575 und einem schönen Glasfenster und der *Cappella di Sant' Antonio di Padova* (12) vor allem die **Magdalenenkapelle** (13) beachtenswert: Verschiedene Schüler des GIOTTO zeigen hier (nach 1320) in sieben Bildern aus dem Leben der biblischen Magdalena, was sie bei ihrem Meister gelernt haben.

Auf der Südseite überragt die **Martinskapelle** (14) jene des *San Pietro d' Alcantara* (15) bei weitem. Hier hat SIMONE MARTINI zwischen 1322 und 1326 in zehn Fresken aus der Martins-Legende ein Meisterwerk seines weichen, lyrischen Stils geschaffen, das in seiner kultivierten, vielleicht an der höfischen Kunst Neapels geschulten Eleganz und Farbenpracht einen

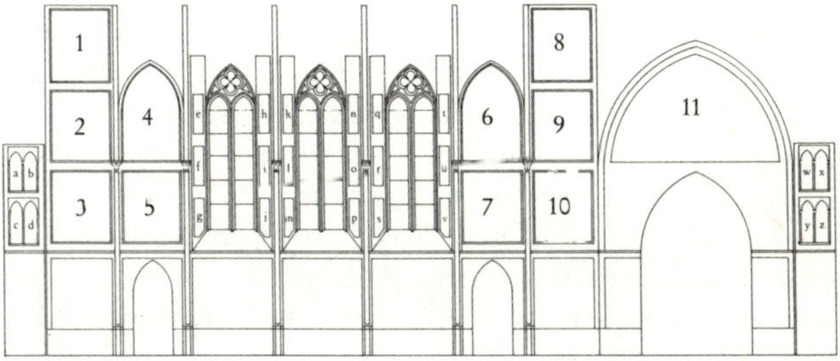

Assisi, S. Francesco, Unterkirche. Schema der Martinskapelle

1	*Tod des hl. Martin*	a	*Hl. Ludwig IX. von Frankreich*
2	*Erweckung eines Toten*	b	*Hl. Ludwig von Toulouse*
3	*Mantelspende*	c	*Hl. Klara*
4	*Vision des hl. Ambrosius*	d	*Hl. Elisabeth*
5	*Traum des hl. Martin*	e	*Hl. Georg*
6	*Das Wunder während der Messe*	f	*Heiliger mit Kreuz*
7	*Die Investitur zum Ritter*	g	*Hl. Mauritius*
8	*Exequien*	h-j	*Ritterheilige*
9	*Feuerwunder*	k	*Hl. Papst Martin I.*
10	*Lossagung von den Waffen*	l-p	*Heilige Bischöfe*
11	*Der Kardinal*	q	*Heiliger Eremit*
	Gentile da Montefiore	r	*Hl. Blasius*
	huldigt dem hl. Martin	s-v	*Heilige Eremiten*
		w	*Hl. Antonius*
		x	*Hl. Franziskus*
		y	*Hl. Maria Magdalena*
		z	*Hl. Katharina*

Höhepunkt in San Francesco darstellt. Die Kunstkritik hebt hervor, daß in diesen Fresken *»das ästhetisch verfeinerte Figurenideal* (Simones) *sehr stark mit realistischen Zügen untermischt ist«* (J. Poeschke) und rechnet *»den höheren Grad an Leiblichkeit und freier Bewegung«* dem lokalen Einfluß Giottos zu. Dennoch verleugnet Simone Martini in Assisi ebensowenig wie sein Landsmann Pietro Lorenzetti die Erzählfreude, die der sienesischen Duccio-Schule eigen ist. Gut sichtbar links neben dem Eingang: ›Sankt Martin teilt seinen Mantel mit dem Armen‹, die bekannteste, in unzähligen Bildern und Gebräuchen wiederholte Tat des Heiligen; besonderen Rang besitzt die Szene ›Tod des Heiligen‹ (im Tonnengewölbe), auch in der perspektivischen Wirkung; eine prächtige Darstellung der Welt des Rittertums im Mittelalter bietet uns die ›Investitur zum Ritter‹, auch deshalb, weil Simone Martini im Jahr 1317 in Neapel von König Robert von Anjou selbst zum Ritter geschlagen worden war. Das Programm wurde dem Maler vielleicht vorgegeben, er hat den Auftrag großartig ausgeführt. – Im Eingangsbogen zur Martinskapelle sind unter den acht Heiligenfiguren, die hier paarweise unter gotischen Arkaden auftreten, jene in der Überzahl, deren Leben und Wirken der jüngsten Vergangenheit angehören. Das Datum der Kanonisierung des heiligen Ludwig von Toulouse (1317), der zugunsten seines Bruders Robert auf den Thron von Neapel verzichtet und die Franziskanerkutte genommen hatte, gilt als Hinweis zur Entstehung dieser Fresken. Von besonderer Anmut und Eleganz die Gestalten der Heiligen *Klara und Elisabeth.*

Wenden wir uns nun nach vorn ins **Querhaus.** Der Fußboden fällt zum Hochaltar hin leicht ab. Das gemahnt uns an die Krypta unter uns, daran, daß San Francesco Grabes-Kirche ist. Aber nun zeigt sich uns in dem wie vier Segel *(Vele)* gespannten **Gewölbe der Vierung** (16) direkt über dem Grab, daß die Basilika auch die Mutterkirche, Chiesa-Madre, des Franziskaner-Ordens ist. Was Franziskus in der Nachfolge Christi getan hat, soll von seinen ›Jüngern‹, den Minderbrüdern, die hier auch ihre Gelübde ablegen, nachgelebt werden. Das ist die vierfache Predigt des MAESTRO DELLE VELE – wieder muß man sich mit einem Notnamen begnügen –, wohl eines Schülers des GIOTTO, doch ist auch dieser selbst wiederholt als Schöpfer der Fresken

Simone Martini: Hl. Klara und hl. Elisabeth.
S. Francesco, Unterkirche, Martinskapelle

im Vierungsgewölbe genannt worden, zuerst von Vasari. Die allegorischen Darstellungen der franziskanischen Tugenden Armut (a), Keuschheit (b) und Gehorsam (d), dazu die Apotheose des Franziskus (c) und das Brustbild des apokalyptischen Christus im Gewölbe-Scheitel sind einer detaillierten Betrachtung wert. Hören wir Eckart Peterich, der sie in Band I seines Italien-Führers wie folgt beschreibt:

In der dem Mittelschiff zugekehrten Kappe steht der Erlöser auf einem Felsen und vermählt Franz in mystischer Ehe mit der Gestalt gewordenen Armut. Ein Knabe hetzt einen Hund gegen sie, ein andrer wirft mit Steinen nach ihr. Ringsum stehn Engel, von denen einer einen Jüngling an sich zieht. Der Jüngling schenkt einem Armen einen Mantel. In der Höhe tragen zwei Engel die irdischen Güter himmelwärts, die der Heilige verschmäht hat.

In der rechten Kappe (vom Mittelschiff aus gesehen) sitzt die Keuschheit in einem Schloß, aus dem die Kraft und die Reinheit hervorschauen, von neun Rittern bewacht. Vor dem Schloß stehn vier Engel, die einen Jüngling entsühnen. Zur Linken begleiten zwei Engel den Heiligen, der drei Männer empfängt, darunter, wie manche glauben, Dante. Zur Rechten aber schlagen vier Engel die raubvogelfüßige irdische Liebe, die Unkeuschheit und die Unsauberkeit in die Flucht.

In der linken Kappe thront der Gehorsam (Gehorsam, ›obbedienza‹, ist im Italienischen weiblich, so daß wir die Gehorsamin sagen müßten) in einer Loggia und legt einem knienden Bruder ihr Joch auf. Neben ihr stehn Demut und Klugheit. Ihr zur Linken empfängt ein Engel zwei Gläubige, ihr zur Rechten verjagt ein andrer die in einem Kentauren versinnbildlichte Gewalt. Zwei andre Engel stehn neben dem Heiligen, den Gottes Hand an den um sein Joch geschlungenen Stricken emporzieht.

In der vierten Kappe schließlich sitzt Franz unter der Kreuzesfahne auf einem von Engeln umgebenen himmlischen Thron. Durch ihren reichen Symbolgehalt, durch die zahlreichen Gestaltwerdungen dessen, was dem Franziskaner als die höchsten Tugenden und die ihnen entgegengesetzten Laster und Sünden galten, aber auch durch die großartige, eindringliche Art, in der der Meister der Kappen diese Lehren vorträgt, führen uns diese Gemälde in die franziskanische Gedankenwelt ein.«

Aus diesem überreichen, von Allegorien bestimmten Programm müssen wir schließen: Entweder war der Maler selbst ein guter Theologe, oder er hatte einen tüchtigen theologischen Berater. Denn selten ist der Katalog der Tugenden im Mittelalter so einprägsam und überzeugend in ihren Beziehungen zueinander dargestellt worden wie hier.

In den beiden Armen des Querhauses bedecken je zwei Bildstreifen von großartigen Fresken mit biblischen Szenen aus dem Leben Jesu das schwere Tonnengewölbe und die Wände. Im rechten, **nördlichen Querarm** (17) sehen wir rechts ein berühmtes Werk von CIMABUE (um 1280), ›Madonna mit Kind, vier Engeln und Franziskus‹; es gibt uns eine wohl authentische Vorstellung von der Gestalt des Heiligen. Im Tonnengewölbe die Kindheitsgeschichte Jesu; an der Eingangswand zur Nikolauskapelle (im Norden) ›Verkündigung‹; an der West- und Nordwand Wunder nach Anrufung des hl. Franziskus; an der Westwand ›Franziskus und der Tod‹ – soll man, wie vorgeschlagen, die vom Schädel des Todes verrutschte Krone als Sieg des Franziskus über den Tod in der Imitatio Christi deuten oder vielmehr als ein Memento mori, der Vergänglichkeit, ja Nichtigkeit irdischen Lebens und weltlichen Ranges, wie von Franziskus vorgelebt? Die Fresken sind um 1330 entstanden, wahrscheinlich von Schülern des GIOTTO gemalt. Von SIMONE MARTINI stammen zwei Fresken: an der Nordwand die ›Heiligen Franziskus, Ludwig von Toulouse, Elisabeth, Klara, Ludwig von Frankreich und ein Unbekannter‹; unter der Kreuzigung ›Madonna mit Kind und zwei Heiligen‹. Im Sockel rechts Gräber von fünf Gefährten des Franziskus. Am Ende öffnet sich die **Nikolauskapelle** (18)mit dem schönen gotischen Grabmal des Giovanni Orsini († 1292); rechts auf der Rückwand: ›Verkündigung‹, ›Wunder mit einem Knaben‹, ›Fünf Heilige‹, darunter Santa Chiara; dazu Fresken der Giotto-Schule vom Anfang des 14. Jahrhunderts, wobei in die Heiligenlegende des Nikolaus die beiden Stifter aus der berühmten römischen Adelsfamilie der Orsini, Napoleone und Giovanni, eingefügt sind.

Künstlerisch bedeutender und freier in der Gestaltung sind die **Fresken im südlichen Querarm** (19). PIETRO LORENZETTI (1280-1348) war der Maler, und wo seine Handschrift klar zu erkennen ist, gewinnen die Bilder an Aussagekraft. Auf der rechten, westlichen Seite in der ersten Reihe (von rechts): ›Stigmatisierung des Franziskus‹, ›Gefangennahme Jesu‹, ›Letztes Abendmahl‹, ›Geißelung‹. Zweite Reihe: ›Judas erhängt sich‹, ›Fußwaschung‹, ›Einzug in Jerusalem‹, ›Kreuzweg‹. Auf der linken, östlichen Seite: die große ›Kreuzigung‹, eine besonders schöne ›Madonna mit Kind, Franziskus und Johannes dem Evangelisten, von einem Stifter verehrt‹; auf der Rückwand: ›Grablegung‹ und ›Höllenfahrt und Auferstehung‹.

Am Südende öffnet sich die **Kapelle Johannes des Täufers** (20) mit einem Triptychon-Fresko von PIETRO LORENZETTI, ›Madonna mit Kind, Johannes dem Täufer und Franziskus‹, und einem alten, schönen Glasfenster. In der ersten der von hier zugänglichen Sakristeien (21) ein großes Fresko des frühen 14. Jahrhunderts: ›Thronende Madonna mit Kind, Engeln, den Heiligen Franziskus und Klara‹.

Nach so vielen Bildern mit Heiligen mag in der Apsis das kunstvoll geschnitzte *Chorgestühl* aus Holz (um 1471) ein wenig durch Wechsel ablenken, vielleicht auch ein Blick auf die gotische *Tribüne* mit einer *Kanzel* aus vielfarbigem Marmor mit kleinen Säulen und Mosaiken (hübsche Darstellungen) im Hauptschiff links vor der Vierung, sicher jedoch der Gang an den Apsisseiten hinaus auf die **Terrasse** über dem *großen Kreuzgang* des Konvents.

In der **Schatzkammer** (Tesoro) schließlich, zu der man von der Terrasse gelangt, verdienen mehrere kostbare Kunstwerke unsere Aufmerksamkeit, vor allem ein großer Wandteppich ›Stigmatisierung und Heilige aus dem Franziskaner-Orden‹, ein Geschenk Sixtus' IV. 1471, aus Flandern; ein vergoldeter Silberkelch Nikolaus' IV. (1288-1292); ein kostbar besticktes Meßgewand Sixtus' IV. (1471-1484; rote Figuren auf Goldgrund); und eine Figur aus Elfenbein, ›Madonna mit Kind‹ des 13. Jahrhunderts.

Assisi, Dom S. Rufino,
Türsturz des linken Fassadenportals

Rundgang in Assisi

Assisi ist ohne Franziskus und ohne die gewaltige Anlage von San Francesco schwer vorstellbar. Aber es gibt außer der Grabes-Basilika des Heiligen, außer der Mutterkirche und dem Stammkloster der Franziskaner, des Ordo Fratrum Minorum (OFM), noch anderes. Schon von der Ebene her sahen wir in dem langgezogenen, schmalen Städtchen auf dem Hügel nicht nur auf der linken westlichen Seite *»die ungeheuren Subkonstruktionen der babylonisch übereinandergetürmten Kirchen, wo der heilige Franziskus ruht«* (Goethe), sondern auch in der Mitte die Torre del Popolo, den ›Turm des Volkes‹ am Hauptplatz, und am östlichen Rand auf höherem Platz den Dom San Rufino mit Glockenturm und Kuppel, darunter die Kirche Santa Chiara, Mutterkirche und -kloster der Klarissen; darüber liegt die Rocca, die Festung, diskretes Zeichen der kaiserlichen oder päpstlichen Herren.

Drei Zentren also hat Assisi: den Orden, die Bürgerschaft und den Bischof. Wer will, nehme auch den weiblichen Zweig der Franziskus-Gemeinschaft hinzu. Die Einwohner von Assisi leben zwar im wirtschaftlichen Sinn von den Heiligen, vom Besucherstrom aus aller Welt und was finanziell damit zusammenhängt. Doch wenn sich die Pilgergruppen am Abend aus dem Städtchen zurückgezogen haben, die unzähligen Busse ihre Fracht zu neuen Zielen transportieren, wenn Assisi wieder ganz oder fast ganz denen von Assisi gehört, wenn der Fremde in den stummen Gassen allein den Widerhall seiner Schritte vernimmt und sonst nichts, wenn ihn auf leeren Plätzchen nur Katzen umschnurren und ihm auf den Treppen lediglich sein vom Mond geworfener Schatten begegnet, dann zeigt sich der Ort des Poverello in seiner ursprünglichen Gestalt: als sei die Zeit seit dem Mittelalter stehengeblieben. Deshalb hat es großen Reiz, in Assisi zu übernachten, den Wechsel von Ebbe und Flut der Touristen zu erleben und das Städtchen ganz für sich zu wähnen. Das gelingt besonders gut zwischen November und März; allerdings kann es in diesen Monaten kalt sein – doch dagegen gibt es manche Mittel.

Von San Francesco führen die von mittelalterlichen Häusern flankierten Straßen – Via San Francesco, Via del Seminario

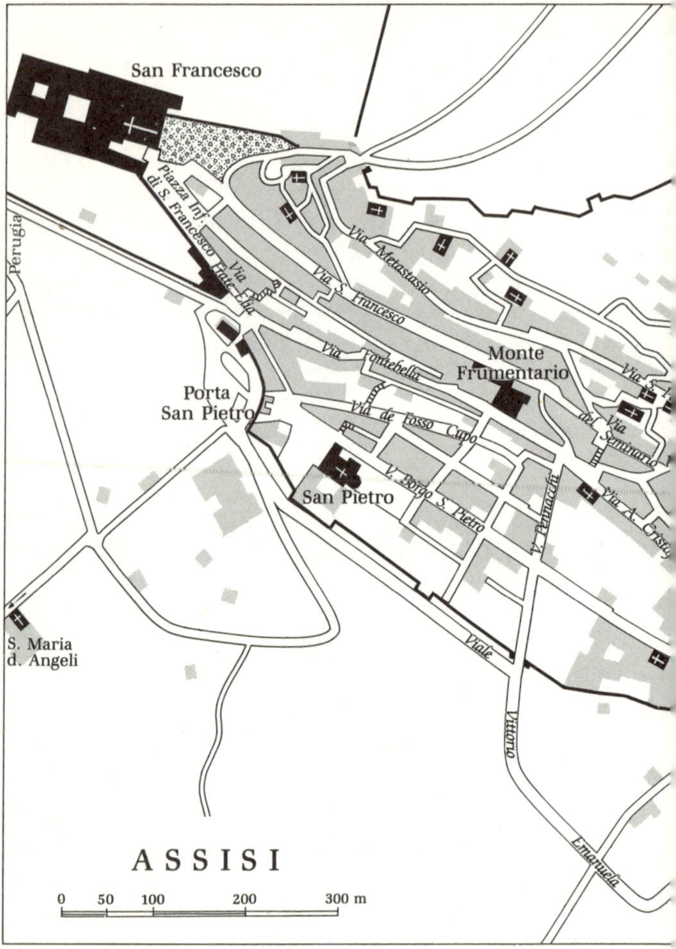

und Via Portica – am sehenswerten *Oratorio dei Pellegrini* und dem *Portico del Monte Frumentario* vorbei, fast unverfehlbar hinauf zum bürgerlichen Zentrum, das von der stimmungsvollen, stets bewegten **Piazza del Comune** mit dem *Palazzo Comunale* (Pinakothek), dem *Tempio di Minerva* und der *Torre del*

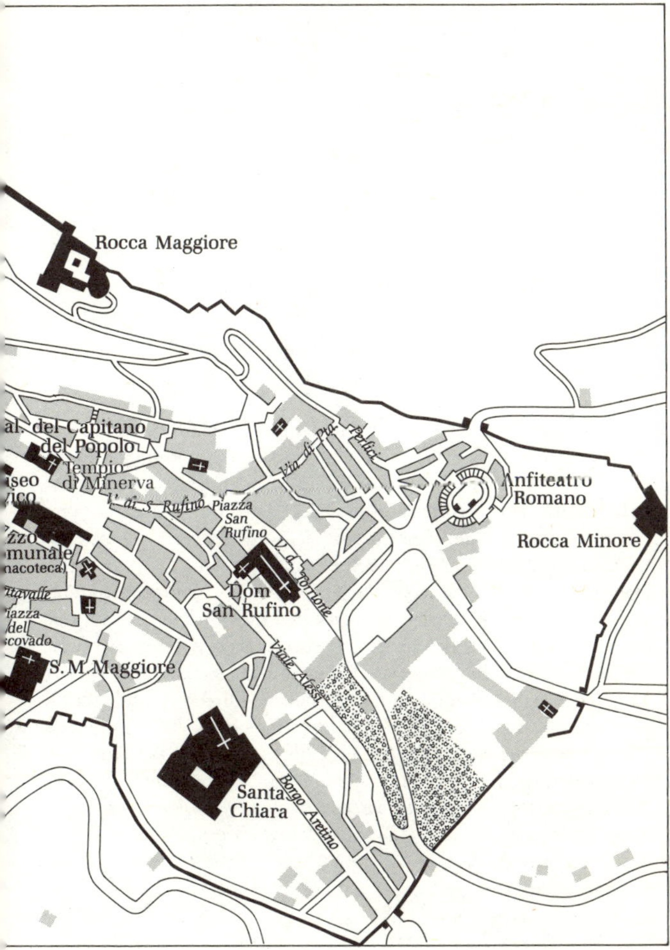

Popolo, dem zwischen 1212 und 1305 entstandenen Stadtturm, gebildet wird. In der Via Portica hat in der ehemaligen Kirche San Nicolò ein Museum für etruskische und römische Funde *(Museo Civico)* Aufnahme gefunden. Seine Schätze erinnern an die alten Ursprünge. Ebenso wie der **Minerva-Tempel** an der Piazza, der, im ersten vorchristlichen Jahrhundert entstanden, nun als Kirche Santa Maria sopra Minerva aus den mittelalterlichen oder in diesem Stil nachgebauten Palazzi am Platz merkwürdig herausragt. Wir kennen ihn schon von den Bildern der Oberkirche von San Francesco her. Für den Italien-Wallfahrer Goethe war er, so in der ›Italienischen Reise‹, *»das erste vollständige Denkmal der alten Zeit, das ich erblickte. Ein bescheidener Tempel, wie er sich für eine so kleine Stadt schickte, und doch so vollkommen, so schön gedacht, daß er überall glänzen würde. An der Fassade konnte ich mich nicht satt sehen, wie genialisch konsequent auch hier der Künstler gehandelt. Ungern riß ich mich von dem Anblick los und nahm mir vor, alle Architekten auf dieses Gebäude aufmerksam zu machen.«*

Nebenbei sei erwähnt, daß der Dichter aus Frankfurt und Weimar im Oktober 1886 San Francesco im wörtlichen Sinn links liegenließ, den Komplex nicht aufsuchte, aus »Abneigung«; er fürchtete sich offenbar vor dem religiösen Geist des Katholischen, vor den Übertreibungen einer frommen Verehrung. Als er sich jedoch nach der Betrachtung des Tempels auf den Weg nach Foligno machte, wurde er – vielleicht wegen der Nicht-Achtung des Heiligen – gar für einen Schmuggler gehalten und konnte sich nur mit einer kleinen Schwindelei aus der bedrohlichen Affäre ziehen. Er kenne San Francesco »von alten Zeiten her« – daß er nicht dort war, hatte sich schnell herumgesprochen. Für die Unbill durch vier »rohe Kerle« wurde er durch das Angebot eines freundlichen Herrn entschädigt. Denn, so Goethe nicht ohne persönlichen Stolz wörtlich in seinen Aufzeichnungen, *»wenn es mir, als einem hübschen Manne, wie billig, um ein hübsches Frauenzimmer zu tun sei, so könne er mir versichern, daß die schönste und ehrbarste Frau von ganz Assisi auf seine Empfehlung mich mit Freuden aufnehmen werde«*. (Seit Goethes Zeiten ist man jedoch in Assisi anständiger geworden; man weiß, was sich schickt.)

10 *Assisi, der zur Kirche umgebaute antike Minerva-Tempel an der Piazza*

11 *Assisi, Blick von der Rocca auf den Dom und S. Chiara; im Hintergrund die Valle Umbra*

12 *Blick auf Assisi; im Vordergrund der Konvent von S. Francesco*

Wer in San Francesco noch nicht genug Bilder gesehen hat, kann im **Palazzo Comunale,** dem um 1337 erbauten ehemaligen Palazzo dei Priori, die *Pinacoteca Civica* mit zahlreichen Heiligen-Darstellungen besuchen. Ich muß zu meiner Schande gestehen, daß ich es nie geschafft habe. Im heiligen Umbrien ist die Gefahr nicht ausgeschlossen, daß man mit zu vielen Heiligen-Bildern konfrontiert wird.

Zum **Dom San Rufino** gelangt man von der Haupt-Piazza durch die gleichnamige Straße. Sankt Rufinus wird als Bischof und Märtyrer des 3. Jahrhunderts verehrt. Seinem Gedenken errichtete man schon im 8. Jahrhundert ein Kirchlein, im 11. Jahrhundert einen größeren und im 12. und 13. den bestehenden Bau, der als Kathedrale des Bischofs Santa Maria Maggiore ablöste. Die *Fassade* ist besonders beeindruckend wegen ihres unaufdringlichen Schmuckes (Tiere, Pflanzenornamente, Reliefs, Köpfe, Telamone und Evangelistensymbole) und der klaren, strengen Gliederung. Der *Campanile* setzt einen machtvollen Akzent. Das Innere mit drei Schiffen ist in seiner Nüchternheit ein deutlicher Gegensatz zu den ›bunten‹ Wänden von San Francesco. Im rechten Seitenschiff finden wir hinten das *Taufbecken,* über dem der schon drei Jahre alte Friedrich II. endlich ein Christenmensch wurde. Mehr als das berühmte *Chorgestühl* in der Apsis zieht mich die *Pietà* (aus Deutschland, 15. Jahrhundert) in der Cappella della Madonna del Pianto (der Gedenkkapelle für die im Krieg Gefallenen) an. Man kann unter der Führung des Sakristans oder Kustoden das Kapitel-Museum, *Museo Capitolare* (mit Gemälden und Sakralgegenständen), eine *römische Zisterne* und die *Krypta* (vom Vorgängerbau des 11. Jahrhunderts) besichtigen.

Chiara steht im Schatten des Francesco. Klara, das Mädchen aus gutem Haus, 1194 in Assisi geboren, verwöhntes Kind in der Familie der Ritters Offreducccio, das den zwölf Jahre älteren Mitbürger Giovanni (Francesco) Bernadone predigen hört, ihn um geistlichen Beistand bittet, heimlich nachts mit einer Freundin aus dem Elternhaus nach Porziuncola zu den ›Brüdern‹ flieht – das Ereignis wird in das Jahr 1212 datiert, als Chiara 18 Jahre alt war –, die Frau, die einer Schar von

Gleichgesinnten, in Armut, Keuschheit und Gehorsam in klösterlicher Abgeschiedenheit vorsteht, die so zur ersten Ordensfrau des weiblichen Zweigs der Franziskanischen Gemeinschaft wird, die im Alter von 59 Jahren am 11. August 1253 in Assisi im Beisein Papst Innozenz' IV. (1243-1254) stirbt und wie Franziskus schon zwei Jahre nach ihrem Tod heiliggesprochen wird, diese Klara hat es nicht zum Ruhm des Poverello gebracht. Sie ist die Heilige der Stille, des intensiven Gebets, einer liebenswürdigen Einfachheit, der die Legenden zahlreiche Wunderheilungen und fromme Begebenheiten zusprechen.

Deshalb steht auch die Kirche **Santa Chiara** im Schatten von San Francesco. Sicher kann es die Basilika *der* Heiligen nicht aufnehmen mit der Großartigkeit und künstlerischen Pracht, die sich für *den* Heiligen entfalten. Aber das Kleinere, Bescheidenere kann zuweilen auch mehr ansprechen, zumal es in sich so vollendet geschlossen ist. Kirche und Kloster von Santa Chiara, Fassade und Campanile, die charakteristischen, weitbogigen Stützmauern bilden nicht einen konkurrierenden Gegensatz zu San Francesco, sondern sprechen für sich selbst. Wir kennen praktisch alle Formen ihrer Architektur von der anderen Basilika her, nur sind sie hier viel einfacher in Stein umgesetzt. Kein Wunder, denn erst als der Bau der Grabesstätte des Franziskus schon vorangeschritten war, entstand die Kirche der Klara und der Klarissen. Diese wohnten zuerst, nach 1212, in San Damiano (daher auch ihr anderer Name ›Damianitinnen‹). Dort starb Klara auch. Drei Jahre nach ihrem Tod, ein Jahr nach der Heiligsprechung begann man mit dem Bau ihrer Kirche und konnte sie bereits 1265 einweihen, nachdem ihre Gebeine schon 1255 dorthin gebracht worden waren – ein in reliquiengläubiger Zeit wichtiges Ereignis.

Bei der Besichtigung der Kirche, ihrer Fassade mit der schönen Rosette, dem einschiffigen Innern mit seinen vielen schönen Details, dürfen wir uns weniger in die Pflicht genommen fühlen, können bei einem Gemälde verweilen, die Krypta aufsuchen und die Atmosphäre auf uns wirken lassen. Die klösterlich verschlossene Welt der Ordensschwestern begegnet uns in einer Seitenkapelle, Reliquien wollen als Spuren einer anderen, durch gläubige Verdienste erschlossenen Welt verstanden werden.

›Die hl. Klara und ihre Schwestern beweinen den toten Franziskus vor der Kirche S. Damiano.‹ Aus Giottos Zyklus der Franziskus-Legende in der Oberkirche von S. Francesco

San Francesco, der Dom San Rufino und Santa Chiara – das mag wohl an Kirchen für eine gründliche Besichtigung genügen. Damit soll nicht gesagt werden, daß der Besuch weiterer Kirchen nicht lohnend wäre. Man stößt ja bei den Gängen durch Assisi immer wieder auf manche versteckte kleine oder auch auf eine große, wie auf die romanisch-gotische von **San Pietro** im Westen der Stadt bei der Porta San Pietro, zuerst 970 errichtet (1253 gänzlich umgebaut), die von Benediktinern betreut wird und im Mittelalter eine der Hauptkirchen von Assisi war, oder **Santa Maria Maggiore** an der Piazza del Vescovado, im Mittelalter lange Zeit Kathedrale, Sitz des Bischofs (daher der Name).

Nach den Kirchen kann der Wunsch nach einem Spaziergang – eine Spazierfahrt mit dem Auto ist wegen der engen Gassen und der Einbahnstraßen nicht ganz einfach, doch möglich – lebhaft sein. Der Weg führt uns am besten vom Dom durch mittelalterliches Ambiente zum **Anfiteatro Romano,** dem Theater aus römischer Zeit, das ein wenig versteckt inmitten von Häusern liegt. Von dort ist es etwas weiter zur **Rocca Maggiore,** der von starken Mauern und Türmen bewehrten Hauptfestung, die von einer bewegten Geschichte erzählen könnte. Wir vermuten richtig, daß der kleine Friedrich II. hier mit seinem Erzieher lebte, da er ja im Dom von Assisi 1197 getauft wurde. Nach den Kaiserlichen beherrschten jedoch die Päpstlichen die Burg – die von Assisi waren zeitweilig guelfisch gesinnt: etwa Kardinal Albornoz, der das Festungswerk 1367 gründlich erneuern ließ, und die Päpste Pius II. (1459/60; noch bekannter als Humanist Enea Silvio Piccolomini), Sixtus IV. (1478), Paul III. (1535-1538). Als weltliche Herren des Kirchenstaates wußten die Päpste den strategischen Wert der Festung am Eingang der Valle Umbra zu schätzen, als gebildete Männer von hohen ästhetischen Ansprüchen sicher auch die großartige Aussicht. – Auch von der *Rocca Minore* ganz im Osten der Stadt an der Mauer, bietet sich ein schönes Panorama.

Legenden – Sonnengesang

Wer tiefer in Geist und Geheimnis des mittelalterlichen Poverello eindringen will, suche in der Umgebung von Assisi die Stätten auf, in denen Franziskus einige Zeit in der Einsamkeit lebte und zu dem reifte, der er für die Menschheit und die Christenheit wurde. Von der Porta dei Cappuccini im Osten führt der Weg zum **Eremo delle Carceri,** zuerst durch Olivenhaine, dann an Steineichen vorbei mit einer leichten Steigung bei stets schönem Blick zurück auf Assisi und in die Ebene. Hier ist der franziskanische Geist der Einfachheit, der liebenswürdigen Menschlichkeit und des Friedens mit Händen zu greifen. Franziskus und seine Gefährten zogen sich hierher zurück, »kerkerten sich in der Einsamkeit ein« (daher der

Name), im Gebet sich ganz Gott zu weihen und so offen zu werden für die Menschen. Im Wald, in der Kirche, in den Grotten atmen wir diese Atmosphäre.

Viele der Franziskus-Legenden, der ›Fioretti‹, spielen hier, so etwa die XXII.: ›Wie Sankt Franziskus die Waldtauben zähmte‹. Man mag sie als naiv und kindlich abtun (und überschlagen). Aber vielleicht gibt sie doch einen Hinweis darauf, warum dieser Franziskus damals die Leute beeindruckte:

»Ein Jüngling hatte einst viele Turteltauben gefangen. Und da er sie zum Verkaufe trug, begegnete ihm Sankt Franziskus, der stets mit sanftmütigen Geschöpfen besonderes Mitleid hatte. Er sah die Turteltauben mit milden Augen an uns sprach zu dem Jüngling: ›Guter Jüngling, gib mir diese sanftmütigen Turteltauben, denen in der Heiligen Schrift die keuschen, demütigen und getreuen Seelen verglichen werden, auf daß sie nicht in die Hände der Grausamen fallen, die sie töten.‹ Und sogleich gab sie jener, nach Gottes Willen, alle dem heiligen Franziskus. Dieser nahm sie in seinen Schoß und sprach gar freundlich zu ihnen: ›O ihr meine Schwestern, ihr Turteltauben, voller Einfalt, Unschuld und Reinheit, warum lasset ihr euch fangen? Jetzt will ich euch vom Tode retten, euch Nester bauen, auf daß ihr fruchtbar seid und euch mehret nach dem Geheiß unseres Schöpfers!‹ – Und Sankt Franziskus ging hin und baute Nester für alle. Und sie benützten sie und begannen angesichts der Brüder Eier zu legen und zu zeugen; und sie wurden gar vertraut und zahm gegenüber Sankt Franziskus und den anderen Brüdern, wie sonst nur die Hühner, die allezeit ihr Futter empfangen. Und sie flogen erst davon, als ihnen Sankt Franziskus mit seinem Segen Urlaub gab.«

Auch die Kirche **San Damiano** ist untrennbar mit dem Ruf des Gekreuzigten an Franziskus verbunden, »Geh und bring mein Haus in Ordnung« (im Sommer 1205), woraufhin der junge, unschlüssige Mann das baufällige Kirchengebäude zu reparieren begann. Auch an diesem Ort spielen viele der legendären Begebenheiten, die durch Weitererzählen noch wunderbarer verklärt wurden. Hier nahm Franziskus das Mädchen Chiara mit ihren Gefährtinnen in die klösterliche Gemeinschaft auf. Hier dichtete er den berühmten ›Sonnengesang‹. Die Sprache dieses »Gesanges der Schöpfung und Geschöpfe« ist sicher nicht mehr die unsere. Doch weil er so berühmt ist und nicht allzulang und wegen des Geistes sei er ganz zitiert:

»O Du höchster, allmächtiger, gütiger Herr,
Dein ist das Lob, der Ruhm, die Ehre und jeglicher Preis.
Dir allein, o Höchster, gebühren sie,
Und kein Mensch ist würdig, Deinen Namen zu nennen.

Gelobt seist Du, o Herr mein Gott, mit allen Deinen Geschöpfen,

Besonders mit der Frau Schwester Sonne,
Welche den Tag bringt, und Du gibst uns durch sie das Licht,
Und schön ist sie und strahlend mit großem Glanz.
Von Dir, o Höchster, ist sie das Gleichnis.

Gelobt seist Du, o Herr mein Gott, um des Bruders Mond willen, und der Sterne,
An den Himmel hast Du sie gestellt leuchtend und köstlich und schön.

Gelobt seist Du, o Herr mein Gott, um des Bruders Wind willen,
Und der Luft und der Wolken und des heiteren und wechselnden Wetters,
Durch welche Du allein Deinen Geschöpfen Bestand schenkst.

Gelobt seist Du, o Herr mein Gott, um der Schwester Wasser willen,
Die da ist sehr notwendig und demütig und köstlich und keusch.

Gelobt seist Du, o Herr mein Gott, um des Bruders Feuer willen,
Durch welches Du die Nacht erhellest,
Und es ist schön und freudig und stark und wild.

Gelobt seist Du, o Herr mein Gott, um unserer Schwester willen,
Der mütterlichen Erde,
Welche uns hält und nähret,
Und sie gebiert viele Früchte und bunte Blumen und Kräuter.

Gelobt seist Du, o Herr mein Gott, um jener willen, die Verzeihen üben aus Liebe zu Dir,
Und die Schwäche und Trübsal erdulden,
Selig, die ausharren bis ans Ende in Frieden,
Denn von Dir, o Höchster, werden sie die Krone empfangen.

Gelobt seist Du, o Herr mein Gott, um unsers Bruders willen, des leiblichen Todes,
Dem kein Mensch, der da lebt, entrinnen kann.
Wehe denjenigen, die in tödlicher Sünde sterben.
Selig, die Deinen allerheiligsten Willen erfüllen,
Denn der andere Tod wird nicht über sie kommen.

Lobet und preiset den Herrn und saget Ihm Dank,
Und dienet Ihm in großer Demut.«

Es ist kein Zufall, daß mit dem Sinn für die Umwelt auch dieser ›Sonnengesang‹ im Bewußtsein vieler nach vorn gerückt ist.

Die südliche Valle Umbra

Foligno

Foligno. Samstag. 12 Uhr. Ein Mit-Tag ganz eigener Art im oft so beschaulichen Umbrien. Quirlig, lebhaft, voller Bewegung. An der Stadtmauer beim Parco dei Canapè geht man auf dem Markt in die letzte Runde. Eifrige Hausfrauen schleppen schwere Taschen oder Körbe, aus denen hier grüne Salatstauden, dort feurige Orangen herausleuchten. Flinke Hausmänner stürzen sich auf günstige Angebote. An der Porta Todi kommen von irgendwoher Schülerscharen. Die Ragazze, die Mädchen jenes Alters, in dem bekanntlich das Leben erst anfängt, werfen verführerische Blicke um sich, gehen verschwenderisch mit jenem Madonnen-Lächeln um, das schon der Landsmann Raffael ihren Vorgängerinnen für seine Gemälde abgeschaut hat. Das Wochenende soll verheißungsvoll beginnen; das Fieber, das an jedem Samstagabend die Teenager der westlichen Welt erfaßt, bereitet sich schon am Mittag vor. Der Fremde könnte keine bessere Stunde für den Beginn eines Besuches in Foligno wählen. Wenn er mit dem Auto kommt, muß er allerdings in dem Trubel gute Nerven behalten. Dann begegnet man ihm freundlich. Ja, er darf sogar darauf hoffen, daß ein Polizist den Parkplatz suchen hilft, daß aufmerksame junge Burschen ihn zentimeterscharf an den Hindernissen von Häusern, Randsteinen oder anderen Autos vorbeileiten.

Kurz zur Geschichte: Foligno ist seit jeher eine wohlhabende Stadt. Das kann man schon daran merken, daß die äußeren Bezirke so langweilig-gleichförmig wie überall sind, wo die moderne Industriegesellschaft ihre Spuren hinterläßt. Die zentrale Lage in der fruchtbaren Valle Umbra erleichtert Verkehr, Handel und Industrie, ermöglicht den Wohlstand der Bürger. Diese günstige Position im Tal wurde noch dadurch aufgewertet, daß die alten Römer in Fulginiae (auch Fulginia oder Fulginium) die Konsularstraße der Via Flaminia von Rom an die Adria hier nach Osten abzweigen ließen. Wieder war es ein Heiliger, der Bischof Felicianus, der in der Mitte des 3. Jahrhunderts hier den Beginn des christlichen Zeitalters markiert. Damals rückten nahe beieinander gelegene Siedlungen an dieser Stelle der Straße und des Topino-Flusses zusammen und vereinten sich zu Neu-Foligno. Wie andere Orte auch, mußte Foligno Sarazenen und Ungarn überstehen, bevor es im 12. Jahrhundert sogar Bevagna und Montefalco seinem Territorium einverleiben konnte. Kaiser Friedrich Barbarossa, der dieses Vorrecht 1177 verlieh, erhielt deshalb einen Ehrenplatz am Domportal. Zugleich ist das Kaiserbild an diesem Ort ein Zeichen dafür, daß Foligno überwiegend ghibellinisch gesinnt war, auch wenn es 1198 zu den Städten gehörte, die Papst Innozenz III. huldigten. Mehrfach wurde die Stadt deswegen von ihren guelfischen Nachbarn Perugia und Spoleto militärisch bedrängt. Von 1310 bis 1439 erlebte Foligno, bevor es endgültig zum Kirchenstaat kam, unter der vom Papst sanktionierten Signoria der Trinci eine Zeit der Stabilität, die eine politische, wirtschaftliche und kulturelle Blüte bewirkte; denn die Trinci beherrschten das Umland bis Trevi, Assisi und Nocera.

In dieser Zeit zog die Stadt auch bedeutende Künstler an. Dank des Reichtums brachten es die Handwerker zu hervorragenden Leistungen. Töpfer, Gold- und Eisenschmiede, Holzschnitzer, Münzpräger und Buchdrucker aus Foligno waren in ganz Italien angesehen. Aus dieser Tradition entwickelten sich in den letzten Jahrzehnten Industriezweige (Textil, Papier, Leder), die bis heute der Stadt den Wohlstand sichern. Am festlichsten und am ›geschichtlichsten‹ zeigt sich Foligno am zweiten Sonntag im September, wenn in der ›Giostra della Quintana‹ rund sechshundert Personen mit historischen Kostümen in das Stadion ziehen.

Über die nichtssagende Peripherie läßt sich hinwegblicken, weil der Stadtkern und einige Bauwerke innerhalb der alten Mauer um so schöner sind. Bevor wir uns jedoch dem Dombezirk im Zentrum zuwenden, können wir noch ein wenig dem Treiben auf den Plätzen zuschauen. Da die Autos verbannt sind, dominieren Fußgänger, viele Hunde und – Radfahrer. Nirgendwo sonst in Umbrien sieht man so viele Radler wie in Foligno, was wegen der ebenen Lage nicht weiter verwunderlich ist und uns endlich die Autos vom Halse schafft. Ein

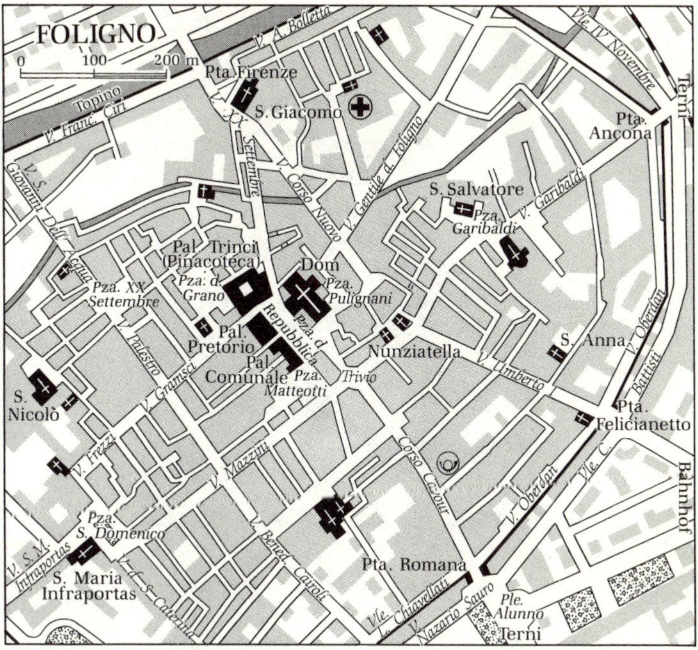

Blick in die Geschäfte führt uns die Spezialitäten der Stadt vor, etwa, daß man als Kekse auch ›Fave dei morti, Totenbohnen‹, ißt. Nun gut, die Bräuche und ihre Namen sind recht verschieden in der Welt. (Ich muß gestehen, daß ich sie nicht probiert habe und deshalb auch nichts über ihren zweifellos vorzüglichen Wohlgeschmack berichten kann.) Die Piazza della Repubblica, ein einfacher, strenger, maßvoller Platz, eingerahmt vom **Dom** mit seinen Anbauten, dem Palazzo Comunale und dem Palazzo Trinci, ist immer lebhaft, das Treiben der Passanten und das Spiel der Hunde stets unterhaltsam.

Ein Blick auf den Plan ›orientiert‹ uns, daß wir auf der kleinen *Piazza del Duomo* (im Südosten) die Hauptfassade des Domes vor uns haben, auf der größeren *Piazza della Repubblica* die Flanke mit einem großartigen Seitenportal. Sonst verstellen uns die angebauten Palazzi – vor allem der Palazzo delle

Raffaels ›Madonna von Foligno‹, heute in der Pinakothek des Vatikan

Canoniche mit den Geschäften – die Einordnung, die auch wegen sich über vier Jahrhunderte hinziehenden Veränderungen an der Kathedrale selbst nicht leichtfällt. Beginnen wir mit der Fassade der linken Seite, einem Werk der Baumeister RODOLFUS und BINELLUS (1201), die in der typisch umbrischen Klarheit von Portal, Rosetten, Arkaden – die gotischen Fenster oben sind später eingefügt – und Giebel imposanter und schöner erscheint. An den Pfeilern des Portals finden wir entzückende kleine *Relieffiguren des Kaisers Friedrich Barbarossa und des Bischofs Anselm,* Evangelistensymbole und Tierkreiszeichen. Bei den Steinskulpturen der Romanik rührt mich oft der Ausdruck erstaunter Wichtigkeit, als ob die Personen – manchmal sogar die Tiere – verwundert darüber wären, sich an so geheiligter Stelle wiederzufinden und uns Späteren noch nach 750 Jahren ins Auge blicken zu können.

Im Innern wird uns auch die verwickelte Baugeschichte deutlicher, die vom 12. bis zum 16. Jahrhundert währte. Die (später umgebaute) *Krypta* wurde schon im 10. Jahrhundert erwähnt, weil Bischof Theoderich von Metz einige Reliquien des hier ruhenden Felicianus mit sich nahm. Der manchmal auch forcierte ›Austausch‹ solcher Frömmigkeits-Objekte in einem und demselben Reich war durchaus nicht ungewöhnlich. Schade, daß Raffaels berühmtes Tafelbild der bezaubernden *›Madonna von Foligno‹* nur mehr in einer Kopie zu betrachten ist (links im Querarm); das Original befindet sich in der Pinakothek der Vatikanischen Museen zu Rom. Wenn wir an der Hauptfassade den Dom (zur Piazza del Duomo) wieder verlassen, sehen wir, daß die Treppe nicht mehr nur zur Außenkanzel hinaufführt, sondern zu den Studios von Architekten und Restauratoren. Die Kathedrale ist in das Alltagsleben miteinbezogen. Auf den Dom trifft in besonderer Weise zu, was Jacob Burckhardt in seinem für uns immer wichtigen ›Cicerone‹ ganz allgemein bemerkt: *»Italien ist ganz besonders reich an wunderlich zusammengeflickten, teilweise aus alten Resten, teilweise aus Zubauten aller Jahrhunderte bestehenden Kirchen; die Unterscheidung dieser verschiedenen Bestandteile könnte ganze Abhandlungen erfordern, ohne daß das künstlerische Verlangen dabei die geringste Nahrung fände.«*

Von den mit roh behauenen Steinen erbauten Palazzi der Piazza della Repubblica gehört neben dem **Palazzo Comunale,** dem Rathaus aus dem 13. Jahrhundert (später erneuert), und dem anschließenden **Palazzo Pretorio** des Domes vor allem dem **Palazzo Trinci** unsere Aufmerksamkeit. Die Herrschaft des Trinci-Geschlechts fiel in die Zeit von 1310 bis 1439, dauerte also mehr als hundert Jahre. Ihr Ende knüpft sich an eine merkwürdige Weissagung, von der auch Gregorovius in seiner ›Geschichte der Stadt Rom im Mittelalter‹ (Band III, 1) berichtet. Es hieß damals in Foligno, die Macht der Trinci werde gebrochen, wenn sich fliegende Rinder vor den Stadtmauern zeigten – ein Grund mehr, daß sich die Trinci ihrer Herrschaft ohne Furcht vor Störungen erfreuten. Denn wer hat schon Kühe fliegen sehen.

Doch es traf sich, daß Papst Eugen IV. (1431-1447) neben den Angelegenheiten der Kirche nach dem langen Abendländischen Schisma (mit mehreren Päpsten gleichzeitig) auch die des Kirchenstaates (nach der Jahrzehnte dauernden Abwesenheit der Päpste im südfranzösischen Reichsgebiet von Avignon) ordnen wollte. Dazu beauftragte er Giovanni Vitelleschi (oder: Vitelli; wer des Italienischen mächtig ist und weiß, daß ›vitelli‹ Kälber bedeutet, dem schwant nichts Gutes für die Trinci). Dieser Vitelleschi war ein tüchtiger Heerführer, was bedeutete, daß er von seiner militärischen Macht ungehemmt Gebrauch machte. Seine Familie stammte aus Foligno, war jedoch von den Trinci vertrieben worden. Das Unheil braute sich zusammen. Dieser Condottiere des Papstes im Rang eines Kardinallegaten für den Kirchenstaat zog, um alte Schmach zu rächen, Ende des Jahres 1439 gegen Foligno. *»Die Trinci erbebten«*, so Gregorovius, *»als sie eines Tags die Banner des schrecklichen Kardinals mit dem Wappen seines Hauses, zwei Rindern«* – so bewahrheitete sich die Prophezeiung – *»flattern sahen. Der Legat gewann Foligno durch List, nahm Corrado Trinci mit seinen beiden Söhnen verräterisch fest, führte sie nach Soriano und ließ ihnen dort die Köpfe herunterschlagen. Ihre Schätze wanderten nach Corneto. So wurden auch diese umbrischen Herren ausgetilgt.«*

Kurze Zeit später erfüllte sich jedoch auch das Schicksal dieses mächtigen Giovanni Vitelleschi, dessen *»Grausamkeit der Schrecken aller«* war, wie es hieß. Da *»sein Charakter wie seine Größe Haß und Argwohn bei den Regierungen Italiens erregten«* (Gregorovius), suchte man ihn zuerst bei seinem Gönner, dem Papst, in Verruf zu bringen; dann, als dies halbwegs gelungen war, lockte man ihn am 19. März 1440 vor der Engelsburg in einen Hinterhalt. Da er jedoch an den dabei empfangenen Wunden immer noch nicht starb, gab man ihm Gift. Gregorovius urteilt über diesen Sohn Folignos: *»So stürzte der gewaltige Mann, welcher mächtiger als der Papst gewesen war, wie viele seinesgleichen durch Verrat. Daß er selbst Verräter gewesen war, ist unerwiesen. Es gibt unter den Zeitgenossen kaum einen, der nicht das Andenken Vitelleschis verwünscht hat. Vitelleschi war das vollkommene Vorbild des Cesare Borgia* [des Sohnes Papst Alexanders VI., 1492-1503], *welcher sechzig Jahre später dessen Werk mit noch größerer Meisterschaft und gröberen Mitteln fortsetzte und endlich wie jener durch Verrat unterging. Er war der erste Staatsmann in der Zeit des sich herstellenden politischen Papsttums, welcher die Tyrannen des Kirchenstaats mit Feuer und Schwert, mit Recht und Unrecht, Gewalt und List auszurotten unternahm, um sich dann selbst aus einem Kardinal in den Herrn dieses Kirchenstaats zu verwandeln. Seiner Natur nach war er Condottiere wie Braccio und Sforza. Wenn nun sein Untergang überall*

Freude erregte, so wurde die einzige Stimme des Bedauerns merkwürdigerweise in Rom vernommen; denn dieser Mann hatte die Regierungskunst des Tyrannen wohl verstanden. Der naive Chronist Roms schrieb bei seinem Fall: ›Ich weiß nicht, ob dies ein Urteil Gottes war, denn, wie ihr gehört habt, er war ein Mensch ganz voll von Grausamkeit, Hochmut, Zorn, Schwelgerei und Eitelkeit; doch sage ich: er hielt uns mit großer Zucht und im Wohlstande; solange er lebte, galt der Rubbio Korn zwölf Carlin; nach seinem Tode stieg er in fünfzehn Tagen auf zweiundzwanzig, so daß die große Mehrheit des Volkes sehr bekümmert war.‹«

Diese wenigen Zeilen können ein Beispiel dafür sein, mit welcher Vorsicht Wertungen in der Geschichte zu treffen sind. Sie fallen verschieden aus, je nachdem man die Freiheit der Bürger, das Wohlergehen des Volkes, die Macht der Päpste, demokratische Unabhängigkeit, Selbständigkeit einer Stadt zum dominierenden Wert proklamiert.

Solche Überlegungen begleiten uns, wenn wir den von außen (Fassade des 19. Jahrhunderts) fast unscheinbar wirken-

Foligno, Palazzo Trinci: ›Geometrie‹
aus dem Wandmalerei-Zyklus der Freien Künste

den Palazzo Trinci betreten (lange Zeit wegen Restaurierung und Neuordnung nicht zugänglich). In ihm sind bedeutende Kulturinstitute untergebracht: *Pinacoteca Civica, Museo Archeologico, Biblioteca Comunale und Archivio di Stato e Notarile.* Erst im Hof merkt man, auch angesichts der schönen gotischen Treppe, daß es sich um einen der bedeutendsten Familien-Palazzi Italiens handelt, der von 1389 bis 1407 erbaut wurde – also in der Glanzzeit der Trinci, als noch keine fliegenden Rinder drohten. (Die Beschädigungen durch ein Erdbeben im Jahr 1832 und ein Bombardement der Alliierten 1944 sind weitgehend beseitigt, doch an den Restaurierungen sichtbar.)

Besonders die **Pinacoteca Civica,** die Städtische Gemäldesammlung, im 2. Stock, wartet mit einigen bemerkenswerten Kunstwerken auf: im *Vestibül* eine Holzdecke mit dem Wappen Papst Sixtus' IV. (1471-1484, Della Rovere, Eiche); von der *Loggia* mit einem Freskenzyklus zur Gründung Roms gelangt man in die *Kapelle* mit Fresken von OTTAVIANO NELLI in die *Sala delle Arti Liberali e dei Pianeti* (der Freien Künste und Planeten, die der Kuriosität halber aufgeführt seien: Grammatik, Dialektik, Musik, Geometrie, Philosophie, Astrologie, Arithmetik und Rhetorik; Mond, Mars, Merkur, Jupiter, Venus, Saturn und Sonne; so schien es im 15. Jahrhundert!); die *Sala dei Giganti* zeigt große geschichtliche Gestalten; in der Sala II ein schöner Verkündigungs-Engel, dem BENOZZO GOZZOLI zugeschrieben. Das **Archäologische Museum**, meist auf Sammlungen der Trinci zurückgehend, weist einige interessante Zeugnisse aus der Antike, meist in der Umgebung gefunden, auf.

Wenn man den Dom, den Palazzo Trinci und die anderen Palazzi angeschaut hat und auf den Plätzen ein wenig verweilt, hat man das Schönste von Foligno gesehen. Wem noch ein wenig Zeit bleibt, der könnte noch durch die Straßen streifen, vorbei an vielen alten Stadthäusern. Bei einem solchen Rundgang sollte man nicht **Santa Maria Infraportas** auslassen, eine romanische Kirche mit einem kleinen Portikus des 11. oder 12. Jahrhunderts und einem kräftigen, standfesten Campanile. In ihrem dreischiffigen Innern sind vor allem die Fresken hervorzuheben; besonders bemerkenswert die *Capella dell' Assunta* (hinten im linken Seitenschiff) mit einem schlecht erhaltenen, doch seltenen Fresko, ›Der Erzengel Gabriel und der gute Schächer‹, sowie (in der Nische vorn) ein Christus-Fresko und eine Statue ›Maria mit dem Kind‹. Von den anderen Kirchen seien **San Nicolò** (13. Jahrhundert), **San Giacomo** (gotisch, Anfang des 15. Jahrhunderts), **La Nunziatella** (Ende des 15. Jahrhunderts), **SS.** (Santissimo) **Salvatore** und das Kloster der heiligen Anna – **Monastero di Sant' Anna** – erwähnt.

Unser Dichterfürst Goethe hat sich in Foligno nicht besonders wohl gefühlt. Die Fahrt nach Rom wurde ihm wohl zu lang. So stellt er am 26. Oktober 1786 grundsätzliche Überlegungen über das Reisen in Italien an: *»Der Weg [von Assisi] nach Foligno war einer der schönsten und anmutigsten Spaziergänge, die ich jemals zurückgelegt. Vier volle Stunden an einem Berge hin, rechts ein reichbebautes Tal. Mit den Vetturinen ist es eine leidige Fahrt; das Beste, daß man ihnen bequem zu Fuß folgen kann. Dieses Italien, von Natur höchlich begünstiget, blieb in allem Mechanischen und Technischen, worauf doch eine bequemere und frischere Lebensweise gegründet ist, gegen alle Länder unendlich zurück. Wenn man die erste poetische Idee, daß die Menschen meist unter freiem Himmel lebten und sich gelegentlich manchmal aus Not in Höhlen zurückzogen, noch realisiert sehen will, so muß man die Gebäude hier herum, besonders auf dem Lande betreten, ganz im Sinn und Geschmack der Höhlen. Eine so unglaubliche Sorglosigkeit haben sie, um über dem Nachdenken nicht zu veralten. Mit unerhörtem Leichtsinn versäumen sie, sich auf den Winter, auf längere Nächte vorzubereiten, und leiden deshalb einen guten Teil des Jahres wie die Hunde. Hier in Foligno, in einer völlig homerischen Haushaltung, wo alles um ein auf der Erde brennendes Feuer in einer großen Halle versammelt ist, schreit und lärmt, am langen Tisch speist, wie die Hochzeit von Kana gemalt wird, ergreife ich die Gelegenheit, dieses zu schreiben, da einer ein Tintenfaß holen läßt, woran ich unter solchen Umständen nicht gedacht hätte. Aber man sieht auch diesem Blatt die Kälte und die Unbequemlichkeit meines Schreibtisches an. Jetzt fühl' ich wohl die Verwegenheit, unvorbereitet und unbegleitet in dieses Land zu gehen. Mit dem verschiedenen Gelde, den Vetturinen, den Preisen, den schlechten Wirtshäusern ist es eine tagtägliche Not, daß einer, der zum erstenmale, wie ich, allein geht und ununterbrochen Genuß hoffte und suchte, sich unglücklich genug fühlen müßte. Ich habe nichts gewollt als das Land sehen, auf welche Kosten es sei, und wenn sie mich auf Ixions Rad nach Rom schleppen, so will ich mich nicht beklagen.«*

Vielleicht können diese Sätze zuweilen als Trost dienen, wenn Mißgeschick nicht zu vermeiden war – oder zu vermeiden gewesen wäre …

AUSFLÜGE

Wegen seiner zentralen Lage bildet Foligno einen guten Ausgangspunkt, nicht nur zu den bedeutenderen Städtchen wie Trevi, Spello, Bevagna und Montefalco, sondern auch zu kleineren, hübschen Kunststätten. Dazu zählen:
– die Kirche **Santa Maria in Campis,** 2 Kilometer außerhalb der Stadt von der Porta Romana Richtung Spoleto gelegen;
– 3 Kilometer weiter der Ort **Sant' Eraclio** mit Bauwerken des 14. Jahrhunderts;
– der Ort **San Giovanni Profiamma** (4 Kilometer von der Porta Firenze Richtung Nordosten) an der Stelle des römischen Forum Flaminii, gleich Forfiamma, gleich Profiamma, mit einem interessanten Kirchlein;
– die Kirche **Madonna della Fiamenga** (1,2 Kilometer an der Straße nach Spello).
Im weiteren Umkreis verdienen Beachtung:
– der in 476 Meter Höhe liegende Ort **Pale** (9,6 Kilometer entfernt an der Straße Nr. 77), der schon im Mittelalter wegen seiner Papierfabriken bekannt war;
– die um das Jahrtausend gegründete **Benediktiner-Abtei von Sassovivo** (6,3 Kilometer auf aussichtsreicher Straße Richtung Osten) wegen des besonders schönen *Kreuzgangs* (128 doppelt gestellte Säulen mit glatten oder spiralförmig gedrehten Schäften, die sorgfältig in einer römischen Werkstatt gearbeitet und von einem Meister PIETRO DE MARIA signiert und 1229 datiert wurden), einer Zisterne und einer Krypta in der Nähe;
– der Ort **Scopoli** (12,8 Kilometer an der Straße nach Camerino) wegen der Burg und der Pfarrkirche.

Spello

Es ist immer wieder überraschend, wie sich die italienischen Städtchen von außen und von innen unterscheiden. Das mag banal erscheinen. Natürlich ist außen und innen stets verschieden. Aber ich meine damit die Abweichung der Wirklichkeit von der Vorstellung, die wir uns bilden, wenn wir einen Ort auf dem Berg vor uns liegen sehen, wie er ansteigt, sich dahinzieht, die topographischen Bedingungen ausnutzt oder ihnen ›gegen seinen Willen‹ in eine Senke hinunter, auf einen Buckel hinauf folgen muß. Wenn man Spello zum erstenmal erblickt, von Norden, von Assisi, oder von Süden, von Foligno, kommend, wie es sich, nicht sehr hoch, etwa fünfzig Meter über der Ebene am Abhang eines Hügels erstreckt – ja, wie stellt man sich dann das Innere vor? Erwartet man eine solche Fülle von Kunstwerken aus der Antike, aus Mittelalter und Renaissance, das Gedränge enggestellter Häuser, den variantenreichen Verlauf der Straßen und Gassen? Übrigens: Achten wir in Spello besonders auf diese Gassen, auf ihre kunstvolle Pflasterung mit Natursteinen und Ziegeln, die saubere Fugung und das überlegte Gefälle für den bis ins einzelne geplanten Abfluß von Regenwasser – früher wird auch anderes da entlanggeflossen sein –, auf die in sanftem Schwung gezogenen Gassen, auf jene Wege, die Spuren für die Fahrzeuge aufweisen und in der Mitte Stufen, darauf, wie Steigung und Gefälle, Kurven und Kehren, Erweiterungen und Verengungen sich ineinanderschieben. Und erst der Stein! Selten sieht man so gut, wie Stein – hier Kalkstein vom Monte Subasio – organisch zu einem Städtchen gewachsen ist, das heißt wie Menschen in Jahrhunderten sich ihre Stadt auf das damalige Leben und seine Bedürfnisse zurecht-›geschnitten‹ haben.

Spellos Geschichte ist ›typisch‹ für unsere Region: Alten umbrischen Ursprungs, römisches Municipium mit dem Namen Hispellum, erhielt das Städtchen in der Kaiserzeit unter Augustus Mauern und Tore und später unter Konstantin im 4. Jahrhundert Privilegien und einen Tempel, so die Chronik; im Mittelalter gehörte es zunächst zum Herzogtum Spoleto der Langobarden und Franken, dann zum Patrimonium des Papstes. Auch Spello verwickelte sich in die Auseinanderset-

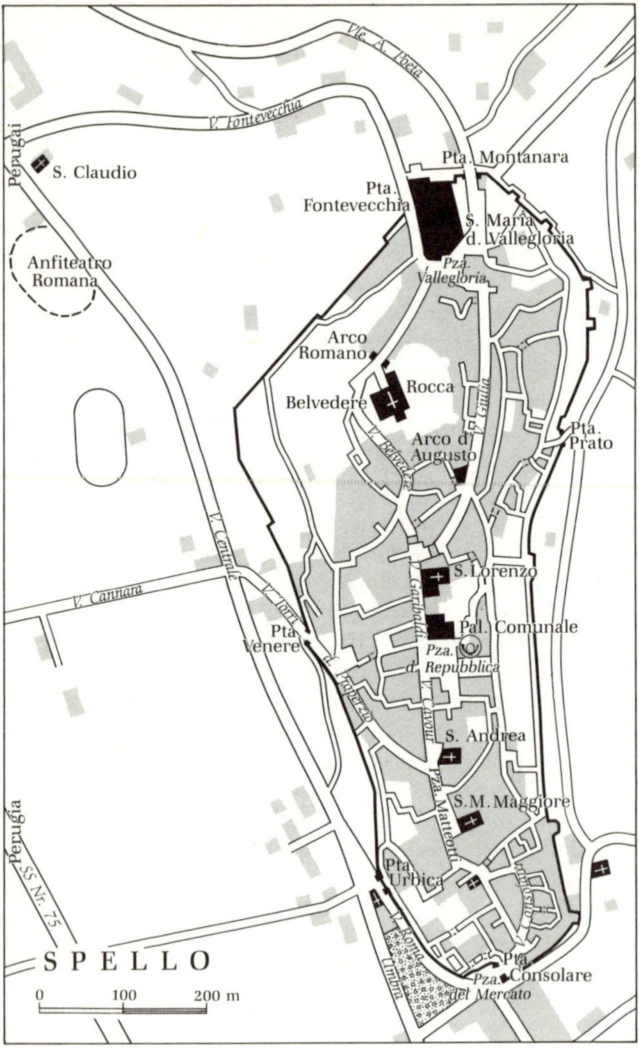

Vle. A. Poeta
V. Fontevecchia
Perugai
S. Claudio
Pta. Montanara
Pta. Fontevecchia
S. Maria d. Valleglorìa
Pza. Valleglorìa
Anfiteatro Romana
Arco Romano
Rocca
Belvedere
V. Giulia
V. Belvedere
Arco d' Augusto
Pta. Prato
V. Centrale
V. Cannara
V. Torri
S. Lorenzo
V. Garibaldi
Pal. Comunale
Pta. Venere
Pza. d. Repubblica
d. Properzio
V. Cavour
S. Andrea
Pza. Matteotti
S.M. Maggiore
Perugia
SS Nr. 75
Pta. Urbica
V. Roma
Umbra
Pta. Consolare
Pza. del Mercato
SPELLO
0
100
200 m

zungen zwischen Guelfen und Ghibellinen, empörte sich gegen Kaiser Friedrich II., wurde zerstört, in inneren Parteikämpfen geschwächt, von Familien wie den Bartolocci, Baglioni oder Montefeltro beherrscht oder gar tyrannisiert, bis es schließlich, relativ spät, im Jahr 1583 endgültig zum Kirchenstaat kam. Im Mittelalter war Spello in Stadtdrittel, ›Terzieri‹ – Porta Chiusa, Mezota und San Martino – geteilt. (Merkwürdig, ebenso wie im Deutschen haben sich auch im Italienischen nur die ›Viertel, Quartieri‹, gehalten, auch wenn es fast überall mehr als vier wurden.)

An der *Piazza del Mercato* betritt man durch das römische Stadttor, die **Porta Consolare,** den alten städtischen Bezirk. Archäologische Arbeiten der letzten Jahre haben seine Basis an der Seite wieder freigelegt. Die drei Statuen an der Außenseite, eine Frau und zwei Männer mit Toga, aus republikanischer Zeit, die zu Grabmälern gehörten, wurden in der Nähe des hiesigen Amphitheaters gefunden und im 16. Jahrhundert hierher versetzt. Nach links kann man dann etwa hundert Meter weit dem Verlauf der Augusteischen Mauer bis zur *Porta Urbica* (oder di San Ventura) folgen. Die Hauptstraße – zuerst die in einem Bogen verlaufende *Via Consolare,* dann *Via Cavour,* später *Via Garibaldi* – erweitert sich zur langgezogenen *Piazza Matteotti,* an deren Längsseite **Santa Maria Maggiore** liegt, die Hauptkirche der Stadt.

Santa Maria Maggiore, im 12. Jahrhundert begonnen, 1285 fertiggestellt, erlitt mehrfach Beschädigungen; doch fügte man schöne Einzelteile (romanischer Fries, Akanthus-Ranken, Holztor) wieder zusammen. Auch hier setzt der Campanile einen kräftigen Akzent. Das einschiffige Innere wirkt insgesamt düster – ich kann mich damit nur schwer befreunden. Es weist jedoch in der *Cappella Baglioni* (links) neben einem schönen Majolika-Fußboden (Keramik aus Deruta) Fresken des PINTURICCHIO auf, die mit Recht zu seinen bedeutendsten Arbeiten gezählt werden: da sind die Sibyllen, doch vor allem die ›Verkündigung‹ (darin Selbstbildnis mit der Signierung von 1501), ›Anbetung der Hirten‹, ›Ankunft der Drei Könige‹ und ›Jesus im Tempel‹. Sie vermitteln gut die spezifischen Eigenschaften dieses neben Perugino wichtigsten Malers der Umbrischen Schule (vgl. Seite 95 f.), seine Vorliebe für dekorative Gestaltung der Szenerie in Verbindung von Architektur und Natur in märchenhaft-entrückter Atmosphäre. Weihwasserbecken, Taufbecken, Kanzel, der Tabernakel, einzelne Gemälde und Plastiken sowie das Holzgestühl im Chor verdienen durchaus Beachtung. An den Pfeilern zur Apsis zwei Fresken von PERUGINO. In der Cappella dei Canonici eine ›Madonna mit Kind‹ von PINTURICCHIO. Wenn ein Kustode oder gar der Pfarrer zur Öffnung des kleinen Museums bereit steht, sollte man die Gelegenheit zur Besichtigung nutzen. Selbst die kleinsten Ausstellungen bergen ungeahnte Kostbarkeiten, hier zum Beispiel finden wir ein wertvolles Kruzifix aus Silber und emailliertem Kupfer.

Ein Stück weiter die Piazza Matteotti hinauf könnte das einladend aussehende und appetitanregende Ristorante ›Il Mulino‹ unseren Drang zur Kirche **Sant'Andrea** hemmen. So ist es uns zuweilen gegangen. Oder war es umgekehrt, daß wir Sant'Andrea oft geschlossen fanden und deshalb erst Küche und Keller von Spello überprüften, bevor wir die Kirche betraten? Jedenfalls fiel das Urteil über das dort aufbewahrte große Tafelbild von PINTURICCHIO, ›Madonna mit Heiligen‹ (1508), immer günstig aus. Dann sind wir einfach durch das Städtchen gewandert, etwa von der Piazza Matteotti die *Via Torri di Properzio* entlang – wir wissen, um das Geburtsorts-Recht für den lateinischen Dichter Properz streiten sich mehrere umbrische Orte – zu dem schönsten Stadttor Spellos, der **Porta Venere** aus augusteischer Zeit mit zwei zwölfeckigen Türmen und einer großartigen Aussicht. Das kann ja zum Glück nicht wegen der Mittagsruhe geschlossen sein. An der *Piazza della Repubblica* werfen wir einen Blick in den um 1270 entstandenen **Palazzo Comunale** mit der Biblioteca, dem Archivio Comunale und der Accademia Constantiniana – die von Spello haben die Privilegien des Kaisers also nicht vergessen – und einer kleinen Kunstsammlung – ›Kreuzigung‹ und ›Krönung Mariens‹ von COLA PETRUCCIOLI, 1385; ›Pietà‹, eine schöne deutsche Skulptur des 15. Jahrhunderts –, erfreuen uns an den vielen wohlgelungenen Häusern, der überraschenden Gassen-Führung, fanden leider auch die aus dem 12. Jahrhundert stammende Kirche **San Lorenzo** am Largo Mazzini (mit einem kostbaren Tabernakel für die heiligen Öle) selten

Pinturicchio, ›Madonna mit Kind‹.
Spello, S. Maria Maggiore

geöffnet, hatten aber immer genug zu sehen, zum Beispiel den Römischen Bogen – **Arco Romano** – aus republikanischer Zeit oder die Reste des sogenannten **Arco d'Augusto** (Via Giulia Nr. 43) oder vom **Belvedere** aus die weite Landschaft oder die Rocca oder die alten Mauern ...

Letztere zeigen sich dem Betrachter auch sehr eindrucksvoll, wenn er unten auf der Via Centrale, parallel zur Schnellstraße, zum Ort emporblickt, auf der Suche nach der Kirche **San Claudio**, einem romanischen Bau vom Ende des 12. Jahrhunderts, über einem römischen Haus errichtet. Außen und innen findet man in San Claudio höchst auffällige Asymmetrien, an der Fassade wie an den Gewölben über Säulen und Pfeilern. Die *Reste des Amphitheaters* ganz in der Nähe sind eher enttäuschend. Es gibt schönere. Man fragt sich, warum nicht der Hügel zu einem konstruktiv einfacheren Theater-Bau genutzt wurde, er scheint sich anzubieten.

Gasse in Spello

Von Spello können zwei Spaziergänge empfohlen werden: zur **Chiesa Tonda** (Santa Maria della Rotonda, 2 Kilometer) und zur Kirche **San Girolamo** (1,2 Kilometer von der Piazza di Vallegloria mit der gleichnamigen Kirche) und eine Fahrt zur 5 Kilometer entfernten Burg von Spello: **Castello Collepino** (Aussicht!).

Bevagna

Gleich am Anfang und ohne alle Umschweife: Der Hauptplatz von Bevagna, die **Piazza Silvestri,** scheint mir der ›mittelalterlichste‹ aller ›mittelalterlichen‹ Plätze Umbriens zu sein. Hier kann man sich vielleicht am ehesten vorstellen, wie ein Platz damals ausgesehen haben mag, nachvollziehen, wie zu jener Zeit die Menschen in der Öffentlichkeit lebten, beisammen standen, miteinander von rechts nach links gingen, ihre Alltagssorgen besprachen, eine Neuigkeit beredeten, sich zum Kirchgang einfanden oder abends nach Hause aufbrachen. Hier in Bevagna erfüllt sich die Vorstellung von einem mittelalterlichen Platz.

Es war an einem ruhigen Nachmittag Ende Oktober. An der Ortseinfahrt, am Corso Matteotti, warben einige Plakate für den Tag der Streitkräfte am 4. November, für die Soldaten, die »ein Beispiel der Treue zu den demokratischen Institutionen und zur Verfassung der Republik« gäben, die »Garanten der Freiheit und des Friedens« seien. Die ›Autorità‹ des Gebietes, also alle, die von Amts wegen etwas zu sagen haben, riefen zu einem Umzug auf, dessen Teilnehmer sich in den umliegenden Dörfern sammeln, dort am Denkmal für die Gefallenen der Kriege einen Kranz niederlegen und sich dann zu einer großen Feier in Bevagna treffen sollten. Aber an jenem Nachmittag lag über Bevagna und der Piazza Silvestri der Geist des Friedens. Einige Einheimische standen herum, gingen in der Bar an der Ecke ein und aus, ein, zwei Autos standen verloren, ohne zu stören, auf dem Platz, ein paar Jugendliche saßen auf der Treppe, Kinder spielten und schoben ihre Fahrräder vorbei.

Die harten, festen Steine der Bauwerke und des Pflasters, die wenigen Akzente der Gewölbe, Fenster und Portale im Mauerwerk, die Dekoration auf ein Mindestmaß beschränkt, ohne überflüssigen Schmuck, all das gibt diesem Platz seinen besonderen Charakter. Die Platzanlage in ihrer vieleckigen, keinen Winkelberechnungen folgenden Unregelmäßigkeit wirkt zufällig entstanden oder vielmehr aus den lebendigen Bedürfnissen heraus gewachsen, von keinem Architekten kunstvoll geplant, Kirchen und Palazzi in kein überlegtes

Schema gezwängt. Die auf das Wesentliche konzentrierte Kargheit beeindruckt – was nicht bedeutet, daß Renaissance und Barock an anderem Ort nicht durchaus ihr Recht haben. Aber hier imponiert die Sparsamkeit der Mittel, das rechte Maß zwischen zuviel und zuwenig, man glaubt, einen Hauch von kühler Reinheit zu bemerken. Dazu wird die Strenge der einfachen Formen im Detail aufgelockert. Man sehe nur die Blümchen in den Ornamenten, eine ohne ersichtlichen Zusammenhang eingeritzte Taube, einen schwungvoll daherbrausenden Engel!

Es ist immer schwierig zu sagen: So war es damals, so sah es in jenem Jahr aus. In den Jahrhunderten seither ist viel geschehen. Natürlich wurde manches restauriert, ganz zu schweigen davon, daß es im Mittelalter kaum Pflasterung gab, oder daß der hübsche, doch eigentlich ganz ›mittelalterlich‹ aussehende Brunnen erst 1889 dazugestellt wurde, immerhin als sehr getreu nachempfundene Imitation. Aber wir irren uns wohl nicht, wenn wir behaupten: So könnte es ausgesehen haben.

Hier auf der Piazza, genauer in einer Inschrift an der Kirche San Silvestro von 1195 begegnet uns der deutsche Kaiser-König Heinrich VI.: ENRICO IMPeratore REGNANTE. Den Zusatz DOMINUS TE SALVET – ›der Herr möge dich retten‹ – hat er nötig gehabt. Denn ... Haben wir die Muße zu einer historischen Momentaufnahme von jenem Jahr 1195, in dem Heinrich VI. seinen zweiten Italienzug unternahm und durch unsere Lande, durch unsere Stadt zog? Sie ist freilich nur sinnvoll, wenn auch das Umfeld miteinbezogen wird: die Auseinandersetzungen zwischen Heinrich VI., dem Sohn des 1190 umgekommenen Friedrich Barbarossa, diesem jungen Staufer, der die deutsch-römische Weltmonarchie auf den Gipfel ihrer Macht führte und noch höher hinauswollte, und Papst Coelestin III. (1191-1198), einem Römer, dem die Unabhängigkeit der Kirche auf dem weltlichen Fundament eines Staates in Mittelitalien über alles ging. Der Staufer plante, sein Deutsches Reich erblich zu festigen und mit dem eroberten Königreich Sizilien zu vereinen. Die Politik der Päpste dagegen war darauf gerichtet, die kaiserliche Übermacht zu dämpfen und zu brechen; diese wollten die Freiheit der Kirche gegen die

Bevagna, Piazza Silvestri
mit Kirche S. Silvestro und Palazzo dei Consoli

Ansprüche der weltlichen Gewalt gewinnen, verteidigen und erweitern und ihre Stellung als geistliche und irdische Herren erhöhen.

Lassen wir zu diesem Jahr 1195, zu dem Widerstreit zwischen Kaiser und Papst, Guelfen und Ghibellinen, dargestellt in den kirchlichen und weltlichen Gebäuden des Platzes, zwei Historiker von unterschiedlichem Standpunkt aus sprechen: den evangelischen Kirchengeschichtler Haller (1865-1947) und den uns schon vertrauten Gregorovius. Haller: »*Heinrich VI. war kühn genug, die einfachste Lösung ins Auge zu fassen: das sizilische Reich sollte dem römischen Kaisertum einverleibt und dieses selbst erblich werden wie das Königtum in Frankreich und England. Dazu aber brauchte er in zweifacher Hinsicht den Papst. Sollte die Vereinigung Siziliens mit dem Kaisertum als rechtmäßig anerkannt werden, im Rechtsbewußtsein der Zeit Wurzel schlagen, so mußte vor allem der Papst, bis dahin tatsächlich Lehnsherr des Königreichs, einverstanden sein. Sollte die römische Kaiserwürde nicht mehr durch Wahl der deutschen Fürsten und Salbung von der Hand des römischen Bischofs erworben werden, so mußte der Papst seinen*

Segen dazu geben, er, der den Anspruch erhob, daß die Kirche es sei, die das Kaisertum verleihe.«

Das gewollte Einvernehmen ließ sich nicht erzielen. Der Kaiser hielt sich in dem Gebiet nördlich von Rom auf, bereit, den Widerstand des Papstes auch mit Gewalt zu brechen. Um was ging es? *»Der Kaiser wollte seinen Sohn durch den Papst getauft und zum römischen König gekrönt sehen; der Papst verlangte Herausgabe und Anerkennung dessen, was der römischen Kirche gehörte. Heinrich bot für die Erfüllung seines Wunsches den Kreuzzug. Der Papst sollte auf die ihm entgangenen Teile des Kirchenstaats verzichten und durch eine ewige Rente entschädigt werden. Papst und Kurie, ohnedies von der Macht des Kaisers auf allen Seiten eng umstellt, sollten nun auch mit ihrem täglichen Unterhalt abhängig werden von ihm, in dessen Macht es immer stand, die Abführung der angewiesenen Einkünfte zu hindern. Und dieser Kaiser wollte zugleich im erblichen Besitz seiner Würde und des Königreichs Sizilien anerkannt werden! Man versteht, daß der Plan bei Papst und Kardinälen auf Abneigung stieß.«* (Aus: Johannes Haller, ›Das Papsttum – Idee und Wirklichkeit. Die Vollendung‹, 3. Band).

Und so sieht Gregorovius jenes Jahr 1195: *»Gerade in dieser Zeit war das Papsttum schwer bedroht; denn Heinrich VI. hatte nach dem Tode des Königs Tancred im Jahr 1194 Sizilien unterjocht. Die Hinterlist, mit welcher dieser gewissenlose Fürst die letzten Nachkommen des Normannenhauses und den normannischen Adel vertilgte, entrüstete das italienische Nationalgefühl. Die mit neuer Kaiserdespotie bedrohten Lombarden kamen in Gefahr, ihre heldenmütig errungene Freiheit wieder zertrümmert zu sehen. Heinrich verlieh, wie schon sein Vater getan hatte, die öffentlichen Gewalten Italiens den Deutschen; sein Bruder Philipp wurde von ihm zum Herzog von Tuszien erhoben und mit den mathildischen Gütern beliehen; Spoleto hatte schon früher Konrad von Urslingen, die Romagna und die Marken der Feldhauptmann Markward als Lehen erhalten. Wie ein eiserner Ring legte sich die Macht Heinrichs um den Kirchenstaat. Er besetzte das Patrimonium der Kirche fast bis zu den Toren Roms. Mit mehr als jugendlicher Kühnheit, mit sinnloser Übertreibung faßte der Sohn Barbarossas das Reichsideal auf; er träumte von der Herstellung der kaiserlichen Weltherrschaft, von der Knechtung Italiens, von der Zertrümmerung des gregorianischen Papsttums* [der von Papst Gregor VII. im 11. Jahrhundert erkämpften Unabhängigkeit]. *Die Kaiserrechte in Rom, welche sein Vater aufgegeben hatte, wollte er wiederherstellen, und ohne Zweifel wäre dies dem energischen Sinn gerade Heinrichs VI. wohl gelungen, wenn er länger gelebt hätte.«*

Am 28. September 1197 starb der Kaiser im sizilianischen Messina. Gregorovius: *»Heinrich VI., in dessen Natur einige große Eigenschaften des Herrschers mit gewissenloser Unehrenhaftigkeit, Habgier und*

Rohheit des Despoten sich vereinigten, starb erst 32 Jahre alt. Ihm folgte ins Grab auch Cölestin III. am 8. Januar 1198. Der Erbe der furchtbaren Macht des Kaisers war ein hilfloses Kind [der spätere Friedrich II.] *unter eines bigotten sizilianischen Weibes Vormundschaft; aber der Erbe des ohnmächtigen Papsts wurde einer der größten Charaktere des Papsttums überhaupt.«* – Innozenz III. (1198-1216). *»Das Glück der Kirche war grenzenlos.«*

Und Haller: *»Sein Tod verwandelte das Antlitz der Welt. Mit einem Schlage brach die gewaltige Macht, die er zusammengeballt hatte, auseinander, alle gegnerischen Kräfte, die seine schwere Hand niedergehalten, wurden frei und konnten ungehemmt wirken. Das Papsttum aber, soeben noch unter dem Druck der kaiserlichen Übermacht auf einen fast aussichtslosen passiven Widerstand beschränkt, sah sich unvermittelt aller Fesseln ledig und durch die Verhältnisse förmlich aufgefordert, in dem neu beginnenden Spiel die führende Rolle zu übernehmen. Es hat nicht gezögert, sie anzutreten, und ein günstiges Geschick hat ihm bald erlaubt, den Platz der beherrschenden Weltmacht einzunehmen, den Heinrich VI. sich und seinen Nachkommen für immer hatte sichern wollen.«*

Bevagna, S. Michele, Engel am Portalgewände

Bevagna, S. Michele

Können wir nun verstehen, warum sich im Mittelalter die Bewohner der italienischen Städte in Guelfen und Ghibellinen aufspalteten, mit aller Leidenschaft für Kaiser oder Papst eintraten, weil es um sie selbst ging? Ich sehe, wie der Streitapfel auf die Piazza von Bevagna rollt: Hätte sich der Kaiser nicht auf sein deutsches Königtum beschränken sollen? Was wäre geschehen, wenn sich die Päpste nicht widersetzt hätten? Ordnung in Italien und Rom zu schaffen, waren ursprünglich die Franken gerufen worden. Hatten sie ihre Aufgabe erfüllt oder hätten sie das Angebot ausschlagen sollen? Wäre es ohne den deutschen Kaiser in Italien besser gegangen? Ohne einen Papst mit weltlichen Ansprüchen? Was wäre dann aus der Kirche und der christlichen Glaubensfreiheit geworden? Tausend Fragen stellen sich. Und wessen Partei sollen wir ergreifen?

Bevor wir jedoch richtige Guelfen oder Ghibellinen werden, wollen wir den Bauwerken einen Blick schenken und auch Bevagna selbst nicht übersehen. Die Stadt liegt heute etwas entfernt von den großen Verkehrswegen der Valle Umbra, am westlichen Rand der Ebene unterhalb der ansteigenden Hügel. Einst führte jedoch die von den Römern angelegte Konsularstraße der Via Flaminia geradewegs durch Bevagna, das Municipium Mevania, hindurch. Dieser Umstand und die lebhafte Landwirtschaft ringsum sicherten dem Städtchen einen blühenden Wohlstand und eine Ausdehnung (an den römischen Stadtmauern abzulesen), die es später, als die Via Flaminia um einige Kilometer verlegt wurde, kaum mehr erreichte. Im langobardischen Herzogtum Spoleto verlor Mevania an Bedeutung. In der zweiten Hälfte des 12. Jahrhunderts erreichte es jene Gestalt, die im wesentlichen noch heute bestimmend ist. Damals waren Neubauten notwendig, weil die Stadt im Jahr 1154 den Zorn des jungen Kaisers Friedrich Barbarossa, des Vaters Heinrichs VI., mit einem verwüstenden Brand hatte spüren müssen. Danach spielten hier, trotz der Nähe zu Assisi, der Stadt des Franziskus und der Franziskaner – die Dominikaner eine wichtige Rolle. In Bevagnas Stadtgeschichte fehlen bedeutende Familien, so daß häufig die Signori aus Foligno hier Macht ausübten. Wichtig für die Stadt war, daß seit dem 15. Jahrhundert die Sumpfgebiete der Ebene durch Trockenlegung vermehrt fruchtbar gemacht wurden. Die Abhängigkeit von der Landwirtschaft hingegen erwies sich nach dem Zweiten Weltkrieg als Nachteil. Der Bevölkerungsrückgang bewahrte Bevagna jedoch auch vor vielen störenden Neubauten. So präsentiert sich hier das Mittelalterliche am dichtesten.

Unübersehbar ist an der Piazza Silvestri der gotische **Palazzo dei Consoli** mit seiner breiten Freitreppe, einer zweischiffigen Loggia im Erdgeschoß, um 1270 wohl von dem Baumeister PRODE erbaut, der auch den Palazzo Comunale von Spello schuf. In dem mit zweibogigen Fenstern in zwei Stockwerke gegliederten Palazzo hat seit 1866 das *Teatro F. Torti* seinen Sitz, das zu den schönsten seiner Art in Umbrien zählt.

Rechts vom Palast und mit diesem verbunden erhebt sich die Kirche **San Silvestro,** die innen wie außen als Schmuckstück der romanischen Architektur Umbriens gilt. Die Jahreszahl rechts vom Portal, 1195, ENRICO IMPeratore REGNANTE – wir wissen Bescheid –, weist auf das Baujahr hin, der Name auf den Baumeister BINELLUS. Die Fassade wirkt einfach, fast abgebrochen, weil vom Campanile nur die ersten Schichten ausgeführt wurden. Dennoch lassen die Ornamente des Portalbogens und Fenster künstlerisches Geschick spüren. Das dreischiffige Innere erfüllt die Idee eines mittelalterlichen Kirchenraums, des Heiligen und Sicheren, der Verbindung von Irdischem und Himmlischem. Die drei Räume – die Haupthalle für das Volk, das Presbyterium und die Krypta –, der nackte Stein ohne Zierat, die klare Ordnung verweisen auf das Wesentliche. Es ist die Stimmung eines Gotteshauses.

Zur selben Zeit und von demselben Baumeister BINELLUS (laut Inschrift am Mittelportal zusammen mit einem gewissen RODOLFUS) wurde auch die gegenüberliegende Kirche **San Michele** errichtet, die schon wegen des wuchtigen, spitzen Campanile vollendeter aussieht. Obwohl die architektonische Planung der typisch umbrischen Tafelfassade durchaus Wirkung macht – Hauptportal aus antiken Versatzstücken mit schöner Ornamentik und Figuren, dreibogige Fenster über den Seitenportalen, in der Mitte eine neuere große Rosette – haftet dem Ganzen doch etwas Unbeholfenes an. Im Gegensatz zur reinen, des Schmucks völlig entbehrenden Kirche San Silvestro ist San Michele Pfarrkirche und deshalb etwas weniger karg eingerichtet. (Ein Aushang kündigte die Bildung eines ›Pfarrgemeinderats für die wirtschaftlichen Angelegenheiten‹ an, und der Pfarrer, Don Giovanni, erklärte uns, das sei notwendig durch das neue Konkordat; wenn man wolle, meinte er scherzhaft, könne man bei der Stadtsparkasse gleich etwas einzahlen.) Auch hier finden wir drei Räume – die

Bevagna, S. Silvestro

Haupthalle, das Presbyterium und die Krypta –, so daß die ursprüngliche Anlage trotz späterer Restaurierungen klar zu erkennen ist.

Bei einem Rundgang durch Bevagna sehen wir an vielen Stellen Zeugnisse der römischen Zeit: Den *Mauerring* (mit einem Umfang von zwei Kilometern), auf dem die mittelalterlichen Konstruktionen aufbauten, bei der *Porta Flaminia* oder der **Porta Molini** (1484-1492), Wohnhäuser, Theater, Tempel, Thermen (Mosaik!), mehr und weniger gut erhalten und sichtbar. Neben der Piazza Silvestri mit ihren Bauwerken können die Kirchen **San Francesco** (13. Jahrhundert), **Santa Margherita** (13. Jahrhundert), **Santi Domenico e Giacomo** (14. Jahrhundert) und **Sant'Agostino** (14. und 15. Jahrhundert) unser Interesse beanspruchen.

Wenige hundert Meter vor der Stadt liegen die Reste des Römischen Amphitheaters – **Anfiteatro Romano**; 2,5 Kilometer südöstlich das Heiligtum der **Madonna delle Grazie**; 2,3 Kilometer nordöstlich der **Convento dell'Annunziata.**

Bevagna, Porta Molini

Montefalco zieht magisch an. Selbst den Himmel. Denn das Städtchen auf der Höhe mit dem stolzen Namen ›Falkenberg‹ – das Wappen zeigt deshalb auch diesen Jagdvogel – ist die Heimat von acht Heiligen. Daher lautet sein Beiname: ›Lembo di cielo caduto in terra, ein Zipfel des Himmels auf Erden (gefallen)‹. Aber beschäftigen wir uns zuerst mit dem hoheitsvollen Vogel-Namen, den der zuvor Corcurione oder Coccurione genannte Ort im September des Jahres 1249, also zur Zeit des Kaisers Friedrich II. von dessen Vikar, Tommaso d'Acerra, Graf von Aquino, erhielt; aus Anlaß einer – Zerstörung und des nun notwendig gewordenen Wiederaufbaus, weil der Platz hier oben über der Valle Umbra mit weitem Blick ringsum in die Landschaft einfach zu schön war, um ihn nicht zu besiedeln. Eine wahre Aussichtsplattform! Der Name wurde wohl deshalb gewählt, weil es Falken hier gab (und gibt). Auch Friedrich II. war bekanntlich ein Liebhaber der Jagd und vor allem der dazu benutzten Falken. Er schrieb sogar ein Buch über beides: ›De arte venandi cum avibus, Über die Kunst des Jagens mit Vögeln‹.

Der berühmteste aller Tierkenner, Alfred Edmund Brehm (1829-1884), lobt in seinem ›Tierleben‹ den Falken. Weil nicht jeder reiselustige Kunstliebhaber ein Biologe ist, sei es zitiert: *»Unter allen Raubvögeln gebührt meiner Ansicht nach den Edelfalken (Falco) die erste Stellung. Sie sind unter den Vögeln dasselbe, was die Katzen unter den Raubtieren: die vollendetsten aller Raubvögel überhaupt.«* Um gleich einzuschränken: *»Leider gehören die stärkeren Edelfalken zu den schädlichen Vögeln; nicht einmal alle kleineren Arten sind nützliche Tiere, welche Schonung verdienen. Dagegen sind die Edelfalken seit altersgrauer Zeit von den Menschen benutzt worden und werden es in mehreren Ländern Asiens und Afrikas noch heutigentags. Sie sind die ›Falken‹ unserer Dichter, diejenigen, welche zur Beize abgerichtet werden. Die edelsten Glieder derselben sind die Jagdfalken. Sie kennzeichnen ihre sehr bedeutende Größe, der verhältnismäßig starke, in scharfem Bogen gekrümmte Schnabel, die bis zu zwei Drittel der Länge befiederten Fußwurzeln und der im Vergleich zu den Flügeln lange Schwanz.«* So muß das Wappen also aussehen! (Das oft gerühmte ›unübertrefflich scharfe Auge‹ des Falken hingegen könnte uns zur Betrachtung oft nützlich sein; zur Not muß es ein Fernglas ersetzen.)

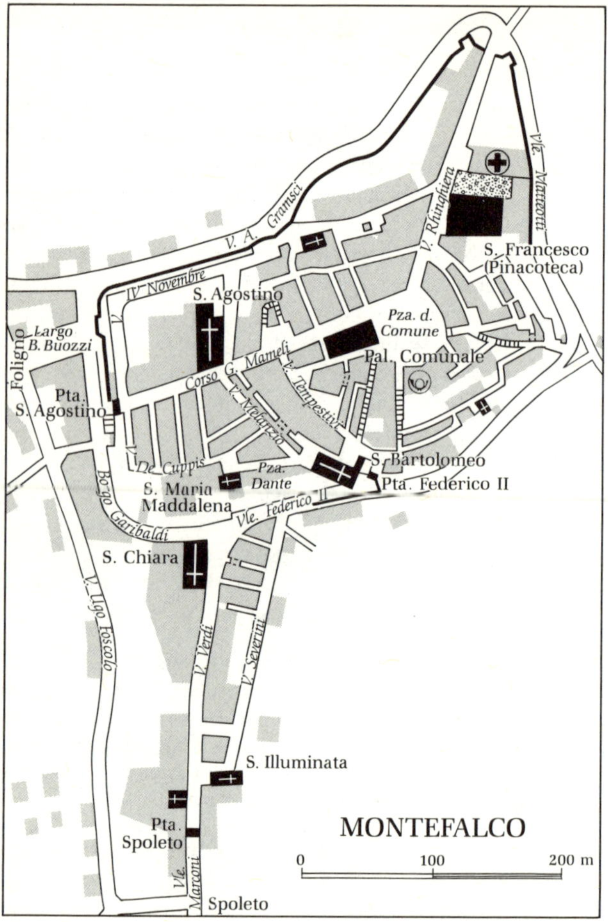

Montefalco liegt wirtschaftlich und verkehrstechnisch nicht besonders günstig. Doch dafür bot die Lage auf der Hügelkuppe in 470 Meter Höhe gegen unliebsame Störungen Sicherheit. Das war notwendig, weil im frühen Mittelalter Byzantiner und Langobarden sich die Gegend streitig machten, und in ihrem Gefolge allerhand Gesindel. Damals bildeten sich an verschiedenen ähnlichen Plätzen auf den Hügeln einzelne Siedlungen, ein mehr oder weniger befestigtes Haupthaus, das Castrum, flankiert von der Pieve, einem Kirchlein, und anderen bescheideneren Höfen. Diese Anordnung finden wir heute noch oft. Bei Corcurione war es bald mehr. Der mittelalterliche Mauerring – der im Grundriß mehr die Form eines Hundekopfes mit der Schnauze nach oben als die eines Falken bildet – umschloß stattliche Kirchen und Paläste, vor allem auch ausgedehnte Konvente kirchlicher Orden. So hatte der französische Papst Johannes XXII. (1316-1334) guten, durch offenbare Frömmigkeit geförderten Grund, Montefalco zum Amtssitz des Rektors des Herzogtums Spoleto (von 1306 bis 1354) zu erheben. Wenn wir hier weilen, stehen wir also in der Nachfolge von Kaisern (Barbarossa und Friedrich II.) und Päpsten. Und wo die Gunst der Mächtigen schien, entwickelten sich, besonders vom 13. bis zum 15. Jahrhundert, auch die Künste. Deshalb ragt Montefalco auch durch seine Kunstwerke hervor, ja besitzt sogar für die umbrische Malerei besondere Bedeutung.

Der schönste Platz für die Betrachtung der Kunst ist die Kirche **San Francesco** in der Via Ringhiera Umbra, die in ein Museum umgewandelt wurde. Hier bietet sich ein Überblick über die umbrische Malerei.

Als ich das erstemal in dieses Kirchen-Museum trat, befiel mich ein Schrecken bei der Aussicht, all diese Bilder genau ansehen zu ›müssen‹. Um mich zu fassen, begann ich ein Schwätzchen mit der freundlichen Frau, die Biglietti und Cartoline am Eingang verkauft. Es war ihr keineswegs verdächtig, daß ein Besucher zuerst ihr sein Interesse zuwandte und nicht den Fresken. Das bot ihr die willkommene Gelegenheit, die Aufmerksamkeit etwas näher auf den Fremden zu richten. Woher? Wohin? Oh, sie könnte in Rom nicht leben. Sie sei einmal dort gewesen. Nein, nie mehr. »In Rom wurde mir schwindlig. Wir lieben die Einsamkeit hier, den Frieden, die Ruhe, hoch über dem Tal, noch über dem Verkehr. Leider genießen wir unsere Schätze hier zu wenig«, sagte sie und gestand: »Ich habe die Kunstwerke hier noch nie gründlich angeschaut.« Solche Abgeklärtheit im ständigen Angesicht dieser Schätze ließ auch mich gelassener werden. Als ich dann beim ersten schnellen Rundgang noch neben dem Altar ein Madonnenbild fand, auf dem Maria so verdrossen dreinblickt und das Kind sehr mißvergnügt wirkt, sich abwendet und mit seiner Mutter nicht recht zufrieden scheint, mußte ich lachen, und hatte genug Kraft für eine eingehende Besichtigung gewonnen.

San Francesco, von 1336 bis 1338, also in sehr kurzer Zeit, erbaut, mit einem Renaissance-Portal und einer schönen Holztür (von 1555), besteht aus einer Haupthalle, an die rechts später ein Seitenschiff angefügt wurde. Dieses Seitenschiff ist in den einzelnen sechs Jochen mit zahlreichen Fresken geschmückt, welche – wie es sich in einem ›Zipfel des Himmels‹ gehört – die Madonna und Heilige in scheinbar unendlichen Variationen zeigen. Sollen wir sie uns im einzelnen anschauen? So etwa im ersten Joch, rechts hinten *(Cappella di San Girolamo)* die Fresken von BENOZZO GOZZOLI (1450-1452)? Oder im dritten Joch ein Tafelbild des in Montefalco geborenen Malers FRANCESCO MELANZIO (1488)? Das wäre gewiß keine verlorene Zeit, und man könnte viele hübsche Einzelheiten entdecken. Dies gilt auch für die beiden kleinen Apsiden rechts und links und für das Hauptschiff.

Unser besonderes Augenmerk gehört jedoch den *Fresken der Mittelapsis*. Aus drei Gründen: Erstens können wir bescheiden auf dem Chorgestühl Platz nehmen und so andächtig in die Höhe schauen, daß uns niemand vertreibt. Zweitens sind es bedeutende Werke von BENOZZO GOZZOLI (1452). Diesen Schüler des Fra Angelico schätzen die Kunsthistoriker zumeist nicht sonderlich hoch, sprechen ihm große Persönlichkeit ab und halten seine Kompositionen für befangen. Doch uns gefällt er ob seiner Erzähl-Lust, die uns viele historische Begebenheiten und liebeswürdige Details nahebringt – hier wie in der Hauskapelle des Medici-Palastes in Florenz. Und deshalb, drittens: Er erzählt uns jene Geschichten über den heiligen Franziskus, die wir schon von Assisi her kennen, so daß uns die Identifizierung leichtfällt: (von unten links beginnend) Geburt des Heiligen – Ein Mann breitet seine Kleider vor Franziskus aus – Franziskus schenkt seine Kleider einem Armen – Kämpfende und triumphierende Kirche (mit dem Abbild des Palazzo Vecchio von Florenz) – (Vision in San Damiano, verloren) – F. gibt seine Kleider dem Vater zurück und wird vom Bischof geschützt – F. trifft den anderen großen

Montefalco, S. Francesco: Fresko von Benozzo Gozzoli
(Legende des hl. Hieronymus)

Ordensgründer Domenico (vor der damaligen Peterskirche in Rom) – F. stützt die Kirche; der Papst billigt die Ordensregel – Vertreibung der Dämonen aus Arezzo – Predigt an die Vögel – Segen für Montefalco; Francesco weist die Bischofswürde zurück – Bei Tisch mit dem Grafen Orlando da Celano – Krippenfeier in Greccio – Predigt vor dem Sultan und Feuerprobe – Stigmatisierung – Tod und Begräbnis – Prüfung der Stigmatisierung. Bei diesem Freskenzyklus und bei den weiteren Figuren von Heiligen und von Gestalten aus dem Franziskaner-Orden ist ganz bewußt die Assoziation, die ›Entsprechung‹ zu den Lebensstationen Jesu Christi als religiöse Lehre gesucht. – Links vom Hauptportal finden wir in einer Nische eine Krippendarstellung des PERUGINO. Täuschen wir uns, daß die Frömmigkeit etwas künstlich wirkt? Bei vielen Darstellungen der Geburt Jesu möchte man ›dabeisein‹; hier vielleicht nicht unbedingt.

Montefalcos Hauptplatz ist die fast kreisrunde *Piazza del Comune*. Da ›landet‹ man nach jedem Rundgang; man kann sich schwerlich verlaufen; das Städtchen ist ja nicht groß. Der **Palazzo Comunale** an der Westseite, ein Bau von 1270, doch später verändert und mit einem Portikus des 15. Jahrhunderts versehen, kann gefallen – vor allem auch ein Blick vom Turm (gegen freundliches Bitten und/oder ein Trinkgeld wird man eingelassen). – Es ist wohl überflüssig, alle Palazzi der Stadt aufzuführen, man sieht ihre gefälligen Fassaden, zuweilen die Innenhöfe, beim Rundgang. Von den Kirchen verdienen Beachtung **Sant'Agostino**, ein eindrucksvoller gotischer Bau, zwischen 1279 und 1285 errichtet, 1327 erweitert, mit bedeutenden Fresken und Tafelbildern und einem danebenliegenden Kloster, **Santa Maria Maddalena** mit ansprechenden Gemälden, **Santa Chiara** (die Ortsheilige Di Damiano da Montefalco, Augustinerin, 1268-1308) mit Kloster und der *Cappella di Santa Croce* (Fresken von 1333) und **Santa Illuminata** (gegenüber dem Convento di San Leonardo), ebenfalls mit bemerkenswerten Bildern (von MELANZIO).

Dennoch, mehr als diese Kirchen sprechen uns die Mauern und Tore der Stadt an, die jene Zeit zurückrufen, in der Montefalco von Guelfen und Ghibellinen umworben und umkämpft war, die Machtansprüche der Kaiser und der Päpste ihre Scheidelinie auch durch diesen Ort zogen, als die Mächtigen der Umgebung um diesen schönen Platz stritten. Als sich dann im 14. Jahrhundert die Herrschaft der Päpste hier festigte, obwohl diese selbst im Exil von Avignon weilten, waren die Bemühungen nicht mehr so sehr auf militärische Bollwerke gerichtet, sondern auf Religion und Kunst. Vor allem der Orden der Franziskaner sorgte dafür, wie wir sahen. Doch das wehrhafte **Stadttor Sant'Agostino** (mit einem zinnenbewehrten Turm) oder die **Porta Federico** II. (oder di San Bartolomeo; mit den kaiserlichen Adlern – den Falken zuliebe konnte man vom Reichswappen hier nicht abgehen – und dem Schwaben-Kreuz) verraten die stolze Bestimmung der Stadt, ›Falkenberg‹ des Kaisers zu sein.

Der Besuch in Montefalco wäre unvollständig, wenn wir nicht auch erwähnten, daß hier einer der besten umbrischen Weine wächst. Ich bin überzeugt, daß man bei gesteigerter Pflege und Verbesserung der alten Traditionen noch einmal ein ganz großes Gewächs hier gewinnt. Denn das gute ›Rohmaterial‹, die Sagrantino-Traube zeitigt schon jetzt, bei eher noch zurückhaltender Sorgfalt hervorragende Ergebnisse, die dem Kenner in Italien längst bekannt sind, doch im weiteren Umkreis mehr auf Unbekanntheit denn auf Vorbehalte stoßen. Da ist zunächst der *Montefalco Rosso* – natürlich ist in der Gütemarke am Flaschenhals unser Falke zu sehen; wer hätte am Anfang geahnt, daß er uns noch solche Freuden einfängt. Der einfache Rosso ist ein ›Gemisch‹ aus Sagrantino-, Sangiovese- und Trebbiano-Toscano-Trauben, manchmal noch mit einem Zusatz anderer. Die rubin- bis granatrote Farbe, der trockene, die Zunge samten überziehende Geschmack charakterisieren ihn. Eine Steigerung ist der *Montefalco Sagrantino,* der fast ganz aus den namengebenden Trauben gewonnen wird, im Geschmack, im Alkoholgehalt und in der Lebensdauer (6 bis 7 Jahre und länger). Den *Montefalco Sagrantino Passito* als ›süßlich‹ zu bezeichnen, wie es hie und da getan wird, ist eine Beleidigung. Gewiß, es ist ein Dessertwein, mit einem hohen, doch erfreulich bekömmlichen Alkoholgehalt (mindestens 14 Grad). Aber die natürliche Süße ist nicht von fader Flachheit, sondern von wohliger Fülle, die einem kräftigen Essen auf dem Land den behäbigen Abschluß verleiht.

Literaturhinweis: Niemand hat die geschichtliche und kunsthistorische Entwicklung Montefalcos besser beschrieben als Giovanna Chiuini in ihrem Beitrag für den Teilband ›Inchieste su centri minori, Untersuchungen über die kleineren Städte‹ innerhalb der umfassenden ›Storia dell'Arte Italiana, Geschichte der italienischen Kunst‹ (Giulio Einaudi Editore, Torino, 1980). Die Stadtwerdung, die »Herausbildung des bürgerlichen Gewebes« Montefalcos wird darin ebenso beschrieben wie die Bedeutung der Bettelorden (Dominikaner und Franziskaner) und ihrer Konvente für die Stadt, die zivilen und künstlerischen Einflüsse der Klöster und im besonderen der Franziskaner, die Verwaltung innerhalb des Herzogtums Spoleto mit den Befestigungswerken, die ›Wasser-Politik‹ der Gemeinde mit Berücksichtigung der öffentlichen Mühlen und der Be- und Entwässerungsanlagen in der Ebene und nicht zuletzt die Maßnahmen der letzten Zeit zum Schutz und zur Restaurierung des künstlerischen Erbes in Montefalco. Die Darstellung von Giovanna Chiuini ist unerläßlich bei der intensiven Beschäftigung mit dem ›Falkenberg‹, der Band der Einaudi-Kunstgeschichte ebenso unverzichtbar für das tiefergehende Verständnis der kleineren, doch oft außerordentlichen Orte in Italien.

Lohnend ist ein Ausflug zu der nur 1,2 Kilometer entfernten Kirche **San Fortunato,** die dem heiligen ›Missionar‹ Montefalcos aus dem 4. Jahrhundert geweiht ist. Der gut restaurierte Bau stammt aus dem 15. Jahrhundert, über Mauern aus frühchristlicher Zeit. Beachtenswert sind die Fresken, darunter ›Madonna‹ und ›San Fortunato‹ von BENOZZO GOZZOLI (um 1450).

Trevi

Es sind immer die kleinen Dinge, die ein interessantes Städtchen liebenswert machen. In Trevi, irgendwo beim Spaziergang durch die mittelalterlich gepflasterten Gassen mit ihren scheinbar unbewohnten Häusern, mußte ich niesen. Das kommt vor, zumal im Herbst, wenn die Sonne scheint, man von ihr erwärmt wird, doch dann in die Kühle der Mauern zurückkehrt. Eine Frau, die mit ihrem Mann einen Wagen belud, sagte halb mitfühlend, halb belustigt: »Salute! Gesundheit! Es wird doch kein Schnupfen werden.« Und schon kam man ins Gespräch und wurde über die besonderen klimatischen Bedingungen Trevis belehrt. Ja, im Sommer habe man hier oben immer ein kühlendes Lüftchen, »un venticello«. Im Tal sei es viel wärmer, drückender. Auch im Winter habe man es besser als unten. Dort sei es neblig und feucht, während man sich hier oben nur von der Tramontana, dem pfeifenden Nordwind, in acht nehmen müsse. Wegen des besseren Wetters habe man schließlich auch das Städtchen hier oben gebaut, hoch über dem Tal. »Salute, Gesundheit!«

Auch wegen des Blickes taten die Trevani oder Trebiani gut daran, oben zu bauen – des Blickes, den sie selbst haben und den man auf ihr Städtchen genießt. Hübsch zieht sich Trevi den Hügel hinauf – chronologisch richtiger müßte man sagen: hinunter; denn der Stadtkern oben ist der Anfang –, stolz erheben sich Glockenturm und Kuppel aus den Häusern heraus. Die Fahrt hinauf führt durch glitzernde Olivenhaine, an jeder Kurve wird das Panorama schöner, bis man schließlich zweihundert Meter über dem Niveau der Ebene ist. Man begreift leicht, daß der Platz schon den alten Römern gefiel – damals hieß die Siedlung nahe der Via Flaminia Trebiae –, später den Germanen der Völkerwanderung und den Langobarden. Für das Jahr 881 wird ein Angriff der Sarazenen vermeldet, für 915 und 924 ist von Verwüstungen durch die Ungarn die Rede – das nur als Hinweis darauf, wie unruhig die Zeiten auch früher waren. Als guelfische Gemeinde hatte Trevi die üblichen Parteienkämpfe zu bestehen, im Innern und mit den Nachbarn. Ab 1392 gehörte es den Trinci von Foligno, bis es 1439 im konsolidierten Kirchenstaat aufging.

Auf der *Piazza Mazzini,* zu der man mit wenigen Schritten von der Piazza Garibaldi durch die Via Roma gelangt, fielen uns zuerst – nein nicht die Wappen und Gedenktafeln am Palazzo Comunale auf, sondern in einem Haushaltslädchen wunderschöne ›Hexenbesen‹, von kundigen Handwerkerhänden hergestellt, zweifellos einer vorbeireitenden Hexe abgeschaut, oder besser, da sie in der Nähe des ›heiligen‹ Assisi hergestellt werden, einer flüchtenden Strega. Denn fliehende Hexen gibt es auch am italienischen Himmel, wie den Kindern absolut glaubwürdig versichert wird. Und zur Stärkung dieses Glaubens läßt man die Befana, die freundliche Alte, am Dreikönigstag, eben der ›Befana‹, den Kleinen Geschenke bringen. (Solch ein Besen ist ein etwas sperriges Mitbringsel, aber, wie uns alle Freunde versichern, sehr dekorativ.) Neben dem Laden wirbt in dem Büro ›Pro Trevi‹ Signor Alberto Barbini für sein Städtchen. Er erzählt uns, daß man im Sommer auf der Piazza Konzerte veranstalte und nachher alle zum ›Risotto Champagne‹ eingeladen seien, einem vorzüglichen Reis, der mit Wein, nicht unbedingt mit Champagner, zubereitet wird und zusammen mit einem Landwein an einem Sommerabend »ein Genuß« sei. Im Oktober findet eine ›Mostra del Sedano nero‹, eine Ausstellung des schwarzen Sellerie, statt, worunter man sich vor allem lebhafte Abende zu Ehren des hier besonders gut geratenden Gemüses vorzustellen hat. Das alles macht den Eindruck, daß man in Trevi oder in der nahen Umgebung ganz gut leben kann, was auch von Herrn Barbini mit Erzählungen und Zahlen über sommerliche Besucher, besonders aus den deutschsprachigen Ländern, bestätigt wird.

Was gefällt uns an Kunstwerken in Trevi? Die im **Palazzo Comunale** untergebrachte *Pinacoteca* weist neben anderen Bildern ein schönes Tafelbild von LO SPAGNA auf: ›Krönung Mariens zwischen Engeln, Sankt Franziskus und Heiligen‹ (1522). Der dicke, mächtige Turm über trapezförmigem Grundriß neben dem Rathaus macht einen sehr vertrauenerweckenden Eindruck. Der **Dom** Sant' Emiliano – ein armenischer Heiliger, der hier das Christentum predigte und im Jahr 302 den Märtyrertod erlitt – ist, weil mehrmals außen und innen umgebaut, im Stil nicht einheitlich; man kann sich an Einzelheiten erfreuen. Die Kirche **San Francesco** bringt einen

›Anbetung der Könige‹ vor umbrischer Landschaftskulisse.
Fresko von Perugino in der Kirche Madonna delle Lacrime bei Trevi.
Dieses Spätwerk von 1521 hat einen in Thema und Darstellung
sehr ähnlichen Vorgänger in Città della Pieve.

gotischen Akzent in die schweren Mauern. Bei der Kirche San Martino – von der Piazza Garibaldi über den Viale Ciuffelli (nach Nordosten) zu erreichen – findet sich in einer Kapelle gegenüber ein bedeutendes Fresko von LO SPAGNA: ›Maria Assunta mit Heiligen‹.

Wer die Auffahrt nach Trevi von Süden gewählt hat, wird bereits 1 Kilometer vor der Stadt an der Kirche **Madonna delle Lacrime** vorbeigekommen sein, einem Bau der Renaissance (1487 von ANTONIO MARCHISI) zu Ehren des wundertätigen, tränenvergießenden Marienbildes; er gilt hier als wichtigstes Kunstdenkmal. Unter den frommen Bildern ist die *›Anbetung der Könige‹* des PERUGINO mit Petrus und Paulus hervorzuheben (von 1521). Der Künstler wußte übrigens, woher er stammte; er signierte nach seinem Geburtsort PETRUS DE CASTROPLEBIS PINXIT, was die von Città della Pieve (siehe dort) besonders erfreut.

Wer in Trevi länger verweilen kann, sollte auch die Kirchen **San Pietro di Bovara** (in dem Ort Bovara) und **Santa Maria di Pietrarossa** (5,2 Kilometer entfernt, Richtung Foligno) besuchen.

Clitunno

Ob man von Norden oder von Süden kommt, von Spoleto oder von Foligno, man könnte Mühe haben, an dieses Ziel südlich von Trevi bei Pissignano zu gelangen. Der **Tempio** oder **Tempietto del Clitunno** (Tempel oder Tempelchen, heute ein dem Erlöser geweihtes Kirchlein, San Salvatore) ist von der Schnellstraße der Valle Umbra in seiner oberen Zone mit dem Giebel (bedingt durch die Hanglage) direkt daneben zu sehen. Doch wenn man ihn erblickt, ist man entweder schon vorbeigefahren, oder man hat die Zufahrt noch nicht erreicht. Bei Kilometer 50,6 muß man nach Westen auf die alte Straße abbiegen (Hinweisschild: Trattoria dal Pescatore), deren holprigem Verlauf direkt neben der Nationalstraße 500 bis 600 Meter nach Süden folgen, und findet sich schon auf einem Parkplatz, wo vielleicht gar der freundliche Kustode wartet. 73 Jahre ist er 1987 alt geworden, seit 1943 öffnet er den

Besuchern die Türen zu ›seinem‹ Heiligtum. Je kunstsinniger sie sind, sich durch kluge Bücher als sachverständig ausweisen, desto zurückhaltender und freundlicher zugleich wird er. »Sie wissen ja mehr als ich«, sagt er gewinnend. Da läßt man sich gern von ihm führen, auf die schönen Details aufmerksam machen und staunt, daß er bald fünfzig Jahre lang dieses Tempel-Kirchleins nicht müde wird.

Es ist freilich auch ein Kleinod – das haben wir schon beim ersten Blick von der Straße oder dem Parkplatz an der reichen Skulpturenornamentik der hinteren Fassade festgestellt –, gleichgültig ob man es dem frühen Christentum des 4. oder 5. Jahrhunderts oder dem 8. und 9. Jahrhundert zuweist, ob man mehr die Antike oder das Mittelalter mit vielleicht provinziellen Varianten, mehr Italienisches oder Germanisches darin entdeckt. Sicher ist, daß Architektur-Elemente von heidnischen Sakralräumen Aufnahme gefunden haben, die der römische Schriftsteller Plinius der Jüngere (61-114 nach Christus) erwähnt. (Dessen unermüdlicher Schreibtrieb hat uns eine Fülle von unschätzbaren zeitgenössischen Berichten über die Kaiserzeit geliefert, als berühmteste jenen über den Tod seines Onkels, Plinius des Älteren, beim Ausbruch des Vesuv, jenen mit der Frage an den Kaiser, wie er gegen die Christen vorgehen solle, und schließlich den – uns jetzt betreffenden – über die Ehrung der Clitumnus-Quelle – siehe gleich unten – als Fluß-Gottheit.)

Die heutige Kirche San Salvatore präsentiert sich uns als Tempel mit Cella (Kern), Pronaos (offener Vorhalle) und zwei seitlichen Anbauten, deren Säulenfronten 1730 das Opfer eines barbarischen Abbruchs wurden. Die verschiedenen Formen der Säulen, gedrehte und geschuppte Schäfte mit korinthischen Kapitellen, die vertikal kannelierten Eckpilaster, die massiven Quader des unteren Stockwerks, eine kraftvoll gesetzte Kellerzone (›Quellstube‹ für das Wasser), der reich dekorierte Giebel, das von einem Kreuz beherrschte Giebelfeld geben uns kaum Aufklärung über die genaue Entstehungszeit. Die Inschrift S(an)C(tu)S DEUS ANGELORUM QUI FECIT RESURRECTIONEM könnte sich auf eine allgemeine christliche Lehre – ›der heilige Gott der Engel, der die Auferstehung bewirkt, bewirkt hat‹ – und zugleich auf die besondere Bestim-

Tempietto del Clitunno

mung als Grabeskirche beziehen. Wer weiß es. Auch das Innere mit der Stuckornamentik, der Nische an der Altarwand, den Freskenresten (›Der Erlöser zwischen den Heiligen Petrus und Paulus‹) in rötlicher Bemalung wirft mehr Rätsel auf, als daß es Antworten auf die Fragen nach der Geschichte gibt. Vielleicht sind es diese Geheimnisse, die seit Jahrhunderten berühmte Baumeister und Kunsthistoriker sich mit dem ›Tempel des Erlösers‹ beschäftigen ließen. Erst jüngste wissenschaftliche Untersuchungen mit Hilfe der Dendrochronologie verweisen den ›Tempel‹ in die Langobardenzeit (Ende 6. bis Ende 8. Jahrhundert). Das Antikische verbindet dieses

Bauwerk mit San Salvatore in Spoleto, dessen zeitliche Einordnung gleichermaßen umstritten ist.

Daß die *Clitumnus-Quellen* (Fonti del Clitunno) bereits im Altertum die Dichter zu poetischen Kreationen angeregt haben, kann man sich heute nur mit einiger Phantasie vorstellen. Denn die nahe, belebte Autostraße und die großen Parkplätze vertreiben den direkten Eindruck von geheimnisvollem, lauschigem Murmeln einer Quelle. Gleichviel. Da hier in der Antike eine Gottheit (Clitumnus) ihr freundliches Wesen trieb, da in der Antike Dichter und Schriftsteller, in der Neuzeit Künstler wie der französische Maler Corot, der englische Dichter Byron und der italienische Poet Carducci in seinem allen Schulkindern (zumindest früher) bekannten Gedicht ›Alle Fonti del Clitunno‹ – ›Gedenkstele‹ die Quelle verherrlichten, sei wenigstens Vergil zitiert. In seinem berühmten Loblied auf Italien im 2. Gesang (Verse 136 bis 176) der ›Georgica‹ (Vom Landbau) rühmt der Dichter Fluß und Quelle:

»Dir Clitumnus, dem heiligen Strom, entstiegen so oft schon
schneeige Herden, vor allem der Stier, das herrlichste Opfer,
führten Roms Triumphe empor zu den Tempeln der Götter.
Hier blüht dauernder Lenz, hier strahlt, fast zeitloser Sommer,
zweimal ist trächtig das Vieh, zweimal bringt Früchte der Obstbaum.
Reißende Tiger jedoch sind fern und grimmiger Löwen
Brut. Kein Giftkraut bringt Verderben dem harmlosen Sammler,
nicht schlingt Windungen hier so gewaltig am Boden noch rollt sich
also scheußlich zum Klumpen geballt die schuppige Schlange …
Nein, hier prangt mit Früchten die Flur, mit erlesenen Weinen.
Ölbäume grünen am Hang und fröhlich weiden die Rinder.«

Wenn Umbrien das grüne Herz Italiens ist, so hören wir es in solchen Versen schlagen.

Spoleto

Festival dei Due Mondi

Festspiele gibt es in Italien überall. In vielen Städten haben sich Künstlerinnen und Künstler zusammengetan und oft mit viel Idealismus und immer mit wenig Geld etwas auf die Beine gestellt, dem sie den Namen ›Festival‹ gaben. Da wird, meist in den Sommermonaten, gespielt und getanzt, gesungen und deklamiert, es werden besondere Filme gezeigt und Vorträge über die verschiedensten Themen gehalten. Es kann sein, daß nach zwei, drei Jahren die Initiatoren die Lust an Kunst und Kultur wieder verlieren, daß es sie woanders hinzieht, vielleicht zu befriedigenderen, lukrativeren Aufgaben oder – an den Strand. Es kommt vor, daß die Geldgeber nichts mehr spendieren wollen – staatliche Kultursubventionen fließen bei weitem nicht so reichlich wie in Deutschland – oder auch die Kommunalpolitiker sich in ihren wirtschaftlichen Erwartungen enttäuscht sehen. Gleichviel. Hört irgendwo ein Festival einfach auf, wird mit Sicherheit in einem anderen Städtchen ein neues ins Leben gerufen.

Daß in Spoleto, einer Stadt von knapp vierzigtausend Einwohnern, 130 Kilometer nordöstlich von Rom in 396 Meter Höhe gelegen, das ›Festival dei Due Mondi, der Zwei Welten‹, schon mehr als drei Jahrzehnte hinter sich hat, ist daher erstaunlich. Wie immer hat dieser Erfolg auch hier viele Väter, vor allem jedoch den 1911 geborenen Giancarlo Menotti. Er ist Präsident und künstlerischer Leiter des Festivals, als Komponist in der Alten wie in der Neuen Welt bekannt. Ohne ihn gäbe es diese Festspiele nicht, daran besteht kein Zweifel. Doch hinzuzufügen, daß sie auch ohne Spoleto nicht vorstellbar wären, schmälert weder die Verdienste des Kultur-Managers, noch sagt es Selbstverständliches. Denn tatsächlich vermittelt Spoleto Ende Juni, Anfang Juli eine ganz eigene Atmosphäre, anders als in den großen Städten Italiens, die mit besonderen Sommerprogrammen aufwarten, anders als in den Festspielorten des deutschen Raums, eine Atmosphäre, die auch nicht vergeht, wenn das Festival vorbei ist.

Spoleto, Dom und Rocca

Es mag an der Anreise liegen. Die einen kommen von Norden, sind durch Perugia und Assisi auf das ›heilige‹, mittelalterliche Umbrien eingestimmt, haben vielleicht den Hausberg von Spoleto – Monteluco, 804 Meter hoch – erstiegen und sich vom milden Zauber des Santuario Francescano, des Heiligtums des Franziskus, umfangen lassen, haben von dort oben weit in die grünen Lande geschaut und 400 Meter unter sich Spoleto auf dem Hügel mit seinen Türmen und sanftfarbenen Dächern betrachtet, sind dann treppauf, treppab durch die Gassen gegangen, hier vor einer Kirche verweilend, dort die etwas angejahrte Fassade eines Palazzo prüfend, und haben sich schließlich am Dom-Platz niedergelassen. Das kann auf den angenehmen Stühlen eines Cafés in feiner Abendrobe geschehen oder auf den breiten Stufen der zur Piazza del Duomo hinunterführenden Via dell'Arringo, weil man von dort den besten Blick auf die romanische Fassade der Bischofskirche mit ihrem prächtigen Renaissance-Portikus und dem leuchtenden Christus-Mosaik und auf den massiven, spitzgetürmten Campanile hat. Außerdem kennzeichnet nichts so genau den Festival-Hauch von Spoleto, wie wenn man sich im feinen Seidenkleid auf kühle Marmorstufen setzt. Lässige Eleganz, Stil auch in Jeans, Lebensart zwischen dem heiligen Franz von Assisi und dem Modeschöpfer Valentino – das ist hier gefragt. Ein steifgetragener Smoking, ein kaum der Entmottung entnommenes Abendkleid wirken hier weniger gut als ein lockerer Leinen-›Fetzen‹ oder ein farbenfrohes Herren-›Wagnis‹.

Die anderen kommen vielleicht von Rom – wie wir. Die Bewohner der italienischen Hauptstadt sind mit Kunst und Kultur eigentlich gut versorgt, und dennoch klagen sie nicht ohne Grund über schlechte Opernaufführungen in ihrer Kapitale, mittelmäßige Konzerte in abgenutzten Sälen, über die fehlende Originalität des Theaters. So nehmen nicht wenige Römer die Autofahrt über die Autostrada bis Orte, die Schnellstraße an Terni vorbei und schließlich auf der Via Flaminia, der alt-römischen Konsularstraße – alles in allem hundert Minuten – in Kauf, um sich an den außergewöhnlichen Darbietungen, wenn auch in kleinerem Rahmen, zu erfreuen. (Was in dieser Richtung möglich ist, geht freilich auch umgekehrt. Für die Besucher Umbriens läßt sich ein ›Ausflug‹ nach Rom ebenso leicht bewerkstelligen.) Ursprünglich suchte der Künstler Menotti mit seinem ›Festival dei Due Mondi‹ die Alte und die Neue Welt zu verbinden. Er wollte zur römischen Kultur die amerikanische nach Spoleto bringen, zu den italienischen Künstlern die amerikanischen (nebst den Touristen). Deshalb gehört der amerikanische Botschafter in Italien noch immer dem Ehrenkomitee der Festspiele an, und stets kann Spoleto mit einem treuen angelsächsischen Stammpublikum aus Rom rechnen.

Doch längst haben auch die Deutschen dieses Festival entdeckt, und in das Italienische und Englische der angestammten Gäste mischt sich kräftig ihre Sprache in allen Färbungen. Dies geschieht mit noch mehr Recht als früher, weil auch immer mehr deutsche Künstler nach Spoleto kommen. Wir denken etwa an 1987, als das Festival dreißig Jahre bestand. Eröffnet wurden die ›Festspiele‹ vom Stuttgarter Ballett mit ›Endstation Sehnsucht‹ nach Tennessee Williams – für die im modernen Ballett unerfahrenen Italiener eine interessante Neuheit, die durch zwei weitere Programme der Stuttgarter erweitert wurde; das Orchester des Westdeutschen Rundfunks Köln spielte die Oper ›Montezuma‹ von Karl Heinrich Graun nach dem Libretto von Friedrich II., dem preußischen König, die Oper der Stadt Köln gastierte mit der ›Gespenstersonate‹, einem Einakter von Aribert Reimann; doch das Herzstück der damaligen zweieinhalb Wochen war Richard Wagners ›Parsifal‹.

Das ›Bühnenweihefestspiel‹ von Schuld und Erlösung stellte an die Geduld und den ›leichten‹ katholischen Glauben der Italiener nicht geringe Anforderungen. Aber brav hielten fast alle vom ganz unitalienisch frühen Beginn um 17.30 Uhr (c.t.) bis zum Schlußakkord um Punkt Mitternacht aus. Dazwischen hatte der menschenfreundliche Regisseur Menotti freilich auch eine hundert Minuten dauernde Riesenpause gelegt, die der leiblichen Erholung der Operngemeinde und dem finanziellen Wohl der Spoletinischen Ristoranti diente. Da unterhielten sich die italienischen Wagner-Fans mit den Deutschen – beide bei einem kühlen Trebbiano-Weißwein, gestärkt von einem flugs ›Parsifal-Menü‹ genannten Abendessen; darüber, warum Parsifal, »durch Mitleid wissend der reine Tor«, eben nur Deutscher sein könne und nicht Italiener, über den dunklen protestantischen Karfreitag und die katholische Möglichkeit der Sündenvergebung. Sind es zwei Welten, hier das Italienische und dort das Deutsche, hier das Katholische, dort das Protestantische?

Solch ein Opern-gewaltiger Abend muß nach Mitternacht langsam ausklingen, zumal in einer lauen Sommernacht, zumal es auf italienischen Plätzen und in den Gassen auch zu später Stunde nicht an Gesellschaft fehlt und die Spoletiner ihre Stadt gern mit den Gästen teilen. Die Teilnehmer des Wagnerschen Weihe-Spiels kamen so schnell von der Musik und den Ideen nicht los, um so weniger, als ein italienischer Freund einen Vergleich zwischen dem reinen umbrischen Tor Franz aus der Nachbarstadt Assisi und dem mittelalterlichen Helden Parzival anstellte. Man dachte über den Zufall nach, daß der Heilige und der Erlöser des Grals aus derselben Zeit stammen, der Wende vom 12. zum 13. Jahrhundert. Der eine, Franziskus, lebte von 1182 bis 1226; Wagner griff auf Wolfram von Eschenbach (1170-1220) zurück, der seinen ›Parzival‹ vollendete, als Franz von Assisi dem weltlichen Leben entsagte und die Nachfolge Christi konsequent auf sich nahm. Da sinnierte man in die Nacht, erwog die Geheimnisse von Schuld und Sühne, Vergeben und Vergessen. Einer fragte, ob die Deutschen wie Amfortas von seinen Schmerzen vielleicht auch erst durch einen ›Parsifal‹ von der Last der Vergangenheit erlöst werden müßten. Doch keiner wagte eine Antwort.

Am nächsten Tag, einem Sonntag, hätte man insgesamt dreizehn Festspiel-Ereignissen beiwohnen können, vorausgesetzt, daß man über die Gabe der Bilozität oder gar Ubiquität verfügte und zugleich an zwei oder mehreren Orten anwesend zu sein vermochte. Konzert und Ballett, Oper und Literatur-Rezital, Ausstellungen und Filme ließen das Fehlen dieser Gabe bedauern. Man kann sich jedoch auch damit begnügen, die Stadt als Schauplatz dieses Kulturfestes kennenzulernen. Und warum sollen wir das nicht einmal zuerst von außen tun? Weil wir doch schon so lang im Innern waren und weil uns der Blick auf Spoleto die Stadt in seiner ganzen Schönheit zeigt.

Besonders eindrucksvoll wirkt das Gesamtbild von der etwas außerhalb im Süden gelegenen romanischen Kirche *San Pietro* aus, über der *Via Flaminia,* die in einem eleganten Bogen Spoleto umzieht und, bevor sie stören kann, unter dem Burgberg als Tunnel hindurchgeführt wird. Da liegt Spoleto, unverkennbar in der Anordnung: Rechts der *Ponte delle Torri,* die alte Brücke, die sich in vielen hochgezogenen Bögen über den Tessino-Fluß spannt, darüber die *Rocca,* die Festung, die zuweilen als Gefängnis diente, auf dem Hügel des heiligen Elias – ist er von dort in den Himmel aufgefahren? –, links die Stadt, aus der sich der spitze *Glockenturm des Domes* herausreckt.

Der Blick ist schön genug, um ein wenig in der Geschichte zu verweilen. Der Platz – ein Doppelberg, zur Hälfte von einem Fluß, dem Tessino, umspült, darüber steile Berge – bot sich wie von selbst zur Besiedlung an. Schon in vorgeschichtlicher Zeit. Denn die Notwendigkeit der Verteidigung aus gesicherter Position heraus sowie die Nutzung und Kontrolle des Wassers waren menschliche Grundbedürfnisse. Die topographischen Bedingungen schufen hier gleichsam eine ›Pforte‹ im Tal, die schon in der Bronzezeit – seit dem 3. Jahrtausend historisch nachweisbar in Mauerresten und Kleinfunden – genutzt wurde. Die hier ansässigen Italiker, die Umbrer, und später die Römer überließen die Lage einer Siedlung nie dem Zufall. Im Jahr 241 vor Christus wurde Spoletium in römischen Dokumenten ehrenvoll erwähnt. Die Spoletiner dankten es durch Treue zu Rom, zuerst, als sie im Punischen Krieg selbst nach dem Sieg Hannibals am nahen Trasimener See (217 vor Christus) die Römer nicht im Stich ließen, 1372 Jahre später, als sie zum römischen Papst gegen den deutschen König-Kaiser Friedrich Barbarossa hielten, obwohl sie dies mit der Zerstörung ihrer Stadt büßen mußten (1155). So sehr war Spoletiums Schicksal an Rom gebunden, daß es bereits in den Untergang des Weströmischen Reiches und in die Wirren und Verwüstungen der germanischen Völkerwanderung hineingezogen wurde. Theoderich und Totila haben in Spoleto ihre Spuren hinterlassen. Doch die Periode der Unsicherheit und des historischen Dunkels ist hier nur ein Übergang, denn 570 wird Spoleto Hauptstadt des von Faroald I. gegründeten langobardischen Herzogtums, das sich zwischen Rom und der Adria mit der Via Flaminia als Verbindungsweg erstreckte. Als die Macht der Langobarden nach 774 jener der Franken weichen mußte, kamen Vertreter der deutsch-römischen Kaiser-Könige ins Land, das nun einerseits Reichsitalien angehörte, andererseits als ›Pippinische Schenkung‹ vom Papst beansprucht wurde. So war auch hier das Mittelalter gekennzeichnet vom Streit der Guelfen und Ghibellinen, der Stadtparteien, die sich auf Papst oder Kaiser beriefen. Doch dann drückte das Schwergewicht des nahen, nun päpstlichen Rom, und Spoleto wurde Teil des Kirchenstaates. Der tüchtige spanische Kardinal Albornoz (1354) und die Tochter Alexanders VI., Lucrezia Borgia (1499), waren Statthalter des Papstes in Spoleto. Die Herrschaft der Kirche dauerte Jahrhunderte, bis 1860 Truppen des neuen italienischen Königreichs einrückten.

Der Geschichte steht eine kulturelle Kontinuität zur Seite, die sich nicht nur in Kunstwerken, in Kirchen und Palästen niederschlug, sondern auch in der Förderung der ausübenden Künste und der Wissenschaften. Caius Melissus aus Spoletium, ein freigelassener Sklave des Maecenas und Bibliothekar am kaiserlichen Hof des Augustus, steht schon im ersten vorchristlichen Jahrhundert am Anfang dieser Tradition. Berühmte Dichter und Schriftsteller, Historiker und Politiker folgten ihm. Sie sorgten dafür, daß Kunst und Kultur eine materielle Heimstatt hatten und auch finanziell unterstützt wurden. Deshalb besteht auch an geeigneten Aufführungsorten für die Festspiele kein Mangel, angefangen bei den zwei altrömischen Theatern, dem Teatro Romano und dem Anfiteatro Romano, weiter mit dem Teatro Caio Melisso und dem Teatro Nuovo, einem vornehmen Raum mit hübschen Logen-Galerien, dem Teatrino delle Sei und der Sala Frau, der Kirche San Filippo und der Villa Redenta und nicht zuletzt dem Dom-Platz selbst.

Bevor wir von San Pietro über die Porta Romana wieder in die Stadt zurückkehren, können wir, wenn es die Zeit erlaubt, das Sehenswerte außerhalb von Spoleto genauer in

Spoleto, S. Pietro, Reliefs der Fassade

Spoleto, S. Pietro

Augenschein nehmen: Den Ponte delle Torri und die Rocca – wer zu Fuß ist, kann von dort direkt in die Stadt gelangen –, den ›heiligen Bezirk‹ von Monteluco oben auf dem Berg, und eben die Kirche des heiligen Petrus selbst.

San Pietro ist altehrwürdig. Schon im 5. Jahrhundert wurde hier ein christlicher Bau errichtet, an der Stelle einer Nekropole, die seit der Eisenzeit bestand. Der damalige Bischof Achileus brachte dafür ein Glied der Kette des heiligen Petrus (aus seinem Kerker in der Hauptstadt des Imperium Romanum) aus Rom hierher, Zeichen für den besonderen Rang dieses Ortes. Im 13. Jahrhundert bedeutend vergrößert, wurde die Kirche seit 1329 und 1699 in wesentlichen Teilen erneuert. In den letzten Jahren hat man sie einer gründlichen Restaurierung unterzogen.

Die *Fassade* des 13. Jahrhunderts gilt als Musterbeispiel jener für Umbrien so charakteristischen ›Stein-Erzählungen‹, Botschaften in Marmor aus dem Mittelalter über eine uns weithin fremd gewordene Welt. Wie bei den Hauptkirchen in Assisi oder Orvieto müßte man sich Zeit für die Betrachtung im einzelnen nehmen. Denn nur so erschließt sich langsam die geheimnisvolle Verbindung von biblischen Geschichten und Fabeln, moralischen Lehren und frommen Legenden, werden die Beziehungen zwischen Symbolen und Tieren, Heiligen und Engeln deutlicher, rückt uns der mittelalterliche Mensch in seiner täglichen Bedrohung von tausend Mächten und seiner Errettung durch die ihm im Glauben zugängliche Welt Gottes und seiner Heiligen näher. Zudem gehören die Skulpturen von San Pietro zu den besten romanischen Bildwerken des Mittelalters in Umbrien, entstanden um 1200. Die Fassade ist übersichtlich gegliedert in drei Geschoßzonen, innerhalb der Geschosse in Rechteckfelder mit Portalen, Relieftafeln, Fenstern und Schmuckzonen. Oben auf dem Giebel können wir die Statue des Petrus, in der oberen Zone Reliefs mit Petrus (13) und Andreas (15) und zweier Stiere (14, 16) ausmachen; das leere Feld sollte ein Mosaik erhalten. In der Mittelzone die vier Evangelistensymbole, die einst die zentrale Rose umschlossen.

Das untere Geschoß haben wir direkt vor Augen; da kann sich die mittelalterliche Welt öffnen in ihrem Doppelcharakter von Gefährdung und Heil: Über dem linken Portal tötet Sankt Michael den Drachen (11); über dem rechten ein heiliger Bischof (12). Das von einem Kreissegment ungewöhnlich überfangene Mittelportal beeindruckt trotz einiger Beschädigungen am meisten. Geometrische Figuren und stilisierte Tiere, Blumen und Pflanzenbänder umziehen und durchwirken alles. Alltag und Himmlisches wechseln sich ab: Der Landarbeiter mit den Ochsen und dem Hund; die Hirschkuh, die ihr Junges säugt und eine Schlange frißt; der Pfau, der nach einer Traube pickt. Rechts und links geben je fünf Relieftafeln Kunde vom Glauben und von Lebensweisheiten: (rechts) Christus wäscht den Aposteln Petrus und Andreas die Füße (1); Berufung des Petrus und Andreas (2); der sich totstellende Fuchs und die Raben (3); der kluge Wolf mit dem Buch und der Widder (4); Greif-Chimäre und Löwe (5); (links) Tod des Gerechten (6); Tod des reuigen Sünders (7); Mann im Kampf mit dem Löwen (8); der Mann bittet den Löwen um Schonung (9); Krieger und Löwe (10). – Besonders in der Nachmittagssonne erstrahlt die Fassade, gut restauriert, in warmem Glanz und bringt uns vielleicht zum Nachdenken darüber, warum gerade diese Themen ›für die Ewigkeit‹, zumindest für jahrhundertelangen Bestand ausgewählt wurden.

Das dreischiffige Innere, das häufig wegen Restaurierung geschlossen war, kann es an Aussagekraft mit der Fassade nicht aufnehmen, obwohl einzelne Fresken und Gemälde sowie das Taufbecken (von 1487) einen Blick lohnen. Hinter der Kirche am Pfarrhaus finden sich schön bearbeitete Steine aus der Antike und das Kirchlein San Silvestro mit einem Kreuzigungsfresko des 14. Jahrhunderts.

Ein paar hundert Meter weiter finden wir den Weg, der zum **Ponte delle Torri**, zur ›Brücke der Türme‹, führt, einer 230 Meter langen und 80 Meter hohen Mauer-Überquerung des Tessino-Tals zwischen dem Festungshügel von Sant' Elia und dem Monteluco-Berg, die zugleich als Aquädukt und Viadukt, in Zeiten der Not auch als Fluchtweg in die und aus der Festung diente. Die zehn Bögen, die in leichten Spitzen enden, wurden im 14. Jahrhundert von dem Baumeister MATTEO GATTAPONE im Auftrag des spanischen Kardinals Albornoz errichtet. Von der Mitte der Brücke aus gewinnt man den besten Eindruck von diesem gewaltigen Bauwerk. Mag sein, daß, wie manche behaupten, die Brücke als Übergang von der Stadt zum Berg schon ein Jahrhundert früher bestand, daß vielleicht an derselben Stelle schon die Römer einen Aquä- und Viadukt erbaut hatten. Sicher ist, daß Gattapone und Albornoz für die **Festung** verantwortlich sind (1355/67), dieses imposante, als viel fotografiertes Wahrzeichen dienende Bauwerk. Albornoz sollte, wie wir wissen – siehe Seite 55 ff. –, im verwaisten Kirchenstaat des 14. Jahrhunderts für Ordnung sorgen. Denn die Päpste regierten von 1309 bis 1377 die Kirche im freiwillig-unfreiwilligen Exil von Avignon aus. In den Stammlanden des Patrimonium Petri bedurfte es deshalb einer starken Hand. Spoleto wurde durch dieses schwer befestigte Bollwerk einer der wichtigsten Stützpunkte päpstlicher Macht, auch nach der Rückkehr der Kirchenherren aus Avignon. An den Mauern der Festung finden sich die Wappen vieler Papstfamilien, darunter auch das der Borgia (mit einem Stier), da Lucrezia Borgia 1499 Gouverneur von Spoleto war.

Die Straße gegenüber der Stadt (im Osten), von der wir zum Ponte gegangen sind, führt in der anderen Richtung auf den heiligen Berg von Spoleto, den **Monteluco,** zum *franziskanischen Heiligtum* (8,3 Kilometer). Wir sind sie stets gern hinaufgefahren, unentschieden, ob das Ziel oder der Weg verlokkender sei. Denn immer wieder öffnet sich der Blick hinunter auf die Stadt und weit in das grüne umbrische Land. Gut nach der Hälfte der Strecke (5,5 Kilometer) zweigt eine kleine Straße zur *Kirche San Giuliano* ab. Hier atmet man reine Luft und den Frieden der Natur und kann sich zudem in einer einfachen, ordentlichen Trattoria (donnerstags geschlossen) stärken. Das Panorama kann man sich am besten mit einer Karte erschließen. Auf den nahen Waldwegen trifft man Sammler, die weniger ›panoramisch‹ Ausschau nach Trüffeln und Edelkastanien halten.

In rund 800 Meter Höhe liegt dann ›Il Santuario‹, das Heiligtum der Spoletiner, das Franz von Assisi im Jahr 1218 als einen der ersten Konvente seiner Gemeinschaft gründete und in dem auch Bernardino von Siena (1430) lebte. Ein alter Mann bittet uns, noch etwas zu warten, da gerade die Messe gefeiert werde. Eine Ordensschwester verlangt, in ihrer Tracht heftig flügelschlagend, etwas nachdrücklicher Ruhe von Jungen und Mädchen, die sich hier oben in einer Ferienkolonie vom Schulstreß erholen sollen. Ein Hinweisschild des Comune di Spoleto warnt, daß es empfindliche Geldstrafen für das Wegwerfen von Abfall setzt – auch das ein Zeichen dafür, daß man in Umbrien sauberer ist als anderswo in Italien.

Stadtspaziergänge

Ratschläge für einen Rundgang zu den Sehenswürdigkeiten in Spoleto, besonders für die Reihenfolge, gebe ich nur mit Vorbehalt, weil man unter Umständen im unübersichtlichen Gewirr der Gassen und Treppenaufgänge mehr Zeit damit verbringt, den Weg zu finden, als wenn man mutig draufzugeht, sich ab und zu orientiert und das nächstgelegene Monumento ansteuert.

Der **Dom-Platz** bildet, wir haben es bereits erkundet, das Zentrum von Spoleto. Der **Dom** mit dem spitzen Glockenturm, die Kirche der ›Assunta‹, der in den Himmel aufgenommenen Gottesmutter Maria, ist das Wahrzeichen der Stadt. Kaiser Friedrich Barbarossa hatte bei seiner Strafexpedition 1155 die alte Kathedrale zerstört – so verschafft man sich Respekt in fremden Landen; die Spoletiner errichteten bald eine neue; Papst Innozenz III. konnte diese schon 1198 wei-

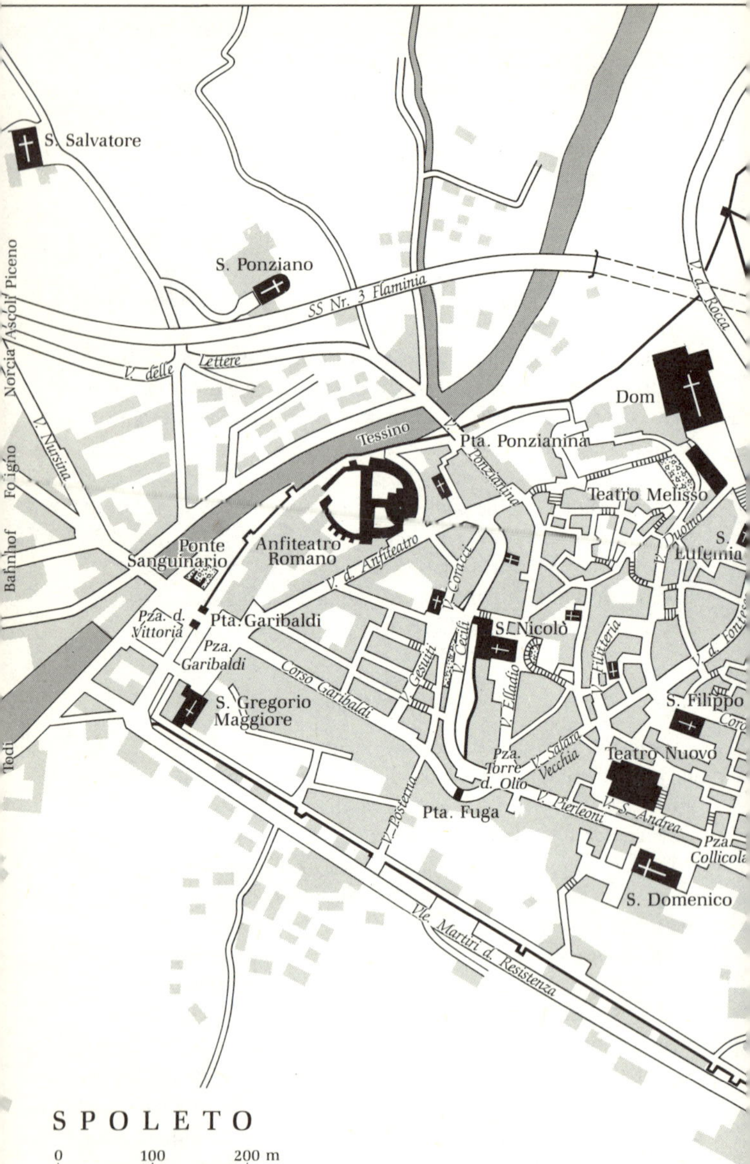

SPOLETO

0 100 200 m

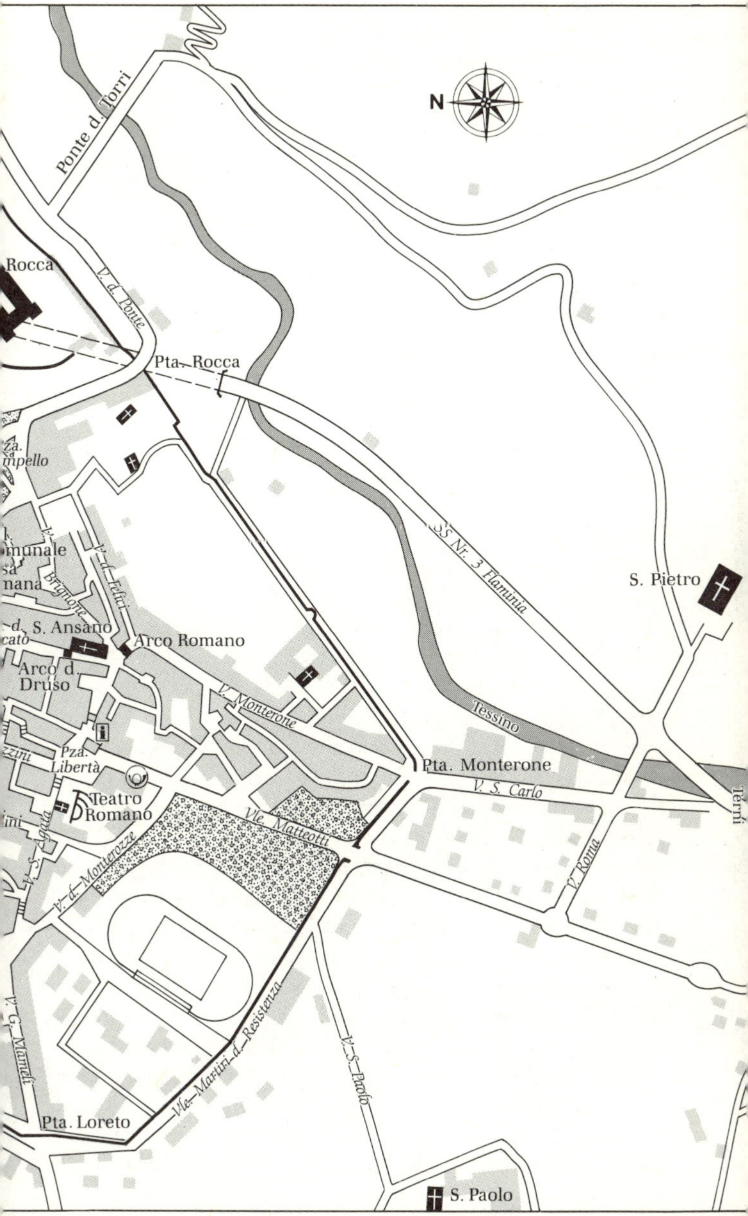

N
Ponte d. Torri
Rocca
V. d. Ponte
Pta. Rocca
SS Nr. 3 Flaminia
S. Pietro
Arco Romano
S. Ansano
Arco d. Druso
V. Monterone
Tessino
Pta. Monterone
V. S. Carlo
Terni
Pza. Libertà
Teatro Romano
Vle. Matteotti
V. d. Monterozze
V. S. Agata
V. Roma
Vle. Martiri d. Resistenza
V. S. Paolo
V. G. Mameli
Pta. Loreto
S. Paolo

hen. Der Bau blieb bis auf kleine Erneuerungen bis heute bestehen. Die typisch umbrische *Giebelfassade* ist von bemerkenswerter Harmonie, einer Ausgeglichenheit, die jedoch nicht langweilig wirkt. In der unteren Zone öffnet sich ein prächtiges romanisches Portal, dem ein *Renaissance-Portikus* (1491) mit fünf Bögen vorgesetzt ist, ein Werk der Architekten AMBROGIO DA MILANO und PIPPO DI ANTONIO DA FIRENZE, flankiert von zwei Kanzeln, oben abgesetzt von Fries und Balustrade. Die Mittelzone wird akzentuiert von einer Hauptrose, umgeben von den Evangelistensymbolen und gestützt von Telamonen (Gebälkträgern), und vier kleineren Steinrosen. Das große Mosaik des Oberfeldes, ›Christus zwischen Maria und Johannes dem Täufer‹ (von 1207, restauriert), wird von drei weiteren Rosen wie von einem Sternenkranz gekrönt. Auf der linken Seite ragt der aus massiven Quadern gemauerte *Campanile* hoch auf, schon seit dem 12. Jahrhundert. Das Klangarkadengeschoß freilich ist sichtlich jüngeren Datums.

Das dreischiffige Innere über dem Grundriß eines lateinischen Kreuzes mit einer großen halbrunden Apsis wird stark von den Zusätzen des 17. Jahrhunderts (unter Papst Urban VIII., 1623-1644; deshalb am Mittelportal auch seine Büste von LORENZO BERNINI) und des frühen 19. Jahrhunderts (Altäre und Türen von GIUSEPPE VALADIER, dem klassizistischen Architekten der Piazza del Popolo und des Pincio in Rom) geprägt. Über dem Presbyterium wurde eine Kuppel gewölbt, das Querschiff deshalb verlegt. Im Mittelschiff Mosaikfußböden aus verschiedenen Zeiten. Im rechten Seitenschiff in der *Eroli-Kapelle* bedeutende Fresken von PINTURICCHIO (1454-1513), ›Gottvater und Engel, Madonna mit Kind, Johannes dem Täufer und Stefanus‹ und (hinter dem Altar) eine ›Pietà‹ sowie andere Fresken und Gemälde des 15. und 16. Jahrhunderts. Im rechten Kreuzarm das Grab (ohne den Leichnam, der beim Umbau verlorenging) des Malers FRA FILIPPO LIPPI, der 1406 in Florenz geboren wurde und am 9. Dezember 1469 hier in Spoleto starb. Ihm sind die großartigen *Marien-Fresken in der Apsis des Presbyteriums* zu verdanken, die er zwischen 1467 und seinem Tod ausführte: ›Verkündigung‹ und ›Tod Mariens‹, ›Geburt Christi‹ und ›Krönung Mariens‹. Filippo Lippi, Karmeliter-Mönch, der dennoch einen Sohn zeugte und der Kunst damit einen weiteren bedeutenden Maler schenkte, FILIPPINO LIPPI, schuf besonders in der ›Verkündigung‹ und der ›Geburt‹ Gestalten von innerer Gefaßtheit und liebenswürdiger Nachdenklichkeit (selbst die Tiere schauen fromm und gottergeben drein), ein Ambiente von faßbarer Wirklichkeit (Strohdach und Mauern) und Landschaften von spürbarer Natürlichkeit (Bäume und Berge).

Vom Domplatz geht man direkt in das kleine elegante **Teatro Caio Melisso,** 1880 erbaut, 1958 gründlich restauriert, das seinen Namen zu Ehren des kunstsinnigen und gebildeten Spoletiners der Antike aus dem Kreis des Maecenas erhalten hat. – In dem benachbarten mächtigen Palast des 14. Jahrhunderts befindet sich das *Museo Civico,* eine sehenswerte (doch für länger geschlossene) Sammlung von archäologischen Funden, römischen und mittelalterlichen Skulpturen, darunter ein Stein mit der Lex Spoletina, dem Gesetz, das in zwei heilig gehaltenen Wäldern der Umgebung das Schlagen von Bäumen verbietet (hätte man dies in ganz Italien doch besser befolgt!).

Der **Palazzo Arcivescovile** – noch heute ist Spoleto Sitz eines Erzbischofs, verbunden mit dem Bistum Norcia, dem Geburts-Städtchen des Ordensgründers Benedikt – wurde im Mittelalter über einem Gebäude aus dem 3. vorchristlichen Jahrhundert errichtet und beherbergt heute das *Diözesan-Museum sakraler Kunst* (Raccolta diocesana d'arte sacra). – Die Kirche **Sant' Eufemia** am Erzbischöflichen Palast präsentiert sich außen wie innen in den klaren Formen des 12. Jahrhunderts als ein Juwel romanischer Architektur in Umbrien und als Glanzstück der Restaurierungskunst eines Bauwerks, das sich jahrhundertelang hinter Umbauungen und barocker Verkrustung verbarg. Die Fassade (mit konzentrisch gestuftem, sonst schlichten Rundbogenportal, Biforien und Blendbogen am Giebel) spricht ebenso an wie die Dreiapsidenpartie mit ihren Lisenen und Fenstereinschnitten im unverputzten Mauerwerk. Dem entspricht das Innere: eine in die Höhe strebende dreischiffige Basilika im Wechsel von massiven Pfeilern mit Diensten und eingestellter Säule (originell der Einsatz von antiken Spolien – wir befinden uns in Spoleto dem Römischen nahe). Ungewöhnlich für Umbrien ist ein Emporengeschoß, wie es vielfach in lombardischen Bauten zu finden ist.

Der **Palazzo Comunale,** das Rathaus am gleichnamigen Platz, im 13. Jahrhundert errichtet, im 18. Jahrhundert umgebaut, ist Sitz der *Pinacoteca,* einer umfangreichen Sammlung von Gemälden und Fresken, meist des Mittelalters und der Renaissance und meist frommer Thematik, darunter ein gemaltes Kruzifixus des MAESTRO DI CESI (14. Jahrhundert), eine ›Madonna mit Kind und Heiligen‹ von LO SPAGNA (1514-1600) und eine ›Magdalena‹ von GUERCINO. – Unter der Piazza und dem Palazzo Comunale finden sich die interessanten Reste eines gut rekonstruierbaren römischen Hauses *(Casa Romana)*.

Nach Süden und Westen

Überall in Spoleto trifft man auf Reste der alten römischen Stadt und ihrer Mauern. In der *Via dell' Arco di Druso* ragt der (namengebende) **Drusus-Bogen** auf, ein mächtiges klassisches Siegesdenkmal zu Ehren des Feldherrn Drusus, nach dessen Tod (23 n. Chr.) vom Spoletiner Senat gestiftet. Der Bogen bildete einen der Eingänge zum Forum, so daß wir uns nicht wundern, in der Nähe die Reste eines römischen Tempels *(Tempio Romano)* zu finden. Daneben liegt, eigenartig mit unterschiedlichem Bodenniveau in den Komplex von **Sant' Ansano** eingefügt, die Krypta des heiligen Isaak *(Cripta di Sant' Isacco)*. Das Ineinander und Durcheinander von Bauwerken verschiedener Jahrhunderte, und zwar insgesamt von fast 23 seit der Gründung durch die Römer 241 vor Christus, ist kennzeichnend für Spoleto. So auch wenige Hundert Meter

13 *Spoleto, Ponte delle Torri, Brücke und Wasserleitung aus römischer Zeit*

14 *Spoleto, Dom und Rocca*

15 *Spoleto, romanische Kirche S. Eufemia*

weiter am **Teatro Romano**, dem dreitausend Zuschauern Platz bietenden Theater aus der römischen Kaiserzeit, das heute während des Festivals seiner ursprünglichen Bestimmung dient, im Laufe der Zeit für verschiedene Zwecke benutzt und dem der *Palazzo Corvi* und die Kirche und das Kloster von *Sant' Agata* bedenkenlos angefügt wurden. Das Konglomerat, das so entstand, ist nicht reizlos.

Vor der Stadt liegt die Kirche **San Paolo inter vineas**, Sankt Paul in den Weinbergen, die schon von Papst Gregor dem Großen (590-604) erwähnt wird, im Mittelalter und auch im 18. Jahrhundert mehrfach umgestaltet und 1966 sehr gründlich und reinigend restauriert wurde; dadurch kommen auch wieder die alten, beachtenwerten Fresken des 13. und 14. Jahrhunderts zur Geltung.

In der Stadt, und zwar noch innerhalb des alten römischen Mauerrings, befinden sich die Kirchen **San Domenico** – mit ihrem schönen Streifen-Mauerwerk zurückgehend bis ins 13. Jahrhundert; eindrucksvolles Inneres mit Fresken und Gemälden – und **San Filippo** (von 1640). Dazwischen liegt das größte Theater der Stadt, zugleich Hauptschauplatz des Festivals, **Teatro Nuovo** oder **Massimo,** ein Bau des 19. Jahrhunderts.

Nach Norden

Im Norden durchmessen wir bei unserem Gang wieder mehr als zwei Jahrtausende. Da ist zunächst die *Piazza Garibaldi* mit dem obligatorischen Denkmal für den italienischen Freiheits- und Einigkeitshelden des vorigen Jahrhunderts. Manchmal beneidet man fast als Deutscher die ungetrübte Freude der Italiener an ihrer nationalen Einheit, manchmal wirkt sie auch übertrieben, nur politisch motiviert. – An der Nordwestseite des Platzes erhebt sich die Kirche **San Gregorio Maggiore,** 1079 begonnen und 1146 geweiht, verschiedentlich durch Brände und Hochwasser beschädigt, in diesem Jahrhundert mehrfach renoviert. Fassade, Portikus, Baptisterium, Campanile, das dreischiffige Innere mit erhöhtem Presbyterium und einer Krypta, die Fresken und die Ausstattung sind beachtenswert. – Von der Piazza Garibaldi führt eine Treppe zu den Resten der alten römischen Brücke, entweder schlicht **Ponte**

Romano genannt oder – was wegen des im nahen Amphitheater geflossenen christlichen Märtyrerbluts frömmer klingt – *Ponte Sanguinario* (Blutbrücke). Die 24 Meter lange, 4,50 Meter breite und 8 Meter hohe, in großen Blöcken ausgeführte Brücke wurde im 1. vorchristlichen Jahrhundert im Zuge des Ausbaus der Via Flaminia von Rom zur Adria über den Tessino angelegt, verlor jedoch ihre Bestimmung, als der Fluß seinen Lauf verschob und der Ponte in die Erde rutschte.

In der *Via del Anfiteatro* finden sich bei einer Kaserne die Mauern vom entsprechenden römischen **Amphitheater** des 2. nachchristlichen Jahrhunderts mit einer ursprünglichen Ausdehnung von 115x85 Metern. Der Ostgoten-König Totila (541-522), der in Umbrien gefallen ist (in der Schlacht bei Tadinae, dem heutigen Gualdo Tadino), schuf daraus – ähnlich wie beim Kolosseum in Rom geschehen – eine Festung, der spanische Kardinal Albornoz ließ die Steine als Baumaterial für die Rocca verwenden.

Über die *Porta Ponzianina* und am Friedhof vorbei führt der Weg zu Fuß oder im Auto zur Basilika **San Salvatore** (oder del Crocifisso). Die dem Erlöser geweihte ehrwürdige Kirche, über dem Grab des frühchristlichen Märtyrers Concordius errichtet, steht im Spannungsfeld von Zerstörung und einsti-

ger Größe. Was an Portal- und Fensterrahmungen im Bruchsteinmauerwerk des Außenbaus erhalten ist, läßt ahnen, wieviel hier verlorenging. Die kunsthistorische Forschung hat sich bemüht, das Verlorene zu rekonstruieren, zumal die Kirche mit ihrem antikischen Bauschmuck offensichtlich unmittelbar auf die Bildhauer des Mittelalters gewirkt hat (wie am Domportal von Spoleto zu sehen). Was diese Dekorformen von ›echt‹ antiken unterscheidet, ist das Kreuzmotiv. Im übrigen gibt San Salvatore noch immer Rätsel auf: Handelt es sich um eine frühchristliche Kirche des 4./5. Jahrhunderts, die später umgebaut wurde, oder liegt der Ursprung im 8. Jahrhundert, als die Langobardenherrschaft von den Franken abgelöst wurde? Beide Thesen werden vertreten und mit ansehnlichen Rekonstruktionszeichnungen unterstützt.

Es wäre unhöflich, wenn wir auf dem Rückweg zur Stadt nicht in der Kirche des Patrons von Spoleto, des frühchristlichen Märtyrers Pontianus (zur Zeit des Kaisers Antoninus, 138-161), in **San Ponziano** ›vorbeischauten‹ oder wenigstens ob der Ermüdung einen gutwilligen Gruß hinüberschickten. Auch hier kann die Verschränkung von römischen und romanischen Elementen, von Antike und Mittelalter beeindrucken, insbesondere in der *Krypta*.

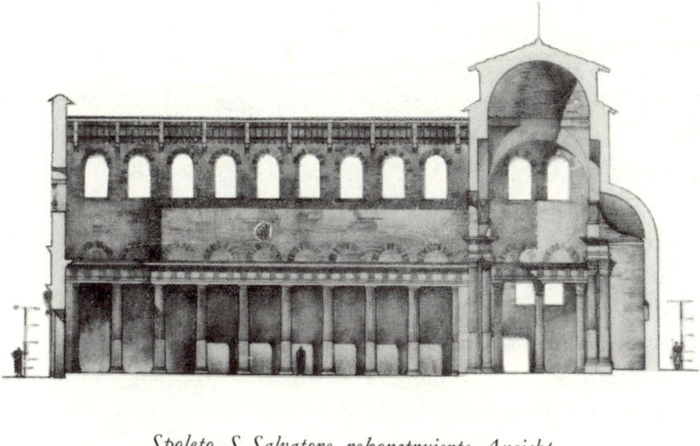

Spoleto, S. Salvatore, rekonstruierte Ansicht und Längsschnitt (nach U. Tarchi)

Um Terni und Narni

Terni

Die Stadt Terni ist der Hauptort der gleichnamigen Provinz, einer der beiden Umbriens, neben Perugia. (Das Kennzeichen der Autos TN ist uns bei den Fahrten schon aufgefallen.) Dennoch rangiert Terni bei den Besuchern Umbriens nicht auf einem der vordersten Plätze. Das liegt wohl daran, daß Terni, in einer weiten Ebene, umgeben von sanft ansteigenden Bergen und beginnenden Tälern wie in einer Muschel gelegen, zugleich Industriestadt ist, ja sogar Standort von Schwerindustrie, die man in dieser lieblichen Landschaft nicht unbedingt vermutet. Als solche weist die Stadt nach Perugia mit rund 115 000 Einwohnern die zweithöchste Bevölkerungszahl in Umbrien auf. In der Tat ist die Eisen-, Stahl und Maschinenbau-Industrie hier das Ergebnis einer geplanten Wirtschaftspolitik, die bereits im vergangenen Jahrhundert, nach der Einigung Italiens im Jahr 1870, einsetzte. Man wollte das Industriezeitalter auch in Mittelitalien anheben lassen und den schon bestehenden und aufblühenden Betrieben in Norditalien südliche Akzente beigeben. Der Vorsatz, vielen Umbriern Arbeit und Brot zu geben, führte dazu, daß sich mit der Zeit zu dem alten schönen Stadtkern immer neue Viertel und Siedlungen gesellten, die mehr nach Zweckmäßigkeits-Erwägungen als nach ästhetischen Gesichtspunkten angelegt wurden. So fährt man an modernen Häusern vorbei durch nichtssagende Straßen, bevor man im Centro Storico ist.

Während des Zweiten Weltkriegs ist manches von früher zerstört worden. Die Alliierten schienen fast glücklich darüber, endlich in Mittelitalien eine Industrieansiedlung, noch dazu mit Waffenfabriken, zu finden, so daß angloamerikanische Bomberverbände vom 11. August 1943 bis zum 6. Juni 1944 101 Angriffe flogen. Als sich die deutschen Truppen dann nach Norden zurückzogen und die Alliierten sich in Terni ihr Heldenstück besahen, stellten sie fest, daß sie weitaus mehr Kirchen und Palazzi zerstört oder beschädigt hatten als Fabriken.

Die Schwierigkeiten einer aus guten Gründen staatlich verordneten Wirtschaftshilfe sind bekannt, wurden aber in Terni Jahrzehnte hindurch gut gemeistert – vor allem wegen der Waffenfabriken, die in den letzten hundert Jahren leider oft Hochkonjunktur hatten. Die ›Reggia Fabbrica d'Armi‹, die königliche Waffenfabrik, war der erste industrielle Großbetrieb Umbriens, dem Hochöfen und Stahlschmieden folgten; auch deren Produkte ließen sich militärisch gut verwenden. So wurde Terni eines der führenden Industriezentren der Apennin-Halbinsel (im engeren Sinn, also ohne Norditalien, das man in diesem Fall zum europäischen Festland rechnet). Eisen, Stahl und zum Teil auch der Maschinenbau befinden sich seit einiger Zeit in einer Krise. So sieht man neben modernen Unternehmen auch alte Fabrikanlagen, die teils etwas trostlos verfallen aussehen, zum Teil aber schon wieder als historische Beispiele von Industriearchitektur geschätzt werden. Dies gilt auch für das große Wasser-Elektrizitätswerk Galleto bei Papigno. Denn für die Wahl des Industrie-Standorts Terni war entscheidend, daß man in der Umgebung aus dem Gefälle des meist kontinuierlich fließenden Wassers elektrische Energie zur Eisen- und Stahlerzeugung gewinnen konnte. Auch für die später entstehende chemische Industrie und die Textilbetriebe erwiesen sich die in der Nähe zu gewinnende elektrische Energie und die Flüsse Nera und Serra als Vorteil. Dennoch ist die ›Muschel‹ von Terni kein ›Ruhrgebiet‹, sondern eine Stadt mit Kultur, in der trotz manch häßlicher Fabriken auch jener fündig werden kann, der hier eine ansehnliche Piazza oder eine gefällige Kirche sucht.

Deshalb wollen wir Terni nicht ganz stiefmütterlich behandeln. Ein Blick auf die Geschichte mag die ästhetischen Minderungen etwas relativieren. Wasser und eine fruchtbare Ebene zogen schon in vorgeschichtlicher Zeit Menschen hierher. Spuren der Besiedlung lassen sich für Bronze- und Eisenzeit nachweisen. Die Zeugnisse für die römische Epoche sind dichter. An der Via Flaminia von Narni nach Spoleto mit der Abzweigung nach Reate, dem heutigen Rieti, gelegen, gab Interamna oder Interamnia (so der alte Name; zwischen den Flüssen der Nera und Serra) den Schauplatz für denkwürdige Ereignisse ab, leider auch für leidvolle. Der erste Ostgoten-

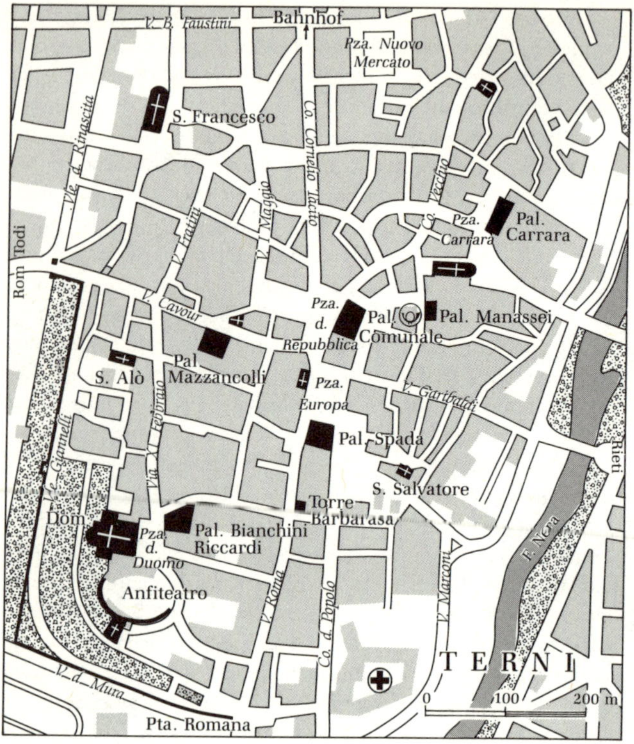

König Totila (im Jahr 546) und der oströmische Feldherr Narses, die den Ort 546 bzw. 554 brandschatzten, kommen in der Stadtchronik nicht gut weg, der Langobarden-König Liutprand (gestorben 744) besser.

An der kleinen, ganz besonders hübschen romanischen Kirche San Salvatore im Zentrum findet sich eine Bronzetafel mit einem Hinweis auf diesen König, der im Jahr 742 einen »Frieden von 20 Jahren« mit Papst Zacharias geschlossen habe, weil er der »Faszination der Herrscherin Rom« erlegen sei. Man hatte damals Grund, dem Langobarden-König dankbar zu sein. Denn dieser hätte seine Macht gegenüber dem Papst, der sich seine Herrschaftsbasis erst mühsam und bescheiden schaffen mußte, und dessen Untertanen in der Umgebung gewalttätiger zeigen können. Zacharias konnte gegen den Langobarden, der sich anschickte, die Byzantiner von der Apennin-Halbinsel zu vertreiben und sein langobardisches Regiment über Italien auszudehnen, keine Hilfe von außen – weder von den Franken noch von den Byzantinern – erhalten. So suchte er aus der Position des Schwächeren heraus die Verständigung, und Liutprand ging darauf ein. Vor der Basilika San Valentino, auf einem Hügel vor der Stadt, traf man sich und fand die Verständigung. Ein paar Jahrhunderte später, im Jahr 1849, stand der große italienische Patriot Garibaldi auf demselben Hügel. Vielleicht dachte er darüber nach, daß König Liutprand damals die Gelegenheit nicht nutzte, ganz Italien mit Waffengewalt zu einigen und den Papst zu einem langobardischen Reichsbischof zu degradieren. Die Einigung Italiens ist dann, wie bekannt, im 19. Jahrhundert gegen den Widerstand des Papstes gelungen.

Wir werden noch im Kapitel über Narni hören, wie dort die Bausteine zum Patrimonium der Päpste weiter zusammengefügt wurden. Lassen wir unserem Gewährsmann Gregorovius zu diesem Treffen das Wort: »*Die hinreißende Beredsamkeit des Papstes gewann einen schnellen Sieg über den gläubigen König; er gab Horta, Ameria, Polimartium und Bleda zurück, doch nicht dem griechischen Kaiser, ihrem rechtsmäßigen Herrn, sondern dem Papst und dem heiligen Petrus: er verbriefte diese Schenkung durch eine Urkunde, welche man im St. Peter niederlegte. Dies war die dritte langobardische Schenkung an den Papst, aus Rechten der Eroberung. Zacharias wußte von dem greisen König noch mehr zu erlangen: das Patrimonium der Sabina, welches bereits dreißig Jahre lang im langobardischen Besitze war, das von Narni, Osimo, Ancona, Numana und Valle Magna bei Sutri, Kirchengüter, die Liutprand erobert hatte. Der König besiegelte seine Großmut durch die Bestätigung eines zwanzigjährigen Friedens mit dem Dukat Rom.*« Zacharias wird in der katholischen Kirche als Heiliger verehrt, vielleicht auch wegen seiner politischen Klugheit, mit der er mehr erreichte als durch Waffen.

Nicht immer verliefen die Auseinandersetzungen zwischen den Päpsten und den weltlichen Herrschern so friedlich für Terni. Sei es aus erklärter Feindschaft gegen Spoleto, sei es aus eigenem Antrieb nahm Terni den von seiner Kaiserkrönung aus Rom zurückkehrenden Friedrich I. Barbarossa 1155 freundlich auf, wechselte jedoch in der Folgezeit wie üblich die Gesinnung, so daß bereits 1174 Reichskanzler Christian von Mainz die Stadt mit Belagerung und Plünderung dafür bestrafte, daß sie im päpstlichen Schisma nicht den Interessen des Kaisers folgte. Ein anderes Mal, im August 1564 – Terni gehörte seit 1420 zum Kirchenstaat –, wurde sie von dem Kommissar Papst Pius' IV., Monte Valenti, grausam gezüchtigt, weil sich die Volkspartei gegen die Adligen aufgelehnt und einige von ihnen getötet hatte.

Die bereits erwähnte Kirche **San Salvatore** mit der Gedenktafel für den Frieden ist mir die liebste Stätte in Terni, obwohl das Bauwerk aus romanischer Zeit recht unglücklich zwischen die Straßen eingeklemmt ist. Unter der Kirche hat man – wohl als Gegengewicht gegen die Übermacht des Modernen in der Stadt – Mauern eines Hauses aus dem römischen Altertum freigelegt; auch hier ist alles in Jahrhunderten gewachsen. Die modernen Skulpturen, etwa der Gekreuzigte aus Maschinenteilen oder der Glockenturm, erscheinen mir zumindest als gültiger Versuch, Religiöses mit unkonventionellen Mitteln darzustellen, wenn man darin nicht sogar ein sehr geglücktes Experiment moderner religiöser Kunst sehen will. Die saubere romanische Architektur – fast wie aus einem Baukasten sind die geometrischen Formen ineinandergefügt – läßt den Grundriß eines kleinen Längsschiffs mit anschließendem Rundbau klar erkennen. Die unverfälschte Form eines Kuppelraumes wird im Innern eindrucksvoll sichtbar. Dahinter tritt die Ausstattung zurück, auch wenn die Reste von Fresken auf frühere großzügige Ausmalung schließen lassen.

Der gewaltige **Palazzo Spada** an der *Piazza Europa* ist das letzte Bauwerk des Architekten ANTONIO DA SANGALLO DES JÜNGEREN, der im Jahr 1546 in Terni starb. Der Palast beherrscht den Platz, der nach Norden in die *Piazza della Repubblica* übergeht, das Zentrum der Stadt mit dem während des letzten Krieges noch einmal zerstörten **Palazzo Comunale.** Auf dem Weg zum Dom kommen wir durch die *Via E. Barbarasa,* in der noch einer der wenigen mittelalterlichen Türme der Stadt aufragt, die romanische **Torre dei Barbarasa.**

Cascate delle Marmore bei Terni

Der **Dom** liegt etwas abseits vom lebhaften Getriebe der Stadt, weist mit seinem 1743 erneuerten Campanile, mit einigen schönen Gemälden und Skulpturen im Innern, mit dem Brunnen gegenüber und den kirchlichen Gebäuden ringsum einiges Beachtenswertes, doch wohl wenig Faszinierendes auf. Das **römische Amphitheater** (Anfiteatro Romano) wirkt mehr verfallen als gefällig. Umgekehrt ist es mit der nahen Kirche **Sant'Alo** (Aloysius), noch aus dem 11. Jahrhundert. Auch die Kirche **San Francesco** mit einem eleganten Glockenturm und einer großartigen *Apsis,* 1265 als gotischer Bau errichtet, 1437 auf drei Schiffe erweitert, später häufig restauriert, kann gefallen; im Innern verdient die *Cappella Paradisi* mit Fresken aus Dantes ›Göttlicher Komödie‹ (um 1450) Beachtung. Wer etwas mehr Zeit in Terni hat, wird in der *Pinacoteca* im **Palazzo Manassei** (Via B. Manassei) einige schöne Gemälde (unter anderem von BENOZZO GOZZOLI) sowie archäologische Zeugnisse finden.

AUSFLÜGE

Von den Ausflügen in die anmutige Umgebung von Terni wird jener zu den Wasserfällen, den **Cascate delle Marmore,** zu Recht besonders empfohlen. Je nach Geschmack kann man die insgesamt 165 Meter in drei Stufen tief fallenden Wassermassen von oben (auf der Strada superiore) oder von unten (auf der Strada inferiore; verständlicherweise sieht man nur von hier den ganzen Fall) betrachten. Wenn man sich dazu noch einen besonders tiefen Sonnenstand aussucht, werden auf die Wassermassen wunderbare Farben gezaubert – ein eindrucksvolles Naturschauspiel. Man sollte jedoch nicht enttäuscht sein: Nur an Sonn- und Feiertagen, und da auch nur zu bestimmten Stunden, läßt man das gesamte zur Verfügung stehende Volumen hinunterrauschen.

Weitere Ausflüge in die von landschaftlicher Schönheit geprägte Umgebung sind lohnend nach **Piediluco** (13,3 Kilometer) am gleichnamigen See, einem Freizeitparadies, mit der Kirche *San Francesco,* nach **Collescipoli** (4,5 Kilometer) und **Stroncone** (8,5 Kilometer).

Ein Blick auf die Karte genügt, um Narnis günstige ›strategisch‹-geographische Lage auf einem Bergrücken, umzogen von einem Fluß, der Nera, zu begreifen. Diese Bemerkung gilt freilich nur für frühere Zeiten und bedeutet heute automatisch Ungemach im Verkehr. Man muß sich in vielen Kurven zu dem Städtchen hinauf-›schrauben‹, um den Höhenunterschied von 140 Metern zu überwinden. Wenn man es jedoch nicht eilig hat – und eigentlich sollte man es in Umbrien nie eilig haben, schon gar nicht beim Autofahren –, bietet einem jede Kurve eine neue, jeder gewonnene Meter an Höhe eine bessere Aussicht in die weite, abwechslungsreiche Landschaft. Zudem entfernen wir uns damit zugleich ein wenig von der arg industrialisierten Ebene von Terni und dem Ort Narni Scalo unten. Die Gunst der natürlichen Position besagte früher einerseits Sicherheit für die Bürger des Stadtwesens, andererseits Begehr von Mächtigen.

Deshalb ist es nicht verwunderlich, daß wir schon am Beginn der Auffahrt nach Narni, noch unten an der Nera, auf ein Bauwerk der alten Römer stoßen, den **Ponte d'Augusto,** jene immer noch imponierenden Mauerreste, die von der unter Kaiser Augustus gebauten Brücke übriggeblieben sind. Die

Narni, Ponte d'Augusto, Rekonstruktion

Datierung in die Zeit dieses Imperators, von 31 vor bis 14 nach Christus, ist nicht ganz sicher, ebensowenig, ob die aus mächtigen Travertin-Blöcken gefügte Brücke drei oder vier Bögen hatte. Rekonstruieren läßt sich, daß sie 160 Meter lang war und fast 30 Meter über dem normalen Wasserniveau verlief. Der gewaltige Bau, unter dessen einzigem erhaltenen Bogen heutzutage die Eisenbahnlinie verläuft, wurde durch Erdbeben und kriegerische Ereignisse beschädigt und zum großen Teil zerstört. Mit dem Brückenrest haben wir das erste Zeugnis dafür, daß Narni von fremden Mächten beherrscht wurde, von Rom, das nur 89 Kilometer entfernt liegt und heute über Autobahn und Schnellstraße in einer Stunde zu erreichen ist. Die Römer hatten schon lange zuvor den militärischen Wert dieser umbrischen Siedlung mit dem Namen Nequinum erkannt, eroberten sie im Jahr 299 vor Christus und gaben ihr den Namen Narnia (von Nahar, schwarz, Nera, so wie heute noch der Fluß heißt und die Farbe der Steine nahezulegen scheint). Narnia wurde wichtige Station an der Via Flaminia, die unten am Fluß entlangführt.

Das Imperium Romanum garantierte Narni, in unmittelbarer Nähe des Machtzentrums gelegen, Sicherheit und Wohlstand. Als dieses Reich zusammenbrach, begannen unruhige Zeiten für Rom und somit auch für Narni. Wenn in den Wirren der Völkerwanderungen Rom erobert wurde, traf es auch Narni, so durch den byzantinischen Feldherrn Narses im Jahr 552. Wenn sich die Dinge in Rom änderten, die Macht der Päpste stieg, spürten es auch die Bewohner in Narni, so als Papst Zacharias (741-752), ein nach dem Urteil der Historiker *»entschlossener, weiser, beredsamer und sehr gelehrter Mann«* (Gregorovius), im Jahr 742 in der dritten, urkundlich bestätigten Langobardischen Schenkung von dem Langobarden-König Liutprand auch Narni innerhalb des Patrimonium Sabina erhielt. Über diese Schenkung schreibt Gregorovius: *»So groß war die Nachgiebigkeit des Königs und so groß das Genie der Priester Roms! Jeder Bissen, welchen Liutprand an der päpstlichen Tafel verzehrte, kostete ein Stück Land, aber der alte König erhob sich vom Mahl und sagte mit artigem Lächeln: er erinnere sich, niemals so kostbar gespeist zu haben.«* Dem Gastmahl zuschauen heißt, dem Entstehen des päpstlichen Kirchenstaates assistieren.

Doch die Macht der Päpste war nicht immer stark genug, Narni zu schützen. Und zuweilen dünkten sich die Bewohner mächtig und reich genug, die päpstliche Herrschaft abzuschütteln, so im Jahr 1112, als der rechtmäßige Papst Paschalis II. (1099-1118) gar drei Gegenpäpste ertragen mußte. Als sie etwas später ihre Selbständigkeit auch noch gegen den Kaiser, Friedrich Barbarossa, durchsetzen wollten, der gerade darauf aus war, sich die italienischen Reichslande neu zu unterwerfen, wurden sie im Jahr 1174 von dem als Diplomaten und Feldherrn gleich geschickten Reichskanzler Christian von Buch, Erzbischof von Mainz, unbarmherzig zur ghibellinischen Raison gerufen, das heißt belagert, erobert und geplündert. Als sie im Jahr 1241 noch einmal die Rebellion gegen den Kaiser wagten, diesmal gegen den Enkel Barbarossas, Friedrich II., waren sie besser gerüstet und überstanden die Belagerung. Sie verbündeten sich ein Jahr später vertraglich mit Rom und Perugia gegen das Reich. Dann verlor sich in Narni der Drang zu Freiheit und Autonomie. War es eine späte Rache, daß die Landsknechte, die spanischen, österreichischen und deutschen ›Lanzichenecchi‹ (nach dem Deutschen gebildet und ›Lanzikenekki‹ ausgesprochen) Kaiser Karls V. nach dem verheerenden Sacco di Roma, der verhängnisvollen, jahrhundertelang widerhallenden Plünderung Roms im Jahr 1527, auf dem Rückweg von der päpstlichen Kapitale auch gleich noch Narni heimsuchten?

Im Mai 1527 hatten sich die Römer, die ›Stadtkinder‹ des Papstes, ohne umschlossen noch belagert, ohne durch Hunger noch durch Beschießung dazu gezwungen zu sein, den feindlichen Truppen des Kaisers ausgeliefert. Dreißigtausend Kriegsknechte stürzten sich »in dämonischer Wut« auf die Stadt. Zwei Monate später zog das Unheil wieder nach Norden. Gregorovius berichtet: »*Die Orte in der Campagna, welche der Papst durch Breven aufgefordert hatte, dem Kriegsvolk Quartier und Nahrung zu geben, sahen mit Entsetzen diese Horden herannahen. Mit verzweifeltem Mut beschämte das kleine Narni, die Vaterstadt Gattamelatas, das feige Rom. Männer und Weiber verteidigten die Mauern, aber die Deutschen unter Schertlin und Antoni von Feldkirchen erstürmten sie am 17. Juli [1527], und das unglückliche Kastell wurde mit Feuer und Schwert zermalmt. Die Stadt Todi entging dem gleichen Schicksal nur dadurch, daß der Herzog von Urbino sie besetzte. Terni war kaiserlich gesinnt und hatte sogar aus altem Haß bei der Zerstörung Narnis sich beteiligt. Spoleto, fest und wehrhaft, schickte Brot ins Lager bei Acquasparta, doch sollte man dasselbe bezahlen. Die Deutschen gingen wieder nach Narni, die Spanier nach Terni und Amelia, Sommerglut, Mangel und Meuterei machten ihre Lager zu einer wahren Hölle. Fieber raffte sie zu Hunderten hin. Als Kaspar Schwegler die Landsknechte am 1. September zu Narni musterte, zählte er deren nur noch siebentausend.«* Es war eine schlimme Zeit. Sie kennzeichnet auch den Niedergang unseres Städtchens.

Daß in dem Bericht des Historikers der 1370 in Narni geborene Erasmo, genannt Gattamelata (gestorben 1443), auftaucht, soll uns nicht zu historischem Abschweifen verführen – wobei es bei dem bewegten Leben dieses Condottiere in den Diensten der Republik Venedig außerordentlich verlockend wäre. Nur ein kurzer Hinweis darauf sei erlaubt, daß Gattamelata in späteren Zeiten vor allem durch das prächtige Reiterstandbild des Donatello zu seinen Ehren vor der Basilika Sant' Antonio in Padua bekannt blieb, ebenso wie der Condottiere Colleoni durch das Werk des Andrea del Verrocchio vor der Kirche Santi Giovanni e Paolo in Venedig – beide in der Nachfolge des Reitermonuments für den römischen Kaiser Mark Aurel in Rom.

Von der Geschichte ist in Narni noch viel zu sehen. Zunächst, wenn man über die *Via Roma,* am Denkmal für die Gefallenen vorbei (schöner Blick auf die Stadt und über die Landschaft), zur *Piazza Garibaldi* – der Brunnen und der mächtige Turm schaffen sogleich ein mittelalterliches Ambiente – gelangt und über sich den von Häusern umschlossenen, nach zwei Plätzen sich öffnenden **Dom** erblickt. Der unregelmäßige romanische Bau, zu Ehren des ersten Bischofs der Stadt, des heiligen Juvenal (San Giovenale, 4. Jahrhundert), 1145 geweiht, zeigt seine linke Flanke der Piazza Garibaldi, die Hauptfassade (Portikus des 15. Jahrhunderts mit einem schönen Renaissance-Fries) der Piazza Cavour. Ein mächtiger Campanile überragt ihn. Das ursprünglich dreischiffige, später durch ein viertes Schiff rechts erweiterte Innere teilen sechzehn antike Säulen mit mittelalterlichen Kapitellen in verschiedenen Formen. Aus der Zeit des Umbaus im 15. Jahrhundert stammen auch die zwei schönen Kanzeln im Mittelschiff. Von der weiteren reichen Ausstattung sind die *Grabkapelle der Heiligen Juvenal und Cassius* (6. Jahrhundert) mit ihrer im 15. Jahrhundert neu komponierten Fassade und dem Mosaik ›Segnender Christus‹

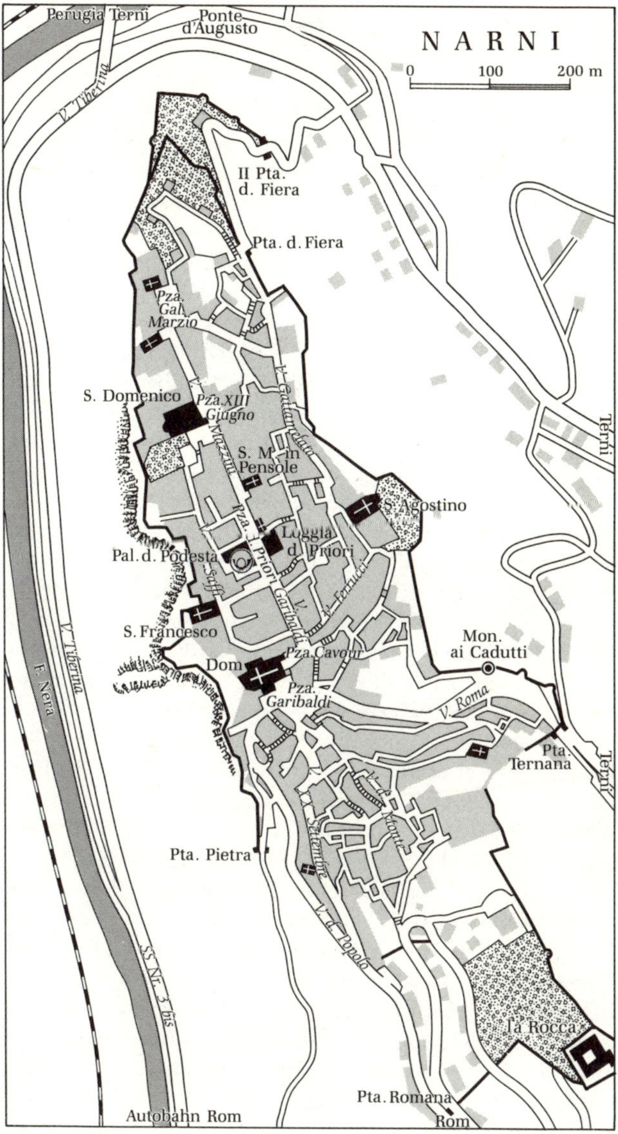

NARNI
0
100
200 m
Perugia
Terni
Ponte d'Augusto
V. Tiberina
II Pta. d. Fiera
Pta. d. Fiera
Pza. Gal. Marzio
S. Domenico
Pza. XIII Giugno
V. Mazzini
V. Gattamelata
S. M. in Pensole
S. Agostino
Terni
Pza. d. Priori
Loggia d. Priori
Pal. d. Podestà
V. Saffi
V. Garibaldi
V. Ferrucci
S. Francesco
Mon. ai Cadutti
Dom
Pza. Cavour
Pza. Garibaldi
V. Roma
Pta. Ternana
Terni
V. Tiberina
F. Nera
V. d. Monte
V. XX Settembre
Pta. Pietra
V. d. Popolo
SS Nr. 3 bis
La Rocca
Pta. Romana
Autobahn Rom
Rom

(9. Jahrhundert) und im linken Seitenschiff eine Holzstatue ›Sant'Antonio Abate‹ von LORENZO VECCHIETTA (1474) beachtenswert.

Die Liebe zur Geschichte, die uns zu historischen Ausflügen verleitete, kommt im profanen Zentrum der Stadt, der *Piazza dei Priori,* flankiert von Palazzo del Podestà und Loggia dei Priori, wieder zum Zuge. Umfangreiche Restaurierungsarbeiten sollen beiden Gebäuden ihren alten Glanz zurückgeben. Ein Plakat lädt zu einer Veranstaltung der ›Cronistoria Narnese‹ ein; der Bürgermeister, eine Gymnasial-Professorin und ein Professor für Sozialgeschichte aus Perugia halten in der Biblioteca Comunale Vorträge über die wechselvolle Lokalgeschichte. Die Beteiligung sei groß, erzählt ein Herr, bevor er sich zur Mittagszeit mit freundlichem »Buon appetito« verabschiedet.

Doch vor dem Essen werfen wir noch einen Blick auf die **Loggia dei Priori,** einen Bau, vielleicht des GATTAPONE, aus der Mitte des 14. Jahrhunderts, einen wohlgestalteten, von Arkaden gebildeten Portikus mit kräftigen Pfeilern, einem dominierenden Zentralpfeiler und gut geschnittenen Kreuzgewölben, über dem sich ein Turm erhebt. Von dieser Loggia aus, speziell von der etwas erhöhten Kanzel, wurden den Bürgern die Entscheidungen der Autorità, der jeweiligen Herren, verkündet, nahm die Stadtgeschichte ihren Lauf. Im gegenüberliegenden **Palazzo del Podestà** wurden die Entscheidungen gefällt, regierten die Vertreter der Mächtigen, des Papstes, des Kaisers, fremder Adelsgeschlechter. Auf der Fassade des aus drei Turmhäusern entstandenen Palazzo (ursprünglich 13. Jahrhundert, im 14. und 15. umgebaut) sieht man ein schönes Flachrelief, mit Säulchen und verschiedenen mythologischen und biblischen Darstellungen (Löwe und Drache, Falkenjagd, Kampf zweier Ritter, Enthauptung des Holophernes). Die fein gearbeiteten Figuren kommen in der Umgebung des rohen Mauerwerks besonders gut zur Geltung. In der kleinen *Pinakothek* im Innern zeigt man stolz das berühmte Tafelbild von DOMENICO GHIRLANDAIO, ›Krönung Mariens‹, das beispielhaft für andere Gemälde desselben Themas in der Renaissance wurde.

Von der Piazza del Priori mit einem schönen *Brunnen* (von 1303), der an die Fontana Maggiore in Perugia erinnert, können wir einen Rundgang durch Narni beginnen. Er sollte uns zu den nur wenige Schritte entfernt in der *Via Mazzini* liegenden romanischen Kirchen **Santa Maria in Pensole** mit einem schönen, aus antiken Säulen und den lokaltypischen ›Korbhenkelbögen‹ bestehenden *Portikus* und besonders sorgfältig gearbeiteten *Portalen* (Akanthus-Ranken) und **San Domenico** führen. Letztere beherbergt ein *Museum* mit interessanten Kunstwerken, von denen eine ›Verkündigung‹ des BENOZZO GOZZOLI (vor 1450) hervorzuheben ist. Der Kirche der Dominikaner entsprechen die der Augustiner, **Sant'Agostino** (15. Jahrhundert), und der Franziskaner, **San Francesco** (14. Jahrhundert), von wo aus man den kraftvollen Campanile des Domes gut sehen kann.

Eine Fahrt auf die **Rocca,** die Festung in 332 Meter Höhe, bringt uns in jene Zeit zurück, in der im päpstlichen Kirchenstaat Kardinal Albornoz, der spanische Kardinallegat, für Ordnung sorgte. Nach seinem Willen, doch erst nach seinem Tod, um 1370, wurde mit dem Bau der Burg begonnen. Knapp hundert Jahre später sah Papst Pius II. (um 1460) Anlaß, sie zu erweitern und besser zu festigen.

Stein-Intarsien
vom Portal der Cappella di S. Giovenale
im Dom zu Narni

Amelia und Lugnano in Teverina

Der Anblick von Amelia kann einem den Atem verschlagen. Wenn man von Westen auf der Straße Nr. 205 von Narni, Terni oder der Schnellstraße kommt, liegt die Stadt auf dem Berg plötzlich vor dem staunenden Auge. Auch auf die Gefahr hin, daß wir uns wiederholen, doch diese Stadtansichten haben für uns immer wieder etwas Faszinierendes, weil ... Viele Gründe gäbe es da aufzuzählen, weil man alles auf einmal vor sich hat, weil – aus der Ferne – nichts den Blick beleidigt, weil die Unterschiede zwischen den Städten dem Betrachter sich allmählich erschließen, weil sich etwas organisch Gewachsenes zu präsentieren scheint, weil die Zentren, die Kristallisationspunkte des städtischen Lebens, hier Kuppel und Campanile des Domes, leicht auszumachen sind ...

Amelia, heute eine Stadt von mehr als zehntausend Einwohnern, liegt aussichtsreich in rund vierhundert Meter Höhe auf jenen Bergen und Hügeln, die sich wie ein Balkon zu den Flüssen Tiber und Nera schieben. Der Fremdenverkehr im Sommer, Landwirtschaft, Handel und Industrie (Lebensmittel, darunter vorzügliche Feigen, Textilien und Maschinen) sichern einen soliden, doch keineswegs üppigen Wohlstand.

Halten wir uns diesmal nicht lange mit der Geschichte auf. Natürlich war hier schon in ältester Zeit eine Siedlung, natürlich hielten die Römer hier ein Municipium, Ameria – irgendwann in der italienischen Sprachentwicklung mochte man das ›r‹ nicht mehr richtig aussprechen, und es wandelte sich zu einem ›l‹ –, natürlich geriet das Städtchen in den Zeiten der Völkerwanderung und in den Kämpfen zwischen Kaisern – Barbarossa wird in der Stadtgeschichte als Belagerer erwähnt – und Päpsten in Schwierigkeiten, erlebte es eine Zeit als freie Gemeinde und eine viel längere (seit 1307) innerhalb des Kirchenstaates. In der Lokalhistorie nimmt die Familie der Geraldini (15. und 16. Jahrhundert) einen bedeutenden Platz ein; ihre kunstvoll gestalteten Gräber befinden sich in der *Kirche San Francesco* (auch Santi Filippo e Giacomo); einer aus dieser Familie, Alessandro (1455-1525), war der erste Bischof von Santo Domingo in der neuentdeckten amerikanischen Welt.

Bei Städten wie Amelia stellt sich stets die Frage, ob man das Auto zur Besichtigung ›mitnehmen‹ oder an einem sicheren Platz zurücklassen soll. Das hängt vom Fahrgeschick ab – wobei sich niemand vom Ehrgeiz gepackt fühlen sollte –, von der Praxis in engen, auf- und absteigenden Gassen – das ist nicht jedermanns Sache. Gute Nerven und viel Humor braucht man auch. Ich erinnere mich an eine Rundfahrt in Amelia, als ich beinahe in der Hauptstraße, der Via della Repubblica, den plötzlich aus einem Lädchen tretenden Ortspolizisten auf die Haube genommen hätte; ein versöhnliches Lächeln ersparte mir die fällige Strafpredigt. Als ich dann auch noch kurz vor ein Uhr mittags in das Ende der Schulzeit geriet, mußte ich fröhlich schwatzende ›ragazze‹ und ›ragazzi‹ wie ein Schneepflug – ganz ohne Nervosität, nein, nein, sondern höchst geduldig – vor mir herschieben. Nur ab und zu traten sie zur Seite, in der völlig richtigen Überzeugung, daß die mittelalterlichen Städte mit ihren engen, winkligen Gassen nicht für die Autos des 20. Jahrhunderts angelegt seien. Dann hörte ich weiteres Unheil nahen. Eine Ambulanz tauchte mit heulenden Sirenen hinter mir auf; zum Glück fand sich nach hundert Metern ein Plätzchen zum Platzmachen. Mit welcher Geschwindigkeit der Krankenwagen mit Inhalt dann weiterfuhr, war nicht zum Nachahmen. Ich schwor mir, lieber einmal mehr die Mühe des Fußweges auf mich zu nehmen – ein Versprechen, das ich nicht immer einzuhalten vermag.

Gleich am praktisch einzigen Eingang der Stadt, der **Porta Romana,** beeindrucken die **zyklopischen Mauern.** Wie haben nur die Alten, hier die schon sehr Alten, denn es handelt sich um ein Werk des 5. vorchristlichen Jahrhunderts, die riesigen Blöcke zu 8 Meter hohen und 3 1/2 Meter breiten Mauern getürmt? Ohne Zement, doch perfekt aufeinandergefügt! Hinter der Porta Romana steht die Stadt für Entdeckungen offen. Da ist ein politisches Plakat angeschlagen, auf dem sich die Kommunistische Partei über Machenschaften in der Stadtverwaltung mit einem sozialistischen Bürgermeister beklagt. Ein Kunst-Anschlag weist auf das ›Antlitz des Germanicus‹ und eine anspruchsvolle Restaurierung eines Bronzekopfes hin, der im Palazzo Petrignani zu sehen sei, und war. Schöne Palazzi und gefällige Stadthäuser gibt es viele in Amelia, und natürlich immer wieder Kirchen, deren stolzeste der mächtige **Dom** mit seinem schweren, weithin sichtbaren und weite Sicht bietenden romanischen Campanile (11. Jahrhundert) ist. Zu beachten sind auch die (schon erwähnte) Kirche **Santi Filippo e Giacomo** (oder San Francesco) mit einem gotischen Portal und **Sant'Agostino** in romanisch-gotischem Stil (14. Jahrhundert).

Von Amelia aus sind einige kleinere, durch ihre Lage, besondere Kunstwerke oder ihren ›malerischen‹ Anblick hervorragende Orte leicht zu erreichen: **Giove,** oberhalb der Autostrada del Sole, mit einem mittelalterlichen Kern (Palazzo Ducale, Kirche der Assunta); **Attigliano, Alviano** (Stausee), **Montecchio** und **Lugnano in Teverina.**

Lugnano in Teverina, Krypta von S. Maria Assunta

Am Abhang der Berge liegt der kleine, im Mittelalter zwischen Amelia, Todi und Orvieto heftig umkämpfte Ort **Lugnano** mit dem Zusatznamen **in Teverina** im oder am Tiber-Tal. Die dortige Kirche *Santa Maria Assunta* aus der zweiten Hälfte des 12. Jahrhunderts gilt als eine der bekanntesten und schönsten romanischen Kirchen Umbriens. Um diese Meinung zu teilen, bedarf es nicht langer Überredung. Ein Blick auf den Portikus in seiner reizvollen Verbindung frühchristlicher und romanischer Dekorformen und die Rosette der Fassade, die Betrachtung der Details außen und innen, des Gebälks der Vorhalle, der schönen Kapitelle und Säulen, der Mosaikornamente und der Skulpturen, der Kanzel und eines Triptychons genügen. Der tonnengewölbte Innenraum, eng und hoch, rührt in seiner Einfachheit, ebenso die *Krypta*.

Zwischen Terni und Todi

Bei der Fahrt zwischen Terni und Todi reicht es meist nicht zu einem Abstecher nach links oder rechts. Die Superstrada verleitet zum schnellen Fahren; doch sie ist einer Autobahn nur ähnlich und deshalb vorsichtig (!) zu befahren. Dabei würden die Orte östlich und westlich der Verkehrsader oder auch der alten Staatsstraße einen Besuch durchaus verdienen.

San Gemini ist ein hübsches Städtchen mit beachtenswerten Kirchen und Palästen, ein bekanntes Thermalbad, das in ganz Italien geschätzte Mineralwasser (San Gemini und Fabia) anbieten kann. Vielleicht hat Papst Pius VI. wegen der am eigenen Leib erfahrenen guten Wirkungen dieses Wassers den Ort 1781 in den Rang einer Stadt erhoben.

Auch **Acquasparta** (zwischen Terni und Todi) war schon im Altertum wegen seiner heilsamen Wasser berühmt; hier verdienen gleichfalls Kirchen und Palazzi Beachtung, wenn man schon da ist.

Ebenso können das noch mit mittelalterlichen Mauern befestigte **Massa Martana** und die nahe (5,6 Kilometer) gelegene **Abtei Santi Fidenzio e Terenzio** Interesse wecken.

Die archäologischen Ausgrabungen von **Carsulae,** einem alten römischen Municipium an der Via Flaminia, haben zwar

Das römische Carsulae

kein zweites Pompeji oder Ostia Antica zutage gefördert, doch ist es als umbrischer Vorgeschmack auf die bedeutenderen Städte der Antike nicht zu verachten und höchst eindrucksvoll. Die Stadanlage mit Forum, Basilika, öffentlichen Gebäuden, Tempeln, Ehrenbögen, Gräbern, Amphitheater und vielem mehr aus dem Alltagsleben der Antike ist noch gut zu erkennen.

weit hinter sich läßt. Hier liegt das Fundament der kommunistischen Wählerschaft von knapp dreißig Prozent im Landesdurchschnitt. Spötter sagen, das komme daher, daß Umbrien jahrhundertelang – im 16. Jahrhundert waren fast alle kleinen Fürstentümer und Grafschaften vom päpstlichen Rom aufgesogen – zum Kirchenstaat des Papstes gehörte. Andere meinen, es liege am Gemeinschaftssinn der Bürger in den Kommunen. Kurzum, das wegen seines Waldreichtums grüne Umbrien – in Süditalien heißen Mischwälder einfach ›Umbrischer Wald, Foresta Umbra‹ – wählt seit Kriegsende gern ›rot‹. So hat der Kommunist Bartolini – selbst ein Umbrier – leichtes Spiel.

Die Piazza macht es leicht. Vom Kaffeehausstuhl können wir nicht nur den Ausführungen des Abgeordneten lauschen, sondern auch die über einer Freitreppe hoch aufragende Kathedrale und die Palazzi, wunderbare Beispiele der Gotik und des Bürgerstolzes, den der Priori, den Palazzo del Popolo und den del Capitano, betrachten. Die Wahlrede könnte gefällig vorübergehen, wenn der Onorevole nicht eine so durchdringende, schrille Mikrophonstimme entwickelte. Bis in die Krypta des Domes, tief unten, verfolgt sie, unerbittlich die verfehlte Rentenpolitik der Regierung anklagend, uns und drei Ordensschwestern, die sich, ebenso wie wir nach einiger Zeit, hierher geflüchtet haben. »Eine schreckliche Stimme«, flüstern die drei, und man weiß nicht recht, ob mehr die des Kommunisten oder einfach sein akustisch schwer erträgliches Organ gemeint ist.

Im Gespräch danach redet der Wahlkämpfer ganz normal und sympathisch, etwas heiser vielleicht, doch das ist kein Wunder, bei ein bis drei ›Einsätzen‹ am Tag. Der führende Kommunist von Todi führt beim Café – der Stuhl auf der Piazza ist erfolgreich zurückerobert – Klage über die Sozialisten. Es sei doch eine Schande, sagt er; jahrelang hätten die Kommunisten als stärkste Partei den Sozialisten das Amt des Bürgermeisters überlassen. Wegen einer Kleinigkeit habe sich der Sozialist jetzt jedoch mit ihnen überworfen, sei in der letzten Sitzung des Stadtrates zurückgetreten und schon nach sechzig Sekunden mit den Stimmen der Christlichen Demokraten wiedergewählt worden. Er sei als Kommunist tief enttäuscht über die Machenschaften in der Politik im allgemeinen und über die der Sozialisten im besonderen. »So tun es diese überall im Land, einmal mit uns, einmal mit der Democrazia Cristiana, da soll man nicht aus der Haut fahren.«

Der von den machiavellistischen Intrigen in der Politik betroffene Kommunist erinnerte mit seinem letzten Satz fatal an einen berühmten Hexenprozeß und an das traurige Ende einer Frau durch den Scheiterhaufen eben auf demselben Platz von Todi, auf dem der ›Ehrenwerte‹ Wahlkampf geführt hatte und man nun friedlich saß. Am 20. März 1428 wurde der ›Prozeß gegen die Hexe Matteuccia di Francesco aus dem Ort Ripabianca in der Diözese Todi‹ abgeschlossen. Es läuft einem kalt über den Rücken, wenn man in der Urteils-›Begründung‹ von den angeblichen Schandtaten der Hexe liest, wie es da in mittelalterlichem Latein, von Mal zu Mal sich steigernd, heißt: »Item non contenta predictis, diabolico spiritu instigata, set mala malis addendo... Nicht zufrieden mit diesem Frevel, fügte sie, von teuflischem Geist getrieben, den Übeln neue Übel hinzu ..., bis im Feuer ihre Seele aus dem Körper fuhr.« Daß die ›Res Tudertinae‹, eine wissenschaftliche Reihe über die ›Angelegenheiten von Todi‹ in der Vergangenheit, die Erinnerung an diesen Hexenprozeß und Frauentod weckte und wachhält, scheint nicht gänzlich überflüssig. Denn noch 1966 tötete ein Landarbeiter eine Frau wegen ihres angeblichen ›Malocchio‹, des bösen Blicks, nachdem er zuvor mehrfach bei einem Orts-Aszeten (›Santone‹) den ›Contromalocchio‹, den ›Gegen-Bösen-Blick‹ sich ohne Erfolg erbeten hatte.

Todi – die Stadt und das Land der Hexen? Da würden sich die Tudertiner, so ihr Name, abgeleitet aus dem Lateinischen, beschweren und zum Gegenbeweis auf ihr berühmtes Heiligtum hinweisen, die Kirche ›Maria della Consolazione, zur Madonna der Tröstung‹, vor der Stadt, die bei den von Orvieto kommenden Autofahrern zuerst die Neugier weckt. Von der ›Hexe‹ zur ›Madonna‹ ist offenbar in Todi kein weiter Weg, ebensowenig wie von einer kommunistischen Stadtverwaltung zu einer christlich-demokratischen. Der Meinungswandel der Sozialisten und sechzig Sekunden reichten dazu.

Doch genug der Politik, zumindest der gegenwärtigen. Denn die Geschichte Todis ist nicht weniger wechselvoll. Das

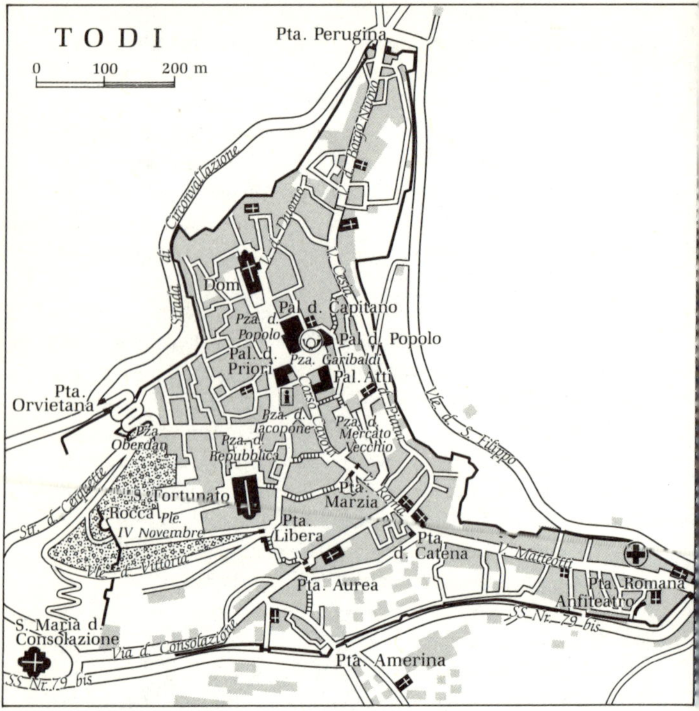

Städtchen, hoch über der Mündung des Naia-Flusses in den Tiber auf einem eindrucksvollen Hügel gelegen, heute mit etwa 17000 Einwohnern, bietet die Zeugnisse seiner etruskischen und römischen Zeit, die Kirchen und Paläste aus Mittelalter und Renaissance nicht nur als Zeichen einer ungestörten Idylle dar. An der Grenze zwischen dem Gebiet der Etrusker und der Umbrer (daher der Name ›Tular‹, gleich Ende; auch ›Tutere‹ geläufig) schwankte es zwischen den Einflüssen beider. Die Römer gaben dem Städtchen den Namen ›Colonia Iulia Fida Tuder‹; die Treue zur Hauptstadt des Imperiums war darin ausgedrückt. Ein eigenes Münzrecht wurde respektiert. Als freie Stadt war Todi nicht von inneren Parteikämpfen und Auseinandersetzungen mit den Nachbarstädten, mit

Narni, Spoleto und Orvieto verschont; man kann das auch als Ausweis ihres ebenbürtigen Ranges verstehen. Auch hier hat der inneritalienische Gegensatz des Mittelalters zwischen Guelfen und Ghibellinen, Papst- und Kaisertreuen, die Geschicke bestimmt. Mal stellte man sich gegen den deutschen Kaiser-König, gegen Friedrich II. (1237/40), mal (1329) unterstand man dem Vikar Kaiser Ludwigs des Bayern. Schließlich wirkten sich die Nähe Roms und die Macht des Papsttums aus, was zugleich mit einer inneren Schwächung einherlief, und Todi ging im Kirchenstaat auf.

Bis jetzt haben wir die Piazza, das ehemalige Forum der Römer – aus jener Zeit wären noch die Reste von Zisternen (im Süden beim Palazzo dei Priori) zu entdecken –, noch nicht verlassen. Vom Kaffeehausstuhl oder von den Domstufen aus können wir jene Bauwerke betrachten, die den unvergleichlichen Reiz des weiten, rechteckigen Platzes als Gesamtkunstwerk ausmachen. Mit diesen drei öffentlichen Gebäuden hat man die Piazza im Mittelalter und in der Renaissance geschmückt: An der Stirnseite (im Süden, gegenüber dem Dom) ragt der strenge, zinnenbewehrte, mit einem massiven Turm (trapezförmiger Grundriß, bis 1385 angefügt) versehene **Palazzo dei Priori** auf, eine mittelalterliche Zwingburg, nach 1290 begonnen, zwischen 1334 und 1337 vergrößert und vollendet, 1513 auf Anordnung Papst Leos X. an den Fenstern im Stil der Renaissance verändert. Die Fassade ziert links oben der Todi-Adler (in Bronze, von GIOVANNI DI GILIACO, 1339). In diesem Palast residierten die Regenten der Stadt, Podestà, Priori, Rektoren, Vikare und Gouverneure – welche Namen man immer den lokalen Mächtigen in Stellvertretung höherer Herren, zuletzt des Papstes, gab.

Ob der **Palazzo del Popolo** (rechts) und der **Palazzo del Capitano** ganz glücklich nebeneinanderstehen mit der vorgelagerten Freitreppe, möchten wir nur bescheiden fragen. Was jahrhundertelang Bestand hat, dem soll man sich nicht als krittelnder Beckmesser nähern. Der lombardisch-gotische Stil des Popolo-Palastes (1213 begonnen und 1228-33 um ein Geschoß erhöht) beeindruckt durch seine strenge Schönheit wie aus einem Block, nur ein wenig aufgelockert durch die Schwalbenschwanz-Zinnen. An der Fassade des Palazzo del Capitano (nach 1290) gefallen besonders die eleganten Fenster, viel kunstreicher gestaltet als die des Nachbarpalastes. Faßt man diesen Ausschnitt – Fenster der beiden Palazzi, Treppe mit der Markthalle darunter und Bögen – ins Auge, so sieht man, daß das Mittelalter sehr wohl mit geometrischen Formen zu spielen wußte.

Pinakothek und *Archäologisches Museum* habe ich häufig ›in restauro‹ gefunden. Schade. Denn die Fresken, Möbel, Sakralgeräte, Teppiche und Gemälde des Mittelalters und der Renaissance – darunter die GIOVANNI DI PIETRO, genannt LO SPAGNA, zugeschriebene ›Dreifaltigkeit‹ und eine schöne ›Krönung Mariens‹ (1507-11) von demselben spanischen Maler (1450-1528) – sind sehenswert; auch die Bronzen, Münzen, Gefäße der Antike (aus den Ausgrabungen der Umgebung; vom berühmten ›Mars von Todi‹, dessen Original in den Vatikanischen Museen steht, gibt es wenigstens hier eine Bronzekopie); ebenso verdienen die Goldschmiedearbeiten, Gläser, Keramiken oder die Waffen des 13. und 14. Jahrhunderts durchaus Beachtung.

In den **Dom** der SS. Annunziata (Mariä Verkündigung) hatten wir uns schon kurz zwischendurch geflüchtet. Nun unterziehen wir ihn einer eingehenden Betrachtung: Über der 29 Stufen hohen, steilen Treppe erscheint er wie auf einem feierlich aufgerichteten Podest mit einer stolzen Schaufront. Diese erhöhte Präsentation erinnert an römische Tempel; vielleicht vermutet man deshalb einen Vorgängerbau der Antike an dieser Stelle. Zwischen dem 12. und 14. Jahrhundert errichtet, zeigt die Bischofskirche – erst in jüngster Zeit wurde das Bistum Todi mit dem von Orvieto vereinigt – romanische und gotische Elemente auf der tafelartigen, streng gegliederten, mit einer prächtigen Mittelrose (von 1520) geschmückten und von dominierenden Portalen unterbrochenen Fassade, ebenso an den Außenseiten, am Campanile und im Innern. Die rötlichen und gelblichen Farbtöne des Steines erzielen eine eigenartige Wirkung. Schöne Details, wie die reiche Akanthus-Ranke des Mittelportals und andere Verzierungen der romanischen Bauornamentik, beleben die einfachen Strukturen. Die Harmonie von konstruktiven Teilen und Ornamenten prägt besonders die rechte Flanke und die zweigeschossige Apsis.

Todi, Piazza del Popolo und Dom SS. Annunziata

Im dreischiffigen Innern fallen sogleich die Säulen und Pfeiler (im Wechsel) mit ihren interessanten, zum Teil figürlichen Kapitellen auf. Ein Fernglas kann hier helfen, im einzelnen romanische und gotische Formen zu unterscheiden, an einigen den Übergang von einfacher Romanik zu französischer Gotik wahrzunehmen. Das Fresko an der Fassaden-Innenseite von FERRAÙ DA FAENZA, FAENZONE genannt, erinnert natürlich an Michelangelos ›Jüngstes Gericht‹ in der Sixtinischen Kapelle zu Rom. Es kann zwar dem Vergleich mit diesem nicht standhalten, berührt jedoch eigentümlich in dieser Provinzstadt. Von der Ausstattung sind im rechten Seitenschiff ein Taufbecken aus dem 15. Jahrhundert, im Presbyterium, zu dem man emporsteigt, das Chorgestühl aus Holz mit Intarsien-Arbeiten und ein Gekreuzigter (Ende des 13. Jahrhunderts) hervorzuheben. Eindrucksvoll sind die *Krypta* und das *Untergeschoß* mit langen Gängen unter der Kirche.

Bei einem beliebig weiten Rundgang durch die Stadt, den man etwa an der *Piazza Garibaldi* neben dem Palazzo del Popolo (mit schönem Blick in die Landschaft) beginnen kann, wird man immer wieder auf Reste des etruskisch-römischen Mauerwerks stoßen. So finden wir schon an der nahen *Piazza del Mercato Vecchio* vier große **römische Nischen** mit dorischem Gebälk oder an der *Porta Romana* oder beim nahen *Amphitheater* die **Stadtmauern**. Das Mittelalter ist freilich überall präsent in den engen, gewundenen, auf und ab verlaufenden Gassen. Stützkonstruktionen mit mächtigen Bögen, kleine Brunnen in den Straßen, die ›ergrauten‹ Farben der Häuser schaffen ein charakteristisches Bild.

Todi

Politik und Historie auf der Piazza

Es war ein Samstagvormittag, und es war Wahlkampf in Italien. Letzteres hätte ich gern vergessen, nachdem eine ganze Woche lang die werbenden Bemühungen der Politiker um Stimmen für ihre Parteien Aufmerksamkeit verlangt hatten. Aber es war nichts zu machen. Von der Piazza del Popolo, dem Hauptplatz Todis, der eigentlich uns ›gehören‹ sollte, wurde überlaut zu Gehör gebracht, wessen Stunde selbst am Wochenende hier schlagen sollte: die des Wahlkämpfers. Zugegeben, das Schönste am italienischen Wahlkampf ist die Piazza. Die Kulisse für die Reden der Kandidaten vor einem mehr oder weniger großen, mehr und weniger interessierten Publikum kann kunstvoller nicht sein als die Plätze der alten italienischen Städte. Und Todi, ein ganz mittelalterlich geprägtes Städtchen, nur 130 Kilometer von Rom entfernt, bietet dafür eine besonders gelungene Bühne.

So ist es. Der ›ehrenwerte‹ – ›Onorevole‹, so lautet die Anrede für die italienischen Abgeordneten – Parlamentarier, Mitglied der Kommunistischen Partei Italiens, spricht über die Rentenpolitik, womit er sich dem Alter seiner etwa achtzig Zuhörer anpaßt. Mehr Geld sollten die Pensionäre bekommen; da hat er recht, die alten Männer nicken beifällig. Mehr Leistungen des Staates fordert er; damit ernten die kommunistischen Wahlredner überall im Lande zunächst einmal Zustimmung. Wenn sie gleich noch hinzufügen, was alles in der staatlichen Verwaltung nicht funktioniere, was bei Eisenbahnen und Post, kurz, in allen öffentlichen Diensten, im argen liege, haben sie die Stimme schon halb gewonnen.

Zumal in Umbrien. Das Heimatland der beiden großen Ordensgründer, des Benedikt von Nursia, dem heutigen Norcia, und des Franz von Assisi, wählt zu über vierzig Prozent kommunistisch. Umbrien, die Emilia-Romagna und die Toskana sind die drei ›roten‹ Regionen Italiens, Hochburgen des Partito Comunista, der die Christlich-Demokratische Partei

Todi, Piazza del Popolo mit den drei Stadtpalästen

Allerdings soll gerade bei diesem malerischen Mittelalter nicht verschwiegen werden, daß sich hier im April 1982 eine Tragödie abspielte, die ganz Italien erschütterte und uns dazu, weil wir nur wenige Tage zuvor dort waren. In Todi denkt man noch immer mit Schrecken daran. 34 Tote und zahlreiche Verletzte forderte ein Brand im Palazzo del Vignola. In diesem Palast aus der Renaissance fand seit vier Wochen eine in Italien bekannte und daher von Händlern und Kunstliebhabern gern besuchte Antiquitäten-Messe statt. Am Sonntag, dem letzten Tag der Messe, befanden sich etwa 140 Besucher bei den sechzig Ausstellern in dem Palazzo, als gegen elf Uhr der Brand entstand. Wie? Darüber haben die Nachforschungen bisher noch keine Klarheit erbracht. Wer jedoch solche Ausstellungen besucht und sich über den unbekümmerten Umgang der Raucher mit Zigarettenasche und Zigarettenstummeln – unter den Schildern ›Rauchen verboten‹, so daß auch Aschenbecher fehlen – gewundert hat, wer weiß, durch welche von Schutzkontaktsteckern nicht gesicherten Schalter, durch welche haarsträubend ungeschützten Leitungen der elektrische Strom in Italien fließt, wer hell strahlende, heiße Lampen schon häufiger die sie umgebenden Stoff-Flächen hat verkohlen sehen, der geht mit seinen Vermutungen nicht ganz fehl. Daß in einer solchen Ausstellung von Möbeln und Kunstwerken das einmal entstandene Feuer in wenigen Minuten an dünnen Holzplatten und flauschigem Moquette, an wehenden Vorhängen und üppigen Draperien, an Klebstoff und Reinigungsbenzin reiche Nahrung fand, daß zudem, wie es heißt, das Treppenhaus des Palazzo wie ein heftig ziehender Kamin wirkte, dies war folgenschwer; ebenso, daß für einen solchen Fall keinerlei Vorsorge getroffen war.

In den Berichten über das Unglück findet sich kein Hinweis darauf, daß sich jemand über das Nichtfunktionieren der Handfeuerlöscher beschwert hätte. Der Schluß, daß keine Feuerlöscher oder nur zwei, drei, wie manche sagen, dagewesen seien, trifft leider zu. Notausgänge hätten nicht bestanden, wird gemeldet. Überlegungen für den Fall eines Brandes seien nicht angestellt worden. Als von einem Journalisten, dem

Mitarbeiter einer privaten Rundfunkstation, Alarm gegeben wurde, reagierten die Feuerwehrleute sofort, allerdings waren sie 45 Kilometer entfernt, in der Regionalhauptstadt Perugia. Denn Todi, immerhin eine Stadt von zwanzigtausend Einwohnern, verfügte nicht über eine Feuerwehr, auch nicht über eine freiwillige. Deshalb hielten es die Stadtväter von Todi bisher auch für überflüssig, in ihrer Stadt Hydranten einzurichten; die Feuerwehrleute hatten Mühe, Wasseranschlüsse zu finden. Nicht ohne Bitterkeit vermerkte die italienische Öffentlichkeit all diese Versäumnisse. Als die Vigili del Fuoco, die Feuerwehrleute des national organisierten Korps aus Perugia in bewundernswert kurzer Zeit in Todi eintrafen, als sie sich mit ihren schweren Fahrzeugen durch das Gewirr der Gassen zwängten, fanden sie kaum noch etwas zu retten – »fast nur verkohlte Leichen«, klagten die Männer von der Feuerwehr. Gerühmt werden muß bei soviel Leid die Tat eines Mannes aus Padua, der seinen mit Planen bespannten Lastwagen in rascher Erkenntnis der Notlage – das nun wirklich ›typisch italienisch‹ – unter die Fenster des Palazzo stellte, so daß einige Dutzend Personen nacheinander daraufspringen und sich so in Sicherheit bringen konnten. In der Zwischenzeit hat man Sorge für bessere Vorsichtsmaßnahmen getroffen, wenn diese vielleicht auch noch nicht mitteleuropäischen Standard erreichen. Es ist nicht ganz einfach, die Vorkehrungen der modernen Zeit in einen mittelalterlichen Stadtkomplex einzupflanzen.

San Fortunato

Bei dem Rundgang wird uns auch auffallen, wie geschickt die Tudertiner die Höhenunterschiede beim Bau der Häuser genutzt haben. Wie imposant hat man die Hügeldifferenz bei der Kirche **San Fortunato** (auch Cassianus und Calixtus geweiht) eingesetzt, zu der wir von der Piazza del Popolo am Palazzo Atti und dem Teatro Comunale vorbei, über die Piazza del Jacopone (über den Namensgeber mehr unten) und die Piazza della Repubblica gelangen. Wie beim Dom führt eine Treppe hinauf, doch hier breiter und höher. An ihrem Ende, zuletzt flankiert von zwei romanischen Löwen eines Vorgängerbaus, ragt eine merkwürdige Fassade in den Himmel. Die lange Baudauer der Kirche, von 1292 bis in die zweite Hälfte des 15. Jahrhunderts, bedingt durch mancherlei Schwierigkeiten, brachte schließlich mit sich, daß die Schauseite von San Fortunato unvollendet blieb. Der Architekt GIOVANNI DI SANTUCCIO konnte nur (mit Hilfe seines Neffens BARTOLO DI ANGELO) von 1415 bis 1458 – immerhin sind das 43 Jahre – die untere Zone (auch an den Flanken) vollenden, vor allem das prachtvolle Mittelportal mit Skulpturen und Ornamenten, das vom Thema (›Jüngstes Gericht‹) und von der zugleich feinen und großartigen Ausführung der Figuren her an den Dom von Orvieto erinnert. (Wem Suchen nichts ausmacht, findet den heiligen Franziskus mit den Stigmata – San Fortunato ist eine Franziskanerkirche – sowie Maria und den Engel der Verkündigung). Das Innere ist geräumig und hell; die gotische Halle wölbt sich über vielstrebigen Rund- und Eckpfeilern. Das Hallensystem mit der gleichen Höhe von Haupt- und Seitenschiffen (im Unterschied zur Basilika) macht den kunsthistorischen Rang von San Fortunato aus. Wir begegnen diesem vor allem in Deutschland beliebten Typus in Italien selten, in Umbrien jedoch häufiger (vgl. San Domenico und Dom in Perugia). Obwohl in der ersten Bauphase bis 1328 vom Chor aus nur bis zu den zwei östlichen Jochen gediehen, dürfte diese Kirche vorbildlich gewirkt haben. Erstaunlich, daß man sich hier über die franziskanischen Bauregeln, die nur für den Chor eine Wölbung gestatteten, hinwegsetzte.

Todi, S. Fortunato

Von der Ausstattung ist (in der vierten Kapelle des rechten Seitenschiffs) besonders das berühmte, durch seine zarte Schönheit und innige Frömmigkeit anrührende Fresko von MASOLINO DA PANICALE hervorzuheben, ›Madonna mit Kind und zwei Engeln‹ (1432); außerdem (in der Apsis) das Chorgestühl aus Holz (von ANTONIO MAFFEI aus Gubbio, 1590, schon mit barocken Formen).

Von himmlischer und irdischer Liebe

Todi rühmt sich vor allem, die Geburtsstadt des Jacopo Benedetti (geboren um 1230, gestorben 1306) zu sein. Dieser Mann ist bekannt geworden als *Fra Jacopone da Todi,* als einer der ersten Gefährten des Franz von Assisi und Mitglied des Ordens der Minderbrüder, als Dichter in lateinischer Sprache und noch mehr als einer der ersten Poeten des Italienischen. Wir können seiner in der Krypta von San Fortunato gedenken, an seinem Grab, oder an dem modernen Denkmal auf dem Platz davor, vielleicht auf einer Parkbank. Ihm wird das bekannte lateinische Passionslied zugeschrieben: ›Stabat Mater dolorosa – Christi Mutter stand mit Schmerzen an dem Kreuz und weint' von Herzen ...‹

Als ich in der Hausbibliothek nach einem seiner Werke suchte, stieß ich auf Gedichte, die wegen ihrer Intensität, der Wortgewalt und Leidenschaft überraschen und noch mehr durch den Umstand, daß sie im 13. Jahrhundert geschrieben wurden. So heißt es da:

»Es brennt, es glüht mein Herz, das Liebe bindet,
Ach, keine Zuflucht, ach, umsonst zu fliehn!
Verzehrt wie Wachs, das in der Flamme schwindet,
Ich sterbe lebend, schmelz in Sehnsucht hin.
Mein Herz sucht flehend, wo es Kühlung findet,
Und muß in diesem Feuerofen glühn!
Weh mir! Geführt wohin,
In welcher Sehnsucht Not?
So leben ist der Tod,
Wie wächst die Glut der Liebe!
Ach ganz verlor ich Herz und Kopf und Wille
Und Wünsche, Freuden, Hoffnung und Begehren;

Schönheit scheint eitel Staub und tote Hülle,
Und Fesseln nur mir Reichtum, Glück und Ehren.
Ein Baum der Liebe voller Frucht und Fülle
Ward in mein Herz gepflanzt, mich süß zu nähren,
Hieß eilend um mich kehren
Und hat hinweggerafft
Wille, Verstand und Kraft,
Und Sieger bleibt die Liebe.
Mehr wollt ich lieben, wär mir mehr gegeben,
Doch hab ich nur dies Herz zu Deinem Ruhm,
Ich geb es Dir und mit ihm all mein Streben,
Mehr kann kein Liebender aus Liebe tun.«

Man wird vielleicht einwenden, diese Verse richteten sich nicht auf eine geliebte Frau oder einen begehrten Mann, sie seien vielmehr geistliche Lyrik unter dem Thema »Wie die Seele Gott ihre übergroße Liebe klagt«. Das wollen wir gern annehmen und dem Jacopone keine fremden Motive unterschieben. Dennoch scheint es ein gutes Beispiel echter Liebeslyrik. Frühere Zeiten haben so genau nicht unterschieden zwischen dem ›Amore sacro‹ und dem ›Amore profano‹, zwischen der heiligen und der profanen Liebe. Wenn Herz und Kopf und Wille, wenn Wünsche, Freuden, Hoffnungen und Begehren fortgerissen werden, so mag sehr Unterschiedliches dafür Auslöser sein. Jacopone hier aus Todi hat vor mehr als sechshundert Jahren dem Ausdruck verliehen.

Von welch überlegter und geglückter Konzeption die außerhalb der Stadt – an der Straße nach Orvieto – gelegene Kirche **Santa Maria della Consolazione** ist, sieht man sofort bei einem Blick auf den Grundriß, denn dieser könnte ebensogut die Zeichnung für einen kostbar gefaßten und kunstfertig geschliffenen Edelstein sein. Hier gilt nicht die Erfahrung, daß viele Architekten den Bau verderben. Neben den Leitern, COLA DI MATTEUCCI aus Caprarola (aus dem Farnese-Ort in Latium) und AMBROGIO DA MILANO, wirkten von 1508 bis 1607 auch PERUZZI, ANTONIO DA SANGALLO DER JÜNGERE, VIGNOLA, GALEAZZO ALESSI und IPPOLITO SCALZA beratend mit. Der in der Theorie auf dem Plan gewonnene Eindruck von Harmonie und Vollkommenheit bestätigt sich in der Wirklichkeit an dem großen, gelb-bräunlichen Steinkörper. Nicht zufällig hat man BRAMANTE, den Meister der Renaissance und der vollkommenen Proportionen, für den Erbauer dieses Kirchen-Tempels gehalten. Dennoch schien uns alles zuerst zu kalt, zu perfekt, wie ja überhaupt Schönheit zuerst kühl distanzierend wirken kann, bis ein kleiner Fehler, eine winzige Abweichung vom Ebenmaß alles zu heiterer Eleganz auflöst. Für diese Kleinigkeit sorgte hier der Kustode, der den Fußboden aus Ziegelsteinen pflegte. Womit? Mit Wasser. »Das dunkelt den Stein gleichmäßig schön auf«, erklärte der Wächter. »Denn morgen findet eine Hochzeit statt, Blumen sollen auch noch kommen. Aber Wachs für den Boden wäre zu teuer.«

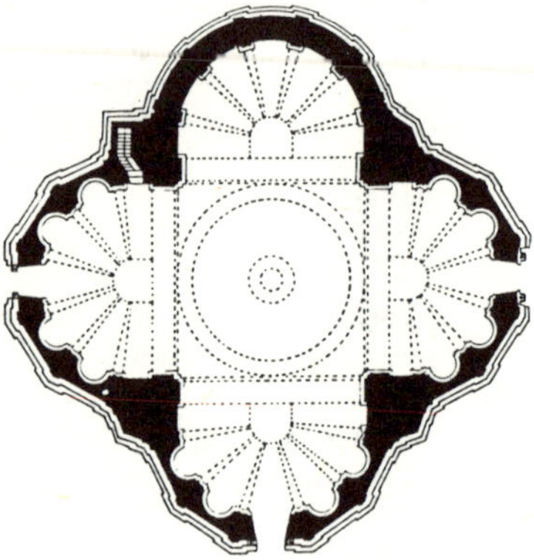

Todi, S. Maria della Consolazione

Wir suchen die klassischen Formen im großen nachzuziehen, den Kreis der Kuppel, das griechische Kreuz im Zentralbau, die drei polygonalen Apsiden und das Halbrund der einen Apsis (im Norden), und weiter die Verzierungen im kleinen, die korinthischen Kapitelle, die Dreiecke, Quadrate und Kurven an den Fenstern, an den Pilastern und Giebeln. Aus der hellen und sehr aufgeräumt wirkenden Kirche nahmen wir uns als Andenken ein kleines Bild der ›Madonna della Consolazione‹ mit, des Gnadenfreskos der Maestà aus dem 15. Jahrhundert vom Hochaltar, und die erwähnte historische Untersuchung über Hexenverfolgungen. Beides lag friedlich in der Obhut des Kustoden zum Verkauf aus, Madonna und Hexe.

Todi, S. Maria della Consolazione

Der Trasimener See – Lago di Trasimeno

Hannibals Sieg über die Römer

»Dies ist die berühmte Schlacht am Trasimener See, die als eine der seltenen Niederlagen des römischen Volkes in die Geschichte eingegangen ist.« So schließt der lateinische Schriftsteller Livius (59 vor bis 17 nach Christus) seine dramatische Schilderung jenes Kampfes zwischen den Karthagern unter Hannibal (aus dem heutigen Tunesien) und den römischen Legionen, der den Römern noch Jahrhunderte danach Schauer über den Rücken jagte und als eine der bekanntesten Schlachten der Antike gilt. Die im Latein-Unterricht vor Jahren gewonnene Belehrung macht uns neugierig, wenn wir bei Val di Chiana die Autostrada del Sole verlassen, den Canale Maestro Chiana passieren, den wichtigen Be- und Entwässerungskanal für das Chiana-Tal, auf der Schnellstraße Richtung Perugia am toskanischen Cortona vorbeifahren und kurz vor dem Trasimener See (in seiner Nordwestecke bei Barghetto) die Grenze von der Toskana zu Umbrien überschreiten. Dort an der Ausfahrt ›Castiglione del Lago‹ sollten wir schon deshalb die Superstrada verlassen und auf der Strada Statale Richtung Passignano oder Terontola ein, zwei Kilometer den Hügel hinauffahren, um von oben die Lage des Sees – der natürlich zum Bade lächelt – und die geographischen Voraussetzungen für jene denkwürdige Schlacht im Juni des Jahres 217 vor Christus betrachten zu können. Da der Wasserspiegel des Sees im Lauf der Jahrhunderte gesunken ist und man auch Land entsumpft hat, muß man sich das hügelige Gelände für damals enger und gefährlicher vorstellen. Wer ein übriges tun will, findet bei Kilometer 36,3 westlich von Tuoro einen Gedenkstein für diese römische Niederlage, die bewiesen habe, daß, so Livius, *»die Größe des römischen Volkes im Unglück fast bewundernswerter ist als in guten Tagen«*. Nach dem Niedergang des Imperium Romanum sollten die Römer noch häufig Gelegenheit haben, diese Fähigkeit zu erproben, und mit ihnen das umliegende Mittelitalien, Umbrien eingeschlossen.

Weshalb diesem Ort so viel Bedeutung beigemessen wird? Warum meinen wir, an dieser Stelle den Atem der Weltgeschichte zu verspüren oder, wenn man mit Bismarck will, den Mantel Gottes zu sehen und einen Zipfel packen zu können? Hier am Trasimener See wird einem vielleicht klar, warum es die Römer im Altertum so weit gebracht haben, warum sie ein Weltreich begründeten und es jahrhundertelang beherrschten. Denn es schien an jenem Tag, dem 22., 23. oder 24. Juni – die Gelehrten sind sich nicht einig; außerdem fand die Schlacht, da die Julianische Kalenderreform des Caesar noch auf sich warten ließ, nach der damaligen Zeiteinteilung sogar im April statt – des Jahres 217 vor Christus, als hätte der römische Konsul Caius Flaminius – derselbe übrigens, der den Bau der Fernstraße Via Flaminia von Rom nach Rimini an der Adria durch umbrisches Gebiet anordnete und damit Umbrien zu einem wirtschaftlichen Aufschwung verhalf – den Krieg gegen die Karthager unter Hannibal verloren. Als im Jahr danach Hannibal auch noch die Schlacht bei Cannae in Apulien gewann, schien der Untergang Roms besiegelt. Doch in der scheinbar schon entschiedenen Niederlage zeigte sich die Größe des römischen Volkes – und sein Glück. Denn seit 510 vor Christus, seit dem ersten römischen Staatsvertrag mit Karthago, kämpften die Römer nicht nur um die Vorherrschaft in Italien, sondern auch um die Macht im Mittelmeer, ging es in einer weiteren Perspektive darum, ob Italien von Afrika aus beherrscht werde. Bis in die Neuzeit haben die Italiener mit der Bedrohung aus Afrika und Asien, durch den Vorstoß des Islam nach Europa, durch Araber und Türken, gelebt; auch das erhöht im Rückblick die Bedeutung ›unserer‹ Schlacht.

Kurz das historische Umfeld: Im Zweiten Punischen Krieg (218-201 vor Christus), den Rom den Karthagern wegen des Konflikts um die spanische Stadt Sagunt (in der Provinz Valencia) erklärt hatte, durchkreuzt Hannibal mit einem tollkühnen Unternehmen die römischen Pläne zu einem Angriff gegen Afrika. Er überschreitet mit 50000 Mann, 9000 Rittern und 37 Kriegselefanten von Spanien her die Pyrenäen und die Alpen – ein Zug, der die Phantasie stets gefesselt hat. Verluste durch Kämpfe in Oberitalien mit den Römern sucht Hannibal durch Bündnisse mit anderen Völkern, so den Kelten, auszugleichen. Dann kommt er in ›unser‹ Gebiet. Hören wir dazu Livius (Römische Geschichte, Buch XXII, Kapitel 4ff., in der Übersetzung von J. Feix):

»Hannibal ließ das gesamte Gebiet zwischen der Stadt Cortona und dem Trasimenischen See alle Greuel des Krieges spüren. Damit wollte er den erbitterten Feind noch mehr zur Rache für das Unrecht an den Bundesgenossen anstacheln. Schon war das Heer in eine Gegend gelangt, die für einen Hinterhalt wie geschaffen war, wo der Trasimenische See ganz dicht an die Berge von Cortona heranreicht. Dazwischen bleibt nur ein recht schmaler Weg, als wäre dazu absichtlich Platz gelassen. Dahinter breitet sich eine etwas weitere Ebene aus; dann steigen bereits die Berge auf. Dort schlug er in freiem Gelände sein Lager auf, wo er selbst nur mit den Afrern und Spaniern bleiben wollte. Die Balearen und die übrige leichte Truppe führte er auf die Rückseite der Berge. Die Reiter stellte er unmittelbar an den Eingang des Passes, wo sie von den Hügeln günstig verdeckt wurden. Alles sollte ringsum vom See und den Bergen eingeschlossen sein, wenn die Reiterei den eingerückten Römern den Rückweg versperrte.

›Der Konsul‹ Flaminius war am Tage vorher bei Sonnenuntergang an den See gekommen. Ohne vorherige Erkundung marschierte er am folgenden Tage fast noch in der Dämmerung durch den Paß. Als eben sein Heer ins offene Gelände ausschwärmen wollte, sichtete er nur die Feinde, die ihm direkt gegenüber standen; von dem Hinterhalt im Rücken und über sich merkte er nichts. Nun hatte der Punier, wie gewünscht, den Feind durch See und Berge eingeschlossen und mit seinen Truppen umringt. Da gab er allen das Zeichen zum gleichzeitigen Angriff. Sie rannten auf dem nächsten Weg herunter. Dies kam für die Römer um so mehr völlig überraschend, weil Nebel aus dem See aufgestiegen war und über der Ebene dichter als auf den Bergen lagerte. Die feindlichen Züge konnten einander von mehreren Hügeln aus deutlich genug sehen und waren um so leichter gleichzeitig herabgestürmt. Aus dem Geschrei überall, noch ehe man richtig sehen konnte, schlossen die Römer, daß sie umzingelt waren. Schon hatte auch von vorn und in den Flanken der Angriff begonnen, ehe sie überhaupt ihre Linie richtig aufstellen, ihre Waffen herrichten und ihre Schwerter ziehen konnten.

In dieser allseitigen Verwirrung hatte der Konsul allein noch einigermaßen die Fassung bewahrt, soweit es in einer so üblen Lage möglich war. Er stellte die durcheinandergekommenen Linien auf, wie es die Zeit und dieses Gelände zuließen, wo sich die Männer immer nur nach verworrenem Geschrei umdrehten. Überall, wo Flaminius hinkommen und gehört werden konnte, sprach er den Soldaten Mut zu und hieß sie standhalten und kämpfen: Denn hier könne man nicht durch Gelübde oder Gebet zu den Göttern, sondern nur mit tapferster Gewaltanstrengung herauskommen. Mitten durch die feindlichen Reihen könnten sie sich den Weg nur mit dem Schwert bahnen; und je weniger man Angst habe, desto geringer sei meistens auch die Gefahr! Die Soldaten waren vor lauter Lärm und Gewühl gar nicht in der Lage, Rat und Befehl zu hören; sie konnten längst nicht mehr auf ihre Feldzeichen, ihre Reihen und ihren Platz achten, gar nicht zu reden von der Konzentration, zu den Waffen zu greifen und sie zum Kampfe fertigzumachen. So stürzten einige unter ihren Waffen, von ihnen mehr belastet als geschützt. Bei dem dicken Nebel verließ man sich auch mehr auf die Ohren als auf die Augen. Man wandte sich nach dem Stöhnen der Verwundeten um und suchte sich an dem Aufschlagen der Hiebe auf Körper und Waffen und an dem wilden Durcheinander von Lärm und Angstgeschrei zu orientieren. Die einen wollten fliehen, gerieten dabei aber in eine Kampfgruppe und konnten nicht weiter. Andere wollten in die Schlacht zurückkehren; da riß sie ein flüchtender Haufe mit fort. Darauf versuchten sie nach allen Seiten vergebliche Angriffe. Die Berge und der See schlossen sie auf den Flügeln ein, vorn und im Rücken stand das feindliche Heer. Es war ganz klar, daß sie nur noch auf eine Rettung durch eigene Kampfkraft hoffen konnten. Da wurde jeder sein eigener Führer und riß sich selbst zur Tapferkeit hoch. Zwar kam es zu einer völlig neuen Schlacht, allerdings nicht geordnet nach Vorder-, Mittel- und Hintertreffen, auch nicht so verteilt, daß die Vorkämpfer vor den Feldzeichen, die zweite Linie dahinter kämpfte, auch nicht so, daß der Soldat in seiner eigenen Legion, Kohorte oder Abteilung stand. Der Zufall ballte alles zusammen, und eigener Mut stellte jeden vorn oder hinten an seinen Platz im Gefecht. So erbittert gerieten sie aneinander, und alle Aufmerksamkeit galt so sehr dem Kampf, daß kein Kämpfer jenes Erdbeben spürte, das große Teile vieler Städte Italiens zerstörte, reißende Ströme aus ihrem Lauf lenkte, das Meer in die Flüsse drängte und Berge durch ungeheuren Rutsch abtrug. Fast drei Stunden wurde allenthalben mörderisch gekämpft.

(Erst als der Konsul gefallen war) ... *begann ein großer Teil der Römer zu fliehen. Weder See noch Berge standen ihrer panischen Furcht im Weg. Wie blind rannten sie durch Hohlwege und über Klippen davon; Waffen und Männer stürzten übereinander. Viele sahen überhaupt keine Möglichkeit zur Flucht und gingen an den seichten Uferstellen des Sees ins Wasser. Sie wagten sich so weit hinein, daß sie nur noch mit Kopf und Schultern herausragten. Manche trieb die panische Furcht sogar dazu, schwimmend fliehen zu wollen. Sobald aber dieser Fluchtweg kein Ende nehmen wollte und aussichtslos wurde, gaben sie auf und ertranken in den Tiefen, oder sie versuchten nach dieser vergeblichen Anstrengung mit letzter Kraft, wieder seichte Uferstellen zu erreichen. Dort wurden sie von den feindlichen Reitern, die ins Wasser geritten waren, restlos niedergemacht. Schließlich war der Kampf entschieden, und die warme Sonne teilte den Nebel und ließ das Tageslicht durchbrechen. Da zeigten die Berge und Felder in hellem Licht die verlorene Schlacht mit dem gräßlich niedergemachten römischen Heer. 15 000 Römer fielen im Kampf. 10 000 zerstreuten sich auf der Flucht über ganz Etrurien hin und versuchten auf Nebenstraßen Rom zu erreichen.«*

Soweit Livius. Theodor Mommsen (1817-1903), deutscher Historiker und Nobelpreisträger für Literatur (1902), faßt in seiner bedeutenden ›Römischen Geschichte‹ nüchtern zusammen: Das römische Heer *»war vernichtet. Ganz Etrurien war [für Rom] verloren, und ungehindert konnte Hannibal auf Rom marschieren. Dort machte man sich auf das Äußerste gefaßt; man brach die Tiberbrücken ab und ernannte den Quintus Fabius Maximus zum Diktator, um die Mauern instand zu setzen und die Verteidigung zu leiten, für welche ein Reserveheer gebildet ward. Zugleich wurden zwei neue Legionen anstatt der vernichteten unter die Waffen gerufen und die Flotte, die im Fall einer Belagerung wichtig werden konnte, instand gesetzt. Allein Hannibal sah weiter als König Pyrrhos. Er marschierte nicht auf Rom ... Es geschah wieder einmal etwas ganz Unerwartetes. An der Festung Spoletium vorbei, deren Überrumpelung fehlschlug, marschierte Hannibal durch Umbrien, verheerte entsetzlich das ganz mit römischen Bauernhöfen bedeckte picenische Gebiet und machte Halt an den Ufern des Adriatischen Meeres.«*

Im nächsten Jahr sollte es für die Römer noch schlimmer kommen. Am 2. August erlitten sie in der Schlacht von Cannae die schwerste Niederlage ihrer Geschichte, obwohl angetrieben von dem Wunsch, die Scharte vom Trasimener See auszuwetzen. Die zahlenmäßig unterlegene Armee der Karthager unter Hannibal vernichtete den größten Teil des römischen Heeres von 86 000 Mann. Dem Tod in Cannae entkam jedoch ein gewisser Publius Cornelius Scipio, damals knapp zwanzig Jahre alt, der vierzehn Jahre später als römischer Oberbefehlshaber in der Entscheidungsschlacht bei Zama in Afrika die Karthager endgültig besiegte. So triumphierte am Ende doch Rom, war die hartnäckige Tapferkeit des römischen Bürgers stärker als die wirtschaftlichen Ambitionen der karthagischen Handelsmacht.

Biotop und Freizeitparadies

Aber der Lago di Trasimeno ist nicht nur ›Schlacht-Stätte‹. Das größte Binnengewässer der Apennin-Halbinsel, der viertgrößte See Italiens nach dem Gardasee, dem Lago Maggiore und dem nur wenig ausgedehnteren Comer See, ist selbst bei den vom Meer verwöhnten Italienern eine immer beliebtere Sommerfrische zum Baden geworden. Wenn es den Einheimischen zu kalt dafür ist, im Mai, Juni oder September, Oktober, kann man hier sogar ganz ungestörte Badefreuden genießen. So etwa bei Tuoro (Navaccia) am See – nicht dem Städtchen auf dem Hügel! –, zu dem man nach Überschreiten der Eisenbahngeleise kommt. Wie viele Jahre ist es her – nun so viele auch wiederum nicht (1963) –, daß wir mit dem Zug das erstemal nach Rom fuhren und die Strecke damals auf Umwegen gerade hier am Trasimener See entlangführte. Auf dem Campo del Sole, auf freiem Feld neben einem großen Parkplatz, stehen hohe Skulpturen von modernen Künstlern, eine Initiative der Ortsansässigen. Auf einem Schild mit erklärenden Worten erinnert ein Satz an Hannibals Sieg. Die Namen von zwei Orten der Umgebung, *Sanguineto* und *Ossaia,* voll Blut und Knochenberg, können auch als Gedenken an das furchtbare Geschehen gedeutet werden. Nirgendwo ist Friede so einleuchtend wie auf ehemaligen Schlachtfeldern.

Ein modernes Café, wie man es ebenso auf Sylt oder in Südfrankreich finden könnte, wartet auf Gäste. Wir bevorzugen die alte italienische ›Bar‹ mit einer luftigen Veranda gegenüber. Ein paar Männer sitzen darin, spielen Karten und lassen sich in kein Gespräch verwickeln. Nur die Besitzerin sagt: »Der Sommer läßt sich in diesem Jahr sehr bitten. Die Saison hätte schon längst beginnen müssen.« Es ist Ende Mai. Direkt am Ufer lagern Jungen und Mädchen einer deutschen Schulklasse und blinzeln in die Sonne. Weshalb ihre Lehrer sie gerade an diesen See geführt haben? Die einen murmeln »Hannibal«, die anderen »Franziskus«, die einen sagen: »Ein phantastischer Biotop, ein unglaubliches Ökosystem«, die anderen: »Großartig, die Fischerei«, und sinken in leichten Schlummer. Vorne, an dem langen Bootssteg von Tuoro Navaccia, hält ein Dampfer. Eine Fahrt damit lohnt. Der Fahrplan unterrichtet darüber, wie die Verbindungen zu den Inseln im See, Isola Maggiore und Isola Polvese – eine dritte ist die Isola Minore –, und zu den Orten Passignano, Castiglione del Lago, San Feliciano und Sant' Arcangelo verlaufen.

Man muß dankbar für den See und die Möglichkeit einer Bootspartie sein. Denn immer wieder, schon zu den Zeiten der alten Römer gab es Pläne, den See ganz abfließen zu lassen. Man könnte es. Denn bei einer Ausdehnung von 128 Quadratkilometern und einem Umfang von 45 Kilometern ist der Lago die Trasimeno, in 259 Meter Höhe gelegen, sehr flach, nirgends tiefer als sieben Meter, meist drei Meter nur, immer schwankend in seinem Wasserspiegel. Im Herbst und Winter kann es dennoch sehr stürmisch zugehen. Nicht selten friert er ein bißchen zu; nach der Statistik 2,3mal in einem Jahrhundert, für einige Tage. Zur Regulierung seines Niveaus und zur Bewässerung der Umgebung besteht und existierte bereits in der Antike ein Kanal im Südosten.

Aufgrund dieser Eigenheiten bietet der Lago ein einzigartiges biologisch-ökologisches System. Die Zoologen zählen stolz auf, welche seltenen Arten hier zu finden sind: Fischreiher, Rohrdommeln, Wildenten, Bläßhühner, Gabelweihen, Rebhühner, und sind damit noch längst nicht am Ende. Bei einem Spaziergang – oder einer Fahrt am Ufer entlang – richtet man seine Aufmerksamkeit manchmal auf die in den Industrieländern so zurückgedrängte Fauna, manchmal auf die ungewöhnliche Flora, die sich auf einem Streifen von 200 bis 250 Metern Breite reich in ungewohnten Spezies entfaltet. Der Blick ins Land hinein überzeugt davon, daß sich hier eine der lieblichsten Landschaften Mittelitaliens ausbreitet, Obstgärten und Gemüsekulturen, Tabakpflanzungen, Sonnenblumenfelder, Olivenhaine, Weinanlagen – eine Landwirtschaft, von besonderer Fruchtbarkeit gesegnet.

An einem solchen Platz gedeiht auch das Handwerk. Kostbare Spitzen und Stickereien werden gefertigt; selbst aus dem Schilf zieht man durch die Herstellung von Matten lohnenden Gewinn. Aber die höchste handwerkliche Kultur entfaltet sich beim Fischfang. Besonders auf den Inseln und am Ostufer haben Fischer seit Jahrtausenden aus dem Reichtum des Sees an Wassertieren Nutzen gewonnen. Sie zeigen uralte Holzinstrumente, durch lange Erfahrung und kunstvollen Sinn in ihrer Form bestimmt, mit denen sie auch heute noch bei Aalen und Hechten, Königskarpfen und Barschen Erfolg haben könnten, wenn sie sich zu bescheiden wüßten. Doch moderne Techniken dienen der Forderung nach höherem Ertrag. Es könnte in diesen Kähnen fast biblisch zugehen, wenn einen nicht das Getucker der Motoren in das 20. Jahrhundert zurückriefe.

Diese kleinen Maschinen sind ein Hinweis darauf, daß auch hier am Trasimener See das empfindliche Gleichgewicht zwischen Mensch und Natur, Technik und Umwelt nur allzu leicht gestört werden kann. Im Herbst und Winter erholt sich der See etwas von den Belastungen, die ihm während der Saison zugefügt wurden. Der Tourismus, als Ertragsquelle wichtig – schon zu der Zeit, als Kronprinz Ludwig (I.) von Bayern im Jahr 1823 sich hier in Monte del Lago aufhielt –, muß in das ökologische Gesamtsystem eingefügt werden. Das ist bei den vielen Campingplätzen und Tourismus-Einrichtungen nicht leicht. Doch in den Fremdenverkehrs-Ämtern versichert man, gerade auch wegen der zahlreichen Besucher aus dem Norden wache man sorgsam über die Reinheit des Wassers. Untersuchungen würden regelmäßig durchgeführt. Mit den Ergebnissen könne man zufrieden sein.

Wenn wir auf einem Dampfer zur **Isola Maggiore** übersetzen, wäre Zeit für die 7. Erzählung aus der Legendensammlung des heiligen Franz von Assisi, den ›Fioretti, Blümlein‹, als Einstimmung zu diesem heiligen Ort mit Kirchen und Klöstern: ›Wie Sankt Franziskus auf einer Insel des Trasimenischen Sees Fasten hielt und in vierzig Tagen und vierzig Nächten nicht mehr als ein halbes Brot verzehrte‹. Es heißt, *»an dem Orte, da Sankt Franziskus so wunderbare Enthaltsamkeit beobachtet hatte, tat Gott um seiner Frömmigkeit willen später viele Wunder. Die Menschen errichteten dort Häuser und wohnten daselbst; in kurzer Zeit ward ein großes, schönes Kastell hier erbaut, auch ein Kloster der Brüder, das den Namen Inselkloster trägt. Männer und Frauen dieses Ortes aber halten bis auf den heutigen Tag die Stätte hoch in Ehren, da Sankt Franziskus die Fasten beging.«* – Dennoch gibt es auf der Isola Maggiore für den hungrigen Besucher Gasthäuser.

Castiglione ist das größte und wirtschaftlich bedeutendste Städtchen am Trasimener See, und das wohl schon seit den Zeiten der Etrusker. Deshalb war es auch im Mittelalter häufig umkämpft, mal unter lokalen Herren, mal dem Kirchenstaat unterstellt. Der Ort hat noch sein mittelalterliches Aussehen bewahrt. Durch die Stadttore blickt man hinunter auf den See und weit, weit ins Land. Ein schöner Spaziergang bietet sich um das Kastell mit vier Rundtürmen an. In solchen Landstädtchen sehen wir uns gern nach den genuinen Produkten der Gegend um. In einem kleinen Laden neben der Kirche della Maddalena (mit klassizistischem Vorbau) finden wir gutes, nicht gerade billiges Olivenöl, ordentliche Weine, Landkäse und hausgekochte Marmeladen.

AUSFLÜGE

Von den Orten direkt am See oder etwas höher in den Hügeln verdienen mehrere einen Abstecher:

Passignano, wegen des mittelalterlichen Stadtkerns und der Mauern (ansonsten modern);

Castel Rigone, wegen des Panorama-Blicks aus 653 Meter Höhe und der Kirche ›Madonna dei Miracoli‹, eines der bemerkenswertesten Sakralbauten der Renaissance in Umbrien mit schönen Fresken und Gemälden;

Corciano (Richtung Perugia) mit Burg, Stadtmauern und mittelalterlichen Türmen;

Magione (östlich, an der Straße 75 bis), wegen der Abtei (Badia) oder Burg der Malteser-Ritter (Castello dei Cavalieri di Malta), zudem Geburtsort des weitgereisten Franziskaner-Mönchs Fra Giovanni, geboren 1190, gestorben 1252, der als erster Europäer eine Geschichte der Mongolen schrieb, in lateinischer Sprache;

Montecolognola, wegen des mittelalterlichen Turmes (Torre dei Lombardi), der Stadtmauern und der weiten Sicht;

Monte del Lago, wegen der anmutigen Lage auf einem kleinen Vorgebirge (Schon Ludwig I. von Bayern schätzte es; er weilte dort im Jahr 1823); und

Panicale (im Süden des Sees), wegen des überwältigenden Panoramas und der Kirchen Collegiata (San Michele) und San Sebastiano (mit dem großen Fresko ›Martyrium des heiligen Sebastian‹ und einer ›Krönung Mariens‹, beide von PERUGINO).

Das Obere Tiber-Tal

Città di Castello

Es ist ein Musterbeispiel der italienischen Formulierungskunst: doppelsinnig höflich, doch man weiß genau, was gemeint ist. Die Bewohner von Città di Castello, einer Stadt im Oberen Tiber-Tal, im Nordwesten Umbriens zur Toskana hin, unweit Sansepolcro und Arezzo, waren beleidigt und erzürnt. Der große RAFFAEL aus Urbino hatte einst, im Jahr 1504, als er gerade 21 Jahre alt war, vier oder fünf Bilder für die Stadt gemalt, darunter den ›Sposalizio, die Vermählung Mariens‹ für die Josephs-Kapelle der Franziskaner-Kirche der Stadt. Darauf waren die von Città di Castello besonders stolz. Denn sie hatten dem jungen, noch relativ unbekannten Raffael diesen Auftrag erteilt, und es zeigte sich im Vergleich, daß dessen Bilder schöner und bedeutender waren als die seines Meisters PERUGINO in der größeren Stadt Perugia. Doch dann, im Jahr 1798, mußte man dem napoleonischen General Lecchi dieses Kleinod der Malerei überlassen, von dem es auf Umwegen, nicht direkt illegal, aber doch auf fragwürdige Weise, nach Mailand kam. Hätten die begüterten Lombarden es nicht dem rechtmäßigen Besitzer, den Franziskanern von Città di Castello, zurückgeben können? Nein, das taten sie nicht. Wer eben hat, will behalten. Daraufhin schrieben sich die von Città di Castello ihren Kummer in einer Gedenktafel auf der rechten Seitenfassade der Kirche San Francesco an der Piazza Raffaello von der Seele. »Raffaello Sanzio«, steht da, »schuf hier in der Blüte seiner Jugend fünf Bilder, darunter die Vermählung Mariens«, und nun kommt es, *»invidiata ricchezza del suo ricchissimo Brera«,* beneideter Schatz in dem an Schätzen reichen Brera-Museum. Ihr reichen Mailänder, soll das heißen, was würde Euch ohne dieses Bild groß fehlen; uns hingegen schmerzt der Raub auf ewig.

So muß sich **San Francesco,** die gotische einschiffige Kirche des Franziskus-Ordens aus dem 13. Jahrhundert, 1707 erneuert – die von einem schön geschmiedeten Eisengitter abge-

Raffael, ›Die Vermählung Mariens‹, 1504.
Heute Galleria di Brera, Mailand

schlossene *Cappella Vitelli* wurde von VASARI angelegt und mit eher schwachen Gemälden ausgeschmückt –, müssen sich die Tifernati – so die Bewohner nach dem alt-römischen Namen des Municipium Tifernum – mit einer Kopie der ›Vermählung‹ von RAFFAEL begnügen. Der Franziskaner-Bruder Vittorio trägt diesen Verlust, wie es dem milden Geist seines Ordens-Heiligen entspricht, gelassen. Zusammen mit einer Frau fegt er den Boden im Innern der Kirche, mustert aufmerksam den Fremden und knüpft rasch ein Schwätzchen an, über das Woher und Wohin, und warum man denn am Freitagvormittag, wo rechtschaffene Männer doch arbeiteten, hier in der Kirche sei, aber auch nicht bete. Doch bevor man auf diesen leichten Tadel entschuldigend reagieren und den Makel der Taugenichtserei von sich nehmen konnte, kam Fra Vittorio mit einem Lob auf die Vorzüge zu sprechen, die mit der Beherrschung von Fremdsprachen verbunden seien. Damit meinte er offenbar – die Kritik von vorhin ausgleichend – den Besucher, denn er fügte hinzu, er selbst sei leider weder des Deutschen noch eines anderen Idioms mächtig. Das würde ihn noch mehr beschweren, wenn nicht das Italienische eine so schöne Sprache wäre. So die listige Bemerkung, der wir nicht umhin konnten beizupflichten.

Wenn die Geschichte der Stadt die ›Vermählung‹ geraubt hat, was hat sie ihr dann geschenkt? Im fruchtbaren Tiber-Tal, in angenehmer hügliger Umgebung gelegen, war hier schon in alter Zeit eine umbrische Siedlung, später das Municipium Tifernum (Tiberinum) der Römer. Seinen heutigen Namen Civitas Castelli, gleich Città di Castello (Burgstadt), erhielt das Städtchen, das zwischendurch auch Castrum Felicitatis, Burg des Glücklichseins hieß – was man an einem sonnigen Frühlingstag tief nachempfinden kann –, wegen der Befestigungen, die noch heute an dem gut erhaltenen Mauerring zu erkennen sind. Nach der Jahrtausendwende teilte Città di Castello das Schicksal mit anderen umbrischen Städten: mal frei und unabhängig, mal anderen untertan, dem nahen Perugia, dem etwas ferneren, doch mächtigeren Florenz oder der Kirche, der es endgültig von Cesare Borgia, dem martialischen Sohn Papst Alexanders VI. (1492-1503), unterworfen wurde. Die damaligen Stadttyrannen, die Vitelli, seien, so heißt es, wie aufgeschrecktes Jagdwild vor dem Borgia-Wütling geflohen, der aber zum Glück rasch nach Perugia weiterzog.

Vor allem jedoch schenkte die Geschichte den Tifernati Kunstsinn. So zog die Stadt im Mittelalter und in der Renaissance immer wieder Künstler an, Maler wie LUCA SIGNORELLI und RAFFAELLO, Bildhauer wie die DELLA ROBBIA und stets bedeutende Architekten, darunter ANTONIO DA SANGALLO DEN JÜNGEREN und VASARI, deren Werke den Ruhm der Stadt ausmachen. Ihren Kunstsinn haben die Tifernati auch heute noch nicht abgelegt. Sie halten die Töpferei, schöne Keramik, und die Buchdruckerkunst (mit einem eigenen Institut) in Ehren, hören im August und September mit Begeiste-

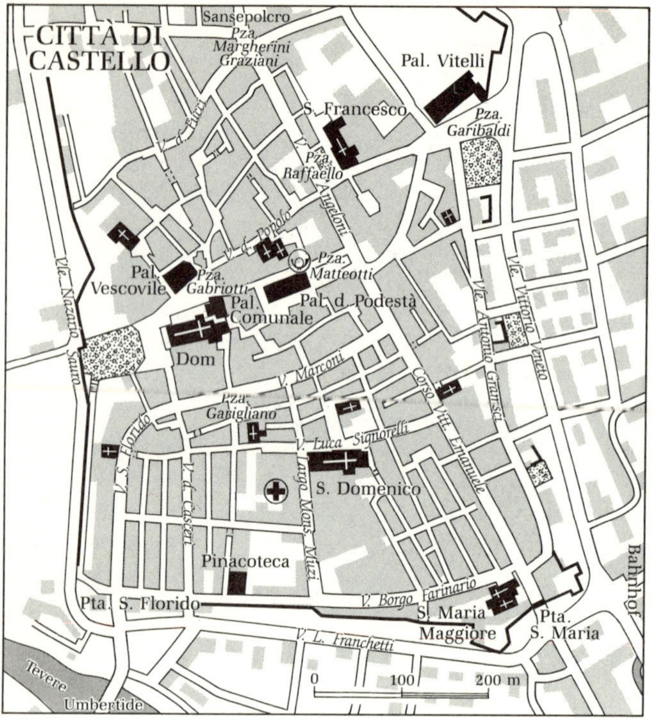

rung die Kammermusik-Konzerte des ›Festivals der Nationen‹ und beherbergen im September eine wichtige nationale Möbel- und Handwerksmesse. Sportbegeisterte ziehen im November wegen der Pferde, im April wegen der Kanu-Wettfahrten auf dem Tiber hierher.

Ich sollte es eigentlich nicht schreiben und tue es nur in der Überzeugung, daß es niemand zu genau nimmt und deshalb auf eine Besichtigung des Städtchens im Innern verzichtet: Am besten gefällt mir Città di Castello von außen, von der Schnellstraße aus etwa. Die wehrhaften, gut erhaltenen Mauern, die unverkennbaren Türme, das sanfte Braun-Rot der Häuser und Dächer halten Vergleiche mit berühmteren Städten aus. Reizvoll liegt der Ort da. Aber natürlich fehlen auch im Innern nicht die starken Eindrücke. An der *Piazza Matteotti,* dem Zentrum der Stadt, erhebt sich der strenge gotische, doch mit einer Barock-Fassade (von 1686) versehene **Palazzo del Podestà** (heute Pretura, Amtsgericht), ein paar Meter weiter durch den Corso Cavour an der *Piazza Gabriotti* der mächtige **Palazzo Comunale,** ein unvollendetes Werk von ANGELO DA ORVIETO (1334-1352) mit einem weiten Atrium und eindrucksvollen Treppen und Sälen. An den Palazzo Comunale schließt sich der **Dom** an, den Heiligen Florido (Ortsbischof) und Amanzio geweiht, ein ebenso imposanter Bau, der im 11. Jahrhundert wohl über einem römischen Tempel errichtet, 1356 vergrößert und zwischen 1466 und 1529 wegen Erdbebenschäden gründlich erneuert wurde (deshalb auch einige Stil-Schwankungen und Unsicherheiten). Mit dem Inneren kann ich mich trotz mancher schöner Einzelheiten wie der ›Verklärung‹ des ROSSO FIORENTINO im Querschiff und der stimmungsvollen Unterkirche nicht recht anfreunden; der schlanke, runde Glockenturm an der rechten Seite erscheint mir origineller. Der Kirchenschatz, aufbewahrt im *Museo del Duomo,* ist nicht unerheblich und verzeichnet vor allem ein Antependium (Altarvorbau, Paliotto) aus getriebenem und vergoldetem Silber, eine kunstvolle Schmiedearbeit des 12. Jahrhunderts, sowie liturgisches Gerät frühchristlicher Zeit, den ›Schatz von Canoscio‹. – Gegenüber Dom und Palazzo Comunale steht der **Palazzo Vescovile** (Bischöflicher Palast), den wiederum ein origineller Turm beherrscht.

Bei einem weiteren Rundgang sollte man die Renaissance-Kirche **Santa Maria Maggiore** und vor allem die Kirche **San Domenico** nicht auslassen, einen gotischen Bau des 15. Jahrhunderts mit einer unvollendeten Fassade und einem schönen Portal auf der linken Seite, über dem sich der viereckige Glockenturm erhebt. Die Dominikaner beklagen, daß sich zwei Werke RAFFAELS, ein ›Gekreuzigter‹ und eine ›Kreuzigung‹, nun in der Londoner National Gallery befinden und nur mehr in Kopien hier zu sehen sind. Der **Palazzo Vitelli alla Canoniera** – nicht zu verwechseln mit dem Palazzo Vitelli des Vasari (1540) an der Piazza Garibaldi – beherbergt die *Pinacoteca Comunale;* beachtenswert von den vielen Kunstwerken sind besonders eine ›Maestà‹ des MEISTERS VON CITTÀ

DI CASTELLO aus dem frühen 14. Jahrhundert (seit langem ›in restauro‹), ein Reliquiar in Silber und Email (1420), das ›Martyrium des heiligen Sebastian‹ von LUCA SIGNORELLI (1496), ein ›Christuskopf, Gesù‹ von JOOS VAN GENT oder Schülern des PIERO DELLA FRANCESCA, die ›Krönung Mariens‹ von DOMENICO GHIRLANDAIO und eine auf beiden Seiten von RAFFAEL bemalte Standarte (›Dreifaltigkeit mit Heiligen‹ und ›Erschaffung Evas‹), das einzige in Città di Castello verbliebene Werk des Meisters und somit der Stolz der Stadt.

Kurze Ausflüge in die liebliche, alle Erwartungen an umbrische Landschaft erfüllende Umgebung können führen:
zum Heiligtum der **Madonna del Belvedere** (5 Kilometer);
zu den **Terme** (Quellen) **di Fontecchio** (3,5 Kilometer);
zum **Eremo** (Eremiten-Kloster) **di Buonriposo** (3 Kilometer Fahrt und Fußweg), wo sich nach der Überlieferung Franz von Assisi im Jahr 1213 aufhielt.

Città di Castello, Atrium des Palazzo Comunale

Umbertide

Schon das Wappen von Umbertide weist darauf hin, wodurch dieses ländliche Städtchen im Oberen Tiber-Tal, nördlich von Perugia und südlich von Città di Castello und der Grenze zur Toskana, vor allem in Erinnerung bleibt: Durch die mächtige Festung, die **Rocca,** ein in der Tat respektables Bollwerk. Im Wappen stehen drei Festungstürme, darunter eine Mauer, und in den Rundbögen dieser Bastion die Buchstaben FOV. Das ist wohl die Abkürzung für ›Filiorum Oppidum U(v)berti‹ und besagt, daß dieses Städtchen des Namens Fracta (oder Fratta) im 10. Jahrhundert von einem der Söhne des Uberto, des Sohnes Ugos, des Königs von Italien, gegründet oder über der römischen Siedlung Pitulum wiedererrichtet wurde. Die Stadtchronik berichtet weiter, daß der uns in Perugia begegnende Braccio Fortebraccio in der Festung gefangengehalten wurde. Zwar war dieser Fortebraccio, wie schon sein Name ›Stark-Arm‹ andeutet, ein wilder Kriegsherr, doch als Gefängnis hätte man die Rocca nicht so gewaltig bauen müssen. Aber wir wissen, daß die umbrische Geschichte reich an Fehden, Scharmützeln und Schlachtenlärm ist.

Obwohl die Luft in Umbertide – diesen Namen wählten sich die Hiesigen im Jahr 1683 – von Kriegsgeschrei erfüllt ist, doch zwei ›künstlerische‹ Hinweise: Zum einen gefällt mir die Kirche **Santa Croce** gar nicht schlecht, vor allem das Tafelgemälde auf dem Altar, eine ›Kreuzabnahme‹ von LUCA SIGNORELLI (1516). Zum anderen genießt das Keramik-Handwerk einen guten Ruf; die Schwarz-Keramik von Fratta (Nero Fratta) befindet sich sogar im British Museum in London.

In der Umgebung von Umbertide verdient das Schloß, **Castello di Civitella Ranieri** (15./16. Jahrhundert) einen Umweg – wenn man nach Gubbio fährt, ist es nicht einmal einer, sondern man muß nur eine andere Straße wählen. Es befindet sich in Privatbesitz, wirkt gut gepflegt und außerordentlich nobel in angenehmer Lage. Auf die Schönheiten und Reize des Oberen Tiber-Tals sind wir schon im Kapitel über die Landschaften eingegangen (vgl. Seite 18).

Gubbio

Es ist wohl unvermeidlich. Die Schulklasse, die uns am Hauptplatz von Gubbio, der Piazza Martiri, begegnet, mit uns zusammen die Via della Repubblica hinaufgezogen war, trafen wir einmal Ende April immer wieder: in den Gassen und auf den vielen Treppen dieser Stadt, die wie kaum eine andere die Vorstellung von einer mittelalterlichen Trutz-Gemeinde erfüllt, auf der Piazza della Signoria und im Innern des Palazzo Ducale, des Herzog-Palastes, gegenüber dem Dom. Oder war es nicht nur eine einzige Schulklasse von Zwölfjährigen, die, wie wir erfuhren, aus Sizilien kamen, an diesem Tag schon Siena in der Toskana besucht hatten, nun in Umbrien weilten und morgen nach Orvieto weiterfahren wollten? Am Palazzo dei Consoli, einem der schönsten Rathäuser Italiens, wußten wir es ganz genau. Eine Lehrerin verlangte für 56 Schülerinnen und Schüler und sieben erwachsene Lehrpersonen Eintrittskarten für die Pinakothek und das Museum. Der Stadtbeamte rundete großzügig auf fünfzig Personen ab, gewährte einen Spezialpreis für die aus dem Süden. Warum sollte auch der Staat hier mehr nehmen, wenn es ihm dann doch wieder in Rechnung gestellt würde und er geben müsse. Den Kreislauf von Geben und Nehmen vereinfachen, auch das ist Staat und Leben förderndes Prinzip in Italien.

Dieser **Palazzo dei Consoli,** in den sich nun die wißbegierigen Kinder drängten, ist der Stolz Gubbios und das vornehmlichste Ziel von Touristen aus aller Welt. Schon von der Ebene aus, über der sich Gubbio am Hang des Monte Ingino in fünfhundert Meter Höhe wie die Modellanlage einer mittelalterlichen Stadt erhebt, kann man diesen Turm-Körper ausmachen. Aus den waghalsig übereinandergetürmten, mild-graugelben Häusern mit den sanft-rot-braunen Ziegeldächern streckt sich der Palastturm mit dem Glockentürmchen obendrauf selbstbewußt heraus. Steht man auf der *Piazza della Signoria,* dem Platz der Herrschaft, direkt davor, so weiß man nicht, was man mehr bewundern soll: die Eleganz der Frei-

Gubbio, Palazzo dei Consoli, Substruktionen

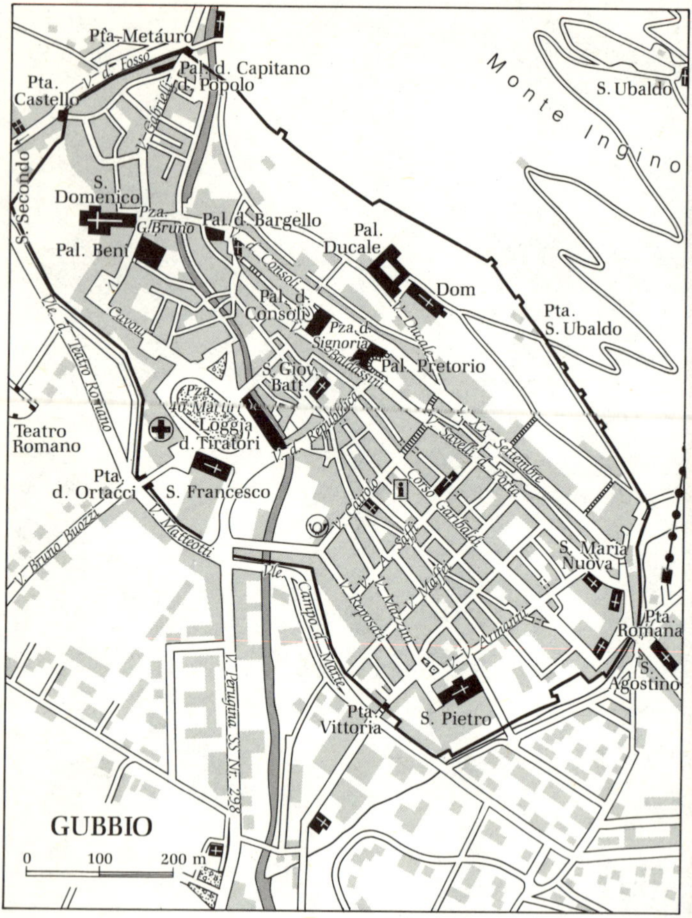

treppe, den Hochmut der Fassade mit ihrer genial einfachen und überaus eindrucksvollen Gliederung durch Fenster, Strebpfeiler und Zinnen oder die ›verrückte‹ Idee derer von Gubbio, an einem Berghang mit steil ansteigendem Terrain eine ausgedehnte Anlage mit weitem Platz und zwei gegenüberliegenden Palazzi zu schaffen und dafür erst umfangreiche Substruktionen herzustellen. Ein bemerkenswerter Platz!

Dessen Würde durch die anderen Paläste, den Palazzo Pretorio oder dei Priori (im Südosten; heute Rathaus) und den Palazzo Ranghiasci-Brancaleoni (im Nordosten) gesteigert wird und zu dessen Schönheit auch der steile Blick auf die Stadt hinunter und die weite Schau in die Landschaft beitragen. Es ist wohl auch nicht unwesentlich, daß man diese ansprechende Pflasterung für den Platz gewählt hat!

Reichern wir unser Staunen mit ein paar präzisen Daten und Fakten an. Eine lange, schwer deutbare, fast rätselhafte Inschrift im Bogen über dem Portal nennt den Namen ANGELO DA ORVIETO, die Jahreszahl 1332 als Baubeginn und gibt das Ende der Arbeiten nach fünf Jahren an. Man weiß jedoch nicht genau, welchen Anteil am Bauwerk man diesem Angelo zuschreiben soll. Andere verweisen auf den Architekten GATTAPONE (gestorben 1376). Geben wir beiden die Ehre. Schon beim Aufstieg hierher über die Via della Repubblica, die Via Baldassani und die Via dei Consoli oder über die Treppen haben wir den kühnen Aufbau des Palazzo betrachten können, der über hohen Stützbögen auch der Stadt seine kunstvoll gegliederte Schauseite zuwendet. Nachher können wir umgekehrt von der Veranda im Oberstock aus die Häuser und die Ebene von Gubbio betrachten. Die der Piazza zugewandte Front von achtzehn Meter Höhe setzt sich in ihrer eindrucksvollen Gesamtwirkung aus vielen Einzelheiten zusammen: Da sind die sorgfältig behauenen Kalksteinblöcke, im Ton je nach Lichteinfall warm oder kalt, die prachtvolle, fast barock anmutende Freitreppe, die in das Hauptgeschoß emporführt, doch zugleich geschickt die Zugänge zu den Geschäftsräumen des Untergeschosses offen läßt, das herrschaftliche gotische Portal mit einem Fresko in der Lünette, drei Stockwerke von unterschiedlicher Höhe, wobei dem mittleren die ganze feierliche Repräsentanz obliegt, während das untere einen erdverwachsenen Sockel und das obere den zinnengekrönten Abschluß bildet, breite durchlaufende Strebepfeiler für die vertikalen Akzente, Fenster in sparsamer Führung, Schmuck- und Gliederungselemente am Portal, an den Fenstern und den Gesimsen, ein schmaler, zinnenbekränzter Campanile mit großen Glocken im Gehäuse und einem Glöckchen obenauf.

Gubbio, Palazzo dei Consoli

Das Innere – wir werden uns darin noch wiederfinden – wirkt durch die klare architektonische Anordnung, doch auch durch kleine Besonderheiten. Der *Große Saal* (Salone), in den man durch das Portal tritt, zeigt schon durch seine Maße – 30,2 Meter Länge, 13,65 Meter Breite und 13,2 Meter Höhe im Scheitel des Tonnengewölbes –, daß er für große Versammlungen geeignet ist, daß sich hier alle Vertreter des Volkes ein Stelldichein geben konnten, die Macht demnach auch in demokratischer Freiheit ausgeübt wurde. Heute beherbergt er einige alte Kunstgegenstände und historische Zeugnisse, Fragmente einer reichen Vergangenheit, und an Festtagen eine fröhliche Gemeinde.

Über eine gefährlich steile Treppe an der Schmalseite steigt man zum *Museo Civico* und zur *Pinacoteca* empor. Wertvolles

Kleinod des Museums sind die in einem relativ kleinen Raum untergebrachten, berühmten sieben *Eugubinischen Tafeln,* die 1444 wahrscheinlich in der Nähe des römischen Theaters (oder bei dem Ort Scheggia) gefunden und 1456 der Comune im Tausch gegen ein Weiderecht überlassen wurden. Es sind verschieden große Bronzeplatten, die das wichtigste schriftliche Zeugnis der umbrischen Sprache darstellen, zum Teil beidseitig beschrieben, teils in umbrisch-etruskischen, teils in lateinischen Buchstaben – was man leicht nachprüfen kann. Ihr Inhalt bezieht sich auf verschiedene öffentliche und private Kulte zu Ehren von Gottheiten, auf religiöse Feierlichkeiten und auf die Ordnung des kleinen Stadtstaates. Man datiert ihre Entstehungszeit in das zweite oder erste vorchristliche Jahrhundert.

Die auf fünf große Säle verteilten Gemälde der Pinakothek haben mich nie so recht begeistern können, weil man irgendwie in diesem Ambiente ›kräftigere Kost‹ erwartet. Doch da kann man natürlich auch anderer Ansicht sein. Mir ist die Thematik diesmal ein wenig zu lieblich und fromm, andererseits der frommen Thematik nicht entsprechend zart. Zu den Mauern des Palazzo, zum kämpferischen Geist derer von Gubbio wollen mir die vielen Madonnen und Heiligen nicht recht passen. Wenn man von der Pinakothek auf die *Loggia* des oberen Stockwerks hinaustritt, atmet man auf. Als ich dort mit einem der Kustoden ins Gespräch kam, hatte ich den Eindruck, daß auch er lieber das Panorama auf Stadt und Gegend genoß, als sich zu lange in den Innenräumen Aug in Aug mit den Heiligen aufzuhalten.

Daß der Palazzo dei Consoli und der gegenüberliegende **Palazzo Pretorio** oder **dei Priori,** 1349 nach einem Entwurf des GATTAPONE begonnen, zusammen mit dem Platz eine Einheit bilden, war von Anfang an in großartiger Weise geplant. Darin ließen sich die Eugubiner auch durch die furchtbare, in ganz Europa wütende Pest von 1348 nicht beirren. Vielleicht war die Zahl der Opfer in dem etwas abgelegenen Gubbio nicht so hoch wie in den übrigen italienischen Landen. Jedenfalls bauten sie weiter.

Wer das für verrückt hält, tut denen von Gubbio, den Eugubinern, nicht Unrecht. Für verrückt, für ›matto‹, halten sie sich selber. In manchen Souvenir-Geschäften wird dem Touristen sogar die Möglichkeit angeboten, namentlich auf Pergament besiegelt, ›Ehren-Verrückter, Matto Onorario‹ von Gubbio zu werden. Da hat man einen Freibrief und muß nicht lange erklären, warum man etwas macht oder warum gerade so. Wahrscheinlich war diese Überlegung das Leitmotiv der Stadtgeschichte, nachdem einige Originelle eines Tages beschlossen, nicht mehr in der Ebene zu siedeln, wie in der Antike, sondern an dem steilen Berghang. Zerstört wäre man, wie das Beispiel anderer umbrischer Städte zeigt, wohl auch in der Ebene nicht geworden. Aber man war vor Belästigungen sicher, konnte ganz für sich sein, und darauf kam es an.

Einer der besten Kenner der italienischen Kunstlandschaften, Harald Keller, bemerkt über die eugubinische Urbanistik: *»Daß auf den Schwemmlandböden der umbrischen Becken keine Städte gegründet wurden«* – diese Regel wird durch Ausnahmen, wie hier im alten Gubbio-Iguvium, bestätigt – *»ist nur natürlich, und die frühmittelalterlichen Wege gingen niemals durch die Täler, sondern verliefen immer über die Höhen. Die Hauptaufgabe der umbrischen Stadtbaumeister war es also, Straßenzüge und öffentliche Bauten terrassenartig den Hang hinauf übereinander zu staffeln. Am herrlichsten ist das zweifellos in Gubbio gelungen. Wer wird je vergessen, wie sich am Steilhang die öffentlichen Bauten, antithetisch auseinander tretend, dennoch zu einer Gruppe zusammendrängen. Der Pal. dei Consoli und der Pal. Pretorio treten gleichberechtigt einander gegenüber, die Flanken eines großartigen Platzes über gewaltigen Substruktionen bildend. Unmittelbar darüber schieben sich von links der urbinatische Herzogspalast der Frührenaissance und von rechts der gotische Dom als nächste Stufe ins Bild, und die mittelalterliche Stadtmauer schließt nach oben die Komposition ab.«* Ist da der Wunsch merkwürdig, zugleich in der Stadt herumzugehen und dabei sie von außen betrachten zu können?

Wie dem auch sei. Vielleicht fühlten sich die Eugubiner ihrer Geschichte verpflichtet, von der die Bronzetafeln Kunde geben? Auf der Piazza della Signoria, auf den Stufen der Palazzi läßt sich über die oft merkwürdigen historischen Beweggründe nachdenken: Als Ikuvinum oder Iguvium ragte die Siedlung schon in umbrischer und in römisch-republikanischer Zeit als wichtiges Zentrum, Handelsplatz, religiöse Sammelstätte und politischer Konzentrationspunkt hervor. Seit Anfang des 3. vorchristlichen Jahrhunderts war Iguvium mit

Rom verbündet, blühte in der Kaiserzeit im allgemeinen Wohlstand des Imperiums auf, erlitt einiges in den Jahrzehnten der Völkerwanderung, wurde, wie es heißt, von Karl dem Großen besucht und von diesem dem Papst übereignet und war schon im 11. Jahrhundert eine freie Kommune, mal ghibellinisch, mal guelfisch. Obwohl oder weil die Bürger kriegerisch waren und selbst mit Perugia den Streit nicht vermieden, gewannen sie Wohlstand und Macht. Man zählte im 14. Jahrhundert fünfzigtausend Einwohner. Eigene Signori, Herrscher, wie die Gabrielli, oder päpstliche Legaten, wie der Kardinal Albornoz, errangen Macht über Gubbio, doch die Bürger rebellierten, bis sie sich 1384 den kraftvollen Herren von Urbino, den Montefeltro, unterwarfen (bis 1508). Dann übernahm die Familie der Della Rovere, des Papstes Julius' II., die Herrschaft, die sie 1624 an den Kirchenstaat abtrat.

Wettlauf der Heiligen: Corsa dei Ceri

Wild und kämpferisch – diese Eigenschaften schreibt die Geschichte den Eugubinern zu. Das gilt auch für jenes Fest, für das Gubbio unter Kopfschütteln berühmt ist: die *›Corsa dei Ceri‹*, ein Wettrennen mit Heiligenstatuen. Sankt Ubaldo, Sankt Georg und Antonius der Abt warten das ganze Jahr über in der Basilika **Sant' Ubaldo,** dreihundert Meter oberhalb der Stadt – eine Seilbahn fährt die Bequemen dort hinauf, die Pilger gehen einen schönen Aussichtsweg zu Fuß –, auf ihre Stunde. Am 1. Mai, so verkünden es schon lange vorher Plakate in der ganzen Stadt – gänzlich überflüssig, weil die Eugubiner ohnehin an nichts anderes denken – werden die ›Ceri‹, die Statuen, in die Stadt gebracht. Es soll ein Tag der ›Harmonie und Brüderlichkeit‹ sein, wie, vielleicht nicht ganz so überflüssig, hinzugefügt wird. Zwei Wochen später, am 15. Mai, findet dann ein Wettrennen statt, das auch weitgereiste Globetrotter mit Staunen erfüllt. Denn, so dachten sich die von Gubbio, Heiligenstatuen in einer Prozession tragen kann ein jeder. Diese Standbilder jedoch auf einer großen Tragesänfte mit vier Holmen über zwei mächtigen Holzkörpern in sechs bis sieben Meter Höhe zu befestigen und sie dann von Männern im Schweinsgalopp die steil ansteigenden und noch steiler abfallenden Gassen der Stadt schleppen zu lassen, keuchend bergauf, schwindel-geschwind bergab, dabei fliegende Wechsel der Wettkämpfer vorzunehmen, um die Ecken zu brausen, daß allen Hören und Sehen vergeht, manchmal, unerbittlich den Gesetzen der Hebelkräfte unterworfen, so schwankend, daß man um das Wohl der Heiligen fürchtet, manchmal die Träger so belastend, daß ein Zusammenbruch unausweichlich scheint – all das können eben nur die Verrückten von Gubbio. Warum sie es tun? Darum.

Und sie feiern dieses Fest mit Begeisterung. Selbst der Fremde wird davon angesteckt, selbst wenn er von einem Logenplatz im vornehmen Palazzo Ranghiasci an der Piazza della Signoria mit der Rathauskulisse bei Freunden jenem bunten Treiben und dem aufgeregten Wogen der dichtgedrängten Menge zuschaut, zunächst distanziert. Männer in gelben, blauen und schwarzen Hemden, die Maurer, die Handwerker, Händler, Soldaten und die Bauern stehen vor den heiligen Hölzern, üben sich in den Schlachtrufen ihres Heiligen, »Sant'Ubaldo, Ubaldo«, »Giorgio« und »Antonio«, und richten dann auf ein Glockenzeichen den Holzturm mit dem Heiligen in die Höhe. Ein Patrizier aus Gubbio zögert nicht, uns eine sexuelle Deutung von Frühlingsliebe und Männerstolz zuzuflüstern. Ob der Bischof, der mit einem Schwarm von Ministranten alles weiht, dem wohl zustimmen würde? Aber wie will er sich dagegenstellen, wo doch schließlich das Heidentum die christliche Oberherrschaft in Umbrien längst anerkannt hat, sich dabei vielleicht kleine Schlupflöcher reservierend, wo es doch den Menschen gleich ist, ob Sankt Ubaldo Glück bringt oder die Scherben der nun auf das Pflaster geworfenen Krüge.

Konnte man am Fenster des Palazzo den Enthusiasmus noch von oben herab verfolgen, so wird man beim Festbankett zur Mittagszeit im großen Rathaussaal gänzlich mithineingerissen. Der Capitano braucht nur das Schwert zu schwenken, schon verstärkt sich die Ausgelassenheit. Gesänge und Sprechchöre erschallen zu Ehren der Heiligen oder der von diesen behüteten Zünfte. Wer nicht flugs sich an dem Mahl stärkt und dem aus großen Fässern fließenden Wein zuspricht, ist der Begeisterung der nach Hunderten zählenden, ausgewählten

Straße in Gubbio

Festgemeinde, dem Geschrei von links und rechts an langen Tischen und Bänken nicht gewachsen. Erst dann glaubt er jenem Patrioten, der eifrig und stolz erzählt, er reise jedes Jahr aus Venezuela eigens dazu in seine Vaterstadt an. Da kommt auch der alte, eher schüchterne Pfarrer in Fahrt, läßt die Höhepunkte der Stadtgeschichte Revue passieren – »als einmal der Glöckner an diesem Tag Punkt zwölf Uhr vom Turm fiel, das bedeutete nichts Gutes« – und beschreibt den beschwerlichen, doch kraftvoll unternommenen Weg der ›Ceraioli‹, der Heiligen-Träger, durch die Stadt und dreihundert Meter den Berg hinauf zur Kirche des Ubaldo, wo die Statuen dann wieder ein Jahr warten. Doch jetzt, so zitiert der sonst brave, doch nun höchst gerötete Seelenhirt den lateinischen Dichter Horaz, »jetzt muß man trinken und mit dem Fuß die Erde stampfen, bum, bum, bum, zu Befehl Herr Capitano, Prosit«. Und man ißt dazu, »Fisch im Ferkel gesotten« und »Fleisch von den heimischen Weiden«, als hätte man alle drei Heiligen allein durch Gubbio und dreihundert Meter den Berg hinaufzutragen.

Gubbio, Palazzo del Bargello
mit ›Porta del Morto‹

Wenn sich der Jubel verzogen hat und die Ruhe in die Stadt zurückgekehrt ist, wird der pflichtbewußte Besucher Gubbio über die weiträumige Piazza della Signoria, den stolzen Salon der Stadt mit dem Palazzo dei Consoli und dem Palazzo Pretorio, heute Rathaus, hinaus einer eingehenden kulturellen, historischen und kunstgeschichtlichen Prüfung unterziehen.

Da ist der elegante gotische **Palazzo del Bargello** aus dem 13. Jahrhundert, das ›Alte Rathaus‹ in der Via dei Consoli. Er ist zwar kleiner als der spätere Palazzo dei Consoli, doch zeigt er, daß man in Gubbio schon damals Geschmack besaß. Ferner, oberhalb der Piazza della Signoria, der **Palazzo Ducale,** dessen Vorgängerbau wohl schon langobardischen Herzögen, der mit Sicherheit jedoch im 15. Jahrhundert dem berühmten Federico da Montefeltro als Residenz diente. Dieser Federico bereicherte allerdings mehr das nahe Urbino in den Marken als seine bevorzugte Residenzstadt mit schönen Bauten. Der hiesige Herzogs-Palazzo wurde nach dem Vorbild des Hofes von Urbino gestaltet (ab 1476). Besonders der rechteckige *Innenhof* und die mächtigen *Stützkonstruktionen* sind beachtenswert. Da ist gegenüber dem Palazzo Ducale der **Dom,** ein gotisches Bauwerk vom Anfang des 14. Jahrhunderts, einfach in der Anlage, maßvoll in den architektonischen Mitteln (verschiedene Steinmaterialien und Farben), doch von unmittelbarer Wirkung (Dachkonstruktion, Fenster der Apsis, wertvolle Gemälde). Im angrenzenden Kapitel-Museum, *Museo Capitolare,* wird ein ansehnlicher Domschatz aufbewahrt.

Auch die anderen mittelalterlichen Kirchen, vor allem die der Orden, der Augustiner, der Dominikaner und Franziskaner, **Sant'Agostino** im Südosten der Stadt außerhalb der Porta Romana, **San Domenico** im Nordwesten innerhalb der Mauern, und **San Francesco,** in der Mitte, doch unten gelegen, sind beachtenswert; ferner **San Giovanni Battista, San Pietro, Santa Maria Nuova** und **San Secondo.** Doch nicht die vielen Kirchen und Paläste, die vielen Gassen, Winkel und Treppen sind das Wesentliche von Gubbio, sondern der schlagende Eindruck des Gesamten. Im übrigen kann man sich bei der Suche nach den Kirchen auch vertun. So wenn über dem Eingang zu einer ehemaligen Kirche zwar noch die alte Inschrift, »Ingredere ut adores, tritt ein, um anzubeten« steht, man dann jedoch in das Büro eines Rechtsanwalts käme. Wenn man auf und ab, von rechts nach links in der Stadt unterwegs ist, die fünf unterschiedlich hohen Terrassen Gubbios (erkennbar noch an den fünf parallel zum Hang verlaufenden Hauptstraßenzügen) nicht ohne Mühe bewältigend, fühlt sich der Fremde von einer vergangenen Zeit umfangen, an der alles klar und geordnet, gesittet und einladend scheint.

Doch das kann täuschen. Geht man durch die Gassen, so sieht man häufig neben dem breiten Eingangstor ein zweites schmaleres und höheres, die *Porta del Morto,* die Tür des Toten. Man habe sie nur geöffnet, sagen die einen, um einen Toten auf der Bahre hinauszutragen; andere erklären ihre Bestimmung weniger traurig, sie habe ursprünglich den Zugang in die oberen Stockwerke gebildet, während das weite Tor in das Erdgeschoß mit Werkstatt und Laden führte. Wie auch immer. Es bedarf wenig, um dem Mittelalterlichen auch seine Schrekken beizulegen. So wie es eine Ausstellung im Palazzo del Capitano del Popolo eindringlich ins Bewußtsein rückte: ›Folter- und Tötungswerkzeuge im Laufe der Jahrhunderte‹. In den dunklen Räumen unter schweren Gewölben wurde gezeigt, welcher Grausamkeiten der Mensch fähig war, welche technischen Vorrichtungen er zum Quälen des Mitmenschen erfand: Käfig, Rad, Säge, die ›Nürnberger Jungfrau‹, Streckbank, Halseisen, Pendel, das ›Spanische Pferd‹, Keuschheitsgürtel, Zangen und – nein, es verschlägt einem die Sprache, mit welch raffinierter Phantasie Schmerzen bewerkstelligt wurden. Hätte unser Jahrhundert nicht die Menschenpein der Vergangenheit quantitativ und ›qualitativ‹ vielfach übertroffen, das Mittelalter würde einem unleidlich.

Aber, wie so oft in Umbrien, findet man bei seinem Hauptheiligen, Franz von Assisi, Trost. Eine der vieldeutigen Legenden um Franziskus berichtet – wohl nicht zufällig –, daß *»in der Stadt und dem Bezirk Gubbio ein ungeheuer schrecklicher und wilder Wolf erschien, der nicht nur die Tiere, sondern auch die Menschen fraß.«* Sankt Franziskus aber redete ihm ins Gewissen, so die Legende: *»›Bruder Wolf hast du gar allhier viel Böses getan und mancherlei arge Missetat, indem du Gottes Geschöpfe gegen sein Gebot vernichtet und getötet hast. Ich aber, Bruder Wolf, ich will Frieden* *stiften, zwischen dir und diesen. Versprichst du diesem Volk, den Friedenspakt zu wahren, keinem zu schaden, weder Mensch noch Tier, noch irgendeinem Lebewesen?‹ Und der Wolf kniete nieder, neigte den Kopf und bekräftigte mit freundlichen Gebärden des Leibes, des Schweifes und der Ohren, wie er es vermochte, daß er den Pakt in jeder Hinsicht wahren wolle. So geschah es, und nach zwei Jahren starb Bruder Wolf an Altersschwäche.«* Soweit die Legende; und es ist nicht ausgemacht, ob mit dem Wolf nicht der Mensch gemeint sei. Vielleicht kümmert sich die kürzlich in Gubbio gegründete ›Kulturelle Vereinigung Sankt Franziskus und der Wolf‹ auch um eine Antwort auf diese Frage.

Mit dem Fragen muß man in Gubbio zuweilen vorsichtig sein. Auf die Frage nach der Bestimmung jenes großen, an der *Piazza Martiri* aufragenden Gebäudes mit einer offenen Halle unter dem Dach, von dem man nur schwer angeben kann, ob es alten oder neueren Datums sei, wurden mir phantasievolle Auskünfte erteilt. Die beste war die, daß in früherer Zeit hier Frauen die Wolle gefärbt hätten, es aber seit geraumer Zeit als Schießplatz benutzt würde, womit die offizielle Bezeichnung, ›Loggiato dei Tiratori dell'Arte della Lana, Loggia der Schützen der Wollzunft‹, ihre Erklärung durch einen doppelten Bezug fände.

Oder wir fragten einen Frommen an der Kirche San Francesco, warum der Platz davor ›Zu den vierzig Märtyrern‹ heiße; gewiß doch, weil schon in alter Zeit tapfere Christen in Gubbio bei Verfolgungen freimütig ihren Glauben bekannt hätten. Der erste nickte zögernd mit dem Kopf, weil es doch plausibel klang, der zweite wußte es besser und richtig: Vierzig eugubinische Patrioten seien am 20. Juni 1944 von den Deutschen hingerichtet worden, sagte er. Man kennt diese Geschichten vom Rückzug der Deutschen durch Italien im Zweiten Weltkrieg, von den Heldentaten der Resistenza, des italienischen Widerstandes, und den Repressalien gegen Unschuldige. Besonders Kommunisten – und Gubbio wird von der Kommunistischen Partei verwaltet; ein Sozialist gilt hier fast als ›Rechtsaußen‹ – neigen dazu, die Aktivitäten der Partisanen damals zu verherrlichen, die Bombenangriffe der Alliierten und die dadurch bewirkten Schäden zu verschweigen und die Aktionen der deutschen Truppen zu verteufeln. Vielleicht wäre es an der Zeit, diesem Platz, von dem aus man den großartigsten Blick auf die ganze Stadt über sich hat, seinen alten einfachen Namen – Piazza del Mercato, Marktplatz – wiederzugeben.

Solche europäische Besinnung sollte um so leichter fallen, als die Stadt Gubbio manche ihrer Probleme, Restaurierung und Konsolidierung der mittelalterlichen Kunstkomplexe, die Regelung des Verkehrs im historischen Zentrum oder die Erneuerung des Straßen- und Fußwege-Systems, mit europäischer Hilfe lösen will. Eine Konferenz (›Locus Gubbio‹) mit Arbeitsgruppen und öffentlicher Diskussion wurde gerade unter der Schirmherrschaft der europäischen Kommission abgehalten. Daß man etwas für die bessere Erhaltung der Stadt unternehmen muß, ist offensichtlich, angesichts der Gefährdungen und der geologischen Befunde. Noch immer sieht man an vielen Gebäuden die Spuren des Erdbebens vom 29. April 1984, das an den Kulturstätten Umbriens schwere Schäden anrichtete. Aber die Arbeiten an kunstreichen Palazzi und Kirchen gehen nur langsam voran und verschlingen viel Geld.

Viel Zeit darf man sich dabei nicht lassen. Denn die Erde um Gubbio bleibt unruhig. Das ist ein eigenartiges Gefühl, wenn man selbst ein leichtes Beben erlebt. Da hilft auch nicht viel, wenn man einen Tag später in den ›Cronache dell'Umbria‹, in der Lokalzeitung, liest, Pater Martino Siciliani vom Seismologischen Institut der Universität Perugia schließe weitere Erdstöße für die unmittelbar nächste Zeit aus. Das bringt nichts Gutes, hatte eine alte Frau vor einem Keramik-Geschäft mitten in Gubbio gesagt, wo man unter den berühmten Keramik-Kreationen der eugubinischen Töpfer manches Schöne findet. Sie hatte nicht unrecht, wenigstens nicht für den von den Eugubinern geschätzten Partito Comunista. Drei Tage nach dem Erdbeben wurde der kommunistische Generalsekretär gerade in Gubbio von einem Herzinfarkt ereilt, der ihn nicht das Leben kostete, doch wohl sein Parteiamt. Aber natürlich sind nicht alle ›Verrückten‹ von Gubbio auch abergläubisch. Und die Besucher erst recht nicht.

An der Flaminia

Nocera Umbra

Es paßte gut zusammen. In Nocera Umbra regnete es. Das verwunderte mich nicht. Denn das umbrische Nocera hat den Beinamen ›Città delle Acque, die Stadt der Wasser‹, der Wasser von unten, nämlich eines aus dem Boden sprudelnden und, wie man sagt, sehr gesunden Mineralwassers, und offenbar auch derer von oben – natürlich, woher soll das Grün in Umbrien sonst kommen. Wieder war der Anblick des Städtchens, auf einem Felsenhügel im Topino-Tal in 520 Meter

Nocera Umbra

Höhe gelegen, umgeben von Bergen, nach der kurvenreichen Fahrt von Foligno – selbst im Regen – eindrucksvoll. Wieder standen, wie so häufig in Italien, Männer herum, warteten am Stadteingang vor der ›Bar Tre Archi‹ unter den namengebenden drei Bögen darauf, daß der Himmel seine Schleusen schloß, saßen drinnen einige Rentner in alten abgenutzten Anzügen – und ein junger Bursche in zerrissenem Hemd – zur frühen Mittagszeit vor einem Glas – und manche auch vor gar nichts – und waren untätig. Sie redeten nicht einmal miteinander. Offenbar hatten sie sich schon alles gesagt, was es hier zu sagen gab, und warteten ebenfalls. Nun nicht mehr darauf, daß der Regen aufhörte. Denn der hatte inzwischen aufgehört. Die Männer vor der Bar waren verschwunden. Die gesprächsbereiten Herren des Ortes schliefen wohl zu dieser Zeit. Ich zahlte, ging, hörte nur noch ein undeutliches Murmeln hinter mir.

Dann beschäftigte ich mich schon mit der Geschichte, einer nicht sehr auffälligen: Umbrische Siedlung des Namens Noukria, römische Station an der Via Flaminia (Nuceria Camellaria), Langobarden-Ort mit ausgedehnter, 1898 entdeckter und ausgegrabener Nekropole, von Kaiser Friedrich II. 1248 zerstört, seit 1439 beim Kirchenstaat. Ich schritt durch den **Portico San Filippo,** einen langen überdeckten Bogengang – der beim häufigen Regen sehr sinnvoll erscheint –, stand auf der schön gepflasterten *Piazza Caprera* vor der Kirche **San Francesco** (Ende des 15. Jahrhunderts), besichtigte die **Pinacoteca Comunale** (›Gekreuzigter‹ von einem CIMABUE-Schüler und Polyptychon von NICOLÒ DI LIBERATORE genannt ALUNNO, 1483) und warf einen Blick in den der Assunta geweihten **Dom** (1. Bau im 11. Jahrhundert, 1448 gänzlich erneuert). Als ich in den Wagen stieg, fing es wieder an zu regnen. Auch ich hatte wenig gesprochen in diesem Ort.

Nocera Umbra, Portico S. Filippo

Gualdo Tadino

Im Gesamteindruck sind die beiden an der Via Flaminia gelegenen Nachbarstädtchen Gualdo Tadino und Nocera Umbra grundverschieden; doch in den Einzelheiten ähneln sie sich. Lage, Größe und Aufbau weichen stark voneinander ab; hier ein Städtchen mit rund zwölftausend Einwohnern, am Abhang der Berge und am Rande einer weiten und fruchtbaren, mit Produktionsstätten durchsetzten Ebene, dort ein Ort mit etwa sechstausend Einwohnern, der sich stolz auf einem herausragenden Bergrücken erhebt. Doch in den Details rücken beide Orte zusammen. Zuerst in der Geschichte. Auch hier: umbrische und römische Siedlung, Tadinum mit Namen, Mißgeschicke im Mittelalter – Kaiser Friedrich II. allerdings war Gualdo freundlich gesonnen –, ›Anschluß‹ an den Kirchenstaat. Dann gibt es auch hier eine dem heiligen Franziskus geweihte und jener Hauptkirche in Assisi nachgebildete, beachtenswerte Kirche **San Francesco,** eine nicht unbedeutende Kunstsammlung in der **Pinacoteca Comunale** (›Gekreuzigter‹ des FRANZISKUSMEISTERS, Polyptychon von ALUNNO, 1471, und weitere interessante Fresken, Ausmalungen und Gemälde) und auch einen in einzelnen Stücken (Taufbecken, silbernes Kruzifix, Holztabernakel, Krypta) beachtenswerten **Dom.** (Tadinum war schon im 5. Jahrhundert Bischofssitz und blieb es bis in unsere Zeit.)

Vielleicht täuschen wir uns, aber es schien, als seien in diesem Ort besonders viele Straßen nach Kriegshelden benannt. Der Hauptplatz trägt den schwungvollen Namen *Piazza Martiri della Libertà,* was ›Märtyrer der Freiheit‹ bedeutet, womit wohl die gefallenen Partisanen des letzten Krieges gemeint sind, worunter man sich jedoch auch andere Opfer vorstellen kann. Wer möchte nicht jene ehren, die ihr Leben für die Freiheit ihrer Mitbürger hingegeben haben! Gualdo Tadino empfiehlt sich dem Fremden mehr als durch die martialischen Namen durch sein schmuckes, sauberes und aufgeräumtes Äußeres.

Valnerina – links und rechts der Nera

Land der Erdbeben und der Heiligen

Es ist das Land der Erdbeben und der Heiligen, jene Gegend im Südosten Umbriens, die Valnerina, das Tal der Nera, die im westlichen Teil der Monti Sibillini entspringt und nach 116 Kilometern bei Orte in den Tiber mündet, jenes Tal mit den waldreichen Bergen, das einige Kilometer hinter Terni von Norden sich herabzieht. Hier kann man noch Natur und Einsamkeit, vom Menschen ungeschändete Erde, gehegte und geachtete Umwelt finden. Nicht zufällig hat man hier zwei regionale Naturschutzparks eingerichtet: den einen östlich der Valnerina zwischen Ferentillo und Triponzo, wo die Berge bis auf 1652 Meter ansteigen, den anderen an der Grenze zu den Regionen Marken und Abruzzen, wo die Höhe über 2000 Meter beträgt. Man kann sich diesen Gebieten von vielen Seiten nähern, von Norden über Triponzo oder Borgo Cerreto, von Süden, von Terni oder Rieti in Latium, über Ferentillo oder Leonessa und Monteleone di Spoleto, von Westen, von Spoleto, über die Straße Nr. 395 oder von Osten, von Ascoli Piceno, Acquasanta und Arquata del Tronto. Doch keine schnelle Autobahn führt hierher. Von Rom braucht man

Die Valnerina und das Land um Cascia und Norcia

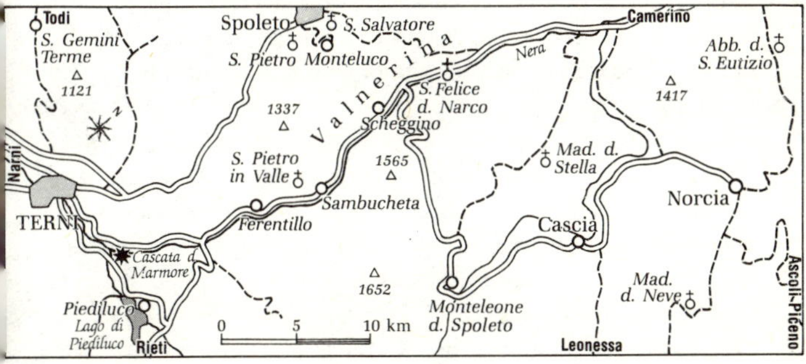

zwei Stunden mit dem Auto, von der Regionalhauptstadt Perugia ist der Weg etwas kürzer, vielleicht hundertzwanzig Kilometer.

Das Land der Erdbeben: Es war im September 1979. Wenig später waren wir dort. »Drei Wochen sind es her.« Der Schäfer Vincenzo berichtet, er habe an jenem Mittwochabend ruhig geschlafen, in einer Hütte mitten auf dem Feld bei seinen Tieren. Plötzlich sei er vom Blöken der Schafe wach geworden und habe das Rollen der Erde vernommen, das langsame zittrige Beben und dann die Stöße. »Es war schwer, die Schafe zusammenzuhalten. Einige Muttertiere begannen verfrüht, noch um Mitternacht, zu lammen. Unter neuen Stößen kamen die Jungen zur Welt. Es war eine schreckliche Nacht.« Vincenzo treibt seine Herde in die Richtung von Savelli, einem kleinen Dorf, acht Kilometer von Norcia entfernt. Wir waren im Zentrum des Gebietes, das vom Erdbeben heimgesucht worden war. Die Erde schien an diesem Tag ruhig zu sein; aber unermüdlich war das Auge damit beschäftigt, den grünen Berghängen, der Hochebene bei Leonessa, Antwort auf die Frage abzuzwingen, ob die Erde hier schon ihre endgültige Form gefunden habe, ob sie noch einmal sich aufbäumen, das, was auf ihr steht, schütteln wolle, bevor sie Ruhe gebe.

Die Kapuzinermönche im Konvent von Leonessa haben Mühe, ihre Angst zu beherrschen: »In jener Nacht haben die Wände unserer Zellen gewackelt, noch ein wenig länger, und alles wäre eingestürzt. Wenn die Geister der Erde« – nein, der ›Unterwelt‹ sagen die Mönche nicht – »wiederkehren ...« Sie befürchteten Schlimmes, auch für die Kirchen des Ortes, die überall an den Wänden Risse aufweisen. Die Priester und Brüder des Konvents haben dann sofort anderen geholfen. Sie nahmen obdachlose Waisenkinder in ihr Kloster auf, gaben den Leuten Mut.

Don Ciprino, Kapuzinerpriester aus Cesenatico, begleitet uns nach Cascia, einem Städtchen von etwa sechstausend Einwohnern, an einem Berghang gelegen, vom Erdbeben gröber getroffen als Leonessa. »Padre«, ist die Frage, »haben die Heiligen ihre Stätten nicht geschützt? Die heilige Rita in Cascia, wohin Tag für Tag Pilger aus aller Welt wallfahren? Der heilige Benedikt seine Geburtsstadt Norcia, wo die schlimmsten Schäden an Häusern und Kirchen zu beklagen sind? Die Madonna nicht ihr ›Heiligtum vom Schnee‹, eine Kirche bei Norcia, von Schülern des Bramante erbaut, die völlig zusammengestürzt ist?« – »Die Sonne scheint über Gute und Böse, wie soll da ein Erdbeben unterscheiden?« kommt die Antwort des fröhlichen Jüngers des heiligen Franziskus, der nicht weit von hier, in Assisi, im Herzen Umbriens, die Güte und Schönheit der Natur besang. Nur Kleingläubige werden jetzt irre. Die meisten aber packen fleißig mit an, um die Schäden zu beseitigen.

Weiter unten in Cascia sagen die Leute alle das gleiche: Von außen sehe man häufig die Zerstörungen nicht, nur unmerkliche Beschädigungen in der Außenhaut der Häuser, fehlender Putz, der verschiedene Ursachen haben könne. »Aber kommen Sie nur herein!« Da wird einem die Wirkung des Erdbebens plötzlich klar. Da drinnen kann man nicht mehr wohnen.

Vor den Toren Norcias inmitten einer lieblichen Gegend mit Pappeln, frischgrünen Wiesen und einem kleinen, sich munter dahinschlängelnden Bach bietet sich ein ähnliches Bild. Hier sind es große Zeltdörfer, Burgen aus Wohnwagen, fast Zeltstädte; so viele Häuser sind unbewohnbar geworden, so schwer waren die Verwüstungen. Manchmal ist es unmöglich zu erkennen, ob die öden Fensterhöhlen durch die Erdstöße entstanden sind oder ob das Gehöft seit langem verlassen war. Aber das Gebiet um Norcia ist nicht arm, das Land kann die Bewohner ernähren, auch wenn viele – wie überall in Italien – in die Städte abgewandert sind.

Der Carabiniere, der auf der Landstraße am Eingang der Stadt die Sicherheitsmaßnahmen für den Abbruch eines halbzerstörten Bauernhofes beaufsichtigt, spricht davon, daß achtzig Prozent der Wohnhäuser unbrauchbar seien. Er stammt aus Norcia; seine Familie hat ihr Haus verloren; auch er schläft im Zelt. Seine Antworten – und er ist ein junger, offenbar energischer Mann – teilen Melancholie mit, eine Traurigkeit, die nicht laut klagt, sondern still den Kummer verschmerzen will und es doch nicht kann.

Gewiß, in Norcia kam trotz der gewaltigen Erdstöße niemand ums Leben. Todesopfer gab es in Chiavano, dreizehn Kilometer von Cascia entfernt, höher in den Bergen, außerdem in San Marco, nicht weit von Norcia, insgesamt sechs. Lange wollten die Leute nicht glauben, daß es nur sechs seien, so schlimm waren die Zerstörungen in den Dörfern um Norcia. Es hätte schlimmer kommen können, natürlich, aber es ist schlimm genug. Zum Beispiel für den Schuster, der seinen dunklen Laden, nur einige Schritte neben dem Hauptplatz, seit Jahren führt. Er kann die alte Maschine für die Ledernähte seit jener Nacht nicht mehr benutzen. Seine Hand ist alt, nicht mehr geübt, die schweren Stiche zu führen. Oder für den Rektor der Basilika St. Benedikt, der Hauptkirche von Norcia, Don Dario Dell'Orso. Die Schäden in seiner Kirche sind beträchtlich. Gerade nehmen ein paar junge Restauratoren von einem Seitenaltar das Bild des Carducci ›Die Auferstehung des Lazarus‹ ab, um es vor weiterem Schaden zu bewahren.

Überall geht Angst um, kommt Verzweiflung auf: Wie soll es in den nächsten Wochen und Monaten werden? Noch scheint die Sonne. Aber nachts wird es kalt in den Zelten und Wohnwagen. Und dann, wenn der Regen kommt, wenn der eisige Wind durch die Täler fegt, wenn Schnee fällt? Die Behörden haben Baracken, haben Fertighäuser versprochen. Denn die beschädigten Häuser können so schnell nicht repariert oder wiederaufgebaut werden. Und wer weiß, ob die Erde nicht von neuem beben wird. Kleine Stöße sind immer noch zu spüren. Das Geräusch eines Hubschraubers unterbricht die Unterhaltung mit den Zeltbewohnern bei Norcia. Er trägt eine Fertigbaracke in der untergehenden Sonne hinüber nach San Marco. »Dorthin, wo die Toten waren«, sagte eine Frau. Der Wettlauf mit dem Winter hat begonnen.

Die Stadt des heiligen Benedikt: Norcia und Umgebung

In der Geburtsstadt Benedikts und seiner Zwillingsschwester Scholastika – die der Ebene rings um die Stadt ihren Namen gegeben hat (›Piano di Santa Scolastica‹) – gilt es, den verbliebenen Zeugnissen der Vergangenheit Aufmerksamkeit zu schenken, den Stadtmauern, dem Festungswerk der Castellina, der Kirche San Benedetto, dem Palazzo Comunale, dem Tempelbau der Edicola, den Kirchen S. Agostino und S. Giovanni.

›Der hl. Benedikt verläßt seine Vaterstadt‹.
Aus dem Freskenzyklus des Sodoma zum Leben des hl. Benedikt
im Kreuzgang von Monte Oliveto Maggiore (Toskana)

Denn auch Sankt Benedikt konnte seine Stadt nicht vor Erdbeben bewahren. Für 1328, 1567, 1703, 1730, 1859, 1971 und für 1979 werden diese Naturkatastrophen berichtet, die das Städtchen, heute mit etwa knapp fünftausend Einwohnern, heimsuchten. Nicht umsonst erließ man im Mittelalter die Verordnung, daß die Häuser aus Sicherheitsgründen nicht höher als zwölfeinhalb Meter gebaut werden dürften.

Nähert man sich Norcia auf der Straße Nr. 396 von Serravalle, so wirken die Stadtmauern am eindrucksvollsten. Auf dem Tor, der **Porta Romana,** steht für jene, die es noch nicht wissen sollten: »Vetusta Nursia, das alte Nursia«. Auf dem Corso Sertorio gelangen wir geradewegs zur **Piazza San Benedetto,** dem – wie könnte es anders sein – Hauptplatz mit dem mehrfach restaurierten Palazzo Comunale, dem Rathaus, das einige Kunstwerke im Innern beherbergt, der Kirche San Benedetto, der Zitadelle der Castellina und dem Dom.

Natürlich muß auf der Piazza San Benedetto, einem kaum ›konstruierten‹ und dennoch gefälligen Platz, die *Statue des Hauptheiligen* der Stadt stehen, ein durchaus gelungenes Werk des Bildhauers GIUSEPPE PRINZI von 1880. Die Kirche **San Benedetto** soll, so will es die Überlieferung, in früherer Zeit über dem Haus seiner Eltern, des Euproprius Anicius und der Abbondanza Reguardati, errichtet worden sein. Warum nicht. Die Alten hatten ein gutes Ortsgedächtnis, das von Generation zu Generation weitergegeben wurde. Der jetzige Bau von 1389 erlitt im Lauf der Jahrhunderte mehrere Umgestaltungen, so daß er nicht mehr einheitlich wirkt. Das gotische Portal, links und rechts zwei Nischen mit den Statuen der Scholastika und des Benedikt, Fassade, Seitenloggia und der Turm haben jedoch eigene Würde. Die Kunstwerke im Innern erscheinen bescheiden. Verständlich, daß man in der Krypta die Mauern mit dem Elternhaus des Benedikt verbindet. – Links von der Kirche, im ehemaligen Palazzo Vescovile, werden wertvolle Dokumente aufbewahrt; sie reichen jedoch nicht weiter als bis 1380 zurück, nur sechs Jahrhunderte also; die neun (!) davor fallen leider nicht darunter. – An der Südecke des Platzes erhebt sich der **Dom** Santa Maria Argentea

20 *Abteikirche S. Pietro in Valle*

21 *Spello; im Vordergrund die Porta Venere*

22 *Narni mit Rocca*

(›Silberne‹) oder della Plebe (›des Volkes‹), ein Bau ursprünglich von 1560, später nach Erdbeben neu gestaltet. Die provinziellen Elemente sind nicht zu übersehen. Der Dom muß freilich auch nicht mehr als Bischofskirche dienen, da das Bistum Norcia mit Spoleto zusammengelegt wurde. – Dominierend an der Piazza San Benedetto ist die Stadtfestung der **Castellina,** eine viereckige Zitadelle mit vorspringenden Eckbollwerken, zwischen 1554 und 1563 von dem Architekten VIGNOLA angelegt, Zeichen der mächtigen Papst-Herrschaft inmitten der Stadt. In den Räumen des Obergeschosses ist ein schönes Museum, *Museo Civico-diocesano,* eingerichtet worden, mit Kunstwerken aus Norcia und Umgebung. Es sei besonders auf eine ›Kreuzabnahme‹ aus dem 13. Jahrhundert hingewiesen, die wegen ihrer Seltenheit in Umbrien, aber auch ob ihrer Ausdruckskraft gerühmt wird. Auch an anderen Skulpturen und Gemälden der religiösen Kunst des späten Mittelalters und der Renaissance kann man Gefallen finden.

Wenn wir für einen Rundgang mehr Zeit haben, sollten wir die Kirchen **Sant'Agostino** (Via Anicia) und **San Giovanni** (Via Gioberti) nicht auslassen, auf keinen Fall jedoch das **Edicola** genannte Tempelchen: ein einzigartiger Bau eines gewissen Vanni Tuzi von 1354, der leider nicht mehr die alte schöne Gestalt aufweist. Die sechs Meter hohe, über einem quadratischen Grundriß errichtete Konstruktion mit zwei Bögen, die mit feinen Reliefbändern geschmückt sind, bereichert das sonst schlichte Stadtbild.

Beim Gang durch die Stadt werden uns die vielen ›Feinkost‹-Geschäfte auffallen. In der Tat. Uns fiel es immer schwer, von Norcia ohne ein kleines Paket deftiger Landkost zu scheiden. In Norcia versteht man sich darauf – was man auf der Apennin-Halbinsel gar nicht so häufig findet –, die Einzelteile des Schweins schmackhaft zu veredeln und in saftige Schinken, würzige Würste und pikante Salami umzuwandeln. So bekannt waren die Schweine-Fleischer von Norcia und ihre Produkte, daß man mit ›Norcini‹ in weitem Umkreis allgemein jene Handwerker bezeichnete, die das Schwein schlachten und bearbeiten konnten. Auch die Käse von Norcia sind wegen ihres Wohlgeschmacks und ihrer Frische bekannt, denn wegen der zahlreichen Wiesen steht die Weidewirtschaft gut in Schuß. All diese Leckerbissen kauft man hier in der ›Pizzicheria‹ oder ›Norceria‹. Glücklich, wer sich da für ein Picknick ausrüsten kann.

Von Norcia aus nach Süden gelangt man, an der Kirche **Santa Scolastica** vorbei, zuerst auf gerader Straße, dann auf Kurven ansteigend, zu der durch das Erdbeben von 1979 schwer beschädigten Kirche **Madonna della Neve,** ›Mariä Schnee‹, in 1077 Meter Höhe. Die so benannten Kirchen gehen gewöhnlich auf ein Schneewunder im August in Rom (Santa Maria Maggiore) zurück. Doch hier berichtet die Tradition, ein Wanderer, der sich im Winter in Sturm und Schnee verirrt hatte – seien wir also in der kalten Jahreszeit vorsichtig! – und nach drei Tagen gerettet worden war, habe diese Kirche gestiftet, die zwischen 1565 und 1571 als eleganter Zentralbau der Renaissance errichtet wurde. Die Fresken im Innern malten die Brüder CAMILLO und FABIO ANGELUCCI (1576-1584).

Für die Landschaft ringsum, die ›Ebene der Scholastika‹, erscheint mir ein Text besonders passend, der aufschlußreich ein Licht auf die Beziehung des frühmittelalterlichen Menschen zur Natur wirft und zugleich zukunftweisend im Sinn einer sozialen Utopie ist. Er stammt von Papst Gregor dem Großen (590-604), der, wie erwähnt, das zweite Buch seines Werkes in Legendenform dem Leben des Benedikt widmete. Er schreibt in seinen ›Dialogen‹ (593):

»Zur selben Zeit wohnten in der Gegend des Landes Nursia zwei Männer in der Lebenshaltung heiligen Wandels zusammen; der eine von ihnen hieß Eutychius, der andere Florentius. Eutychius tat sich durch geistlichen Eifer und Leidenschaft für die Tugend hervor und war bemüht, durch seine Ermahnungen viele Seelen zu Gott zu bringen; Florentius führte ein Leben der Herzenseinfalt und des Gebetes. Unweit lag das Kloster (Valcastoriana), das durch den Tod seines Leiters verwaist war; deshalb wollten die Mönche diesen Eutychius zu ihrem Abt haben (um 527). Er gab ihren Bitten nach, lenkte viele Jahre lang das Kloster und übte die Seelen der Jünger im Streben nach heiligem Wandel. Und weil die Kapelle, bei der er bisher gewohnt hatte, nicht leerstehen sollte, hinterließ er dort den ehrwürdigen Florentius. Während er einsam an diesem Ort hauste, warf er sich eines Tages zum Gebet nieder und bat den allmächtigen Gott, er möge ihm einen Trost schenken, damit er es dort aushalten könne.

Sowie er das Gebet beendet und aus der Kapelle trat, fand er vor der Tür einen Bären stehen; der senkte den Kopf zu Boden und verriet in seinen Bewegungen keinerlei Wildheit: Damit gab er klar zu verstehen, daß er zum Dienst bei dem Mann Gottes gekommen sei, und der Mann des Herrn erkannte das auch sofort. Und weil bei dieser Zelle vier oder fünf Schafe zurückgeblieben waren, denen jeglicher Hirte und Hüter fehlte, gab er dem Bären den Befehl: ›Geh und treibe diese Schafe auf die Weide, aber um zwölf Uhr komm wieder heim!‹ Das geschah fortan unablässig. Einem Bären war die Hirtensorge anvertraut, und das Tier weidete die Schafe, die es sonst gefressen hatte, jetzt nüchternen Magens.«

Ein historischer Besuch:
Papst Johannes Paul II. in Norcia

Nie vorher und nie nachher hat der reisefreudige Papst Johannes Paul II. einem einzigen kleinen Ort so viel Aufmerksamkeit gewidmet wie Norcia am 23. März 1980. Von früh bis spät, insgesamt elf Stunden, einen ganzen Sonntag lang. Selbst als der Tag sich zu neigen begann, als ein kalter Wind von den noch schneebedeckten Bergen herunterfiel und alle auf dem Hauptplatz frösteln machte, selbst als der Regen seinen Zuhörern ins Gesicht schlug, hatte der Papst es nicht eilig, wegzukommen. Dabei hatte er gerade erst eine Erkältung überstanden, und nur fürsorgliche Nonnen hatten ihn dazu bewegen können, über dem weißen Talar eine weiße, warme Schafwolljacke zu tragen. »Wie soll es der Papst nur bei den vielen Geschenken anstellen«, so scherzte er vor Hunderten von begeisterten Jugendlichen, »daß er nicht reich wird? Aber keine Angst«, fuhr er vor dem in der Mehrheit hier kommunistisch wählenden Publikum fort, »der Papst wird kein Kapitalist.«

Nein, der Papst hatte es nicht eilig, von Norcia und den Menschen hier wegzukommen. Acht Reden hielt Johannes Paul II. am Sonntag: die erste Ansprache in dem kleinen Weiler Castel Santa Maria, etwa fünfzehn Kilometer von Norcia entfernt, in den Bergen, an ein paar Dutzend Zuhörer. Das war gegen neun Uhr morgens. Dann die Begrüßung der ›Lokal-Autoritäten‹, die Predigt während der Messe, die Worte zum

Angelus nach zwölf Uhr, die Reden an die Orts-Oberen, an den Klerus und die Ordensschwestern. Schließlich die letzte Ansprache an die Jugendlichen, die nach dem Erdbeben geholfen hatten. Den ganzen Sonntag über – die Mittagspause und die Begrüßungsworte der lokalen Honoratioren ausgenommen – war aus den unzähligen Lautsprechern in Norcia nur eine Stimme zu hören: die des Papstes. Unmöglich, daß alle da immer zuhörten. Die Probe aufs Exempel machten wir bei Bauern und Polizisten, jungen Mädchen und greisen Männern. Kaum einer von ihnen konnte sagen, worüber der Papst gesprochen hatte. Vielleicht noch, daß die beiden Schlüsselworte, ›Benedikt‹ und ›Erdbeben‹, genannt wurden. Doch wichtig war den meisten nicht, was er gesagt hatte – da gerieten sie in Verlegenheit –, sondern daß er sprach. Denn, solange der Papst redete, war er bei ihnen, sichtbar, greifbar, strahlte er Güte, Verständnis, Kraft und Vertrauen für sie aus.

Die päpstliche Ausstrahlung mußte sich am Sonntag in schwierigen Lagen bewähren; vor Waisenkindern etwa, die durch das Erdbeben ihre Eltern verloren hatten, vor all den schrecklichen Spuren, welche die Naturkatastrophe vom September 1979 hinterließ. Häuser liegen in Trümmern. Die Angst, daß die Natur wieder Furchtbares, vielleicht noch Schlimmeres bringen könnte, ist geblieben. Nicht ohne Grund, denn während des Papst-Besuches wurden weitere, wenn auch kleinere Erdstöße registriert. Den Gesichtern der Menschen ist der Stempel der harten Arbeit aufgedrückt. Vielleicht, daß an diesem Sonntag für die Tausende auf den Plätzen und in den Straßen Norcias durch den Papst aus Rom die Welt etwas freundlicher geworden ist. Und sei es nur, weil sie sich vorstellen konnten, daß diesem polnischen Bischof von Rom ihre einfachen Geschenke – ein Lämmchen, ein Laib Käse, ein kräftiger Schinken – gefallen haben könnten. Dieser Papst paßt in ihre Welt. Es wäre leicht denkbar, sagen sie, daß er am Abend in Rom den Wunsch äußerte, den Schinken zu kosten. Vielleicht würde er sogar selbst das Messer in die Hand nehmen, um eine Scheibe abzuschneiden. So einer ist Johannes Paul II. für die von Norcia. Nicht ein flüchtiger Botschafter einer fremden Welt, sondern ein Papst, der auch bei Schnee, Nebel und Regen noch freundlich ist und es bei ihnen aushält, so wie es sie, die ›einfachen‹ Leute, auch hier aushalten müssen. Auf dem Marktplatz antworten den Abschiedsworten des Papstes nicht Hysterie oder religiöser Fanatismus. Merkwürdig gestärkt schauen die Leute ihm nach.

Cascia

Für viele ist die unruhige Erde hier Heimat, war es seit Jahrhunderten für die Vorfahren im Auf und Ab, auch der Geschichte. Cascia, das mit seinem heutigen Namen schon im Jahr 553 das erstemal in der Historie auftritt, als es von dem oströmischen Feldherrn Narses eingenommen wird, nahm die Stelle des römischen Municipium Cursula ein, das durch ein Erdbeben zerstört worden war. Solche vernichtenden Erdstöße werden von der Chronik für das Jahr 1300 – das im 138 Kilometer entfernten Rom als erstes ›Heiliges Jahr‹ von Papst Bonifaz VIII. gefeiert wurde –, für 1599 und 1703 verzeichnet. Die Bedrohung durch die Natur gab freilich denen von Cascia keinen Freibrief dafür, von der Politik verschont zu werden. In den Wirren der Völkerwanderungen, in den Auseinandersetzungen zwischen Päpsten und Kaisern, aber auch in Kämpfen mit den Nachbarstädten waren sie ›dabei‹.

Vor allem Ungemach konnte sie auch die berühmteste Tochter der Stadt, die *heilige Rita,* nicht bewahren, eine dem Augustinerorden angehörende Nonne, die 1381 im nahen Roccaporena geboren wurde, 1457 starb und im Jahr 1900 heiliggesprochen wurde. Daß sie in hohem Ansehen steht und gläubige Anhänger, nicht nur hier oder in Italien, sondern in aller Welt besitzt, ist in ihrem Santuario, der Basilika und dem Monastero, der Kirche und dem Kloster, zu ihren Ehren zu sehen. Daß Cascia auch noch andere ›Talente‹ hervorgebracht hat, wissen die Musikhistoriker zu berichten, die einem *Giovanni da Cascia* aus der ersten Hälfte des 14. Jahrhunderts, also einem Zeitgenossen der Rita, Meisterschaft in der mehrstimmigen italienischen Liedkunst zuschreiben. Ohne auf die Eigenart des mehrstimmigen Liedes im späten Mittelalter, auf Diskant und Conductus, auf Hymnen und Sequenzsätze, Madrigal und Chanson, Motette und Ballade, auf Hauptstimme,

Tenor und Kontratenor einzugehen – dieser Großmeister der Musikgeschichte steht für die hohe Kultur dieses Landstriches in jener Zeit.

In Cascia wird man unwillkürlich über die Heiligenverehrung in Italien nachdenken, unabhängig davon, ob man Katholik, Protestant, Atheist oder Agnostiker ist. Die einen werden bedauern, daß sie keinen Zugang zu dieser Art christlichen Kults finden, die anderen vielleicht achselzuckend ein Verständnis gar nicht suchen wollen, die dritten es als Aberglauben oder als die Besonderheit eines südlichen, katholischen Volkes abtun. Nun muß man in fremden Landen ja auch nicht alles ›nachvollziehen‹. Andererseits sollte man es sich wegen einiger eigentümlicher Züge der Volksreligion auch nicht zu schwer machen. Der Mensch neigt zur Anbetung. Warum auch nicht, solange er dabei nicht auf gefährliche oder lächerliche Gleise gerät. Mich persönlich beeindruckt in den vielen Heiligtümern und Wallfahrtsorten Italiens neben dem starken Glauben – oder, wenn man will, Aberglauben – von Frauen und Männern, Jungen und Mädchen, noch mehr, wie viel ›Menschliches‹ sich darin zeigt: Angst, Not, Sorge, Verzweiflung, Unglück, doch auch Freude und Frohsinn. Für all diese menschlichen Gefühle haben wir noch keine definitiv befriedigenden ›technischen Lösungen‹ entwickelt, keine Gefühls-Transplantationen oder -Transmutationen. Also erscheinen mir Zurückhaltung, stille Achtung in einem italienischen ›Heiligen-Ort‹ angemessen, ein wenig Stirnrunzeln für all das, was sich als Wallfahrts-Tourismus und religiöser Betrieb breitmacht, wenn uns nicht eine verbindende Affinität zu besserem Verständnis leitet.

Warum Santa Rita verehrt wird? Zudem als Patronin der Hausfrauen? Nach dem, was die Überlieferung uns berichtet, sei sie in jungen Jahren verheiratet worden, entgegen ihrem Wunsch, ledig zu bleiben oder vielleicht nur von diesem Mann verschont zu werden. Die Roheit ihres Gemahls habe sie in aller Geduld ertragen. Als dieser ermordet wurde und auch ihre beiden Söhne starben, sei sie endlich mit 33 Jahren, nachdem zunächst ihre Bitten abgelehnt worden waren, in das Kloster von Cascia aufgenommen worden. Ähnlich wie Franziskus aus Assisi erhielt sie Wundmale wie Jesus Christus, die der Dornenkrone, was nicht Einbildung, sondern sichtbar gewesen sei. An Wundern, welche die Leute ihrer Fürbitte zuschrieben, habe es nicht gefehlt. Die Verehrung des Volkes, die man nur bis zu einem gewissen Grad und auch nur für begrenzte Zeit steuern, verstärken oder mindern kann – der moderne Star-Kult beweist es –, sei über die Jahrhunderte hinweg konstant gewesen, so daß man die Rita von Cascia 1628 selig- und fast drei Jahrhunderte später heiligsprach. Die Forderungen der katholischen Kirche für einen Heiligen, ›heroische Tugenden‹, Wunder – ob des Glaubens liebstes Kind oder Ergebnis des Glaubens sei dahingestellt – und bleibende Verehrung der Gläubigen waren erfüllt.

So werden wir auch die Hauptkirchen von Cascia, wenn uns danach ist, mit innerer Gefaßtheit betrachten: **San Francesco** (gotischer Bau von 1424, mit schönen Gemälden und einem beachtenswerten Chorgestühl), **Sant'Antonio Abate, Santa Maria** (ältester Sakralbau mit ansehnlichen Kunstwerken), die **Basilika der heiligen Rita** mit dem Kloster und schließlich auf der Spitze des Hügels **Sant'Agostino** bei der Festung.

AUSFLÜGE

Von dem 653 Meter hoch gelegenen Cascia aus lohnen sich einige Ausflüge in die von zahlreichen Straßen erschlossene wunderschöne Landschaft auf gefährlichem Grund:
nach **Roccaporena** (707 m hoch; 5,5 km), dem Geburtsort der Santa Rita; nach **Capanne di Collegiacone** (958 m; 5,6 km), **Poggio Primocaso** (831 m; 7 km); **Piandoli** (931 m; 12,6 km); **Logna** (818 m; 5,8 km; mit der Pfarrkirche San Giovenale) und **Maltignano** (714 m; 4,4 km).

CASSIA, QUAE FLORES
PRO CARIS GESTAT AMICIS,
ANGUINEO MORSU
QUI NOCUERE NOCET

Abtei San Pietro in Valle

Ehrfurcht ist ein Wort, das wir Modernen aus unserem Sprachschatz gestrichen haben. Meist zu Recht. Denn wieviel ist zusammengebrochen, vor dem frühere Generationen Hochachtung hatten, Scheu vor der Würde einer Person, vor der Erhabenheit eines Wortes, eines Symbols. Hohes ist niedrig geworden, blinde Bewunderung wich der Verachtung. Doch San Pietro in Valle, die Benediktiner-Abtei ›Sankt Peter im Tal‹, ist ein Ort, der Ehrfurcht einflößt, Achtung vor dem einst Bedeutenden, Scheu vor dem Erhabenen. Man gelangt dorthin durch die Valnerina, das Tal der Nera, das fast ›deutsch‹ wirkt mit den frischen Wiesen und dunklen Wäldern, den Büschen und Hecken, (von Süden) vom Ort Ferentillo mit zwei trutzigen Burgen hoch über dem Talgrund oder (von Norden) von Sambucheto. Es bestehen zwei Straßen zur Abtei, doch sollte man für die Auffahrt die nördlichere ganz nahe bei Sambucheto wählen, weil dann nach etwa 1,6 Kilometern – zuvor in dem Weiler fragen, ob der Kustode in der Abtei ist; sonst ihn oder sie mitnehmen! – hinter einer Kurve plötzlich das Kloster vor einem liegt, gravitätisch-majestätisch in seiner Ruhe, würdig in seinem Alter, abweisend und einladend. Die Kirche mit dem schweren Campanile, die Gebäude der Mönche, die hohen Stützmauern bieten sich dem Blick dar und verhüllen doch ihr Geheimnis.

Da im Kloster heute keine Mönche mehr sind, können wir ohne Halt in der Gegenwart in die Vergangenheit zurückschauen. Wir sind über nichts im Mittelalter so gut informiert wie über das Leben der Mönche und das Wesen der klösterlichen Existenz. San Pietro wurde, so sagen die Urkunden, nach dem Jahr 720 von dem Langobarden-Herzog Faroald II. gegründet, nachdem er von seinem Sohn Trasamund abgesetzt worden war und sich zu einem monastischen Leben entschlossen hatte. Da sind wir also im 8. Jahrhundert, zwei Jahrhunderte nach Benedikt und der Gründung des Stammklosters Montecassino. Man darf freilich nicht denken, die Benediktiner-Klöster hätten sich nach einem Generalstabsplan über das Abendland ausgebreitet. Die Geschichte verläuft viel ungeordneter. Und damals noch mehr. Wir wissen, in welchem

Erdbeben der politischen Mächte, in welchen unsicheren militärischen Verhältnissen in Italien Benedikt sein Lebenswerk entwickelte. (Siehe die Kapitel über den Ordensgründer, Seite 64ff., und über Nursia, Seite 334ff.)

Doch jetzt, im 8. Jahrhundert, muß zunächst von den *Langobarden* die Rede sein, jenem Volk aus Skandinavien, das im 5. Jahrhundert an der Niederelbe auftauchte, dann verschiedene Gebiete Mitteleuropas unsicher machte und schließlich im 6. Jahrhundert in Italien sein Reich errichtete, dem die Historiker als Anfang und Ende die Daten 568 und 774 geben. Ihre Hauptstadt war Pavia, südlich von Mailand in der Poebene. Die Herzogtümer in Mittel- und Süditalien, Spoleto und Benevent, waren davon durch die Besitztümer des oströmischen Kaisers getrennt. So fühlten sich die Herzöge eigenständig, was bis zur Auflehnung gegen ihren König führte.

Als der Langobarden-König Liutprand (712-744) sich anschickte, den Byzantinern ihre Besitztümer auf italienischem Boden – das Exarchat Ravenna und die Pentapolis – zu entreißen, die eigenmächtigen Herzöge von Spoleto und Benevent zu unterwerfen und selbst ein starkes Königtum aufzurichten, mußte der Papst im byzantinischen Dukat von Rom um seine Existenz fürchten. In diesem politischen Kräftespiel wußten die Päpste klug den eigenen Vorteil zu nutzen, wovon bei Terni und Narni schon die Rede war (vgl. Seite 258f.; 264). Das ist die Ausgangssituation, die schließlich die Franken ins Spiel brachte und – nachdem sowohl Byzantiner wie Langobarden ausgeschaltet waren – den mittelalterlichen Dualismus Kaiser-Papst zur Folge hatte. Alles dies entschied sich im 8. Jahrhundert, und den Langobarden kommt dabei eine Schlüsselrolle zu.

Gregorovius, der historische Gewährsmann, beurteilt die Lage Anfang des 8. Jahrhunderts: *»Die damaligen Päpste besaßen noch keine weltliche Stellung, obwohl sie bereits mehr Einfluß auf die italienischen Verhältnisse hatten als der [oströmische] Exarch. Sie bekannten sich fortwährend als die Untertanen des Kaisers [in Konstantinopel], traten mit weiser Vermittlung in jeder Revolution auf und hielten an der legitimen Autorität des Reiches fest. Denn die verfrühte Losreißung Italiens von Konstantinopel, wo jetzt der Sitz der römischen Reichsgewalt* *war, würde nur der Vorteil der Langobarden geworden sein, und diese bedrohten gerade damals wieder Rom. Die Wildheit dieses Volks hatten die milde Natur und die Bildung Italiens allmählich gezähmt; vom Arianismus zum katholischen Glauben bekehrt, waren seine Fürsten und Bischöfe die eifrigsten Förderer des römischen Kultus geworden. Sie bauten Kirchen und Klöster, worin langobardische Mönche die Wissenschaften pflegten. Am Ende des 7. Jahrhunderts entstand auch Farfa wieder, welches einst das Schicksal Monte Cassinos erlitten hatte. Der Herzog Faroald von Spoleto war der tätigste Beförderer des Aufbaues dieser Abtei, die, obwohl in der römischen Sabina gelegen, doch zum langobardischen Dukat Spoleto gehörte. Die dortigen Herzöge waren überhaupt Rom minder gefährlich als die von Benevent.«*

Seinen freundlichen Sinn gegenüber dem Mönchswesen konnte Faroald mit San Pietro neu unter Beweis stellen, als er von seinem Sohn Trasamund abgesetzt wurde. In dem dann einsetzenden Machtspiel zwischen den Päpsten, dem Langobarden-König Liutprand, dem Spoleto-Herzog Trasamund und den Byzantinern errang mal der eine, mal der andere einen Vorteil, stets auf Kosten dessen, mit dem er gerade noch verbündet war. Aber schließlich mußte auch Trasamund Tonsur und Kutte nehmen und ging wie sein Vater ins Kloster. Der Papst gewann einige Städte in unserem Gebiet, wovon wir bei Narni und Terni schon gehört haben. Daß Herrscher ins Kloster gingen, am liebsten in das eigene, von ihnen gestiftete, freiwillig oder erzwungen, war nichts Außergewöhnliches.

Für die nämliche Periode berichten uns etwa die fränkischen Reichsannalen: *»Im Jahr der Fleischwerdung des Herrn 746 machte sich Karlmann* (Hausmeier der Franken und Sohn Karl Martells) *nach Rom auf, nahm dort die Tonsur und baute auf dem Berg Soracte ein Kloster zu Ehren des heiligen Silvester. Da blieb er eine Weile, dann ging er (747) ins Kloster des heiligen Benedikt in Cassino und wurde dort Mönch.«*

Es wäre jedoch verfehlt, die Klöster als fürstliches Altersheim zu verstehen. Hören wir wieder als Experten der ›Lebensformen‹ des Mittelalters den Historiker Arno Borst: *»Das Benediktinerkloster war noch immer eine Gemeinschaft für sich, eine Familie unter dem Vater Abt, aber ohne Frauen und Blutbande, eine Gemeinde der dauernd Zusammenwohnenden, aber ohne wirtschaftliche Sorgen und Gelüste, ein Bund von Freiwilligen, aber ohne private Spielräume; mit einem Wort,* *eine Elite, die das ganze Leben forderte und formte und mit ihrer rücksichtslosen Exklusivität den Adel besonders anzog. ›Es gibt‹ die Prunkstücke benediktinischer Klosterkultur: schöne Kirchen, fromme Gottesdienste, Schulen und Schreibstuben [und] den alltäglichen Vollzug stabiler Regeln mitmenschlichen Verhaltens ohne starre Formalität.«*

Wenn wir die Geschichte zwischen den Langobarden, Päpsten und Byzantinern weiter verfolgen, sehen wir, wie der römische Bischof durch ›Schenkungen‹ (Pippins) Land in unserem Gebiet gewinnt, wie von dem Jahr 773 an der Franken-König Karl der Große den Langobarden ihr Reich nimmt und der Franken-Herrscher in Nord- und Mittelitalien an die Stelle des Langobarden-Königs und des byzantinischen Exarchen tritt, vom Papst zum Teil als Helfer erwünscht, zum Teil als Konkurrent um die Macht beargwöhnt. So wird es in den nächsten Jahrhunderten bleiben. Und der Konflikt zwischen Papst und Kaiser, zwischen weltlicher und geistlicher Macht, der um die Herrschaft über Italien, wird sich immer weiter steigern, wobei mit den muslimischen Sarazenen eine neue Macht die italienische Bühne – und leider auch unsere Region

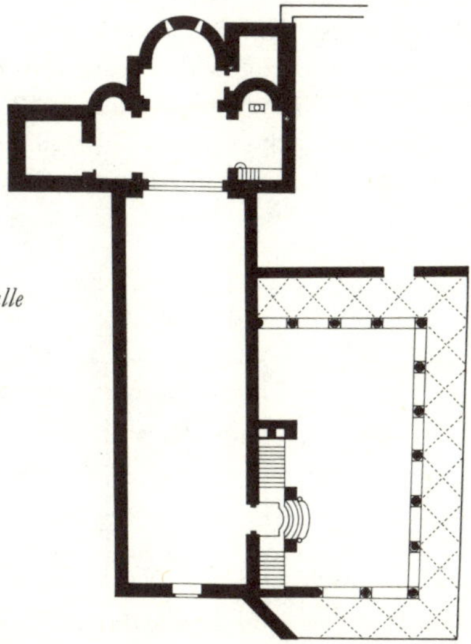

S. Pietro in Valle

– betritt. Doch wir wollen in der Abtei San Pietro bleiben, die als einziges Bauwerk die direkte Verbindung zur Geschichte des blühenden langobardischen Herzogtums Spoleto herstellt.

Im 9. Jahrhundert kontrollierte das Kloster fast die ganze Valnerina, wurde aber bald selbst das Opfer eines Sarazenen-Überfalls. Die Chroniken berichten von Wiederaufbau unter den Kaisern Otto III. und Heinrich II. Der bestehende Bau wird wegen seiner für Italien ungewöhnlichen Form mit dem Vorbild von Cluny (II) in Verbindung gebracht, dem mächtigen Benediktiner-Kloster in Burgund, und um die Mitte des 11. Jahrhunderts datiert; das heutige Erscheinungsbild ist freilich das Ergebnis gründlicher Restaurierung. Dem einschiffigen Langhaus ist im Osten ein Querhaus angegliedert, das sich in eine große Mittelapsis und zwei Nebenapsiden öffnet. Vom Querschiff führt links eine Tür direkt in den wehrhaften Turm, dessen dicke Mauern uns schon außen beeindruckt haben.

Nicht nur wegen seiner architektonischen Besonderheiten, vor allem auch durch seine künstlerische Ausstattung setzt uns die Kirche in Erstaunen. Die Langhauswände tragen in ihrer ganzen Länge einen *Freskenzyklus,* der selbst in dem heute unvollkommenen, zum Teil sogar schlechten oder ganz zerstörten Zustand großartig wirkt. Kunsthistoriker weisen diesen Fresken einen bedeutenden Rang zu. Die Künstler hätten sich – wahrscheinlich im letzten Jahrzehnt des 12. Jahrhunderts – mit diesen Werken vom dominierenden byzantini-

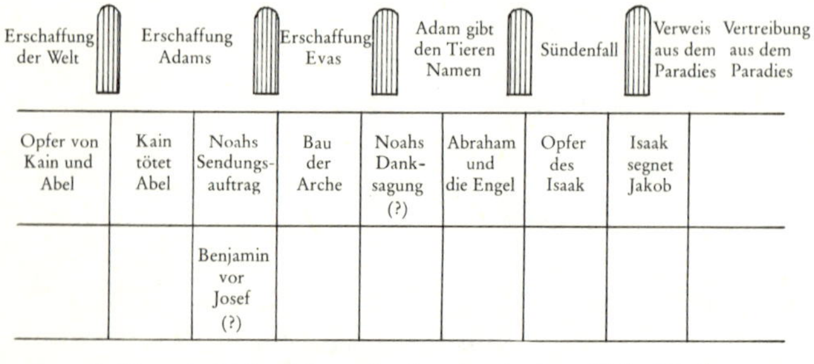

S. Pietro in Valle, Schema der Langhausfresken. Linke Wand

schen Einfluß gelöst, früher als in Rom oder anderswo in Italien. In drei Registern übereinander wurden Szenen des Alten Testaments (linke Wand) solchen aus dem Neuen Testament (rechte Wand) gegenübergestellt. Die einzelnen Darstellungen sind in eine illusionistische Rahmenarchitektur plaziert und jeweils mit einer Beischrift versehen; oberhalb der Fensterzone verläuft ein gemaltes Gebälk, das mit seinem in die Felder eingestellten Getier eigentümlich antikisch anmutet. Die Lebhaftigkeit der Figuren, zum Teil mit ganz individuellen Zügen, das Bemühen um anatomisch getreue Gestaltung, die Hereinnahme der Natur erheben die Fresken zu hohem künstlerischen Rang. Die Propheten und Heiligen scheinen wie Botschafter aus einer anderen Welt.

Einige mit Mühe durch die Zeiten gerettete und in die Wände eingelassene Steine, Skulpturen und architektonische Fragmente führen uns im Kirchenraum in ferne Jahrhunderte zurück, so auch *zwei römische Sarkophage* links vorn im Längsschiff und ein anderer gegenüber mit einer hübschen Jagdszene. In der linken Apsis ein sehr altes Fresko, ›Madonna mit Heiligen‹; vor der Apsis ein *Altar* aus den Resten von zwei reichverzierten Sarkophagen. Die Hauptapsis zeigt das große Fresko ›Christus in der Glorie‹, darunter Maria und Heilige. Auch der *Hauptaltar* ist aus den Fragmenten alter Skulpturen zusammengesetzt; eine Widmungs-Inschrift weist auf Hilderich (Uldericus), Herzog von Spoleto (739/40), als Stifter hin und auf den MAGISTER URSUS als Künstler, also auf Langobarden des 8. Jahrhunderts. Von dem vor dem rechten

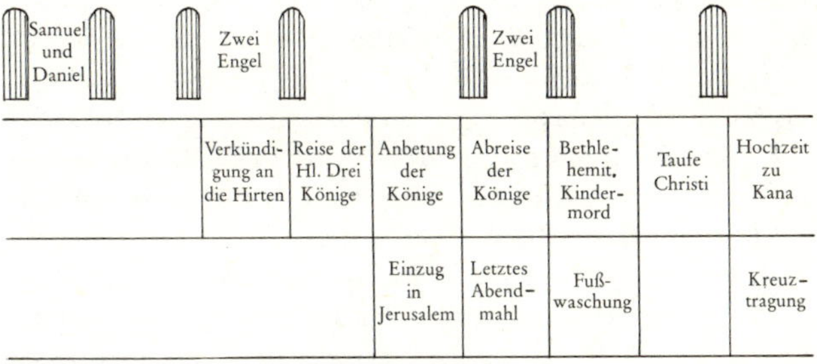

Rechte Wand

Pfeiler des Querschiffs (zur Apsis hin) stehenden *Sarkophag* sagt die Tradition, er berge die Gebeine des Herzogs Faroald II. (728 gestorben). Der Sarkophag selbst stammt aus dem 3. Jahrhundert nach Christus und zeigt den Gott Dionysos mit einem Satyr; auf den Seiten Satyr und Mänade, Pan und Silen. Rechts im Querschiff ein weiterer Sarkophag mit Amor und Psyche.

Ein Gang um die Kirche herum führt uns zuerst in den schönen *Kreuzgang* (rechts von der Kirche). Vor allem jedoch gewinnen wir verschiedene Ansichten des mächtigen *Campanile* aus dem 12. Jahrhundert, der jedoch viele einzelne Ornamentsteine des 8. Jahrhunderts – also vom Vorgängerbau der jetzigen Kirche – trägt. Auch aus der Nähe fügen sich die Apsiden und die Aufbauten der Kirche als Gottesburg und Mönchs-Festung harmonisch ins Gesamtbild ein.

Wir sind eingedrungen in den Geist dieses Ortes inmitten der einsamen Wälder des Monte Solenne, in das Geheimnis der Mauern, welche die Mönche von der Welt abschlossen, welche vor der Welt schützten und die Welt von den Ordensmännern trennte, ohne daß Feindschaft herrschte zwischen den Gottesmännern und ihrer Umwelt. Einsiedler seit dem 4. und 5. Jahrhundert, die um Gott rangen, Ordensmänner nach der Regel des Benedikt in fürstlich-vornehmer Gesellschaft bildeten in der Einsamkeit einen Vorposten der Religion und der Kultur, der mit seinen Besitzungen, Ländereien, Burgen und Villen immer stärker in die Umgebung hineinwirkte.

Und noch einmal Gregorovius: »*Benedikt ließ seine Mönche nicht in träger Beschaulichkeit die Tage verschlafen; sie mußten nach dem sozialen Prinzip der Arbeitsteilung arbeiten, mit Hand und Kopf, und die Benediktiner wurden Lehrer des Ackerbaus, des Handwerks, der Künste und Wissenschaften in vielen Ländern Europas – das bleibende Verdienst dieses menschlichsten aller Orden, die dem Christentum entsprungen sind. Er diente schon seit seinem Entstehen der Gesellschaft als Zufluchtsstätte; Söhne reicher und angesehener Familien traten in ihn ein, so daß er schon dadurch und vollends durch Bildung und Beschäftigung mit der Wissenschaft ein vornehmes Gepräge erhielt. Die Benediktiner waren in der Tat die Aristokratie des Mönchtums. Ihre Klöster breiteten sich schnell über das Abendland*

S. Pietro in Valle, langobardisches Relief am Hauptaltar mit Künstlersignatur, 8. Jahrhundert

aus; Spanien, Gallien, Italien, England und seit dem VII. Jahrhundert auch Deutschland wurden mit ihnen erfüllt. Die römische Kirche benutzte sie alsbald zu ihren eigenen Zwecken; denn sie wurden für dieselbe, was für das alte Rom die Militärkolonien gewesen waren, und kaum war das Reich zertrümmert, so drangen römische Mönche barfuß, den Strick um den Lenden, ohne Furcht bis zum äußersten Thule und in jene wilden Gegenden des Westens als Eroberer ein, welche einst die alten Konsuln an der Spitze ihrer Legionen nur unvollkommen bezwungen hatten.«

Kaiser und Päpste, Bischöfe und hohe Prälaten der römischen Kurie warben um diese Abtei. Nun haben wir um sie geworben, haben uns bemüht zu verstehen, was hier geschah.

Doch auch die höchsten Gedanken bewahren den Menschen nicht vor – Hunger. Als ich das letzte Mal in San Pietro war, wurde gerade im Pförtnerhaus die Trattoria restauriert. Das läßt mich hoffen, daß Sie, meine Nachfolger, nach Wunsch an Seele und Leib gestärkt von der Abtei scheiden können. Oder ist ein ungestörtes Picknick etwas oberhalb der Abtei noch schöner?

SAN FELICE DI NARCO

Ein bemerkenswertes Beispiel umbrischer Romanik liegt am Wege, wenn man von San Pietro in Valle zur Abtei Sant' Eutizio das Nera-Tal hinauffährt: San Felice di Narco. Die Pfarrkirche außerhalb des mittelalterlichen Ortes zeigt eine ›klassische‹ Giebelfassade; deren Hauptschmuck ist eine fein skulptierte Fensterrose mit einem Relieffries darunter, zwei Szenen aus dem Leben des heiligen Felix darstellend, der in langobardischer Zeit hier lebte und starb. Der Bau wird auf 1190 datiert. Es war eine Blütezeit Spoletiner Bildhauerkunst, denkt man an die gleichzeitigen Skulpturen von San Pietro in Spoleto.

Abtei Sant' Eutizio

Wir haben in Norcia mit Benedikt die Anfänge des Benediktiner-Ordens und des abendländischen Mönchtums im 6. Jahrhundert kennengelernt, in der Abbazia San Pietro in Valle eine erste wichtige Phase dieser Entwicklung zwei Jahrhunderte später. Hier in der Abbazia di Sant'Eutizio, die wir von der Straße Nr. 209 her über Preci oder von Norcia auf kurvenreicher steiler Straße erreichen, erleben wir eine weitere Periode. Das Kloster entstand vor der Jahrtausendwende an einer Stelle, wo schon früher Eremiten die Bewunderung der einfachen Leute auf sich gezogen hatten und wo auch Benedikt von Nursia erste geistliche Erfahrungen gesammelt hatte.

Die jetzige romanische Kirche wurde um das Jahr 1190 von einem Meister Petrus, MAESTRO PIETRO, errichtet. Damals beherrschte Sant'Eutizio rund hundert Kirchen und Burgen in der Umgebung, die ›Eutizianische Kongregation‹. Die Fas-

Castel San Felice, S. Felice di Narco

sade entspricht noch in ihrer heutigen Form diesem Rang. Auch der Campanile und die polygonale Apsis, das einschiffige Innere mit dem erhöhten Presbyterium und der zweischiffigen Krypta, der Altarraum und der Kreuzgang (14. Jahrhundert) rufen blühende Zeiten zurück.

Da ist eine geschichtliche Besinnung angebracht, für die Jahrhunderte von 728 (San Pietro) bis 1190 (Sant'Eutizio), womit wir schon in der Zeit des Franziskus von Assisi sind. *»Im Lauf der Zeit«*, so merkt der englische Kirchenhistoriker Knowles kritisch an, *»entwickelte sich das normale Kloster immer deutlicher vom ursprünglichen Mikrokosmos der Regel weg. Aus einer kleinen, vorwiegend aus Laien bestehenden Gemeinschaft, die sich der Hausarbeit, dem Handwerk und der Landwirtschaft widmete, wurde eine weitgehend klerikale Körperschaft; aus dem Leben des Gebetes und der Arbeit, wo die Liturgie einfach und verhältnismäßig kurz war, bildete sich eine Tageseinteilung heraus, in der das Hochamt den Ehrenplatz einnahm und zahlreiche Gebete und Offizien die im Chor verbrachten Stunden ausdehnten. Leibeigene beackerten die Ländereien, Knechte und Untergebene betrieben die Werkstätten und führten die Arbeiten aus, die für den Betrieb einer großen Niederlassung nötig sind. Das Abschreiben und Schmücken von Handschriften und originale Schriftstellerei wurden, zusammen mit der Lehrtätigkeit, die normalen Beschäftigungen im Kloster. Ausführliche Ritualien und Consuetudines erläuterten die einfachen Anweisungen der Regel und weiteten sie aus. Schließlich wurde das Mönchtum – einst die Berufung einzelner, die sich aus der Welt in die Gesellschaft einiger weniger gleichgesinnter Gefährten zurückzogen – allmählich zu einem Berufsstand, der eine Funktion in der Welt und für die Welt von damals ausübte.«*

Für jene Periode des Mönchswesens, von Benedikt bis Franziskus, ist wichtig, daß Reformen, vor allem die von Cluny (bei Macon im französischen Burgund), im 10. und 11. Jahrhundert das Klosterleben erneuerten. Daß diese nicht ohne tiefgreifende Folgen für das Leben der Kirche blieben, ja weltgeschichtliche Wirkungen (mit Niederschlag auch in Umbrien in der Auseinandersetzung zwischen Päpsten und Kaisern) entfalteten, muß vermerkt werden. Die von Cluny ausgehende Reform des Benediktiner-Ordens und der Kirche war innerhalb der Institution des Mönchswesens eine der wichtigsten, wenn nicht gar die bedeutendste des Abendlandes, eine Regeneration von innen heraus, in Gang gesetzt von geistig sensiblen Intellektuellen in der Kutte, eine Rückbesinnung auf die Ideen des Ordensgründers Benedikt, eine Konzentration auf die eigentlich geistliche Kraft des Christlichen und der Forderungen Christi nach einem Leben in Armut, Keuschheit und Gehorsam, ein Auflehnen gegen die Beherrschung des Klosters durch eine äußere Macht, sei es die des weltlichen Herrn oder des Bischofs. Es war ein neues Erkämpfen der religiösen Autonomie gegen jede weltliche oder geistliche Oberhoheit und Aufsicht. Da dies nur gelingen konnte mit direkter Berufung auf den päpstlichen Schutz, sollte dadurch auch bald das Papsttum selbst gestärkt werden. Die Regel des Benedikt wurde in ihrer verschärften Form beachtet. Die Handarbeit trat hinter der geistigen Arbeit zurück. So durchzog ein Geist strenger Askese und Weltflucht in widerspruchslosem Gehorsam gegenüber dem Abt das Kloster und von dort bald die ganze Kirche unter dem römischen Papst. In diesen Reform-Abteien trat der heitere, weltoffene und kulturfreudige, Leistungen in Kunst und Literatur fördernde Wesenszug zurück. Seine Stelle nahm ein ›engerer Geist‹ des Christentums, eine die Welt und das Menschliche leicht verachtende Frömmigkeit ein, die jedoch in ihrer Macht auf die Seelen und Gewissen der Menschen nicht zu unterschätzen war. Man merkte ihren Einfluß, als Papst und Kaiser den Investiturstreit ausfochten, den Kampf um die Einsetzung der geistlich-weltlichen Bischöfe, der deutsche König Heinrich IV. und Papst Gregor VII., der Mönch Hildebrand – der übrigens nicht weit von den umbrischen Grenzen in Sovana, westlich von Orvieto, geboren wurde.

Die Valnerina, das Land links und rechts der Nera, mit Norcia, dem Städtchen des Benedikt und der Scholastika, mit Cascia, dem Wallfahrtsort der heiligen Rita, mit den Benediktiner-Abteien San Pietro in Valle und Sant'Eutizio, dieses Land hat dem abendländischen Christentum einen seiner Väter, den Patron Europas, geschenkt und andere bedeutende Gestalten und Formen dazu. Vielleicht gelingt es uns, in diesem von Erdbeben heimgesuchten Wechselland von Berg und Tal, von Wiesen und Wäldern, inmitten einer Natur, die sich zuweilen ihre Rechte nimmt und der man mehr als anderswo ihre Rechte läßt, diesen ursprünglichen religiösen Geist zu finden. Doch bei dieser Suche brauchen wir nicht zu vergessen, daß zu dieser gesegneten Gegend auch die ›Norcinerie‹ (siehe Norcia) und – Trüffeln gehören. Nach ihnen wollen wir im nächsten Kapitel Ausschau halten.

Die Trüffeln der Valnerina

Ob Trüffeln deshalb so viel kosten, weil sie so gut schmecken, oder deshalb munden, weil sie teuer bezahlt werden mußten, ist eine schwierige Frage. Ebenso mühsam zu klären wie die Hypothese, ob Kartoffeln und Heringe, wären sie nur rar genug, die Feinschmecker in maßloses Verzücken stürzen würden. Ob Trüffeln, die mit der Kartoffel biologisch einiges gemeinsam haben, tatsächlich gut oder sehr gut oder über alle Maßen vorzüglich schmecken, wollen wir, dem Rat der alten Römer folgend, ›De gustibus non est disputandum, über Geschmack soll man nicht streiten‹, getrost auf sich beruhen lassen. Unbestritten ist, daß Trüffeln einen sehr intensiven Geruch ausströmen – einen wonnevollen Duft sagen manche, und wenn ich es recht berieche, will ich ihnen nicht widersprechen. Unbestritten ist auch, daß Trüffeln selten vorkommen und schwer zu finden sind, und wahr ist – leider – ebenso, daß sie sehr teuer sind. Aber da gerade Umbrien zu jenen Gebieten Italiens gehört, wo diese Schlauchpilze zahlreicher als in anderen Regionen wachsen, da es wegen des starken Aromas schon genügt, solch eine edle Erdknolle in hauchdünnen Blättchen den Speisen zuzufügen, brauchen wir uns dieses Erlebnis nicht entgehen zu lassen.

Im Tal des Nera-Flusses, zwischen Scheggino und Sant' Anatolia di Narco, sind wir an den Trüffeln-Quellen, oder richtiger, bei jener Firma, die beansprucht, Italiens, vielleicht Europas, wohl gar der Welt größter Verteiler und Verarbeiter von Trüffeln zu sein, bei Ada und Bruno Urbani. Das Ehepaar verdankt es seinen Eltern, daß aus dem an Zufällen, Enttäuschungen und Mißgeschicken reichen Pilzsammeln einzelner sich ein handwerklicher Betrieb entwickelt hat. An einem Sonntag sind Ada und Bruno, sie zuständig für charmante

Vallo di Nera

Öffentlichkeitsarbeit, er verantwortlich fürs Geschäftliche, dabei, eine Sendung Trüffeln für New York fertigzumachen. Montagfrüh geht sie zum römischen Flughafen Fiumicino, zwei Autostunden entfernt, von dort mit einem Jumbo der Alitalia nach New York, und am Abend können die Gourmets in den dortigen Ristoranti frische Trüffeln aus Umbrien essen. Die Technik macht's möglich und eine geduldige Organisation dazu. Denn in den modernen Gebäuden mit Büros und einer großen Halle arbeiten nur wenige, insgesamt 32 Angestellte; doch etwa hundert Sammler sind nur für Urbani unterwegs, um die kostbaren Knöllchen zu suchen und getreulich hier abzuliefern.

Wenn Signora Ada davon erzählt, begreift man, daß der Geschmack der Trüffeln nicht Einbildung ist, vor allem, wenn einem in der Halle der Duft aus großen Körben überströmend in die Nase steigt. Daß etwas Besonderes dran sein muß, ahnten wir schon auf der Fahrt über die kurvenreiche Straße von Spoleto her. Es ist eine einsame, wenig besiedelte Gegend, in der Trüffeln gedeihen. Sie mögen offenbar in ihren Boden-Verstecken nicht gestört werden. Unberührt wirken die bis zu knapp 1700 Meter ansteigenden Berge des umbrischen Regionalparks östlich der Nera, Richtung Norcia und Cascia, ein wilder Teil der Abruzzen. Durch dieses Gebiet ziehen die Sammler; jeder kennt seine besonderen Zonen. Heute helfen ihnen Hunde verschiedener Arten bei der Suche, je weniger fein von Rasse, desto erfolgreicher seien sie, heißt es. In Umbrien zieht man sie den Schweinen vor, die im französischen Périgord gern zur Jagd nach den Truffes eingesetzt werden. »Hunde sind leichter zu transportieren, schneller und fressen die Trüffel nicht so leicht«, sagt Signora Ada.

Immerhin müssen es Schweine gewesen sein, welche die Menschen im Altertum auf den Geschmack brachten. Schon Israeliten, Babylonier, Griechen, Thraker und Römer gönnten – wenn wir die von ihnen verwendeten Pilz-Wörter mit Trüffeln übersetzen wollen – den Schweinen nicht, was diese im Erdreich für Leib- und Magenspeise aufwühlten. Der heilige Bischof von Mailand, Ambrosius, dankt etwa seinem Kollegen von Como, so hat er es bezeugt, für ein Päckchen Trüffeln; so erhielt man sich früher die Freundschaft unter Bistumsleitern.

Erst nach dem Untergang des Römischen Reiches durften die Waldtiere sich der Delikatesse wieder allein erfreuen; jedenfalls lesen wir in den Dokumenten nichts mehr vom Trüffeln-Schmaus. Daß der sonst an allem Ausgefallenen interessierte italienische Dichter Dante in seiner ›Göttlichen Komödie‹ die Trüffeln mit keinem Sterbenswörtchen erwähnt, mag eher beruhigen. Man stelle sich vor, er hätte einen Trüffel-Schmekker in die Hölle verbannt; sie einem Himmlischen in den Mund zu schieben, hätte nur Verwirrung gestiftet; und im Fegefeuer wären sie unzulässig gekocht worden. Nein, Dante war kein Schlemmer.

Aber dann, als man im Mittelalter aus dem gröbsten heraus war, ergötzte man sich wieder an diesen seltenen Pilzgenüssen. Umberto Eco, der Kenner der damaligen Szene, hat es nachgeprüft und schreibt in seinem Roman ›Der Name der Rose‹ für das Jahr 1327: *»Unweit im Hof sah ich Severin, der gerade dabei war, mit munteren Gesten und fröhlichen Rufen die Schweinehirten und einige ihrer Tiere zu versammeln. Er sagte mir, daß sie ausrücken wollten, um an den Hängen des Berges und drunten im Tal nach Trüffeln zu suchen. Mir war diese köstliche Frucht des Waldbodens damals noch unbekannt, aber der Meister Botanikus sagte, daß sie, auf verschiedene Weise zubereitet, ein höchst wohlschmeckendes Gericht ergebe und geradezu eine Spezialität der benediktinischen Ländereien auf der Apenninhalbinsel sei, sowohl – als schwarze Trüffel – drunten in Norcia wie auch – heller und würziger – in jener Gegend. Auch erklärte mir Severin, daß sie überaus schwer zu finden sei, da sie unter der Erde wachse, besser verborgen als jeder andere Pilz, und nur die Schweine seien imstande, sie mit Hilfe ihres Geruchssinnes aufzuspüren. Allerdings wollten die Schweine dann, wenn sie fündig geworden, die Trüffel immer sofort verschlingen, weshalb man rasch eingreifen und sie wegdrängen müsse. Später erfuhr ich, daß die Trüffeljagd in Italien ein Vergnügen ist, dem sich auch viele Herren von Adel gern verschreiben, wobei sie dann ihren Schweinen folgen, als wären es edle Jagdhunde, ihrerseits von Dienern mit Schaufeln und Körben gefolgt. Ich entsinne mich auch, wie einmal – es war ein paar Jahre nach den Ereignissen, die ich hier schildere – ein Edelmann aus meiner Heimat mich fragte, ob ich auf meinen Reisen durch Italien niemals adlige Herren beim Schweinehüten gesehen hätte. Er meinte natürlich die Trüffeljagd, und ich mußte lachen. Als ich ihm daraufhin erklärte,* *daß diese Herren mit ihren Schweinen ›tar-tufi‹ unter der Erde suchten und anschließend voller Genuß verspeisten, erbleichte der Gute und bekreuzigte sich erschrocken, denn er hatte ›der Teifi‹ verstanden.«* Soweit Umberto Eco.

Daß der Boden, den die Schweine aufwühlten, wirklicher Kulturboden war, merkt man im historischen Rückblick seit der Renaissance. Leute von Verstand und Macht konnten gar nicht genug bekommen von dem, was den grunzenden Rüsseltieren rechtzeitig entrissen wurde. Kaiser und Könige, Condottieri und Kardinäle, Dichter und Hochstapler schrieben umfangreiche Bestellungen, um des köstlichen Stoffes habhaft zu werden. Vor allem die Casanovas und Don Juans unter den Reichen waren darauf erpicht, seitdem man glauben wollte, daß Trüffeln ein Aphrodisiacum seien. Signora Ada weiß auch dafür eine Erklärung. In einem Hamburger Laboratorium habe man entdeckt, daß in den Trüffeln ein Duftstoff sei, der männlichen Hormonen entspreche. Dann wäre es aus mit dem Aberglauben, Trüffeln würden die männliche Potenz steigern. Entmythologisiert muß es heißen: Sie machen das Männchen dem Weibchen im Geruch angenehmer. Aber das wäre auch schon etwas. Wie es auch immer mit den Auswirkungen auf die Liebe steht: Über fehlende Interessenten können die Trüffeln nicht klagen. Seitdem viele auf den Geschmack gekommen sind und sich sogar eine ›Confraternità‹, eine Bruderschaft zur Förderung vornehmlich des eigenen Trüffelverzehrs gebildet hat, übersteigt die Nachfrage das Angebot.

Das führte dazu, daß man sich nicht mehr mit dem Spürsinn einzelner Amateur-Sammler begnügen konnte. ›Profis‹ mit wohldressierten Hunden besorgen in der Valnerina die Suche an Plätzen, die seit Generationen bekannt sind und vom Vater auf den Sohn unter dem Siegel größter Verschwiegenheit weitergegeben werden. Noch ist es nicht gelungen, Trüffeln in Gewächshäusern oder in Kellerkulturen zu züchten. Doch die Familie Urbani experimentiert seit einigen Jahrzehnten schon mit sanfter Nachhilfe. Im Nera-Tal wird in Gewächshäusern in komplizierten Prozessen ein Humussubstrat aufbereitet, wobei gründliche Sterilisierungen alle Fremdentwicklungen ausschalten. In diesen künstlich geschaffenen Boden werden

Trüffelsamen eingesetzt. Bis dahin kann der Mensch fördernd eingreifen. Aber dann muß dieser fruchtbare Boden an jene Stellen gebracht werden, wo Trüffeln auch natürlich wachsen können, im Schatten von Eichen oder Nußbäumen, Pappeln oder Buchen. Danach hilft nur geduldiges Warten, und manchmal auch ein Gebet. Die ›marmorisierende‹ Struktur des Trüffels widersetzt sich offenbar dem Drängen des Menschen.

Am liebsten würden sich die Trüffeln gar nicht finden lassen. Die Pilze, die einen Durchmesser von einem bis zu maximal fünfzehn Zentimetern erreichen können, jedoch im Durchschnitt zwei bis drei Zentimeter aufweisen, verstecken sich im Boden bis zu fünfzig Zentimeter Tiefe. Sie vorsichtig aus dem Erdreich zu lösen, bedarf es besonderer Werkzeuge und eines geübten Schlages mit den Spezialhacken. Die langwierige Suche, das Abrichten der – dann teuer gehandelten – Hunde, die Mühe, die Pilze auszugraben, die beschränkten, nicht beliebig vermehrbaren Vorkommnisse, die begrenzten Fundgebiete, weite Wege in abgelegenen, bergigen Zonen, unterschiedlich günstige ›Ernte‹-Erträge in den einzelnen Jahren – all das sind Faktoren, die zu allen Zeiten das Angebot geringer hielten als die Nachfrage.

Dadurch kommt es auch zu den ›schönen‹ Preisen. Zum Trost sei gesagt, daß Trüffeln weit billiger als Gold sind, und Gold kann man nicht essen. Da man gewöhnlich davon aber nicht satt werden muß, können wenige Dutzend Gramm schon große Gaumenfreuden bereiten. Am besten schmecken sie frisch. Bruno Urbani ist so ehrlich, rund heraus zuzugeben, daß frische Trüffeln ständig an Geschmack einbüßen; die Natur ist unerbittlich. Um flexibel auf die ›Ernten‹ reagieren zu können, verarbeitet die Firma Urbani die Trüffeln in Dosen und Gläsern mit einer längeren, doch immer noch begrenzten Konservierungsdauer, darüber hinaus auch zu Pasten, oder gibt sie Olivenöl bei. Das erlaubt auch eine kontrollierbare Preispolitik, die jedoch von konkurrierenden Anbietern so oder so korrigiert werden kann. 85 Prozent der Urbani-Ware geht in den Export; die Bundesrepublik nimmt dabei einen erfreulich hohen Anteil ab. Die Exportquote ist so stattlich, weil in Italien selbst viele Trüffeln erst gar nicht in den Handel gebracht werden; da laden oft freundliche Freunde ein.

Doch Trüffel ist nicht gleich Trüffel, Tuber, so der lateinische Name für Knolle, nicht gleich Tuber. Weiße und schwarze ›Diamanten der Küche‹ gibt es, die vom Sommer und die vom Winter, die vom Périgord und die von Alba im norditalienischen Piemont, die von Norcia oder Spoleto in Umbrien. Natürlich werden vom Feinschmecker Qualitätsunterschiede festgestellt. Doch sollte man dem Grundsatz huldigen, daß immer der Trüffel der beste ist, den man auf dem Teller hat.

Damit wären wir kurz davor, ihn nun endlich zu essen. Auch da hilft die Signora Ada. In ihrem Buch ›Ritratto di Tartufo, Portrait des Trüffels‹, zählt sie 123 Gerichte auf, in ihrem Buch ›Profumo (Duft) di Tartufo‹ sogar 207: Vorspeisen, Teigwaren, Suppen, Reis, Fleisch, Fisch, Schnecken oder Hummer – man glaubt gar nicht, woran man überall ein paar Edelblättchen geben kann. Große Namen und kleine Köstlichkeiten tauchen darin auf, und je länger man in diesem Rezeptbuch blättert, desto mehr läuft einem das Wasser im Mund zusammen. Man kann die zuerst mit einer Bürste sorgfältig gesäuberten, dann über einen feinen Reibehobel geschobenen, hauchdünn geraspelten Trüffeln freilich auch schon auf einem Butterbrot oder Frühstücksei probieren, natürlich auch zu Kaviar, wenn einem danach ist, wobei der Champagner nicht fehlen darf. Ganz einfach ist das mit den Trüffeln.

P. S.: Indem wir uns so begeistert den Trüffeln, ihrem Duft und Wohlgeschmack widmeten, haben wir uns fast schon einer der sieben Hauptsünden schuldig gemacht, die im Mittelalter zum Teil so, zum Teil so und auch so, als Siebener-Katalog in Darstellungen in der Kunst und ... kurzum bekannt waren, nämlich der ›Gula‹, der Gaumenlust. Schon die Kirchenväter der ersten christlichen Jahrhunderte zählen diese sieben Hauptlaster auf, und so wird dieser Katalog ganz einmütig durch die Geschichte weitergegeben: Hoffart (Superbia), Geiz (Avaritia), Geschlechtslust (Luxuria), Zorn (Ira), Gaumenlust (Gula), Neid (Invidia) und Trägheit (Acedia).

P. P. S.: Zum Glück gibt es gegen die Verlockungen solch gefährlicher Sünden ganz in der Nähe ein Heilmittel: die Benediktiner-Abtei von San Pietro in Valle. Oder haben Mönche und Einsiedler auch Trüffeln gegessen?

Das bukolische Umbrien

Auf den Spuren des ›Zeus von Otricoli‹

Statuen vom griechischen Göttervater Zeus, vom römischen Jupiter-Gott gibt es viele. Deshalb trägt der überlebensgroße Kopf des Zeus in der Sala Rotonda der Vatikanischen Museen zu Rom den Zusatznamen ›von Otricoli‹. Lange Zeit habe ich mir nichts dabei gedacht, sondern nur die barocke Fülle dieses eindrucksvollen Hauptes bewundert, das zugleich ruhiges Ebenmaß und bewegte Erregung ausdrückt. Bis ich es eines Tages doch genauer wissen wollte und feststellte, daß man diesen kolossalen Kopf 1775 in Otricoli gefunden habe. Papst Pius VI., der kunstsinnige Angelo Braschi aus Cesena an der Adria, der von 1775 bis 1799 in der aufregenden Zeit der

›Zeus von Otricoli‹. Um 330 v. Chr. Höhe 58 cm. Vatikanische Museen

Französischen Revolution die katholische Kirche und den Petrus-Staat regierte, ließ 1783 die 58 Zentimeter hohe Skulptur aus Carrara-Marmor, an der einiges, doch nur Unwesentliches zu ergänzen war, im Museum des Vatikan aufstellen. Nicht lange danach sah schon Goethe bei seinem Rom-Aufenthalt (1786-1788) den ›Zeus von Otricoli‹. Des steinernen Hauptes *»geistige Kraft, göttliche Weisheit, menschliche Güte, abgeklärte Ruhe und teilnehmende Bewegung des Göttervaters«* (H. v. Steuben in: Helbig, Führer durch die Vatikan. Sammlungen) mögen ihre Wirkung auch auf den deutschen Dichter nicht verfehlt haben. Alles gut und schön. Aber wo liegt Otricoli?

Wir fanden es an einem Samstagvormittag, als wir der geschäftigen Hast Roms nach Umbrien entflohen waren, die Autobahn, die Autostrada del Sole, bei Magliano Sabina über dem Tiber-Tal verlassen hatten und wenige Kilometer weiter auf der Via Flaminia nach Norden (zwischen den Kilometersteinen 69 und 70, von Rom gemessen) gefahren waren. »Otricoli« stand auf der Tafel, und der Pfeil zeigte nach rechts (nach Osten) auf den Hügel hinauf, wo sich ein Städtchen erhob. Nach links wies das den Touristen wohlbekannte gelbe Schild, Segnale turistico, aus: »Zona Archeologica-Ocriculum«. Da sahen wir auch, zweihundert, dreihundert Meter von der Straße entfernt, die ersten Ruinen, ließen den Wagen stehen und gingen zu Fuß, nur mäßig darauf neugierig, was dieses ›Otricoli-Ocriculum‹ denn zu bieten habe, wenn das Berühmteste davon der Zeus-Kopf im Vatikanischen Museum sei. Und dann verliebten wir uns in diesen Ort der Antike – dem italienischen Städtchen Otricoli genügt ein kurzer Blick –, fuhren immer wieder dorthin, in einen der südlichsten Zipfel Umbriens, zwischen der Via Flaminia und der Autobahn, direkt über dem Tiber, unternahmen lange Spaziergänge, auf und ab über die Hügel zwischen den Ruinengebieten, und waren von der Verwobenheit zwischen antiken Mauern und den umbrischen Feldern, dem Ineinander von geheimnisvoller Vergangenheit und fruchtbarer Gegenwart mit Äckern und Weiden, Bäumen und Getreide, Weinreben und gemächlich grasendem Vieh gefangen.

Doch zunächst ganz sachlich: Das römische Ocriculum, wie erwähnt siebzig Kilometer von der Hauptstadt Rom entfernt, wuchs aus dem umbrischen Städtchen Ocre, was Hügel bedeutet, auf dem sich auch das heutige Otricoli mit einer Stadtmauer erhebt. Schon Ende des 4., Anfang des 3. Jahrhunderts vor Christus mit Rom verbündet, wurde es in den innenpolitischen Wirren zerstört und beim Wiederaufbau tiefer in die Ebene verlegt. Da war es jahrhundertelang ein blühendes Gemeinwesen, wovon die Überreste Zeugnis geben: das Amphitheater, dessen Ruinen bereits von der Via Flaminia zu sehen waren, die Thermen und das in den Hügel gebaute Theater. Im Mittelalter zogen die Ocricolaner noch einmal um und besetzten wie ihre Vorfahren der Antike wieder den Hügel. Aus jener Zeit wird berichtet, im Jahre 1155 hätten die Soldaten des deutsch-römischen Kaisers Friedrich Barbarossa, der lange Fehden mit den italienischen Städten führte, einen der Hauptfeinde seiner Italienpolitik, Arnold von Brescia, hier gefangengenommen, der als »Märtyrer der Freiheit« (Gregorovius) bald darauf auf dem Scheiterhaufen starb. Also auch in Otricoli eine deutsche Geschichtsspur.

Auf die Spuren der Antike stößt man überall beim Gehen. Die alte Stadt scheint noch im Erdreich verborgen. Hier steht ein Gerüst, sind Archäologen an der Arbeit; dort sind die Ausgrabungen konsolidiert, ist das altrömische Ziegelmauerwerk von wenig schönem, doch sicherndem Zement bedeckt. Zwischen 1776 und 1784 wurden auf Anordnung Papst Pius' VI. die ersten archäologischen Arbeiten ausgeführt, mit großem Erfolg. Der berühmte Kopf des Zeus kam zutage, die Reste der Statue nicht, vielleicht sind sie irgendwo im Erdreich verwahrt. Doch auch andere, weniger bekannte Statuen, Köpfe, Mosaiken und Inschriften entzog man dem Schutt. Lohnen sich weitere, intensive Ausgrabungen nun nicht mehr? Wer weiß es. Uns ist es so recht, weil dadurch das Gleichgewicht zwischen der Antike und der Gegenwart mit ganz lebendigen Bauern und harter täglicher Arbeit gewahrt scheint. Überall ist diese Spannung zwischen Gestern und Heute zu bemerken, am Amphitheater, wo die Ackerfurchen erst kurz vor dem ehrwürdigen Gemäuer aufhören, vor der Bühne des Theaters, wo zwischen Bäumen Weinreben gespannt sind, in den Gewölben, die als Heustadel und Vorratskammer dienen.

Die antiken Stätten in Italien und rund um das Mittelmeer gefallen besonders, weil man bei ihrer Besichtigung stets den weiten Himmel über sich hat, nicht das Geschlossene eines Raumes fühlen muß. Abgesehen davon, daß es auch gesund ist, in frischer Luft spazierenzugehen – die Antike erlebt man im offenen Raum; die Sammlungen in den Museen sind die Ausnahme, zu ihrem Schutz. Wenn man einen Tempel durchschritten, ein Theater erklettert, eine Thermen-Anlage umlaufen hat, möchte man oft noch tiefer eindringen in das Geheimnis des Ortes.

Vom Genius loci zu Vergil

Der Leser verzeihe, wenn ich nach jenem Band greife, der mir in Otricoli unentbehrlich ist. Denn für mich erschließt sich erst durch den römischen Dichter Vergil der ›Genius loci‹, das Besondere an Otricoli. Sehr früh wurde auf dem Gymnasium in den – keineswegs immer geliebten – Lateinstunden der Grundstein dazu gelegt. Der Lehrer war Johannes Götte, ein Meister der Altphilologie – und der deutschen Sprache; was er durch treffliche Übersetzungen unter Beweis gestellt hat – und der zwanglosen Pädagogik. Das zeigte sich darin, daß wir uns zwar nicht in die Grammatik und die verzwickten Schwierigkeiten des Lateinischen verliebten, doch als dumme Schüler – das waren wir angesichts seiner Weisheit – seine lateinische und griechische Welt achten lernten.

Erst bei Vergils ›Landleben‹ (in der Übersetzung des verehrten Johannes Götte) öffnet sich mir Otricoli ganz, weiten sich Verstand und Herz für diese umbrische Erde. Mit Zitaten sei deshalb hier nicht gespart. Suchen wir uns einen bequemen Platz irgendwo auf warmen Steinen, stampfen ringsum kräftig mit den Füßen, um vor feindlichen Schlangen ganz sicher zu sein, und beginnen zu lesen, das heißt, fahren damit fort. Da sind zunächst Vergils ›Hirtengedichte, Bucolica‹ – haben wir die Hirten nicht in Umbrien irgendwo gesehen? Die Herden der Schafe, die behäbigen Leiber der Kühe? Haben wir nicht in der Mittagsstunde die Flöte des Pan gehört? In der Zeit großer politischer Auseinandersetzungen, zwischen 42 und 39 vor Christus, nach dem Tod Caesars und mitten in den

Aufstiegskämpfen des neuen Caesaren, des Octavianus Augustus, besingen diese Bucolica ein »Reich der Stille und der zerbrechlichen, träumerischen Schönheit« (Götte).

Schon in den ersten Zeilen heißt es bei Vergil: *»Ein Gott beglückte uns also mit Muße.«* Vielleicht versteht man jetzt, daß nach dem Getriebe der Großstadt, nach einer hastigen Fahrt und dem Abstellen des Motors sich eine Gegenwelt auftut. Das Gefühl schwingt in die Natur hinein; Herz, Seele und Verstand werden eins mit der heute so oft geschundenen Umwelt; eine neue Harmonie bildet sich – und sei es auch nur für wenige Stunden – mit einer sonst von Kriegen und furchtbarer Vernichtung bedrohten Welt. Dennoch entsteht für Vergil kein Reich bukolischer Hirtenschwärmereien, kein fernes Arkadien utopischer Träumereien. Die ländliche Welt ist Gegenpol gegen gnadenloses Geschäft und kriegerischen Betrieb, wo dem Menschen Muße (otium) geschenkt ist im Gegensatz zu seinem Alltagstreiben (neg-otium). Hier in Otricoli ist zu erfahren, daß ein Gott nicht Freizeit, sondern Muße schenkt.

Schon zwei Jahrtausende haben sich darüber gewundert, daß unter den zehn Eklogen der ›Hirtengedichte‹ die vierte ganz aus dem Rahmen fällt. Ihretwegen wurde Vergil zum ›Vater des Abendlandes‹, galt er fast als christlicher Prophet, berief sich der Kirchenlehrer Augustinus auf ihn, nahmen die mittelalterlichen Mönche gern die Werke des doch eigentlich heidnischen Dichters zur Hand, erkor ihn Italiens größter Dichter Dante zum Führer durch die ›Göttliche Komödie‹ von Hölle, Fegefeuer und Paradies. In dieser vierten Ekloge der ›Bucolica‹ von dem »Neuen Weltalter«, vierzig Jahre vor der Geburt Jesu Christi verfaßt, entthront Vergil eben jenen Göttervater, dessen mächtiges Haupt uns nach Otricoli führte.

»Nun kehrt wieder die Jungfrau, kehrt wieder saturnische Herrschaft,
nun wird neu ein Sproß entsandt aus himmlischen Höhen.
Sei der Geburt nur des Knaben, mit dem die eiserne Weltzeit
gleich sich endet und rings in der Welt eine goldene aufsteigt ...

Wenn du führst, dann schwindet getilgt, was an Spuren des Frevels
uns noch blieb, und erlöst von ewigem Grauen die Lande.

Er wird Götterleben empfangen, wird zu den Göttern
sehn die Heroen gesellt, wird selbst unter ihnen erscheinen,
und die befriedete Welt beherrscht in der Kraft er des Vaters.

Freiwillig tragen die Ziegen nach Haus milchstrotzende Euter,
und die Rinder fürchten sich nicht vor mächtigen Löwen,
üppig umblüht deine Wiege dich rings mit lieblichen Blumen.
Dann stirbt aus die Schlange, und trügerisch-giftiges Krautwerk
stirbt dann aus, und überall wächst assyrischer Balsam.

Bald ist's Zeit, tritt an deine Bahn, oh, strahlender Ehren,
teurer Sprosse der Götter, des mächtigen Jupiter Nachwuchs!
Auf denn, Knabe, du kleiner, erkenne mit Lachen die Mutter!
Lange Beschwerde doch brachten der Monate zehn deiner Mutter.
Auf denn, Knabe, du kleiner: wer nicht anlachte die Mutter,
nimmer würdigt ein Gott ihn des Mahls, eine Göttin des Lagers.«

In diesen Versen finden wir schon alle Elemente, deretwegen die Kirchenväter und die christlichen Theologen des Mittelalters Vergil als Verkünder eines neuen Zeitalters ehrten: Jupiter vom Thron gestürzt – der Kampf der Götter – der göttliche Knabe – die besondere Geburt – die Mutter …

Und Vergils ›Georgica‹? die Gedichte ›vom Landbau‹? Mir scheint, man könne sie in Otricoli besonders gut verstehen – oder an ähnlichen Plätzen, anderswo in Umbrien, auch ohne antikes Gemäuer. Rom, die Hauptstadt des alten Imperiums, dann des Papstes, nun Italiens ist der Ort für Vergils ›Aeneis‹, den Heldengesang, in dem sich der Bogen vom mythen-umkleideten Äneas aus Troja zum friedenbringenden Kaiser Augustus spannt. Umbrische Fluren hingegen sind der Platz für diese ›Gesänge vom Landbau‹ (vom griechischen ›georgos‹, der Bauer), von Ackerbau, Baumkultur, Viehzucht und Bienenpflege, für dieses »schönste Lied von der Erde« (Götte). Der Gegensatz zwischen Stadt und Land, Rom und Provinz, zwischen Politik und persönlichem Schicksal, zwischen den Waffen des Soldaten und dem friedlichen Werk des Bauern durchzieht die ›Georgica‹.

Hören wir, wie Vergil (in Georgica I, 505-509) die deprimierenden politischen Verhältnisse damals beschreibt – eine ewige, an keine Zeit gebundene Klage:

»Hier ist Recht ja und Unrecht verkehrt. Wie die Kriege auf Erden
wachsen, so heben ihr Haupt in grausiger Zahl die Verbrechen.
Niemand ehrt noch den Pflug. Fort muß der Bauer, die Fluren
liegen verödet. Man glüht zum mordenden Schwerte die Sichel.«

Dagegen setzt der Dichter die heile ›Otricoli-Welt‹, vor allem im ›Lob des Landlebens‹, den unübertroffenen 82 Versen (im 2. Gesang, 458-540) auf jenes Leben der ungestörten Seelenruhe und gelassenen Klugheit, das sich gewiß nicht nur auf dem Land verwirklichen läßt, das jedoch seine Kontrast-Wahrheit gewinnt aus der Unrast der anderen Lebensmodelle:

»Aber der Bauer durchfurcht mit gekrümmter Pflugschar die Erde:
hier beginnt im Jahre sein Werk, so erhält er die Heimat,
so sein bescheidenes Gut, Kuhherden und tüchtige Stiere.
Unablässig gewährt das Jahr ihm Früchte in Fülle,
läßt das Vieh sich vermehren und reift ihm Korn auf dem Halme.
Schwer wogt draußen die Ernte, die Speicher brechen vor Fülle.
Neigt sich das Jahr, dann preßt man Öl aus den besten Oliven,
eichelgenährt kommt wieder das Schwein, im Walde gibt's Beeren,
mancherlei Früchte spendet der Herbst. An felsigen Hängen
hoch in der Sonne glühn zu süßer Reife die Trauben.
Nach der Arbeit umdrängen die Kinder mit Küssen den Vater,
Reinheit durchstrahlt das behütete Haus. Milch gibt es in Fülle.«

Es ist kaum anzunehmen, daß Vergil, selbst ein Landmann aus der Umgebung von Mantua in Norditalien, nicht die harte Wirklichkeit auf dem Land, die alltägliche Fron des Bauern gekannt hat. Er beschreibt seine Wunschwelt, und es ist nicht die des Städters. Es ist seine Utopie, zusammengefaßt in den berühmten fünf Versen von der Eisernen und der Goldenen Epoche der Menschheit:

»Ehe die eiserne Weltzeit geherrscht und ehe ein rohes,
fühllos Geschlecht sich Stiere erschlug zu üppigem Schmause,
lebte so Saturnus auf Erden in goldener Weltzeit.
Damals hörte man nicht die Kriegstrompete erschallen,
nirgends klirrte der Hämmer Geläut schwertschmiedend am Amboß.«

Manchmal dachten wir, in Otricoli könne man von dieser Utopie etwas spüren und eine Ahnung davon mitnehmen.

In idyllischer Abgeschiedenheit gelegen, gehört die kleine Kirche Santa Pudenziana bei Visciano zu den schönsten Entdeckungen am Wege zwischen Narni und Otricoli. Ein hoher Campanile und ein antikisches Atrium sind die besonderen Akzente dieses vorromanischen, auch von innen ansehnlichen Kirchleins.

Visciano, S. Pudenziana, 11. Jahrhundert

Orvieto

Das Bild ist unvergeßlich. Orvieto liegt weithin sichtbar auf einem Tuff-Felsen, der sich als riesiger Klotz von zweihundert Meter Höhe in die Ebene des Paglia-Flusses hineinstellt, kurz bevor dieser etwas weiter südöstlich in den Tiber mündet. Auf der Hochfläche dieses Tuff-Ungetüms lagert die Stadt. Aus den Häusern erheben sich, die Silhouette klar und unverwechselbar bestimmend, die Kirchen, vor allem gänzlich unverkennbar der Dom mit seiner hohen Fassade. Dem Fremden prägt sich dieses Bild besonders ein, wenn er von Norden auf der Autostrada del Sole oder der Eisenbahnlinie der Direttissima von Florenz daherbraust, Stadt und Felsen – beide gleich eindrucksvoll – vor sich liegen sieht und zunächst daran vorbeifahren muß zur Uscita der Autobahn oder zur Stazione Orvieto Scalo.

Diese Annäherung schon gehört zu den stärksten Eindrükken, die man in Umbrien gewinnen kann. Er läßt sich noch steigern, wenn man auf der Straße Nr. 71 von Südwesten, vom Bolsena-See, kommt und sich dann von fünfhundert Meter Höhe auf Kurven hinunterschraubt, von Kehre zu Kehre das Panorama von Orvieto vor sich. Einmal geschah es, daß die Sonne durch ein Loch in dem ansonsten ganz bewölkten Himmel ihre Strahlen auf die Fassade des Domes konzentrierte, und nur auf diese glänzende, goldschimmernde Prachtseite allein. Da bestätigte sich das Wort der Alten, die Fassade sei ›figlia più del cielo che della terra, Tochter mehr des Himmels als der Erde‹ – wir werden das nachprüfen. Es war ein großartiger Effekt, den man leider nicht auf Bestellung haben kann.

Eigentlich sollte ich Orvieto mehr lieben. Die großen Kunstwerke, seine lebendige Geschichte verdienen es wahrlich. Mir ist auch nie etwas Böses in Orvieto geschehen. Dennoch begegne ich der Stadt und ihren Bewohnern, pardon, immer mit einer kleinen Reserve. Vielleicht erscheinen sie mir etwas eingebildet, als ob sie die Besucher gar nicht nötig

Orvieto. Aus Braun–Hogenberg, ›Civitates orbis terrarum‹, um 1600

hätten, was natürlich nicht stimmt und schon durch den ersten freundlichen Orvietaner dementiert werden kann. Vielleicht stellt mir die Stadt ihre Schönheiten zu stolz, zu selbstbewußt zur Schau, sich damit über die anderen ›Töchter‹ Umbriens erhebend. Wie auch immer.

Der Dom

Dem Dom von Orvieto gebührte wohl die Krone unter den Kirchen Umbriens, wenn nicht San Francesco in Assisi mit den Fresken wäre. Sie sollen sich den ersten Platz teilen! Einheitlicher, mit einem Schlag den Atem nehmend, wirkt der Dom der ›Assunta‹ (Mariä Aufnahme in den Himmel), besonders, wenn man plötzlich aus den Gassen heraus die Fassade erblickt. Da wir ihn schon von weitem gesehen haben, soll unser erster Weg dorthin führen – in der Nähe liegen auch günstige Parkplätze. Und ohne daß wir uns mit der Geschichte der Stadt und des Domes aufhalten, wollen wir ihn gleich eingehend betrachten, am besten zunächst von den gegenüberliegenden Häusern aus.

Die Fassade

Die 40 Meter breite und 52 Meter hohe Fassade tritt uns gleichsam hochgemut entgegen, als gigantischer Reliquienschrein – über diese Bestimmung unten mehr –, als Triptychon, als Schaubild in einem berauschenden Dreiklang von drei horizontalen und drei vertikalen Zonen, einem einzigartigen Tris-Akkord von Architektur, Mosaikkunst und Skulpturenschmuck, faszinierend dreidimensional in Breite, Höhe und Tiefe, einladend mit seinen drei Portalen – spitz, rund, spitz –, die Dreiecke über den Bögen und Feldern sowie auf den Türmen wie fromme Ausrufezeichen in die Höhe reckend. Wir stimmen Jakob Burckhardts Urteil zu: *»Wenige große ruhige Hauptformen genügen hier, um einen unermeßlichen Reichtum von Farben und Gestalten schön zu umfassen. Auch alle rein baulichen Glieder, die Simse der drei Giebel, die wenigen Spitztürmchen usw. sind ganz mit Mosaikmustern angefüllt, so daß diese Fassade das größte und reichste polychromatische Denkmal auf Erden ist. Bei einer so starken Absicht auf materielle Pracht ist die Schönheit der Komposition ein doppeltes Wunder.«* Im gleißenden Sonnenlicht, aber auch wenn es dunkelt und die Fassade künstlich beleuchtet wird, entsteht ein fast irrealer Effekt von erheblicher Suggestion.

Nähern wir uns nun diesem großartigen Werk mehrerer Künstler. Es wurde nach einem Gesamtplan verwirklicht, an dem wohl LORENZO MAITANI und ARNOLFO DI CAMBIO, ANDREA PISANO (1347) und ANDREA ORCAGNA (Rosette; 1359) mitgearbeitet haben. 1331 begann man, die Marmortafeln der unteren Zone den Sockelpfeilern einzusetzen, die wohl von Maitani mit Hilfe von Künstlern aus Siena und Pisa zwischen 1320 und 1330 geschaffen worden waren. Sie stellten in lebhafter Manier und in sorgfältiger, fast detailbesessener Ausführung Szenen aus dem Alten und Neuen Testament dar, wobei die Figuren von den Blättern und Kreisen eines Efeu-Rankenwerks umzogen und abgegrenzt werden. Es sind Schautafeln der Heilsgeschichte, um den Gläubigen das Wirken Gottes zugunsten des Menschen vom Anfang der Schöpfung bis zum Ende, bis zum Jüngsten Gericht, bildhaft-eindringlich vor Augen zu führen. Die Orvietani, damals wie heute, hatten viel Zeit, Szene für Szene herauszufinden, auch Kundige zu fragen, wenn sie eine Darstellung nicht erkannten und verstanden.

Ich gebe alle Themen an, damit man wenigstens die bekanntesten identifizieren kann, am *linken äußeren Sockelpfeiler* von unten links beginnend: Gott erschafft die Fische, Vögel und Pflanzen – Erschaffung der Säugetiere – Erschaffung des Menschen mit zwei Engeln; Gott haucht Adam Leben ein – Gott nimmt Adam die Rippe – Erschaffung Evas mit zwei Engeln; die ersten Menschen im Paradies – der Sündenfall – Verurteilung durch Gott; Vertreibung aus dem Paradies – bei der Arbeit; Opfer Kains und Abels – Kain erschlägt Abel; ein Lehrer lehrt Lesen – Singen – Zeichnen (Zirkel).

Auf dem *linken inneren Sockelpfeiler* können wir wieder ein Ensemble von biblischen Motiven finden, denen die Verkünder des Wortes (Könige und Propheten des Alten Testaments in der Mitte) beigesellt sind. Man scheute sich nicht, auch weniger bekannte Szenen in das theologische Programm aufzunehmen; Erklärer und Deuter waren zur Hand, eilig hatte man es auch nicht.

Auf dem *rechten inneren Sockelpfeiler* begegnen uns ebenso die großen Gestalten der Bibel, Propheten und Engel. Die Szenen

›Das Jüngste Gericht‹
vom rechten Sockelpfeiler der Domfassade von Orvieto.
Lorenzo Maitani (?), 1320-30

aus dem Evangelium werden uns vertrauter sein (von unten nach oben und von links nach rechts): Verkündigung und Heimsuchung; Geburt und Epiphanie der Drei Könige; Darstellung im Tempel und Flucht nach Ägypten; Kindermord zu Bethlehem und der zwölfjährige Jesus im Tempel; Taufe und Wunder Jesu; Einzug in Jerusalem und Judaskuß; Geißelung und Kreuzigung; Maria am Grab und Maria Magdalena mit dem Auferstandenen.

Der *Pfeiler rechts außen* zeigt uns das ganze dramatische Szenarium des Jüngsten Gerichts mit Christus dem Weltenrichter, mit Engeln, Propheten, Aposteln, Maria, Johannes dem Täufer, mit den Marterinstrumenten Jesu und Engeln, welche die Toten zum Gericht rufen, mit den auserwählten Gerechten und den Ungerechten, mit der Auferstehung der Toten und der Verdammung der Bösen in die Hölle. Für diese Darstellung sei daran erinnert, daß zur selben Zeit der große italienische Dichter Dante in seiner ›Göttlichen Komödie‹ Hölle, Fegefeuer und Himmel beschrieb und die irdische Existenz der Menschen einmünden ließ in ihre ewige Bestimmung. Für die Gläubigen, nicht nur des Mittelalters, steht im Jüngsten Gericht das eigene Heil auf dem Spiel.

Bleibt anzumerken, daß die vielfigurigen, in der Komposition an gotische Glasfenster erinnernden Relieftafeln neben dem älteren Brunnen der Pisani in Perugia als die kostbarsten Zeugnisse mittelalterlicher Plastik in Umbrien gelten.

Von der Fassade seien weiter einige hervorragende Kunstwerke erwähnt: Die *Bronzetore des Mittelportals* (Allegorien der Werke der Barmherzigkeit) schuf der in Orvieto besonders geschätzte moderne Künstler EMILIO GRECO (von 1964 bis 1970). Darüber in der Lünette eine *Marmorgruppe* ›Maria mit dem Kind‹, ANDREA PISANO (1347) zugeschrieben, unter einem *Bronzebaldachin,* LORENZO MAITANI zugewiesen, dessen Vorhang zweimal drei Engel halten (da sie einst bemalt waren, findet sich wieder der Dreiklang von Elementen der Architektur, der Malerei und Bildhauerkunst). Über den Sockelpfeilern mit den Skulpturtafeln sehen wir die vier *Evangelistensymbole,* Bronzegüsse des MAITANI (1329/30) von hohem Rang: (von links) Engel (Matthäus), Löwe (Markus), Adler (Johannes) und Stier (Lukas). Weitere Heiligenfiguren sind in späteren Jahrhunderten eingefügt worden. Über den Portalen links Sankt Michael, eine Bronzefigur wohl von MATTEO DI UGOLINO DA BOLOGNA (1356), in der Mitte ein ›Lamm Gottes‹,

Orvieto, Domfassade (nach Bonelli)

eine Bronze desselben Künstlers, und rechts ein Engel in Marmor. Die *Rosette* in der Mitte, ein Werk des ORCAGNA von 1354, ist wohl eine der schönsten ihrer Art; in den Zwickeln ihres Rahmens Mosaiken der vier Kirchenlehrer des Abendlandes: Augustinus, Gregor der Große, Hieronymus und Ambrosius. Um dieses Quadrat ziehen sich Reihen von 72 Reliefköpfen, 12 Propheten aus Marmor, der Apostel, ebenfalls aus Marmor, Werke verschiedener Künstler vom 14. bis zum 16. Jahrhundert.

Die *Mosaikdekoration* ist vor allem in ihrer ornamentalen Funktion zu schätzen. Künstlerisch scheinen die Einzeldarstellungen hinter den Leistungen der Architekten und Bildhauer auf der Fassade zurückzutreten. Das Hauptbild im oberen Dreiecksgiebel zeigt die ›Krönung Mariens‹ (1785-89), alle anderen in den geometrisch unregelmäßig geschnittenen Feldern stellen Szenen aus dem Leben Mariens dar; die älteste ist die ›Geburt Mariens‹ über dem rechten Seitenportal in der Mitte, von 1364/65. Wir finden in Umbrien besonders viele Mariendarstellungen. Die Jungfrau und Madonna, die Mutter des Jesus von Nazareth, ist für den gläubigen Christen seit altersher auch immer der erste ganz erlöste Mensch gewesen; deshalb die Namen wie ›Gottesgebärerin‹ schon in den ersten Jahrhunderten, deshalb die theologischen Verherrlichungen und die Zuneigung und Verehrung der Frommen, deshalb auch die unzähligen Werke der Künstler (›Aufnahme Mariens in den Himmel‹, ›Krönung‹). Es ist ein gemeinsames christliches Glaubens-Gut über alle Konfessionsgrenzen und alle Verehrungs-Unterschiede hinweg.

Was den Dom von Orvieto unter anderem so unverwechselbar prägt – und damit wenden wir uns auch den Seiten zu –, ist die Zebra-Streifung in weißem und schwarzem Stein (Tuff und Basalt). Aus den Seitenschiffen rechts und links treten je fünf halbrunde Kapellen vor, die den Baukörper plastisch erweitern. Auf der rechten, südlichen Flanke öffnet sich die *Porta di Postierla,* ein prächtiges Portal, dessen Herkunft nicht ganz geklärt ist. Auf der linken Flanke finden wir zwei Tore, die *Porta di Canonica* und die *Porta del Corporale,* durch die nach der Tradition die Fronleichnams-Reliquie in den Dom getragen wurde (siehe unten).

Das Innere

Dem grandiosen Eindruck außen entspricht der des Inneren, das 89,3 Meter lang, 32,7 Meter breit und 34 Meter hoch ist. Wir können schwer entscheiden, wem mehr Aufmerksamkeit zu schenken ist: dem hellen Gesamtbild des weiten Kirchenraumes, geprägt von einem einfachen Fußboden, den schwarzen und weißen Streifenlagen der Steine – zum Teil aufgemalt, man wußte um die Wirkung –, der freien bunten Balkendecke,

Orvieto, Dom

seiner Lichtgebung durch farbiges Glas und Alabasterfenster – oder einzelnen Kunstwerken?

Einer der besten Kenner der mittelalterlichen Gotik, Otto von Simson, Verfasser des Standardwerkes ›Die gotische Kathedrale‹ (The gothic cathedral, 1956), entwickelt aus den lichtdurchfluteten Räumen der Gotik die architektonische Gotteslehre des Abtes Suger von St. Denis, *»eine berauschende Theologie des Lichtes, entfaltet aus dem Beginn des Johannes-Evangeliums. Dort ist der göttliche Logos das wahre Licht, welches in der Dunkelheit scheint und alles erschafft. Alles Erschaffene ist eine Art Erleuchtung, ein Licht, durch welches Gott sich dem Menschen offenbart. Aber wie wir mit bloßem Auge nicht in die Sonne schauen können, so können wir das göttliche Licht auch nur wie durch einen Schleier wahrnehmen, und alle geschaffenen Dinge sind zugleich ›Lichter‹ und Schleier; sie offenbaren Gott, indem sie ihn verhüllen. Das gilt vor allem für alles Lichte und Leuchtende. Man kann sich leicht vorstellen, daß das ganze Mittelalter von dieser Theologie des Lichtes fasziniert war.«*

Das ist ein schöner Gedanke, der sich auch hier in Umbrien bewährt, gleich ob in den gotischen oder romanischen Kirchen. Der Raumeindruck, die Lichtstimmung in einer Kirche sagt etwas Wesentliches darüber aus, ob sie in ihrer Bedeutung geglückt ist. Dennoch muß gleich festgehalten werden, was die italienische Gotik im Vergleich zum Baustil in Frankreich oder im übrigen Europa nicht will oder nicht ist:

»Die italienische Gotik will nicht die Auflösung des Baukerns in einen Gliederbau aus lauter Diensten und Rippen, Arkaden und Strebebögen, sondern im Gegensatz zum nordfranzösischen Gliedergerüst den festen, geschlossenen Kubus.

Die italienische Gotik will nicht die Spannung zwischen dünnen energiegeladenen Mauerteilen und dunklem oder lichthaftem Grund, sondern spürbar eingrenzende und haltende Mauern, klar überschaubare Verhältnisse.

Die italienische Gotik will nicht die dramatische Durchdringung lagernder Schiffe, ausbuchtender Chöre und hochfahrender Türme, sondern den Vorrang der Fläche, den Ausgleich der Richtungen, das gerahmte Feld, die reine unzerstückte Einzelform.

Die italienische Gotik findet ihre repräsentative Form nicht im Turm, geschweige in einem so extremen Gebilde wie dem Einturm mit durchbrochenem Turmhelm, sondern im Giebel, der den Gegensatz der Vertikalen und Horizontalen dämpft und aufhebt.

Der Tempel mit dem Giebel und der breit gelagerte Saal stehen ihr näher als die Kathedrale.« (Heinrich Lützeler, Europäische Baukunst im Überblick, 1969.)

Gern widmen wir uns nun den Details. Besonders zu beachten sind: die zehn Säulen und zwei Pfeiler, die das basilikale Langhaus teilen und die von schönen, reich gestalteten Kapitellen gekrönt werden; gleich am Eingang links zwischen den ersten beiden Säulen ein aufwendiges *Weihwasserbecken* (von A. FEDERIGHI, 1485); vor der ersten Säule ein reich gestaltetes gotisches *Taufbecken* in weißem und rotem Marmor, an dem viele namhafte Künstler von 1390 bis 1403 arbeiteten. Es wird von acht Löwen getragen und von einer Statue Johannes' des Täufers gekrönt, welche heute die Stelle eines verlorenen Standbilds von DONATELLO einnimmt; an der Seitenschiffwand ein schönes *Fresko* von GENTILE DA FABRIANO, ›Madonna mit Kind‹ (1425).

Unser Rundgang führt uns vorbei an den fünf halbrunden Kapellen des rechten Seitenschiffs zu dem durch zwei viereckigen Kapellen links und rechts gebildeten Querschiff. Vor der Cappella Nuova oder della Madonna di S. Brizio (rechts) – die wir als Höhepunkt vielleicht für den Schluß aufheben – in Nischen *Statuen von Adam und Eva;* zum Presbyterium hin die Cappella dei Magi mit einer Epiphanie-Szene; gegenüber zum Pfeiler hin eine achteckige *Kanzel* (mit Renaissance-Formen, obwohl aus dem 17. Jahrhundert). Vor dem Presbyterium zwei Marmorstatuen vom Anfang des 17. Jahrhunderts: *›Ecce Homo‹,* der Schmerzensmann, und *›Christus an der Geißelsäule‹.* Das Presbyterium wird von einem großen hölzernen *Kruzifix* (14. Jahrhundert) und einem reich geschnitzten und mit vielen Intarsien versehenen *Chorgestühl* (14. Jahrhundert) sowie von *Fresken* mit Darstellungen aus dem Marienleben (14.-15. Jahrhundert) bestimmt. Das große, 16,32 Meter hohe und 4,55 Meter breite, in 48 quadratische Felder aufgeteilte *Apsisfenster* zeigt ebenfalls Szenen aus dem Leben Mariens (Anfang des 14. Jahrhunderts, doch mehrfach restauriert). Links im Querschiff vor der Cappella del Corporale weitere Marmorgruppen: eine eindrucksvolle *›Pietà mit Nikodemus und Maria Magdalena‹* von IPPOLITO SCALZA (1579), *›Maria und der auferstandene Christus‹* (1563). Dort sehen wir auch die mächtige *Orgel.*

Bei der **Cappella del Corporale,** in der wir vor allem das Tafelbild der ›Schutzmantelmadonna‹ von LIPPO MEMMI (1320) und das Grab des Bischofs Vanzi (von SCALZA, 1571) bewundern können, müssen wir ein wenig Geschichte nachholen, die der Stadt, die der Kunst in Orvieto, die Baugeschichte des Domes und nicht zuletzt die Geschichte eines Wunders. Denn im Hochaltar dieser Kapelle befindet sich das *Reliquiar des Corporale,* eines der schönsten und kostbarsten Kunstwerke der italienischen Goldschmiedekunst. Leider kann man dieses 1,39 Meter hohe, 63 cm breite Werk in der Form des Domes mit wertvollen Emailarbeiten – biblische Szenen des Lebens Jesu – nur an Ostern und Fronleichnam sehen. Doch Geduld! Zurück zu den Ursprüngen! (Ansonsten direkte Fortsetzung mit dem Dom Seite 393.)

Geschichte und Geschichten um ein Wunder

Daß der Felsen von Orvieto schon in vorgeschichtlicher Zeit bewohnt war, weil die Position den Siedlern größtmögliche Sicherheit auf relativ weitem Raum bot, leuchtet ein. Das Etrusker und Römer diese Lage gleichfalls ausnutzten, ebenso. Beide hinterließen auch die ersten, nicht wenigen künstlerischen Spuren, obwohl sich die Historiker bei den einen wie bei den anderen über Einzelheiten nicht immer sicher sind. Handelt es sich bei Orvieto um Volsinii, das Haupt des etruskischen Zwölfstädtebundes und Standort des Fanum Voltumnae, des etruskischen Bündnisheiligtums? Volsinii wurde 264 vor Christus von den Römern zerstört, und mit diesem Datum brechen bezeichnenderweise auch die Funde in Orvieto ab. Zweifel bleiben. Erst nach dem Untergang des Weströmischen Reiches, in der Zeit der Völkerwanderungen, taucht wohl der Name Ourbibenton, aus dem sich Urbs vetus und dann Orvieto entwickelten. Wir kennen inzwischen diese Verwicklungen mit Ost- und Westgoten, Byzantinern und Langobarden zu gut, um uns auf Einzelheiten einzulassen.

Als in Italien die Stunde der ›Gemeinden‹, der ›Comuni‹, schlug, bewies auch die Bürgerschaft von Orvieto eigenen Willen und Unabhängigkeit, Sinn für Wirtschaft und Kunst und einen Drang zum Meer, Rivalitäten mit anderen Städten, mit Siena und Viterbo, Todi und Perugia und natürlich auch mit Rom. In dieser Periode, vom 11. bis zur Mitte des 13. Jahrhunderts, entstanden verschiedene Kirchen und private Stadthäuser, deren romanische Formen wir noch heute sehen können. Daß Orvieto unter Papst Hadrian IV., einem Engländer (1154-1159), päpstlich wurde, wie es allgemein heißt, gegen den Willen Kaiser Friedrich Barbarossas, bedeutete wohl, daß die Orvietaner die Oberhoheit des Kirchenherrn anerkannten und dieser eine weitgehende Selbstbestimmung der Städter auf dem Felsen zugestand. Das brachte freilich auch innere Parteienkämpfe mit sich, wie jene zwischen den guelfischen Monaldi und den ghibellinischen Filippeschi, die sprichwörtlich in Mittelitalien waren und von Dante noch Jahrzehnte später gebrandmarkt wurden, als »übel gar und hämisch«. (Göttliche Komödie, Fegefeuer 6. Gesang.) Dante beklagt das politische Elend Italiens, das immer auch ein menschliches war: *»... indes die Lebenden von seinen Söhnen des Kriegs nicht müde werden und sich hinter den Mauern ihrer Vaterstadt verletzen.«*

Ganz so schlimm kann es vielleicht nicht gewesen sein in Orvieto. Denn in der zweiten Hälfte des 13. Jahrhunderts begann die große Blütezeit, obwohl die Streitigkeiten unter den Stadtgeschlechtern weitergingen, man sich gegen die päpstliche Herrschaft schüttelte, auch der Kardinal Albornoz 1354 ›nach dem Rechten‹ sah, fremde Herren die Hoheit übernahmen und erst 1450 die Stadt in den endgültigen ruhigen Status innerhalb des Kirchenstaates einlief. In der Mitte des 13. Jahrhunderts fing man an, Kirchen auch im gotischen Stil zu errichten, und fand mehr als in anderen Städten Gefallen daran. Da geschah das ›Wunder von Bolsena‹, das die Tradition uns so überliefert: Im Jahr 1263 feierte ein Priester aus Böhmen, der an der Transsubstantiation zweifelte, an der wirklichen Umwandlung von Brot und Wein in das Fleisch und Blut Jesu Christi, in der Kirche Santa Cristina in Bolsena am nahen See das Meßopfer. Dabei tropfte aus der Hostie Blut auf die liturgischen Gewänder mit dem Corporale. Das beeindruckte den Priester sehr, die Erzählung darüber auch den Papst Urban IV., der in Orvieto residierte – wohin auch das Beweisstück des Corporale kam –, und bald die ganze europäische Christenheit. Denn der Papst ordnete mit Bezug darauf am 11. August 1264 das Fronleichnamsfest an, das in vielen Ländern Europas noch heute gesetzlicher Feiertag ist.

Eine Stadt, die eine im damaligen Verständnis so kostbare Reliquie (mit dem Blut Christi) besaß, mußte einen entsprechenden Schrein besitzen, zumal wohl auch sonst Bürgerstolz und -reichtum nach einem würdigen Gotteshaus zur Zierde der Stadt verlangte. Am 13. November 1290 – es ist alles genau und bestens dokumentiert – legte Papst Nikolaus IV. den Grundstein. Danach gaben sich die bedeutendsten Künstler jener Zeit in Orvieto ein Stelldichein. Einige Namen, die wichtigsten, haben wir schon bei den einzelnen Kunstwerken oder Bauabschnitten gehört, damit soll es genug sein. Festzuhalten ist, daß seit dem Ende des 13. Jahrhunderts am Dom gearbeitet wurde, daß man Bausteine für den Dom sogar aus dem etruskisch-römischen Veji, nördlich von Rom, holte, daß die Gotik uns hier den neben Siena wohl schönsten Sakralbau Mittelitaliens hinterlassen hat, daß im späten Mittelalter in Orvieto noch andere bemerkenswerte Bauten entstanden und in ihnen bedeutende Kunstwerke, deren Schöpfer wir an Ort und Stelle würdigen wollen, daß aber auch die Renaissance mit guten Zeugnissen vertreten ist.

Das Fundament der Geschichte, auf dem sich Orvieto mit seinen großen und kleinen Kunstwerken erhebt, ist solide. Weniger fest ist der Tuffblock selbst, auf dem die Stadt errichtet ist. Seine Stabilität gibt Anlaß zur Besorgnis, hat schon Scharen von Geologen beschäftigt und Politiker über Maßnahmen beraten lassen, ohne daß die geeigneten getroffen worden wären. Das hindert freilich nicht, daß Jahr für Jahr die Teilnehmer an den eindrucksvollen Prozessionen zu Ehren des Santissimo Corporale immer zahlreicher werden. An Fronleichnam, an Mariä Himmelfahrt (15. August) und an Pfingsten mit der berühmten ›Festa della Palombella‹ finden die Orvietaner Hauptfeste statt.

Luca Signorelli: ›Engel führen die Gerechten ins Paradies‹ (Ausschnitt). Orvieto, Dom, Cappella di S. Brizio

ten der Renaissance beredt genug. Für die einfachen Leute brauchte man einen Erklärer, der nicht nur darlegte, wer Homer und Empedokles, Orpheus und Horaz, Ovid und Lucanus, Vergil und Dante waren, sondern auch mit welchen Werken sie die Antike und das Christentum – beides gehörte in der Renaissance eng zusammen – bereichert hatten.

Vom Altar aus ist die Gewölbemalerei am besten zu betrachten, in deren acht Zonen die Themen der Herrlichkeit, des himmlischen Paradieses dargestellt sind: Christus der Richter mit den Engeln, Propheten, Apostel, die Zeichen des Gerichts, Märtyrer, Patriarchen, Kirchenlehrer und Jungfrauen. Deutlich unterscheiden sich die beiden erstgenannten Szenen von der Hand des FRA ANGELICO von den später entstandenen. Auch an den Wänden wird man zunächst die genauen Themen identifizieren wollen. So in der oberen Zone (A) Predigt und Taten des Anti-Christ, wie bei Markus, 13,5.6 geschrieben steht: *»Jesus fing an, ihnen zu sagen: Sehet zu, daß euch nicht jemand verführe! Es werden viele kommen unter meinem Namen und sagen: Ich bin's, und werden viele verführen«* – mit anderen Szenen erweitert. (B) Unter den Putten (früher mit dem Namen des Künstlers): Das Ende der Welt, Sonne, Mond und Sterne vergehen. (C) Auferstehung des Fleisches. (D) Die Verdammten in der Hölle. (E) Engel stoßen die Ungerechten in die Hölle. (F) Die Engel führen die Gerechten ins Paradies. (G) Ruf an die Gerechten zum Himmel.

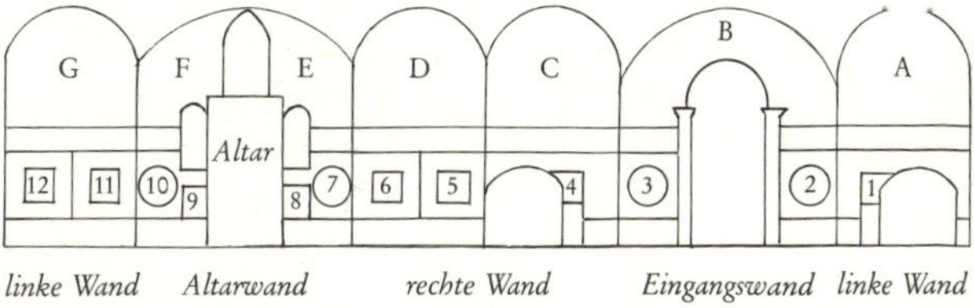

1 *Homer*
2 *Empedokles*
3 *Orpheus*
4 *Lukan*
5 *Horaz*
6 *Ovid*
7 *Orpheus erbittet Befreiung Eurydikes*
8 *Ermordung des Oionos*
9 *Venus erscheint Äneas*
10 *Dantes ›Fegefeuer‹*
11 *Vergil*
12 *Dante*

Signorellis Fresken in der Cappella Nuova, Wandschema

Schon in der oberen Zone finden sich gemalte Hinweise auf geschichtliche oder damals lebende Personen. Diese mehren sich nun in der unteren Zone, so daß der Maler gleichsam in personalen Zitaten zu uns spricht. Das war für die Gebilde-

Wir haben unseren Rundgang mit der Geschichte unterbrochen, um am Schluß – oder wegen des günstigen Lichts am Morgen zwischen 10 und 12 Uhr wiederkehrend – zu einem Höhepunkt zu gelangen, zur **Cappella Nuova** oder **della Madonna di San Brizio** (rechts am Querschiff), einem ›Ruhm der italienischen Kunst‹, wie es allgemein heißt. Im Jahr 1447 begann FRA ANGELICO mit der Ausmalung der Wände in Freskotechnik (siehe auch Kapitel ›Kunstgeschichte‹, Seite 91 f.). Doch er wurde nach Rom gerufen. Und wie er arbeiteten auch BENOZZO GOZZOLI und PERUGINO nur kurze Zeit, bis LUCA SIGNORELLI aus Cortona sich Jahrzehnte später am 5. April 1499 der Sache annahm und den Auftrag bis zum Frühjahr 1504 ausführte. Welcher Sache? Das Bildprogramm sind die ›Letzten Dinge‹, die damals jedem Gläubigen eindringlich gegenwärtig waren, die Lehren des christlichen Glaubens vom Jüngsten Gericht und die Auferstehung des Fleisches, von der Wiederkunft Christi am Ende der Zeiten, von der Verdammnis der Bösen und der Aufnahme der Gerechten ins Paradies, von Himmel, Hölle und Fegefeuer. Der italienische Dichter Dante hat sie, prägend nicht nur für Generationen, sondern für Jahrhunderte, in seiner ›Göttlichen Komödie‹ dichterisch ausgemalt.

In der Bibel finden sich an vielen Stellen Worte über das Ende der Welt, die Letzten Dinge, über die Vollendung der Zeit; am bekanntesten – oder auch nicht – im Evangelium nach Markus (13. Kapitel, 19., 20., 24. bis 27. Vers: *»Denn in diesen Tagen wird solche Trübsal sein, wie sie nie gewesen ist bisher vom Anfang der Schöpfung, die Gott geschaffen hat, und auch nicht wieder werden wird. Und wenn der Herr diese Tage nicht verkürzt hätte, würde kein Mensch selig; aber um der Auserwählten willen, die er auserwählt hat, hat er diese Tage verkürzt … Aber zu der Zeit, nach dieser Trübsal, werden Sonne und Mond ihren Schein verlieren, und die Sterne werden vom Himmel fallen, und die Kräfte der Himmel werden ins Wanken kommen. Und dann werden sie des Menschen Sohn kommen sehen in den Wolken mit großer Kraft und Herrlichkeit. Und dann wird er seine Engel senden und wird versammeln seine Auserwählten von den vier Winden, vom Ende der Erde bis zum Ende des Himmels.«*

Die künstlerische Würdigung dieser Fresken können wir selbst mit dem höchsten Lob vornehmen. Es ist Signorellis Verdienst, die nackte menschliche Figur in allen Stadien der Auferstehung anatomisch ›richtig‹ geschildert zu haben. Damit wurde er bahnbrechend für die Kunst der Hochrenaissance – wer denkt nicht angesichts dieser athletischen Körpersprache und schonungslosen Dramatik an Michelangelos ›Jüngstes Gericht‹ in der Sixtinischen Kapelle des Vatikan, fünfzig Jahre später! In ihrer Zeit, um die Jahrhundertwende, die zugleich eine Zeitenwende war, erinnern diese Bilder auch an den agitatorischen Geist eines Savonarola. Zwischen den Visionen des Dichters Dante und denen des Malers Michelangelo nimmt Signorelli mit diesen Fresken einen hervorragenden Platz ein.

Ähnlich urteilt Jacob Burckhardt: *»Weit entfernt, die angemessensten oder die sachlich ergreifendsten Darstellungen dieses Inhalts zu sein, haben namentlich ›Paradies‹ und ›Hölle‹ den hohen geschichtlichen Wert, daß sie die erste ganz großartige Äußerung des Jubels über die Bezwingung der nackten Form sind. Letztere wird uns hier nicht in reiner Idealität, wohl aber in großer jugendlich-heroischer Kraftfülle, in höchst energischer Modellierung und Farbe vorgeführt.«*

Im Schatten des Doms

Die Gefahr besteht, daß durch das überwältigende Erlebnis des Domes das Übrige in Orvieto in den Hintergrund gedrängt wird, vielleicht sogar ganz unter den Tisch – einer stärkenden Mahlzeit? – fällt. So ist es uns lange Zeit ergangen, bevor wir uns auf einen Rundgang durch die Stadt zu den anderen Kunstwerken und Sehenswürdigkeiten begaben. Man erliegt übrigens leicht dieser Versuchung, sich ganz auf den Dom zu konzentrieren, weil der Bezirk um die Kathedrale – fast ein Touristen-Reservat – mit seinen Schönheiten einen ganz in Anspruch nimmt. Aber da sollten wir ausbrechen und uns etwa zur Abendzeit dem Strom der jungen Orvietaner/-innen durch die Via del Duomo einfügen. Er trägt uns an vielen hübschen Läden vorbei. Von dem reichhaltigen Angebot an Keramik haben uns vor allem die ocker-grün-braunen Krüge gefallen – übrigens auch manchen unserer Freunde, die sie nach jedem Orvieto-Besuch gleichsam einforderten. Bei diesem Rundgang sollte nicht allein den einzelnen Zielen unsere Aufmerksamkeit gelten; das Schlendern durch die Gassen selbst ist gefällig, das Innehalten auf den Plätzen, das Betrachten ›normaler‹ Fassaden, das Aufspüren unbeachteter Kirchen und Plätze.

Natürlich könnten wir auch noch im Dom-Bezirk verweilen. Da wären zunächst die verschiedenen Papst-Paläste zu würdigen, die ineinander übergehen und bis zum Dom reichen, doch aufgrund der einzelnen Bauphasen und der Bauherren zu unterscheiden sind. Gegenüber der rechten Domflanke erhebt sich der **Palazzo Soliano,** auch **Palazzo dei Papi,** Palast der Päpste, genannt, zu dessen erstem Stockwerk mit einem feierlich großen Salone, Saal, eine weite Freitreppe hinaufführt. Als Baudaten werden die Jahre 1297 bis 1304, als Auftraggeber wird Papst Bonifaz VIII. (deshalb auch nach diesem benannt) angegeben. In diesem Palazzo aus mächtigen Tuffquadern mit überlegt gesetzten Drillingsfenstern und Lichtöffnungen in der Fassade hat das Dom-Museum seinen Sitz, *Museo dell'Opera del Duomo* (seit 1989 wegen Umbauarbeiten geschlossen). Die Gemälde, Skulpturen, Kunstgegenstände und Gottesdienstgeräte sollen eine neue großzügigere Ordnung finden. Beachtenswert sind vor allem eine ›Madonna mit Kind, segnendem Christus und Engeln‹, ein Gemälde von 1320 unter Mitarbeit von SIMONE MARTINI; ein ›Verkündigungsengel‹, eine Terrakottafigur von 1520 ›Madonna mit Kind‹, eine Marmorgruppe von ANDREA PISANO (1347); ein Reliquiar für den Kopf des heiligen Savino in Form eines gotischen Tempelchens (1340); ›Madonna mit Kind und Heiligen‹, ein Polyptychon von SIMONE MARTINI aus San Domenico (1321); ein Selbstbildnis von LUCA SIGNORELLI (Fresko auf Ziegel, 1500); wertvolle Meßgewänder mit kostbaren Stickereien sowie umbrische Keramik aus Mittelalter und Renaissance.

Als Bauherren des **Palazzo Papale** im Hintergrund des Platzes neben der rechten Domflanke gelten die Päpste Urban IV. (1261-1264) und Martin IV. (1281-1285). Die Konstruktion des 13. Jahrhunderts wurde verschiedentlich erneuert und erst 1977 gänzlich ›überholt‹. Hier ist das *Museo Ar-*

ORVIETO
0 50 100 200 300 m
zum Bahnho
SS Nr. 71
V. Giosuè
etrusk. Nekropole
V. d. Pace
Pal. d. Popolo
Pza. d. Popolo
S. Giovenale
Pza. A. Vittozzi
V. Malabranca
V. Filippeschi
Pza. d. Repubblica
Corso Cavour
V. d. Cava
Pal. Comunale
S. Andrea
V. d. Duomo
Pta. Maggiore
Pza. Malcorini
S. Giovanni Ev.
Pza. Scalza
Pza. d. Ranieri
Garibaldi
V. d. Magoni
S. Lodovico
Bolsena-Siena
SS Nr. 71
V. Maitani
Pta. Romana
S. Francesco
S. Lorenzo

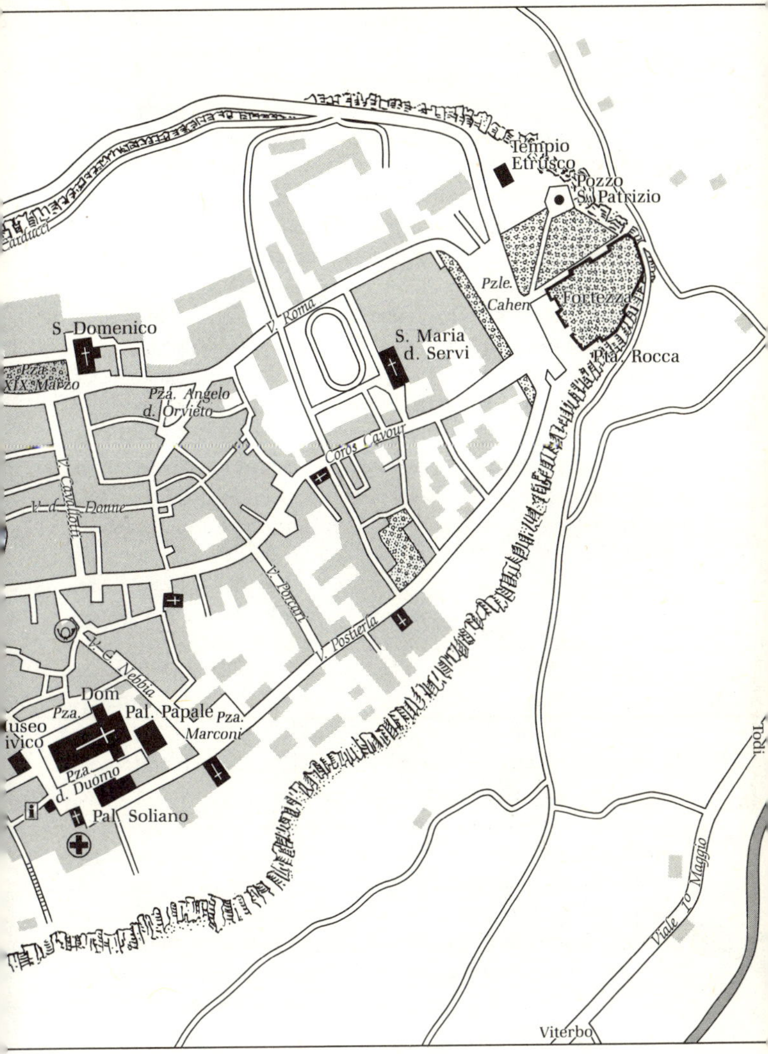

Carducci
Tempio
Etrusco
Pozzo
S. Patrizio
Pzle.
Cahen
Fortezza
Pta. Rocca
S. Domenico
Pza.
XIX Marzo
V. Roma
S. Maria
d. Servi
Pza. Angelo
d. Orvieto
Corso Cavour
V. Cavallotti
V. d. Donne
V. Porcari
V. Postierla
V. C. Nebbia
Dom
Pza.
Pal. Papale
Pza.
Marconi
useo
ivico
Pza.
d. Duomo
Pal. Soliano
Todi
Viale 1° Maggio
Viterbo

cheologico Nazionale untergebracht mit Malereien aus den etruskischen Grabkammern der Umgebung. Im **Palazzo Faina** gegenüber der Domfassade lohnt ein weiterer Museumskomplex den Besuch: Das *Museo Civico Archeologico* mit der *Collezione Faina:* ersteres mit imposanten Skulpturen, Architekturfragmenten und Sarkophagen, die die Bedeutung Orvietos als Etrusker-Zentrum dokumentieren, letzteres eine berühmte Sammlung attischer Vasen sowie solchen aus lokaler Produktion, die Graf Claudio Faina der Stadt Orvieto 1954 zum Geschenk gemacht hat.

Vom Dombezirk führt uns der Weg über die Via del Duomo und (links) den Corso Cavour zur *Piazza della Repubblica,* dem einstigen Forum in etruskisch-umbrischer und römischer Zeit. Mehr noch als der **Palazzo Comunale,** das Rathaus an der Südseite, ein Bau des 13. Jahrhunderts, der im 16. Jahrhundert umgestaltet wurde, beeindruckt der schwere, merkwürdig, doch gelungen geformte zwölfeckige zinnenbewehrte **Glokkenturm** aus dem 11./12. Jahrhundert bei der Kirche **Sant'Andrea** (im Osten). Da Sant'Andrea im Mittelalter lange die Hauptpfarrkirche von Orvieto war, verbinden sich viele Akte der Kirchengeschichte mit ihr, so die Ausrufung eines Kreuzzuges durch Papst Innozenz III. im Jahr 1216 kurz vor dessen Tod.

Von der Piazza della Repubblica ist es nicht weit zur *Piazza del Popolo,* zum anderen Zentrum der Stadt. Für den, der genau hinsehen will ein paar kuriose Details. Über den Corso Cavour zurückgehend, stößt man zuerst auf den trutzigen, 42 Meter hohen Mohren-Turm, **Torre del Moro,** auch ›Torre del Papa‹, des Papstes, genannt; auf seiner Spitze hängt die ›Glocke der 24 Zünfte, Campana delle 24 Arti‹, von 1316, doch erst 1578, nicht, wie die Inschrift sagt, schon 1571 hier aufgehängt; auch Stadtverwaltungen irren sich. An der Ecke zur Via della Greca zitiert eine Inschrift die drei, wie schon oben erwähnt, sprichwörtlichen Verse des Dante (Fegefeuer, 6. Gesang, ›Italiens politisches Elend‹), in denen der Dichter über den Streit der Herrscherfamilien in Orvieto klagt: *»Vieni a veder ... Schau, träger Fürst, wie die Montecchi stehen zu Cappelletti* (in Verona), *die Monaldi zu den Filippeschi, übel ganz und hämisch.«* Auf der nahen **Torretta dell'Orologio,** dem Uhrenturm, gibt eine im

Volksmund ›Maurizio‹ genannte Bronzefigur mit ihren Schlägen die Zeit an.

Der Gang zum **Palazzo del Popolo** lohnt sich, auch wenn wohl noch einige Zeit mit Restaurierungsarbeiten vergehen wird, bis Platz und Palast in ihrer ursprünglichen Schönheit erstrahlen. Wie diese gewesen ist, kann man sich leicht vorstellen. Der gewaltige romanisch-gotische Bau, der im 12. Jahrhundert begonnen wurde, erhebt sich frei und stolz aus der Piazza empor, besser, aus mehreren Plätzen. Die Tuffblöcke geben ihm im Sonnenlicht eine warme, goldene Farbe. Zuerst diente er als Apostolischer Palast für den Vertreter des Papstes oder diesen selbst in Orvieto, dann als Sitz des Capitano del Popolo, für den ›Kapitän des Volkes‹. Die dominierenden Architekturelemente sind die (heute geschlossenen) Arkaden im Untergeschoß und der große Versammlungssaal im Hauptstockwerk; Außentreppe, Glockenturm, Zinnen sind wichtige Zutaten. Im Lauf der Jahrhunderte haben jedoch Veränderungen in den Baukörper eingegriffen. Etwas merkwürdig wirken die Voluten der Zinnen, eine ›Erfindung‹ neuzeitlicher Restauratoren. Schön dagegen die eleganten Fenster mit lokaler Tradition entsprechenden Zierformen.

Ein gründlicher Besuch Orvietos wäre damit noch nicht am Ende. Es bliebe noch manches zu begutachten: Die einzelnen Kirchen, wie **San Francesco, San Lorenzo de' Arari, San Giovanni Evangelista, San Lodovico, Santa Maria dei Servi, San Giovenale** und **San Domenico.** Diese letztere insbesondere wegen eines kunsthistorisch bedeutsamen Grabmals, das ARNOLFO DI CAMBIO 1283-86 für den Kardinal de Braye schuf und das zum Prototyp vieler gotischer Wandgräber wurde. Wir erinnern uns, in San Domenico in Perugia und in San Francesco in Assisi ähnliche Grabmäler mit dem gleichen Vorhang-Motiv gesehen zu haben. Eine besondere Sehenswürdigkeit ist der wunderlich angelegte **Pozzo di San Patrizio** oder ›della Rocca‹, der Brunnen des heiligen Patrizius oder der Festung, der im Auftrag des nach dem Sacco di Roma (1527) hierher geflüchteten Papstes Clemens' VII. gegraben wurde, um die Stadt mit Wasser zu versorgen. Der Brunnen ist technisch und künstlerisch ein Meisterwerk, ANTONIO DA SANGALLO dem Jüngeren zugeschrieben, durch die ineinan-

Orvieto, San Domenico:
Engel vom Grabmal des Kardinal de Braye.
Arnolfo di Cambio, 1283-86.

der, doch unabhängig geführten zwei Treppen, auf denen auch Tragtiere gehen können. (Eine Nachahmung dieses zweiläufigen Prinzips leitet seit den zwanziger Jahren die Besucherströme der Vatikanischen Museen hinauf bzw. hinunter.) So konnte der Verkehr nach unten und nach oben störungsfrei verlaufen. Das zylindrische, in die Erde reichende Bauwerk ist 62 Meter tief und 13 Meter breit; man zählt 248 bequeme Treppen und 72 Fenster zur offenen Mittelröhre hin. Bleibt nur noch darauf hinzuweisen, daß im heißen Sommer die Temperatur im Inneren zwar angenehm, doch nicht ungefährlich sinkt, so daß Vorsicht und ein wärmendes Kleidungsstück sinnvoll sind. Neben dem Pozzo liegt die alte **Festung,** Fortezza oder Rocca, heute mit den öffentlichen Gärten; etwas außerhalb der Stadt finden wir, durch Hinweisschilder erleichtert, eine **etruskische Nekropole** und die **Abbazia dei Santi Severo e Martirio.**

Ein Höhepunkt im Leben der Stadt, ein besonderes Ereignis für alle Besucher ist der *Festtag des Santissimo Corporale an Fronleichnam,* zehn Tage nach Pfingsten. Mit einer feierlichen Prozession, an der die Orvietaner in traditionellen Trachten und Kostümen teilnehmen, gedenkt man des Wunders von Bolsena (siehe oben), auf das in der katholischen Kirche das Fronleichnamsfest zurückgeht. Es wurde von Papst Urban VI. 1264 für die ganze Kirche vorgeschrieben, nachdem der damals hier im Dominikaner-Konvent San Domenico dozierende Kirchenlehrer Thomas von Aquin beauftragt worden war, für die Messe des Fronleichnamsfestes (im Deutschen ›Vronlichnam‹ gleich Herrenleib) die Texte zusammenzustellen; dabei dichtete er die berühmte Sequenz ›Lauda, Sion, Salvatorem, deinen Heiland, Sion, preise‹, die noch heute gebetet und gesungen wird. Schon einige Jahre zuvor war in Lüttich und Westdeutschland ein solches Fest eingeführt worden. Das Schauspiel in Orvieto beginnt bereits um 3 Uhr morgens mit dem Läuten der Glocken und setzt sich unter dem Jubel der Bevölkerung bis spät in den Abend fort.

Città della Pieve

Es kann in Umbrien häufig geschehen. Wir kommen zu einem Städtchen, das wir uns nur ›im Vorbeifahren‹ schnell anschauen wollten und in dem wir dann viel, viel länger bleiben, weil uns die Atmosphäre gefällt, weil ein eigenartiger Zauber uns gefangennimmt und uns in vergangene Zeiten zurückversetzt oder weil wir dem Charme eines einheimischen Wirtes oder der Kraft eines örtlichen Weines erliegen... Die hoch auf einem Bergrücken (509 Meter) in dominierender Position über dem Chiana-Tal gelegene, sich den geographischen Bedingungen anschmiegsam einpassende Città della Pieve könnte so etwas bewirken. Es ist ein Städtchen mit rund sechstausend Einwohnern, ein Landwirtschaftszentrum mit einiger Kleinindustrie.

Auch hier spannen sich die Jahrtausende. Denn der Platz war schon in etruskischer und dann in römischer Zeit besiedelt. Im hohen Mittelalter erhielt der Ort den Namen Castrum plebis, Kastell des Volkes, und von Kaiser Friedrich II. manche einträglichen Privilegien. Da waren die Verhältnisse unter der Oberhoheit des Reiches klar. Dann stürzte man sich jedoch in dem Städtchen in Parteienkämpfe, obwohl es selbst heftig umstritten war, an der Grenze zwischen der Toskana mit ihren verschiedenen Machtzentren und dem Kirchenstaat gelegen. Erst die Päpste Clemens VII. (1523-1534) und Clemens VIII. (1592-1605) konnten die Ordnung, nun unter ihrer Herrschaft, wiederherstellen. 1601 wurde der Stadt ein Bischofssitz und der jetzige Name Città della Pieve gegeben. Die Einwohner sind stolz darauf, daß hier um 1488 *Pietro di Cristoforo Vannucci* geboren wurde, bekannt unter dem Namen ›Perugino‹ (wenn man da übersetzt: ›der aus Perugia‹, ärgert es die Leute von Città della Pieve maßlos; richtig ist: ›der aus dem damals Perugia genannten Gebiet‹).

Città della Pieve erhebt sich aus terrassenartig ansteigenden Olivenhainen. Jene Monumente, die schon von weitem die Silhouette des Städtchens bestimmen, die Torre del Pubblico,

Perugino: ›Anbetung der Könige‹,
Detail aus dem Fresko im Oratorio dei Bianchi, Città della Pieve. 1504

der Campanile der Kathedrale, die Festung und das Kloster San Francesco, sind auch in der Città della Pieve unsere Hauptziele. An der Piazza Gramsci, nach dem Theoretiker des Kommunismus ›all' italiana‹ benannt, erhebt sich der den Heiligen Gervasius und Protasius geweihte **Dom,** im 12. Jahrhundert errichtet und weitgehend im 16. und 17. Jahrhundert umgestaltet, mit dem romanisch-gotischen Glockenturm. Im einschiffigen Inneren mit Seitenkapellen finden wir einige Tafeln von PERUGINO (am Hochaltar ›Madonna in der Glorie mit den Kirchenpatronen‹, am ersten Altar links die ›Taufe Jesu‹) und dem anderen bekannten einheimischen Maler ANTONIO POMARANCIO.

Peruginos bedeutendstes Werk in seiner Geburtsstadt finden wir jedoch im **Oratorio dei Bianchi** in der Via Pietro Vannucci: das *Fresko ›Anbetung der Könige‹*. Älter als der Glokkenturm der Kathedrale ist (rechts vom Eingang) der ›Volksturm‹, **Torre del Pubblico** (oder Torre Pubblico), unten in Travertin (schon um 1000), oben in Ziegelsteinen ausgeführt. An der Piazza del Plebiscito das **Geburtshaus des Perugino,** nicht weit davon an der Piazza Matteotti die **Rocca** von 1322. Beim Spaziergang durch die engen Gassen – das Auto sollte man besser ruhen lassen; von der Via Baciadonne, ›Küß die Frauen‹, sagt man, sie sei die schmalste Gasse Italiens – stoßen wir auf Schritt und Tritt auf eindrucksvolle Palazzi (vom Mittelalter bis zum 18. Jahrhundert), auf schöne Kirchen und die alten Stadtmauern. Und immer wieder öffnet sich ein Blick weit ins umbrische Land.

Holzintarsien der Wandverkleidung im Collegio del Cambio, Perugia

Reisetips für Umbrien

Verkehrsverbindungen

Am bequemsten reist man in Umbrien mit dem eigenen Auto, unabhängig von Fahrplänen und Streckenführungen. Für eine Gruppe kann die Transportdienste natürlich ein Bus ebensogut leisten; die Straßen stellen dafür kein Hindernis dar. Auf die Eisenbahn kann man nur für wenige Städte zählen. Die Schnellverbindung der Direttissima zwischen Florenz und Rom führt zwar einen Teil des Weges durch Umbrien und berührt Orvieto; doch nicht alle ›Intercity-Züge‹ halten dort. Die Verbindung Roma – Ancona durchquert ebenfalls Umbrien und erreicht die Städte Narni, Terni, Spoleto, Foligno und Nocera Umbra; weitere Linien beziehen Assisi und Foligno sowie Sansepolcro, Città di Castello, Umbertide, Perugia, Todi und Terni mit ein. Es stellt für den Reisenden eine kleine Umbequemlichkeit dar, daß die Bahnhöfe häufig unten im Tal liegen und man von dort erst ins Stadtzentrum hochfahren muß. Deshalb ist es günstiger, sich für Fahrten kreuz und quer durch Umbrien auf das dichte öffentliche Busnetz zu verlassen. Diese Autoservizi oder Autolinee sind zuverlässig, schnell und fast immer pünktlich.

Unterkünfte

Mit einem gewissen Vergnügen ist festzustellen, daß sich unter den Reisenden zuweilen zwei ›feindliche‹ Lager bilden: Gruppen und Einzelreisende. Man beäugt sich argwöhnisch. Die ›Einzelnen‹ nehmen es den Gruppen übel, daß sie schon lange vor ihnen alle Hotels, Pensionen und Ristoranti mit Beschlag belegt hätten, in solcher Fülle, daß für andere kein Platz, kein Stuhl, keine Schlafstätte mehr bleibe. Die Gruppen wiederum schimpfen darüber, welche Freiheiten sich die anderen herausnähmen, überall müßten sie aus der Reihe tanzen und würden sich noch wer weiß was darauf zugute halten. Die einen benei-

ENIT
(Ente Nazionale Italiano per il Turismo)

Berliner Allee 26
4000 Düsseldorf
✆ (0211) 132231-32

Kaiserstr. 65
6000 Frankfurt/M.
✆ (069) 231213
und 232648

Goethestr. 20
8000 München 2
✆ (089) 530369

in Österreich:
Kärntnerring 4
1010 Wien
✆ (0222) 654374

in der Schweiz:
Uraniastr. 32
8001 Zürich
✆ (01) 2113633

3, rue du Marché
1204 Genève
✆ (022) 282922

Assessorato al Turismo della Regione dell' Umbria
Corso Vannucci, 30
06100 Perugia
✆ (075) 6961

Azienda di Promozione Turistica

06100 **Perugia,** Corso Vannucci, 94a
✆ (075) 23327

05100 **Terni,** Viale C. Battisti, 7/A
✆ (0744) 43047

06081 **Assisi,** Piazza del Comune, 12
✆ (075) 812534

06012 **Città di Castello,** Via R. de Cesare, 2/B
✆ (075) 855 4817

06034 **Foligno,** Porta Romana, 126
✆ (0742) 60459

06024 **Gubbio,** Piazza Oderisi, 6
✆ (075) 9273693

06049 **Spoleto,** Piazza della Libertà, 7
✆ (0743) 49890

05018 **Orvieto,** Piazza del Duomo, 24
✆ (0763) 35172

06059 **Todi,** Piazza del Popolo, 38
✆ (075) 882406

den die anderen just darum, was sie selbst nicht haben, würden freilich auch nicht gern tauschen wollen. Aber gerade in Umbrien sind auch Annäherungen zwischen den Lagern zu bemerken. Die Gruppen werden immer kleiner, bestehen fast nur noch aus einer Handvoll; die Einzelnen, die in den seltensten Fällen einzeln sind, sondern wenigstens einen Freund oder eine Freundin dabeihaben, vermehren sich hingegen und passen oft nur noch in einen Kleinbus.

Zum Glück ist Umbrien mit Hotels, Pensionen, Pilgerheimen und Campingplätzen auf alle eingerichtet. Es geschieht selten, daß man in einem Städtchen gar kein Plätzchen mehr findet, an dem man sein müdes Haupt betten könnte. Nur im Juli und August kann es schwierig sein, in einem typischen Erholungsort ein ›Zimmer frei‹ aufzuspüren. Denn da halten die Italiener selbst ihre sakrosankten Ferien, überlassen aber als Entschädigung den Fremden ihre Städte. Umbrien hat nicht so viele Hotels aufzuweisen wie etwa die Toskana oder Rom, aber auch nicht zu wenige. Bisher ist man dem Ansturm der Touristen, besonders auch der Pilger in Assisi Herr geworden. Neben den Hotels sind auch Pensionen gastlich. Ebenso kann man an den Pilgerheimen von Ordensleuten, Schwestern oder Brüdern, zuweilen angeschlossen an Kloster oder Konvent, anklopfen. Fragen kostet nichts. Dort wird man natürlich eine andere Hausordnung beachten müssen als in Hotels üblich; dafür genießt man jedoch manche andere Erleichterung. Über Pensionen und Campingplätze kann man sich leicht an Ort und Stelle informieren oder – wenn man gern sichergeht – vor der Reise informieren bei den offiziellen Fremdenverkehrsämtern.

Essen und Trinken

Zuerst wollten wir es den Freunden nicht glauben. Sie hätten, so berichteten die Römer von einem Ausflug ins Umbrische, ein vorzügliches Ristorante kennengelernt, das es mit jedem römischen aufnehmen könne. Vielleicht sei es eines der besten überhaupt in Italien, steigerten sie ihre Begeisterung. Und zum Beweis, daß sie sich nicht allein auf ihren subjektiven Eindruck stützten, legten sie die ›Note‹ eines bekannten italienischen Feinschmecker-Führers, des ›Espresso‹, vor: 19 von 20 Punkten waren da notiert, das Maximum; nur vier andere Ristoranti in Italien bringen es auf dieselbe Zahl. Freilich, in der anderen Gourmet-Bibel des französischen Reifenkonzerns Michelin war *›Vissani‹ in Baschi bei Civitella di Lago* zwischen Orvieto und Todi überhaupt nicht erwähnt. Das steigerte die Neugier. Als wir dann an einem Samstagvormittag, lange vor der Essenszeit, dort vorbeifuhren, zwar direkt neben der Straße eine große Trattoria ›Vissani‹ fanden, doch nicht auf geschäftige Anpreisungen, sondern eher auf Reserve stießen, wollten wir es nun genau wissen und meldeten uns für einen Freitagabend an. Ja, auch eine Übernachtung sei möglich; doch müsse man sich mit dem Vorhandenen zufriedengeben. Warum nicht.

Wir waren zu viert, doch an diesem Abend die einzigen Gäste, weil die italienische Fußball-Nationalelf ein wichtiges Spiel zu bestreiten hatte. Die Deutschen übrigens auch. Aber wer gut essen will, muß Opfer auf sich nehmen und seine agonistische Neugier in Zaum halten können. Es war halb acht Uhr, wir waren allein, der Wirt Gian Franco Vissani saß über seiner Buchhaltung – was ihn offensichtlich nicht besonders heiter und ›empfänglich‹ stimmte. Doch der Platz war ruhig, kaum ein Auto passierte die Straße, die Zimmer waren passabel, die Sonne senkte sich langsam über dem Lago di Corbara, dem zu einem See aufgestauten Tiber, neben dem Haus lagen Geräte, Baumaterial. Es schien alles ganz unprofessionell und ländlich, kurz, es gefiel uns. Vielleicht sogar auch deshalb, weil der Wirt nicht so beflissen herumscharwenzelte, statt dessen anordnete, uns mit einem ›Chardonnay Torgiano‹ den ersten Durst zu löschen und den Appetit noch einmal zu steigern. Dann wurde es ernst. Wir durften in einem geschmackvoll eingerichteten Raum an einem gediegen gedeckten Tisch Platz nehmen, entschieden uns für das ›Menu Degustazione‹, das Feinschmecker-Menü, das unter diesem Namen in guten italienischen Ristoranti für den verwöhnten Gaumen bereitgehalten wird, wählten die Weine und dann –

In der Tat, es kamen Köstlichkeiten, die den berühmten europäischen Restaurants zur Ehre gereicht hätten: Ein Heilbuttfiletchen in Gurkenmarinade, sanft geräucherter Lachs mit frisch geraspelten Reizker-Pilzen und Parmigiano, Entenleber und Hummerschwänzchen, eine Suppe mit Muscheln und Steinpilzen, gerollte Lammfilets mit grünen Bohnen auf Himbeeressig, Früchte in zartem Gelee mit Plätzchen und Pralinen. Es fehlten zum Glück die dicken Soßen, statt dessen wurde fein gewürztes Olivenöl verwendet. Es fehlte auch die Pasta, die bei einem großen Menü nicht unproblematischen Nudelgerichte; dafür hatte Mutter Vissani zu jedem Gericht passendes Brot gebacken, Anis, Fenchel, Pfefferminz oder einen zarten Käsetoast. Da wollten wir nur noch wissen, warum Gian Franco sein gastronomisches Genie so unter den Scheffel stecke und sich hier, 120 Kilometer von Rom entfernt, fast verberge. An Weltfremdheit kann es nicht liegen. Denn, so erzählte der Meisterkoch, zur späten Stunde viel gesprächiger und zutraulicher als am Anfang, er sei überall in den großen Küchen der großen weiten Gastronomie herumgezogen. Vielleicht ist es begründet in der Verwurzelung in der umbrischen Heimat, ohne deren Traditionen seine Meisterwerke auch nicht zu denken sind. Weshalb ihn der ›Michelin‹ nicht erwähne, das bekamen wir heraus: Weil der Gourmet-Raum nur einen Eingang habe; aber er denke nicht daran, eine zweiten zu schaffen. Vielleicht kann man sich da noch einigen. Oder sollen beide so bleiben wie sie sind?

Ganz anders war es in *Torgiano,* einem kleinen, durch seine Weine berühmten Ort bei Perugia. Das dortige Ristorante *›Le Tre Vaselle‹,* dem auch ein Hotel angeschlossen ist – oder umgekehrt – gilt seit Jahren als verläßliche Adresse für jene, die in Umbrien gut essen und trinken wollen. Darüber zu berichten, fällt dann am schwersten, wenn eine solche Gaststätte die Erwartungen erfüllt, die man hegte, wenn es einen weder durch traumhafte Speise-Kreationen zu Gaumenverzückungen hinriß noch durch eine verbrannte Soße das schon im Mund zusammengelaufene Wasser gefrieren ließ. Dennoch scheint ›Le Tre Vaselle‹, ein zugleich nobles und gediegenes, ein weiträumiges, doch nicht zur Massenabfertigung tendierendes Ristorante, wie kein zweites geeignet, die umbrische Küche zu feiern. Denn hier wird das Gute untadelig dargeboten. Auf keinen Fall schleicht sich mindere Qualität ein, selten jedoch läßt man auch der Phantasie des Kochs die Zügel schießen.

Das, was insgesamt der umbrischen Küche zu Ehre gereicht, zeichnet auch dieses Restaurant aus. Die Frische der Zutaten, der natürliche, durch Verfeinerung weder verfremdend gehobene noch töricht verdorbene Geschmack dominieren, nicht das Raffinement. Das liegt wohl daran, daß man sich in Umbrien der Ausgangsprodukte, des Fleisches von Rindern, Schweinen und Lämmern, der Gemüse und des Getreides, der Fische aus Seen und Flüssen, des Obstes und der

Pilze – der Trüffeln haben wir in einem besonderen Kapitel gedacht (Seite 360ff.) – nicht schämt, auch der schon bearbeiteten Nahrungsmittel wie Käse, Wurst oder der Süßspeisen sich nicht zu genieren braucht. Das ungebrochene Verhältnis der Umbrierin und des Umbriers zur Natur zeigt sich darin, daß man keine gewagten Metamorphosen mit Fisch und Fleisch anstellt, daß man berücksichtigt, daß Forelle, Hecht, Karpfen oder Aal, Hase, Wildschwein oder Ferkel schon einen eigenen spezifischen Geschmack besitzen, den man ergänzen kann, doch nicht beseitigen darf.

Es ist immer mißlich, von und vom guten Speisen, lukullischen Spezialitäten nur zu schreiben. Doch über die in ganz Italien verbreitete Küche hinaus bietet Umbrien einige besonders charakteristische Gerichte an.

VORSPEISEN: etwa *Capocollo* (gut gewürztes kaltes Schweinefleisch in Scheiben), *Coppa* (da steckt auch das Schweineköpfchen drin), *Crostini al tartufo* (geröstetes Brot mit Olivenöl und Trüffeln; auch mit einer Leberpastete wie in der Toskana), *Olive all'arancia* (schwarze Oliven mit Orangenstücken), *Pizza perugina* (Pizzabrot mit Käse) oder *Scalmarita* (Schweinefleisch mit Fenchel).

ERSTER GANG: *Cappelletti in brodo* (Haarnüdelchen in Fleischbrühe), *Ciriole* (Pasta in Terni), *Impastoiata* (Polenta mit Bohnen und Tomatensoße), *Risotto alla norcina* (weißer Reis mit Trüffeln), *Strascinati* (Maccheroni mit gebratenen Wurststückchen).

HAUPTGERICHTE: *Beccacce alla norcina* (gefülltes Geflügel), *Budellacci* (gegrillte Schweineinnereien), *Cardi al grifo* (gekochte artischockenähnliche Disteln mit Fleisch), *Frittata al tartufo* (Trüffel-Omelett), *Lepre alle olive* (Hase mit schwarzen Oliven), *Mazzafegati* (Leberwürstchen), *Migliaccio* (Schlachtschüssel), *Palombacci* (Täubchen), *Porchetta al finocchio* (Spanferkel mit Fenchel), *Quaglie rincartate* (Wachteln in Brotteig), *Regina in porchetta* (Karpfen in Schweinefleisch gebacken), *Salsicce all'uva* (Würste mit Trauben gedünstet), *Tartuffi neri arrostiti* (gebackene Trüffel) und *Tegamaccio* (Fischsuppe vom Trasimener See).

DESSERT. Wer davon noch nicht satt ist, kann sich an den vorzüglichen ›Dolci‹ weiter stärken, den in Assisi und Foligno, Orvieto und Bettona, aber fast in jedem Ort auf eigene Weise hergestellten Kuchen und Gebäck, Torten und Süßspeisen. Gewürze wie Anis und kandierte Zeder, Pinienkerne und Mandeln, Zimt und Rosmarin finden dabei Verwendung.

Wir haben nicht nur in Baschi bei Vissani oder in Torgiano gut gegessen, sondern auch in anderen Ristoranti und Trattorie, ob in Assisi (mit Abstrichen wegen der geringeren Mühe für die Gruppen-Touristen) oder Foligno, Gubbio (besonders erfreulich), auf der Isola Maggiore im Trasimener See (trotz des Fastens des heiligen Franziskus) oder in Narni, in Norcia und der Valnerina (natürlich mit Trüffeln) oder Perugia, Spoleto, Terni oder Todi.

Die Weine

Gerade in *Torgiano* kann man nicht umhin, auch die umbrischen Weine zu rühmen. Denn wenige Schritte vom Ristorante ›Le Tre Vaselle‹ hat die Besitzerfamilie Lungarotti, die selbst umfangreiche Weingüter kultiviert, ein Weinmuseum, *Museo del Vino,* eingerichtet, in dem die Stadien des edlen Rebensaftes von der Wurzel des Weinstocks bis zur Flasche in Geschichte und Gegenwart verfolgt werden können.

In Umbrien unterscheidet man vier Weinzonen: Das obere Tiber-Tal, *Colli Altotiberini* (mit einem kleinen fröhlichen Bacchus in der Marke des Schutzkonsortiums, Consorzio Tutela), Mittel-Umbrien mit den Hügeln um Perugia *(Colli Perugini)* und dem Gebiet um *Montefalco* (mit einem Falken im Wappen), den *Lago Trasimeno* und das Gebiet um *Orvieto.* Von den vielen guten Weinen einige herauszuheben, fällt schwer. Denn insgesamt kann man mit Bianco, Rosato und Rosso, ob vom oberen Tiber-Tal oder vom Trasimener See, nicht viel falsch machen. Gut munden mir die Weine von Città di Castello und Gubbio, von den Colli Perugini und die von Orvieto, ob der liebliche ›Abboccato‹ oder der trockene ›Secco‹ oder am besten der ›Classico‹. Wenn ich jedoch meine Präferenz angeben müßte, würde ich beim Weißwein dem aus Torgiano den Vorzug geben, bei den Roten denen aus Montefalco, dem ›Rosso‹, dem ›Sagrantino‹, und nach dem guten Essen zum Dessert dem ›Passito‹.

Einkäufe

Es hat nichts mit der vielgescholtenen, doch ganz angenehmen Konsumfreudigkeit zu tun, wenn man wissen will, was man in Umbrien kaufen kann, was nicht auch woanders zu erstehen ist. Dazu gehört, wie gerade im vorigen Kapitel beschrieben, der Wein. Der umbrische ›Bianco‹ oder ›Rosso‹ gewinnt in Italien immer mehr Freunde, was um so beachtlicher ist, als er sich gegen starke nationale Konkurrenz durchsetzen muß. Deshalb lohnt es durchaus, ihn nicht nur in Umbrien selbst zu trinken, sondern auch ein paar Fläschchen mitzunehmen. Selbst wenn es zu Hause im Supermarkt nebenan den gleichen Wein geben sollte, wäre es doch nicht derselbe! Wir haben in den einzelnen Orten verschiedentlich darauf hingewiesen, wo es Lebensmittel von besonderer Güte gibt, Hirtenkäse, duftigen Schinken, frische Schweinssalami, Halb-Leberwürste. In Umbrien gedeiht auch der Kult des Olivenöls; da ist Öl nicht gleich Öl. Qualität, Geschmack, Herkunft, Herstellung lassen große Unterschiede zu. Aber am Eßbaren delektiert man sich am besten an Ort und Stelle.

Handwerkliche Erzeugnisse jedoch sind dazu bestimmt, mitgenommen zu werden. Der tödliche Einwand gegen ihren Erwerb ist meist die Frage: »Wo sollen wir das hinstellen?, Wozu willst Du denn das gebrauchen?« Da muß man beharrlich die Meinung vertreten, daß sich für das, was einem gefällt, immer eine Bestimmung findet, die Schwiegermutter, der ein Geschenk zu machen ist, die Freunde, die daran erkennen sollen, wie schön Umbrien gewesen ist. Und so weiter. Bei Tischdecken, Stickereien und Spitzenwerk, bei schmiedeeisernen Geräten und Kupferzeug, bei Holzschnitzereien und Einlegearbeiten, bei Korbwaren und Metallschmuck kann man manches schöne Stück erstehen – oder auch nicht, wenn man sich nicht berufen fühlt, die umbrische Wirtschaft zu fördern. Besonders auffällig ist in unserem Land die *Keramik*. Überall in den Städten und an den Straßen sehen wir Teller und Schalen, Krüge und Becher, Kacheln und Tafeln, in tausend Farben und Formen. Es gibt auch Scheußliches darunter, doch zumeist hat man traditionelle Muster und Maße aufgenommen, hat vor allem mit den Farben Staubgelb, Braun und

Grün nach herkömmlichen Vorgaben gespielt – und bemerkenswerte Ergebnisse erzielt. Solche Majoliken findet man als Massenware von mehr und weniger gutem Geschmack, doch auch in ausgewählten Läden.

Da sind wir auch schon nahe daran, ein Antiquitäten-Geschäft zu betreten. Nun wird es verführerisch, einfach einmal herumzuschauen. Ich gebe zu, auch feine ›Antichità‹ haben ihre Berechtigung. Man kann dort einfach hineingehen, zehn oder zwanzig Millionen Lire, zehn oder zwanzigtausend Mark auf den Tisch legen, und schon hat man ein schönes Bild, wertvoll, meist garantiert echt. In diesen Geschäften sind die Besitzer oder Angestellten zuweilen ›unheimlich‹ – das Modewort trifft hier in seinem eigentlichen Sinn zu – freundlich, aber zugleich deutlich herablassend; sie legen mehr Wert darauf, dem Kunden die Qualität ihrer Ware durch hohe Preise zu signalisieren als ihn für einen – unter Umständen auch bescheidenen – Kauf zu gewinnen.

Spaß macht etwas ganz anderes: Staubig muß es in einem solchen Laden sein, man muß spüren, daß der Besitzer gerade erst irgendwo eine Villa ›geplündert‹, eine Erbschaft pauschal erstanden oder den Nachlaß eines Pfarrers billig in die Hände bekommen hat. Er hat zwar den Wert seines Erwerbs ungefähr taxiert, aber noch nicht jeden einzelnen Preis genau berechnet. Da schlägt unsere Stunde. Da wird mit möglichst gleichgültigem Gesicht, doch innerlich zitterndem Herzen gefragt, was denn, bitte schön, dieses kleine Bild, jener schwere Kupferbecher, dieser Marmormörser oder jenes dicke Lederbuch mit den Stichen – eigentlich nicht der Rede wert, fügt man listig hinzu –, dieses kleine Almosen-Kästchen oder jenes hübsche Kommödchen, dieser Messingleuchter oder jenes Silberbesteck kosten würde. Man sei nicht eigentlich interessiert, kaufen wolle man ohnehin nichts, da sei der Weg zu weit, das Auto zu klein und, wissen Sie, an der Grenze ... Aber nein doch, wehrt der Besitzer ab, keine Angst, er würde eine Rechnung mit ganz geringem Betrag ausstellen. Da wären wir schon beim freundlichen und deshalb auch erfolgreichen Handeln.

Öffnungszeiten

Es hilft nichts, ich muß mich wiederholen und das Verslein über die Öffnungszeiten von Museen und Kirchen, das ich im Buch ›Toskana‹ eingerückt habe, noch einmal aufsagen. Die staatlichen Museen sind im allgemeinen von 9 oder 10 Uhr bis 13 oder 14 Uhr, dann wieder von 14 oder 15 Uhr bis 17 oder 18 Uhr, selten bis 19 Uhr, in Ausnahmefällen auch durchgehend geöffnet. Im ›Winter‹, von Oktober bis einschließlich April, sind die Besuchszeiten meist kürzer, dann aber oft durchgehend. Am Sonntagnachmittag, am Montag, manchmal auch am Freitag und an den staatlich anerkannten (oder auch nur kirchlichen) Feiertagen (1. Januar, 25. April, Ostermontag, 1. Mai, Christi Himmelfahrt, Fronleichnam, 15. August, 1. November, 8., 25. und 26. Dezember) bleiben die Museen geschlossen. An einer Reihe anderer Tage sind die nicht-staatlichen Museen ganztägig geschlossen, während die staatlichen Museen nur vormittags geöffnet sind. Personal- und Geldmangel sowie Renovierungsarbeiten führen neben den Streiks oft zu unvorhergesehenen Schließungen. Die größeren Kirchen sind meist bis 12 Uhr mittags und von 16 oder 17 Uhr bis zur Dämmerung geöffnet, einige Hauptkirchen auch den ganzen Tag. Während des Gottesdienstes, vor allem am Sonntag, sollte man eine Kirche nur mit größter Diskretion betrachten. Im Sommer ist es ratsam, bei einem Kirchenbesuch ein wenig auf angemessene Kleidung zu achten. Wenn man sich da etwas mehr bedeckt, erfreut das fromme Italiener und hilft, in kühlen Kirchen Erkältungen zu vermeiden.

Wenn meine Leser den Eindruck haben, sich nun gar nicht mehr mit den Öffnungszeiten auszukennen, kann ich das gut verstehen. Als kleiner Trost mag ihnen dienen, daß auch ich trotz aller Vorbereitung und Erkundigungen schon vor verschlossenen Museums- und Kirchentüren stand, als großer Trost, daß man meist etwas anderes Schönes zur Besichtigung findet. Empfehlenswert ist sicher, an Ort und Stelle den Hotelportier oder die Pensionswirtin zu fragen; auch auf gedruckte Öffnungszeiten ist nicht immer Verlaß. Gegen die den südlichen Tagesrhythmus berücksichtigenden Öffnungszeiten kann man nichts machen, man kann sich nur ihnen anpassen, indem man vor allem daran denkt, daß Innenbesichtigungen eben nicht immer möglich sind. Bei der Überlegung, über die Mittagszeit etwas zu unternehmen, muß ein Alarmzeichen aufleuchten. So erspart man sich umliebsame Überraschungen.

Feste

Wenn man es einrichten kann, sollte man den Besuch einer Stadt auf den Tag eines Festes legen. Das bringt zwar die Überlegung mit sich, wie man sich bei Hotelzimmer, Parkplatz und Anfahrt auf die zu erwartende Menge einstellt, doch es verspricht ein besonderes Erlebnis. Hier ein längst nicht vollständiger Auszug aus dem umbrischen Festkalender (für Assisi siehe auch Seite 148):

Karwoche: in Assisi, Todi, Gubbio, Montefalco, Bevagna ...
30. April (abends): Calendimaggio in Assisi
30. April: Cantamaggio in Terni
Anfang Mai: Corsa all'anello in Narni
15. Mai: Corsa dei Ceri in Gubbio
Letzter Mai-Sonntag: Palio della Balestra in Gubbio
Pfingsten: Festa della Palombella in Orvieto
Juni: Fronleichnam in Orvieto
Ende Juni: Festa delle acque in Terni
Zweiter Sonntag im September: Giostra della Quintana in Foligno

Von den kulturellen Veranstaltungen in Umbrien sind hervorzuheben:
Juni/Juli: Festival dei Due Mondi in Spoleto
September: Sagra musicale umbra in Perugia
April/Mai: Antiquitäten-Messe, Mostra mercato nazionale dell'antiquariato, in Todi

Besonderer und immer größerer Beliebtheit erfreuen sich in den Sommermonaten die Veranstaltungen des ›Umbria Jazz‹ in verschiedenen Städten und Orten Umbriens. Ein Rock-Konzert in einem alten Palazzo oder unter freiem Himmel, innige Gospel-Gesänge in der Kirche San Francesco zu Assisi, klassische Konzerte des Festivals in Todi können unvergeßlich sein.

Wandern

Wahrscheinlich ist Wandern altmodisch oder wieder einmal ganz up to date, ganz ›in‹. Das wechselt. Aber da nicht anzunehmen ist, daß dem Menschen die Beine nur zum Gasgeben, Bremsen und Kuppeln oder ›zum Einschlafen‹ im Auto gewachsen sind, auch nicht dazu, auf hartem Pflaster sich müde zu laufen, kommt man ganz automatisch darauf, den Gehwerkzeugen die Möglichkeit zur Erholung zu geben. Wo könnte man das besser tun als beim Wandern. Leider sind richtige Wanderwege in Italien, abgesehen vom schon deutsch beeinflußten Alpenrand, und so auch in Umbrien äußerst selten. Italiener wandern nicht gern. Viele ›Gründe‹ werden dafür angeführt; ob sie immer triftig sind, muß man auf sich beruhen lassen. Die Italiener sind es nun einmal nicht gewöhnt. In den Ländern deutscher Zunge hingegen gab es – und gibt es? – geradezu eine Kultur des Wanderns, eng verbunden mit einer Kultur des Liedes. Die Gesellen auf Wanderschaft, die Erfahrungen von Heimat und Fremde, das Hinausziehen in die weite Welt – sind es ›deutsche Bilder‹?

Zwei, drei, vier Stunden von A nach B auf sanften Wegen zu wandern, ist daher fast immer ein unerfüllbarer Traum. Dennoch ist es in Umbrien nicht ganz unmöglich, wenn man zuweilen auch mit steinigen Pfaden oder der Landstraße vorliebnehmen muß. So kann man also auch durch Umbrien wandern. Dazu sollte man freilich ein wenig die Sprache beherrschen, um über die Karte hinaus – spezielle Karten sind erhältlich – Auskunft von den Einheimischen erfragen zu können. Aber auch für den Autotouristen bieten sich zwischendurch viele Wege an. Sie sind meist nicht sehr weit, führen oft zu keinem bedeutenden Ziel oder nur zu einem etwas abseits gelegenen Gehöft, können uns jedoch ein paar hundert Meter, zwei, drei Kilometer von der Straße und dem Auto wegbringen, um die Landschaft in nach- und eindrücklicher Weise er-gehen lassen. Dafür braucht man nur etwas langsam zu fahren. Schon öffnen sich den Augen viele Wege. Wir können sie ruhig ›Holz-Wege‹ nennen (weil sei den Umbriern auch dazu dienen, zum Holz zu kommen) und diesmal ruhig ›auf dem Holzweg sein‹.

Anhang

Register

Kursive Seitenzahlen verweisen auf Abbildungen im Text; halbfette Ziffern bezeichnen Hauptstellen im Text

Abbildungsnachweis

Alinari, Florenz 123 (Anderson) 137, 221, 227, 306 (Anderson), 402, 407 (Anderson). Archiv des Verlages 67, 118, 128, 132, 224, 294, 310, 335, 351. Bayerische Staatsbibliothek München 102f., 376f. Stefan Diller, Kronach Frontispiz, Umschlagvorderseite, 71, 73, 75, 162, 187, Taf. 1, 2. Hubert Häusler, Schönberg 140. Hirmer Fotoarchiv München 367. Mainbild, Frankfurt 28. Photo Marburg (Lala Aufsberg) 48, 115. Werner Neumeister, München 19, 22, 53, 56, 230, 232, 239, 261, 276f., 283, 295, 379, Taf. 12. Toni Nicolini, Mailand 99, 124, 138, 206, 209, 322, Taf. 7, 8, 10, 11, 13, 14, 15, 16, 17, 19, 21, 22, 23, 24. Sacro Convento di S. Francesco, Assisi (P. Gerhard Ruf OFM Conv.) 173. Scala, Antella (Firenze) Umschlagrückseite, Taf. 3, 4, 5. Verlag Anton Schroll & Co., Wien (Fotos Heinrich Decker) 39, 117, 216, 272, 313, 357, 382. Werner Stuhler, Hergensweiler Taf. 9, 25. Zentralinstitut für Kunstgeschichte, München 94, 95, 194, 405. Klaus Zimmermanns, Pullach b. München 27, 44, 176, 197, 205, 211, 269, 274, 316, 321, 327, 329, 355, 361, 395, 439, Taf. 6, 18, 20. Zodiaque, Saint Léger 90, 212, 215, 374.

Aus Buchveröffentlichungen: Ausstellungskatalog *Francesco d'Assisi. Chiese e conventi,* Mailand 1982, 291. R. Bonelli, *Il Duomo di Orvieto* 381 (Foto: Bayerische Staatsbibliothek München). B. Kleinschmidt, *Die Basilika San Francesco in Assisi* 158 (Foto: Klaus Zimmermanns). J. Poeschke, *Die Kirche San Francesco in Assisi und ihre Wandmalereien* 153, 154, 168, 171 (mit freundlicher Genehmigung des Hirmer Verlages). U. Tarchi, *L'arte nell' Umbria e nella Sabina* 30, 31, 33, 254f., 263 (Fotos: Bayerische Staatsbibliothek).

Schemazeichnungen: Astrid Fischer, München.
Kartographie: Gerhard Mauz, München.

Für Abdruckgenehmigungen danken wir dem Carl Hanser Verlag, München/Wien (Umberto Eco, ›Der Name der Rose‹. Aus dem Italienischen von Burckhart Kroeber), der Ullstein Verlag GmbH, Berlin (Arno Borst, ›Lebensformen im Mittelalter‹), der S. Fischer Verlag GmbH, Frankfurt am Main (Curzio Malaparte, ›Verflixte Italiener‹), und der Claassen Verlag GmbH, Düsseldorf (Barbara Tuchman, ›Der ferne Spiegel‹).

Die umbrischen Stein-Rosen blühen
auch im Verborgenen,
wie hier an der romanischen Fassade
von San Felice di Narco
im Land des heiligen Benedikt
von Nursia.